Languedoc-Provence-Côte d'Azur

EN ROUTE POUR LE SUD

A chaque nouveau printemps, c'est toujours les yeux émerveillés que l'on redécouvre en ouvrant nos cartes routières combien les différentes régions de l'Hexagone sont un paradis pour les motards. Même si d'aucuns soutiendront que telle ou telle autre est la meilleure pour s'adonner à leur passion du deux-roues, il n'est pas dans notre nature d'être chauvin. De guide en guide, nous nous efforçons de vous donner tous les bons plans pour vous permettre de concevoir de très agréables balades. Cet ouvrage dédié au Languedoc, à la Provence et à la Côte d'Azur n'y fait pas exception. Après une première partie consacrée au Carnet du motard et aux informations les plus récentes et complètes du monde de la moto, cette nouvelle édition vous permettra de découvrir près d'une trentaine de circuits concoctés avec soin. Avec des parcs naturels à foison (du Haut-Languedoc, des Grands Causses, des Cévennes, des Monts d'Ardèche, du Luberon, du Mercantour, des Alpilles, des Préalpes d'Azur, pour n'en citer que quelques-uns), des virages, des cols, des routes tranquilles d'arrière-pays à n'en plus finir, le plaisir de rouler est vraiment là. Et que dire des villes à visiter que nous vous proposons : Vaison-la-Romaine, Carcassonne, Béziers, Montpellier, Arles, Nîmes, Marseille, Nice… Avec pour finir de bonnes adresses pour se restaurer et des coins on ne peut plus douillets pour passer la nuit, on ne pouvait espérer meilleur guide..., du moins l'avons-nous conçu pour vous dans ce sens.

Bonne route à tous !

SOMMAIRE

Panorama du mont Aigoual. © CREATIVENATURE_NL - ISTOCKPHOTO.COM

Montpellier. © SAIKO3P - SHUTTERSTOCK.COM

96 : De l'Espinouse aux monts de Lacaune

Au départ de Saint-Pons-de-Thomières, ce circuit longe la vallée des monts de l'Espinouse jusqu'à Lamalou-les-Bains, puis Bédarieux. Il se dirige ensuite vers Fayet, qu'il relie par de très beaux cols. Le centre névralgique de ce circuit est Lacaune, à partir de laquelle deux boucles permettent de terminer d'explorer le Parc naturel régional des Grands Causses et de s'aventurer dans le nord du Parc naturel régional du Haut-Languedoc.

102 : De Carcassonne au Minervois

Terre de vignes et d'oliviers, le Minervois est un pays de basses collines qui s'étend de la Montagne Noire, au nord, jusqu'au canal du Midi. Au départ de Carcassonne, ce circuit permet de rejoindre Mazamet, puis Caunes-Minervois via le Pic de Norre et le gouffre géant de Cabrespine. L'échappée vers le Parc naturel régional du Haut-Languedoc vous permettra de découvrir la grotte de la Devèze. Retour par Minerve et le canyon de la Cesse.

109 : Du Canal du Midi à la Montagne Noire

Au départ de Carcassonne, via Castelnaudary et jusqu'à Villefranche-de-Lauragais, notre parcours suit tout d'abord le canal du Midi avant de bifurquer vers Cessales puis de revenir vers Revel, aux portes ouest du Parc national du Haut-Languedoc. Après un court écart vers Saissac, ce beau tracé revient vers le parc national pour contourner la Montagne Noire par le nord jusqu'à Mazamet. Retour par les routes de campagne.

114 : De Carcassonne à Perpignan

Dotée d'un riche patrimoine historique, à commencer par le joyau qu'est la citadelle de Carcassonne, la région possède nombre de châteaux et de ruines, d'abbayes et d'églises qui renvoient immanquablement à l'époque cathare (XIIe -XIIe siècles). Jusqu'à Perpignan, la suite du périple permet de découvrir les Corbières, un massif de moyenne montagne parsemé de châteaux cathares. Passage par Cucugnan, Couiza (proche des secrets de Rennes-le-Château), Limours et Sainte- Hillaire.

122 : De Narbonne à Rivesaltes

Au départ de Narbonne, une petite boucle sur l'itinéraire permet de découvrir le nord du Parc naturel régional de la Narbonnaise en Méditerranée. Puis, en suivant l'étang de Bages et de Sigan, le tracé rejoint Le Barcarès. A Rivesaltes, outre le Grand Circuit du Roussillon pour les inconditionnels de vitesse, allez voir le Mémorial du Camp de Rivesaltes. Le circuit s'enfonce ensuite dans les Corbières. Avant le retour, faites un détour par l'abbaye de Fontfroide.

128 : De Collioure à Figueres par la Costa Brava

C'est une escapade vers l'Espagne que nous vous proposons ici. Ce très beau tracé suit la côte Vermeille et se prolonge, une fois la frontière passée, par la Costa Brava, avant de terminer sa course à l'intérieur des terres à Figueres, patrie du génialissime Salvador Dali. A partir de Collioure, Banyuls-sur-Mer, Cerbère, mais aussi El Port de la Selva, Cap de Creus, Castelló d'Empúries et Cadaqués sont les plus belles étapes intermédiaires.

134 : D'Alès aux Gorges de l'Ardèche

La première section de ce tracé vers Alès, la capitale des Cévennes, n'est qu'un amuse-bouche. Les paysages les plus remarquables se situent après le col de Portes et l'entrée sud du Parc national des Cévennes. Les virages se succèdent jusqu'à Villefort, point extrême ouest de ce circuit, et ne s'assagissent qu'à partir des Vans. Vous êtes alors à très courte distance de Vallon-Pont-d'Arc et des superbes gorges de l'Ardèche.

140 : Tarascon, gorges du Gardon et bas-Languedoc

Peu après Tarascon et avant d'aller visiter le Pont du Gard, les férus de circuit de vitesse iront découvrir le circuit de Lédenon connu pour sa technicité. L'extrémité nord de l'itinéraire est délimitée par Bagnols-sur Cèze et Vallérargue. Le retour vers votre point de départ passe par Uzès, où vous pourrez profiter de quelques jolis points de vue, mais surtout par Nîmes, que nous vous conseillons vivement de visiter.

Taureaux de Camargue. © LIANEM - ISTOCKPHOTO.COM

146 : Arles et la Camargue

Ah! la Camargue ! Ses étangs et ses espaces sauvages, ses taureaux, ses chevaux, ses gardians... Les paysages sont enchanteurs. Prévoyez de consacrer une partie de votre virée à la visite des villes, dont Arles, à l'impressionnant patrimoine archéologique ; Les-Saintes-Maries-de-la-Mer, célèbre pour ses pèlerinages ; et Aigues-Mortes, la cité fortifiée d'où partirent plusieurs croisades vers la Terre sainte.

154 : Le Luberon, Aix-en-Provence et les Alpilles

À partir d'Apt, la D943 vous entraîne en direction de Lourmarin. Peu après l'abbaye de Silvacane, la route bifurque vers Aix-en-Provence. Découvrez le cours Mirabeau, avant de reprendre l'itinéraire vers Berre-l'Étang, puis de rejoindre par le sud le Parc national régional des Alpilles. À l'ouest du circuit, Arles mérite indéniablement une visite. Retour par Tarascon, puis Les Baux-de-Provence, Saint-Rémy-de Provence et Cavaillon.

165 : Montélimar et les portes de la Provence

Montélimar, porte nord de la Provence, est un point de départ idéal pour découvrir à travers de petites routes, les senteurs, les saveurs et les couleurs de la Drôme provençale et du Vaucluse. Après un bref passage à Crest, l'itinéraire se dirige vers Nyons, célèbre pour son olive noire, puis Vaison-la-Romaine, aux riches vestiges antiques. Le retour se fait par Baumes-de-Venise, Bollène, Richerenches et Valréas.

171 : Le Ventoux et les Baronnies Provençales

Vaison-la-Romaine, à visiter pour ses vestiges antiques, est le point de départ de ce tour qui vous mènera très vite au pied du Ventoux. Que de plaisir à suivre la route aux mille virages jusqu'à Sault. De cette dernière, le circuit vous entraîne à la découverte des Baronnies provençales, connues pour la beauté de leurs champs de lavande (de mi-juin à fin juillet). Traversée du Parc national régional jusqu'à Buis-les-Baronnies.

177 : Le Ventoux et les Alpilles

Le mont Ventoux est le plus haut sommet du Vaucluse (1 912 m). Après un départ d'Avignon (à visiter à tout prix), un passage par Carpentras et une belle ascension vers ce sommet mythique, les gorges de la Nesque, se poseront en prémices de la tortueuse D177. Celle-ci vous mènera à Gordes, avec de belles visites à la clef. Le périple qui suit par le parc naturel des Alpilles est un pur régal. L'arrêt au Baux-de- Provence et à Saint-Rémy-de-Provence est inévitable.

186 : Au cœur du Luberon

Le Luberon se découvre ici à partir de Manosque. L'itinéraire, qui fait le tour de ce superbe massif par le nord, vous mènera dans un premier temps à Rustrel et son Colorado provençal, puis par Roussillon, Gordes et Fontaine-de-Vaucluse (qui sont autant d'endroits riches en points de visite) vers Cavaillon. Le retour par La Roque-d'Anthéron, Apt et la tortueuse D31 entre Céreste et La Bastide-des-Jourdans est un réel plaisir.

194 : Circuit autour de la montagne de Lure

Rechercher des panoramas hors des sentiers battus tout en s'offrant différentes possibilités d'exploration, tel est le programme de cet itinéraire. Avec Digne-les-Bains comme point de départ, le circuit se dirige vers la Durance, la traverse et rejoint Forcalquier, centre névralgique des deux boucles que l'on va effectuer à partir de là, dont la plus grande autour de La Montagne de Lure. Retour par Sisteron et son impressionnante forteresse.

199 : De Digne aux Écrins et au Mercantour

Pas de fausse note sur ce circuit à partir de Digne-les-Bains. La D900 vous mènera tout d'abord vers le lac de Serre-Ponçon, au sud du parc national des Écrins. En seconde partie, la vallée de l'Ubaye et Barcelonnette vous attendent, puis c'est l'aventure dans le Mercantour avec le col de la Cayolle à 2 324 m, un must ! Enfin, à partir de Guillaume, vous découvrirez les gorges de la Duis. Retour via le lac de Castillon.

Dans les rues de Nice. © MILENA PIGDANOWICZ-FIDERA - ISTOCKPHOTO.COM

205 : Vallée de l'Ubaye et Mercantour

L'Ubaye, ses routes sinueuses, ses cols... un véritable paradis pour les motards. Notre itinéraire vous propose à partir de Barcelonnette de gravir la Cime de la Bonnette (2 860 m) avant de redescendre vers le sud et les gorges de Valabre vers Saint-Sauveur-sur-Tiné. Profitez-en pour découvrir les nombreux ouvrages de la ligne Maginot des Alpes. Retour par Guillaume, Saint-Martin d'Entraune puis le col de la Cayolle (2 324 m).

210 : Les gorges du Cians et de Daluis

A partir de Saint-André-les-Alpes et du lac de Castillon, cet itinéraire rejoint Puget-Théniers par le sud, à moins de 8 km des gorges de Cians. La route tortueuse est dominée par des sommets de près de 2 000 m. Arrivé à Beuil, le tracé rejoint Guillaumes et les gorges de Daluis. Parallèles aux gorges voisines du Cians, mais presque moitié moins longues, ces autres superbes gorges ont été creusées par le Var dans le même schiste rouge. Retour par Thorame-Haute.

215 : Les gorges du Verdon

Au cœur du Parc naturel régional du même nom, les gorges du Verdon constituent une frontière naturelle entre Var et Alpes-de-Haute-Provence. Le circuit que nous vous indiquons s'étire de Castellane au lac de Sainte-Croix et va vous permettre de faire un tour complet du célèbre Grand Canyon du Verdon, qui peut atteindre 800 m de hauteur. Il est ceinturé par la Corniche sublime, au sud, et par la route des Crêtes, au nord.

220 : Dracenie et gorges du Verdon par le Pont de l'Artuby

De Castellane à Draguignan, ce ne sont pas moins que six cols qui vous attendent, avec sans doute la plus belle partie de route entre le col du Bel-Homme et Callas. À partir de Draguignan, le périple continue en direction de Carcès et Sillans-la-Cascade. Passé Aups, vous entrerez dans le parc régional du Verdon. À partir d'Aiguines, vous suivrez le canyon du Verdon par la Corniche sublime jusqu'à Comps-sur-Artuby.

227 : Sainte-Baume et Sainte-Victoire

À partir de Marseille, dont la visite est incontournable, cette virée provençale va vous permettre de découvrir les nombreuses

Les Gorges du Verdon © ROLFST - ISTOCKPHOTO.COM

calanques de la région ainsi que la route des crêtes jusqu'à La Ciotat. Du Castelet, l'itinéraire s'enfonce ensuite dans l'arrière-pays, vers les massifs de la Sainte-Baume et de la Sainte-Victoire. Après une halte bien méritée à Aix-en-Provence, retour par Saint-Zacharie, Auriol et Plan-de-Cuques.

238 : Toulon, balade entre mer et montagne

Ce circuit très agréable vous permettra non seulement de découvrir le Parc national de Port-Cros (et de nombreuses plages), mais également d'explorer les parties est du massif des Maures et ouest du Parc naturel régional de Sainte-Baume. Attention dans la traversée escarpée entre Bormes-les-Mimosas et Gonfaron : les routes sont très étroites et les virages sans réelle visibilité. Au Luc, les inconditionnels s'arrêteront au circuit automobile du Var.

245 : Les Maures et l'Esterel

Les Maures et l'Esterel sont deux massifs montagneux de basse altitude, répartis de part et d'autre de Fréjus-Saint Raphaël. Si vous êtes prêts pour les étendues de maquis et les rives ensoleillées de la Méditerranée, les hauteurs de l'arrière-pays varois et le charme des ports de pêche ou de plaisance, alors ce circuit est fait pour vous. Attention à la circulation sur les routes tortueuses des Maures.

255 : De Nice au Parc naturel des Préalpes d'Azur

Rejoindre Saint-Jean-la-Rivière à partir de Nice et redescendre sur Vence par un arrière-pays peu connu, mais sublime est une excellente mise en jambe. Après une halte à Vence pour découvrir ses trésors, l'itinéraire se dirige vers Séranon, au cœur du Parc naturel régional des Préalpes d'Azur. De là, la Route Napoléon vous permet de rejoindre Grasse, capitale mondiale du parfum. Retour par Vence et Saint-Paul-de-Vence.

LES PLUS BELLES BALADES À MOTO LANGUEDOC-PROVENCE-CÔTE D'AZUR

Véritable vade-mecum du motard, ce carnet vous permettra d'aborder les différentes notions pour vivre au mieux votre passion, que vous soyez un simple débutant ou un motard confirmé ! Après quelques préliminaires, vous retrouverez plusieurs dossiers allant des différents modèles de moto — et des modèles conseillés selon votre usage — à l'équipement recommandé pour votre bécane ainsi que les accessoires indispensables pour tout motard qui se respecte. Sans jamais lésiner sur la sécurité, nous vous indiquerons comment préparer au mieux votre voyage avec les préparatifs et les outils de guidage pour un maximum de confort. Enfin, les dernières pages vous permettront d'échanger et de partager avec d'autres passionnés des deux-roues ! Vous y retrouverez les événements les plus populaires en France ainsi que la presse spécialisée. Alors en route !

EN PRÉLIMINAIRE

Que vous soyez candidat au permis moto, pilotes novice ou aguerri ou encore ancien motard tenté de revenir à ses premiers amours, une piqûre de rappel sur les différents permis exigibles et quelques informations sur les changements récents apportés à la réglementation ne pourront que vous être salutaire. Il parait en effet préférable de savoir à quoi s'en tenir avant toute tentation d'achat d'un modèle que vous n'auriez pas le droit de piloter. Pour ce qui concerne les permis, ce sont les permis A et consorts et B qui font l'objet de ce paragraphe. Pourquoi le permis B ? Parce que l'offre de modèles de motos et scooters accessibles à ce permis fait l'objet d'un marché très important depuis plusieurs années. Moyen de transport alternatif à la voiture ou aux transports en commun surchargés, les petites cylindrées auxquelles il donne accès n'en sont pas moins capables de vous emmener en balade aux premiers beaux jours.

Le permis moto

Il faut bien passer par là : un permis est nécessaire pour piloter le petit bijou tant convoité. A chaque niveau de puissance correspond une catégorie de permis. Pour les possesseurs d'un permis auto, des possibilités sont offertes mais restent limitées. Depuis juin 2016 – en dehors du brevet de sécurité routière, catégorie AM, destiné à la conduite des 50 cm^3 –, les permis moto se divisent ainsi : Le permis A : Il permet de conduire toutes les motocyclettes avec ou sans side-car, ainsi que tous les tricycles à moteur quelle que soit leur puissance. Son obtention n'est possible qu'aux titulaires du permis A2 depuis au moins 2 ans et après avoir suivi un stage de 7 heures. Le permis A délivré depuis septembre 2013 est valable 15 ans. L'âge minimum légal est 20 ans ; Le permis A1 : Il permet de conduire une motocyclette légère avec ou sans side-car ou un tricycle à moteur d'une puissance maximale de 11 kilowatts (15 ch.) et qui n'excède pas 125 cm^3 de cylindrée. Le permis A1 délivré depuis septembre 2013 est valable 15 ans. L'âge minimum légal est 16 ans ; Le permis A2 : Il permet de conduire une motocyclette avec ou sans side-car ou un tricycle à moteur n'excédant pas 35 kilowatts et dont le rapport puissance/poids n'excède pas 0,2 kilowatt par kilogramme. La puissance ne peut résulter du bridage d'un véhicule développant plus du double de sa puissance. Le permis A2 délivré depuis septembre 2013 est valable 15 ans. L'âge minimum légal est 18 ans.

Le permis voiture et ses équivalences

C'est la modification apportée au permis voiture en 1980 qui a permis l'accès sans autre examen à la conduite de 125 cm^3 aux conducteurs

CARNET

© SMEDEREVAC - ISTOCKPHOTO.COM

d'alors. Depuis, la réglementation a évolué à plusieurs reprises. Suivant la date d'obtention de votre permis voiture, plusieurs cas sont à considérer. Le permis B : Les titulaires du permis B (auto) qui souhaitent conduire un deux-roues motorisé de 50 à 125 cm^3 ou un « scooter à trois roues » de plus de 50 cm^3 doivent détenir le permis B depuis 2 ans et avoir suivi une formation pratique de 7 heures. Pour les scooters de plus de 50 cm^3, il leur faut de plus avoir au moins 21 ans. La formation pratique n'est pas exigée pour les titulaires du permis B depuis 2 ans qui justifient d'une attestation d'assurance pour une motocyclette légère ou un scooter à trois roues au cours des cinq années précédant le 1er janvier 2011. Vous êtes dispensé de cette formation si vous avez obtenu votre permis B avant le 1er mars 1980. En cas de contrôle, le relevé d'information fourni par votre assureur fera foi. Le permis B délivré depuis septembre 2013 est valable 15 ans. Attention toutefois : vous ne pouvez pas piloter une 125 cm^3 sans être titulaire d'un permis moto dans un pays qui ne pratique pas le principe de l'équivalence et n'a pas de reconnaissance de votre équivalence française sur son sol. C'est notamment le cas de la Belgique, l'Espagne, l'Italie et l'Autriche. Renseignez-vous avant tout départ à l'étranger ; Le permis B1 : Il permet du conduire un quadricycle lourd à moteur (catégorie L7^e : 450 kg maximum pour le transport de personnes, 600 kg maximum pour le transport de marchandises), parmi lesquels les quads. Le permis B1 délivré depuis septembre 2013 est valable 15 ans. L'âge minimum légal est 16 ans.

Le fil de l'actualité

Nous vous apportons ici les dernières informations notables du monde motard connues lors de la rédaction de ce guide. En 2021, plusieurs nouvelles ont fait leur effet. La première est l'entrée en vigueur de la norme Euro 5. Cette norme a succédé à l'Euro 4 qui datait du 1er janvier 2016. Elle concerne essentiellement l'abaissement du niveau des polluants et l'abaissement du niveau sonore des motos neuves en quête d'homologation. Les anciens modèles que ne peuvent ou ne veulent modifier les constructeurs sont soit retirés de la production, soit ne sont plus importés en Europe. La norme Euro à un impact certain pour les propriétaires des modèles déjà acquis. En effet, cette norme (1, 2 3 4 ou 5) détermine le type de vignette « Crit'Air » attribuée pour l'accès aux agglomérations sujettes aux Zones de Circulation Restreinte (ZCR). La norme environnementale de votre moto se trouve à la ligne V.9 de la carte grise. A savoir que les normes Euro auto et moto sont en décalage l'une par rapport à l'autre (la norme Euro pour les voitures est, depuis septembre 2017, la norme Euro 6), d'où parfois un risque

© ONIDJI - ISTOCKPHOTO.COM

Les différentes vignettes Crit'Air.

de confusion. La seconde est le renouvellement de l'expérimentation de la circulation interfiles. Cette expérimentation qui était portée depuis février 2016 dans plusieurs départements a pris fin le 1er février 2021, avant d'être reconduite à plus grande échelle à partir d'août 2021 dans 21 départements et pour 3 années consécutives. Rétrospectivement, l'année 2020 avait elle déjà son lot de modifications notables. La première étant la modification de l'examen du permis de conduire moto : Depuis le 1er janvier 2020, l'examen du permis de conduire a vu modifier son épreuve théorique avec la mise en place de quarante questions spécifiques, vu son épreuve sur plateau diminuer en temps avec l'enchaînement des allures réduite et élevée, et son épreuve en circulation allongée d'environ 15 minutes. Au cours de cette dernière épreuve, une évaluation sur la trajectoire de sécurité enseignée depuis 2020 peut être faite. Enfin, rappelons que depuis 2020 également, un assouplissement de la loi sur les 80 km/h (mise en place en 2018) permet aux présidents des départements de relever la vitesse à 90 km/h sur certaines routes secondaires et aux maires d'agir de même pour les routes relevant de leur compétence. Conséquences : un retour à une circulation « comme avant » sur certaines routes (hors nationales) et des GPS et assistants d'aide à la conduite (AAC) qui ne sont pas toujours à jour. Attention donc en circulant sur les routes de France, notamment au passage d'un département à l'autre.

QUELLE MOTO POUR VOYAGER ?

Vous allez voyager en moto et découvrir, seul ou à deux, les plus beaux itinéraires. Bien avant de définir précisément vos étapes, il est important de déterminer le type de moto qui correspond le mieux à votre personnalité, aux voyages que vous allez entreprendre mais aussi à l'utilisation que vous ferez de votre machine au quotidien. Les types de motos et leurs appellations évoluent avec le temps et il est devenu difficile de faire rentrer certains modèles récents dans une catégorie bien précise. La tendance actuelle est au polymorphisme et aux noms accrocheurs (hyper nacked, adventure...) ou fait référence à nos belles années, voire à celles de nos ainés (néo-rétro, sport Heritage, vintage, scambler, bagger...). Notre présentation tient compte au mieux de ces nouvelles particularités et concerne les catégories adaptées ou adaptables aux voyages et virées de toutes sortes. Ce qui reste le sujet principal de ce guide.

La basique

Une moto dite « basique », c'est deux roues et un moteur, souvent de moyenne cylindrée, sans carénage et sans équipement. Sa consommation est limitée et son entretien ne nécessite pas un budget important. Elle s'avère légère et facile à conduire au quotidien et sur de courtes distances mais pour voyager relativement confortablement, il faudra lui ajouter des accessoires comme un saute-vent ou une bulle, et des bagages souples. Du fait de son appellation peut alléchante pour l'acheteur, vous ne trouverez jamais de « basique » sur les catalogues des fabricants et concessionnaires. Ainsi, selon le modèle choisi, sa motorisation et ses équipements, la basique s'orientera vers des appellations et des styles bien particuliers tels que routier, roadster, sportif ou custom, que nous développons ci-après.

La routière

A partir des moyennes cylindrées, elle englobe tout un panel de machines suffisamment puissantes et bien équipées pour vous permettre de voyager en toute tranquillité et bien protégé. Des modèles tels que la Honda CB 500, la Yamaha XJ Diversion ou la Honda 700 Deauville ont longtemps été des valeurs sûres de ce marché. Ils ont tous évolués vers des design classant leurs successeurs dans des styles plus proches des roadsters et trails routiers que des basiques dont ils étaient issus. Les routières sont également parfaites pour vous déplacer quotidiennement quand vous habitez loin de votre lieu de travail. Le gabarit acceptable de la plupart de ces machines les rendent manœuvrables à basse vitesse et leur permettent encore de se glisser dans les places de stationnement moto de plus en plus exigus des grandes villes. Evolution normale de la basique, le côté fonctionnel et polyvalent de la routière est son atout majeur. Toutefois, pour des usages réguliers en milieu semi-urbain, elle est peu à peu détrônée par les maxi-scooters, aussi bien à l'aise en ville que sur voies rapides et plus adaptés au port du costume des cadres pressés. Tournées vers des sensations plus franches sans sacrifier au confort, les routières sportives ont une position de conduite moins droite mais supportable sur de longues distances, et conservent la possibilité d'accueillir un(e) passager (ère) dans des conditions décentes. Outre leurs performances moteurs « toniques », elles bénéficient d'une bonne autonomie. Elles disparaissent néanmoins peu à peu des catalogues constructeurs, le segment n'étant plus aussi porteur qu'il y a quelques années. C'est notamment le cas de la Yamaha FJR 1300 qui a tiré sa révérence en 2021, après une Ultimate Edition 2020 des plus réussies.

La grand tourisme ou GT

Conçues pour de longs voyages, les motos GT sont les « reines de la route ». A l'origine, deux écoles s'opposent : l'américaine, qui propose des modèles au confort haut de gamme, mais avec un certain empattement (voir l'Electra Glide de Harley, la Goldwing de Honda – d'avant 2018 – ou l'Indian Roadmaster), et l'européenne, aux motos également très confortables, mais au gabarit moins imposant et au comportement routier plus vif (BMW K1600 GT ou GTL, RT 1200, etc.). Mais cela, c'était avant... En effet, dès 2017 BMW a décliné son modèle K1600 haut de gamme vers un style bagger (K1600 B et K1600 Grand America) qui mélange les deux écoles originales. A contrario, en optant pour le même style bagger, la « nouvelle » Goldwing (depuis 2018) a réduit son empattement pour mieux s'adapter au mode de conduite européen.

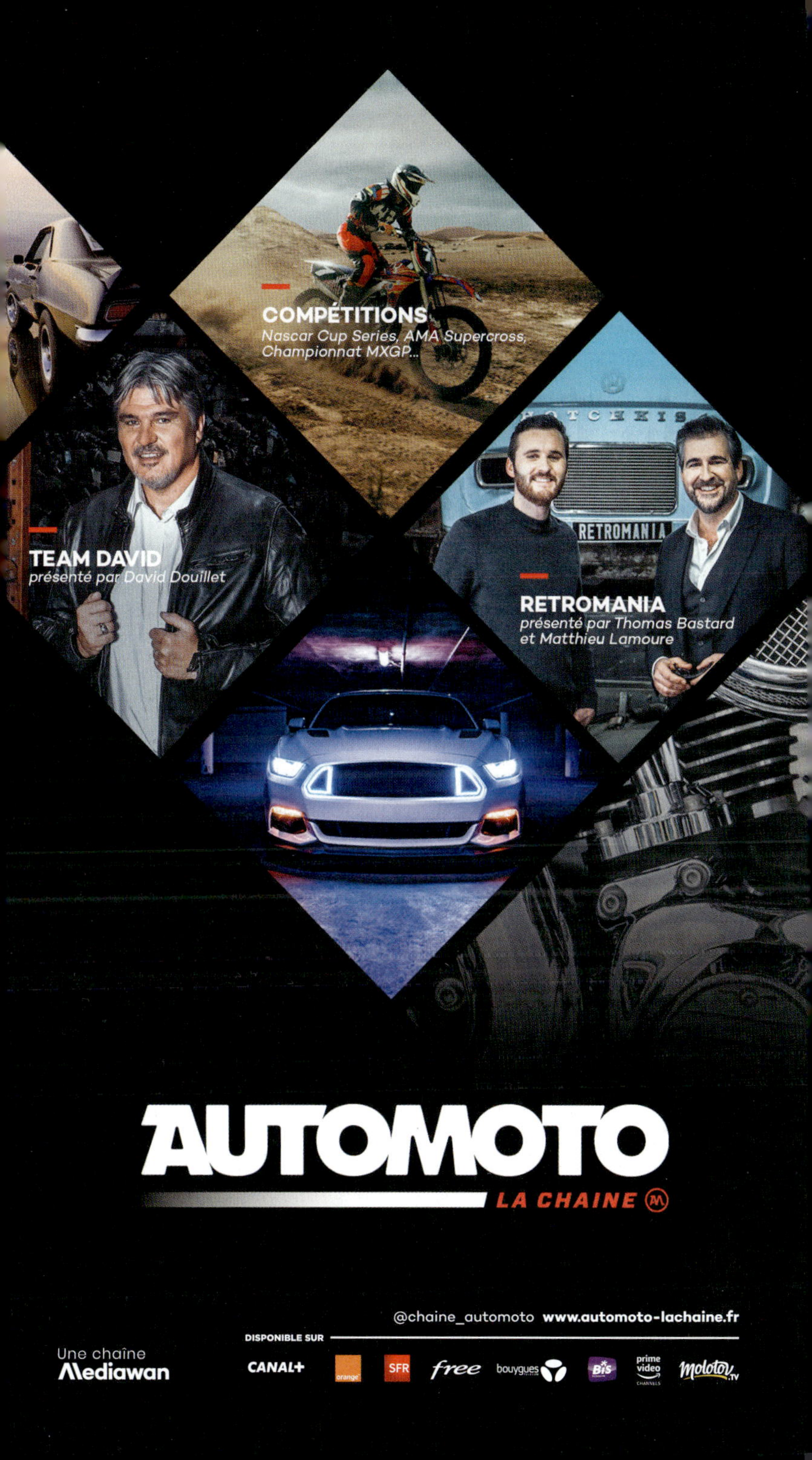
COMPÉTITIONS
Nascar Cup Series, AMA Supercross, Championnat MXGP...
TEAM DAVID
présenté par David Douillet
RETROMANIA
présenté par Thomas Bastard et Matthieu Lamoure
AUTOMOTO
LA CHAINE
@chaine_automoto www.automoto-lachaine.fr
DISPONIBLE SUR
Une chaîne Mediawan
CANAL+
orange
SFR
free
bouygues
prime video
molotov.tv

© ROBERTO LO SAVIO - ISTOCKPHOTO.COM

Sur les routes des Crêtes.

On aurait pu, en rester là, et se dire qu'après tout, la norme s'orientait irrémédiablement vers des gabarits moindres. Mais coup de tonnerre en septembre 2021 sur le marché des grosses américaines : BMW revient sur le devant de la scène avec la déclinaison de sa R18 en deux versions époustouflantes et aux gabarits hors normes, taillées pour les routes US : la R18 Bagger et la R18 Transcontinental. On attend à présent la réponse de la concurrence.

Le confort de la position de conduite, la protection offerte par le carénage intégral et la bulle haute contre le vent, le bruit et les intempéries, ainsi que leur capacité de chargement (notamment grâce à une bagagerie conséquente et souvent intégrée) en font l'outil idéal pour voyager facilement, y compris en duo. Le passager jouit d'ailleurs la plupart du temps d'un confort égal à celui du pilote. Malgré leur forte cylindrée, les GT offrent une bonne autonomie, généralement proche des 350 km (hors réserve), qui permet d'espacer les ravitaillements. Des équipements ajoutent encore au confort du voyage. C'est le cas des poignées et de la selle chauffante, d'un système audio (pour écouter de la musique, communiquer entre pilote et passager, utiliser un GPS, voire un téléphone) ou encore du régulateur de vitesse. Côté sécurité, pour ainsi dire tous les modèles proposent le freinage intégral et l'anti-patinage. L'ABS est quant à lui obligatoire sur les motos neuves de plus de 125 cc depuis le 1er janvier 2016. Seule la Goldwing Tour propose à ce jour l'airbag. BMW propose de son côté, en option sortie d'usine, l'appel d'urgence automatique. Ces motos peuvent rendre difficiles les manœuvres à basse vitesse. Sur les plus grosses machines, la présence possible d'une marche arrière et/ou d'un système d'aide au démarrage en côte facilite les choses.

Le trail routier

Au milieu des années 1980, le mythique Paris-Dakar faisait faire naître un marché puisant sa source dans l'engouement de l'aventure et des longs barouds. Mais pour s'adapter à l'environnement de nos contrées urbanisées, exit les machines de pur enduro qui ne pouvaient pas rouler tel quel en ville ou sur le bitume et place aux gros trails qui s'inspiraient directement de machines mythiques faites pour le désert. Plusieurs modèles à la cylindrée et au gabarit conséquents pour l'époque inondèrent le marché avec un vif succès : Super Ténéré 750, Honda Africa Twin 750, Honda XLV 750. Aujourd'hui située dans le haut du panier, la catégorie des trails routiers bénéficie d'un grand prestige et n'a jamais cessé d'évoluer. Parmi eux, on trouve des modèles estampillés Euro 5 tels que la Triumph Tiger 1050 1050), l'Africa Twin CRF 1000 L, la Kawasaki Versys 1000 l'excellente BMW R 1250 GS ou encore la Pan America 1250 de Harley Davidson. La position de conduite droite, alliée à une sellerie souvent confortable, l'autonomie importante, la qualité des suspensions et la bagagerie dignes de nombre de GT font de ces trails des machines adaptées aux grands voyages. Attention cependant au confort du passager, parfois discutable. Dotés d'une bulle et d'un carénage plus ou moins protecteur, le vent est en général bien dévié, même à haute vitesse. En revanche, la protection des jambes contre les intempéries reste assez aléatoire. Plus maniables et plus légers que les GT, ils sont aussi à l'aise en ville, à condition de posséder un gabarit physique compatible avec une hauteur de selle souvent importante et un centre de gravité parfois assez haut.

Chaussés de pneus adaptés (mais pas forcément d'origine), les trails sont les seuls à pouvoir se permettre des escapades hors du bitume. Prudence toutefois : les versions routières suréquipées s'avèrent généralement trop lourdes pour s'aventurer sans préparation (de la machine et du pilote) sur les chemins de terre tortueux, surtout s'ils sont humides.

La sportive

Les sportives sont des machines très spécifiques, pensées à l'origine pour la performance sur circuit. Force est de constater que face à une sécurité routière accrue, le déploiement général des radars sur nos routes et de nouvelles normes environnementales contraignantes, les ventes de ces machines en France sont en retrait. Si quelques modèles mythiques ont été retirés des catalogues ces dernières années, il reste toutefois toujours du très bon. Parmi les « bijoux » disponibles en 2021, citons la Yamaha YZF-R1M, la Ducati Streetfighter V4 Pikes Peak, l'Aprilia RSV4 1100 Factory, la BMW S1000 RR, la Honda CBR 1000 RR-R Fireblade ou encore la toute nouvelle Suzuki Hayabusa GSX 1300 RR. Le caractère sportif ne fait pas bon ménage avec le confort. Sur moyenne et longue distance, le pilote – basculé vers l'avant avec les jambes repliées et les poignets cassés – fatigue vite. Les moins exclusives prévoient d'emmener un passager, mais n'offrent souvent qu'un bout de selle symbolique et des repose-pieds qui mettent les genoux dans les oreilles.

Côte bagagerie, il faut compter sur le minimum. Les bagages souples, sacoches réservoir et latérales, présentent l'avantage de ne pas laisser de traces (pas de support permanent). Mais beaucoup recourent au bon vieux sac à dos pour emporter leur barda, ce qui augmente encore la résistance à l'air et la pression sur les épaules et la nuque. Le faible rayon de braquage peut rendre délicate la conduite dans les villages aux rues étroites.

Le roadster

Le roadster, rétro ou moderne, plus ou moins sportif selon la position de conduite, est centré autour de la puissance de son moteur, conçu d'abord pour procurer des sensations. Rien d'étonnant à ne trouver que peu de carénage, notamment au niveau des jambes. La Ducati Streetfighter V4, , la Honda CB1000R Neo Sports Café, la Kawasaki Z H2, la KTM1290 Super Duke R ou la BMW R 1250 R, ne sont que quelques exemples de roadsters sur le marché. A noter la sortie dès 2020 de la dernière Triumph Rocket III, époustouflante avec son moteur de 2 500 cm^3. Entre l'esthétique et le pratique, il faut parfois savoir choisir? ! Le pilote d'un roadster doit souvent subir la pression constante de l'air sur son casque et le haut du corps. L'effort musculaire relativement intense pour compenser cette pression est accentué par la position peu aérodynamique. Cela devient très gênant sur des centaines de kilomètres et risque de gâcher ou même d'écourter le périple. L'installation d'équipements de protection, saute-vent ou bulle, peut résoudre ce problème, à condition qu'ils soient assez hauts pour atténuer la pression sur les épaules. Ajoutez à cela un carénage haut, des déflecteurs sous le réservoir, et vous obtenez un roadster qui penche du côté des GT. Les roadsters supportent assez bien la bagagerie adaptable. On peut y installer une sacoche de réservoir, voire un top-case (chargé modérément). Pour des sacoches cavalières, tous les modèles de roadsters ne conviennent pas à cause de la proximité des échappements hauts, sans parler des pots sous la selle qui peuvent faire fondre les bagages.

Le custom

Le « custom » se distingue par ses chromes, sa peinture, ses nombreux accessoires et sa position de conduite anti-ergonomique. Qu'il soit « made in USA » ou d'ailleurs, il est plus prédisposé à la balade qu'aux longs trajets, bien qu'il soit de plus en plus souvent doté de moteurs hors du commun. Côté US, on peut citer la Harley-Davidson Sporter S et l'Indian Challenger. Côté japonais, la Kawasaki Vulcan sort du lot. En Europe, après la belle Ducati Diavel Carbon et la superbe Triumph Thunderbird 1700, BMW fait frémir d'envie avec sa Concept R18 sortie en 2020 et déclinée la même année en R18/2 (2020), mais aussi, depuis septembre 2021, en R18 Bagger et R18 Transcontinental. Ces deux derniers modèles indéniablement classés dans les modèles Touring.

La position de conduite fatigue assez rapidement, les bras surtout, mais aussi le fessier puisque les jambes presque tendues vers l'avant ne le soulagent pas.

La garde au sol, souvent très basse, devra être prise en compte si vous comptez emprunter des itinéraires sinueux. Le chrome des pots d'échappement, très près du sol, ne résistera pas au bitume lors des virages serrés !

Pour voyager à deux, il existe de nombreux modèles assez confortables pour le pilote et parfois pour le passager, avec un dossier, voire des accoudoirs. Sur d'autres, la place du passager est fortement réduite. On évolue alors vers des modèles touring, le GT vu du côté américain. En ce qui concerne les bagages, les sacoches souples – cavalières ou non – s'adaptent bien sur les customs. La sacoche sur le réservoir amoindrit l'esthétique de la moto, mais reste envisageable. Le top-case, à moins qu'il soit assorti à leur machine, pose lui aussi, inévitablement, un problème d'ordre esthétique.

Le trike

Le trike est engin à trois roues conçu à partir d'une moto sur laquelle a été ajouté un train arrière. Il appartient à la catégorie des tricycles à moteur et sa cylindrée est souvent (sauf infimes exceptions) supérieure à 1000 cm^3. Il peut être conduit par tout possesseur du permis A mais aussi du permis B selon les conditions de la dernière réforme du permis de conduire concernant les tricycles à moteur de plus de 125 cm. Une formation pratique de 7 jours dispensée par un établissement ou une association agréés peut alors être nécessaire.

Les trikes 100 % de série fabriqués en Europe sont l'apanage de certains grands constructeurs comme Boom en Allemagne. Ce fabricant propose à ce jour un modèle (le Mustang) décliné en plusieurs versions. Coté made in US, les plus fameux trikes de série importés sont ceux de Harley Davidson. Après le Tri Glide, dont les premiers modèles ont été livrés en France en 2013 sur la base d'une Electra Glide Ultra classic, un second modèle, le Freewheeler, est venu s'ajouter au catalogue Harley en 2017. En 2018, le moteur Milwaukee-Eight 114 a succédé au Milwaukee-Eight 107. La plupart des autres trikes que vous croiserez sur les routes ont été construits sur la base de grosses GT par des entreprises spécialisées à l'aide de kits. Si beaucoup de trikes sont conçus à partir de Honda Goldwing ou de grosses Harley, tous les modèles de moto sont susceptibles d'être transformés. Il est alors important de s'attacher au rapport poids-puissance que l'on obtiendra au final, histoire de ne pas se traîner sur les routes avec une machine devenue trop lourde une fois modifiée.

En Europe, de nombreuses entreprises sont à même de modifier votre machine pour en faire le trike dont vous rêvez : parmi les plus connues, on peut citer Rewaco et Boom en Allemagne (également constructeurs), EML aux Pays-Bas, Qtec-Engineering en Belgique, Yukon Motorcycle Technology à Wasquehal (59) ou encore JLM Concept Cars à Frocourt (60).

Le side-car

La possibilité de transport d'une troisième personne, notamment dans le cas d'un périple «»en famille»», est l'intérêt principal de l'engin, bien que le side puisse également servir de bagagerie. Dans le premier cas, le passager dans le panier, dès lors qu'il s'agit d'un panier couvert, bénéficie d'un certain confort et d'une protection contre le vent et les intempéries. Néanmoins, piloter un side-car demande une certaine dextérité. Les sensations de conduite sont différentes d'un « simple » deux-roues, notamment dans les courbes, et il n'est plus question de se glisser avec la même aisance dans les petites ruelles. A ce jour, on trouve facilement plusieurs constructeurs de side-cars en Europe. En France, on peut citer : Choda side-car (10), Armor Side (29), Dedome (52), Muscat (58), DJ Construction (73), Alain Pourchier side-cars (84) ou encore Hechard (Cédric Fabien) side-cars (85). Proche de nos frontières, on peut s'orienter vers Sidcar Italia, en Italie, et surtout Mobec, Ruko et Motek en Allemagne.

Le maxi scoot

Plus gros, plus confortables et infiniment mieux équipés que les scooters « classiques », les maxi-scooters, ou « maxi-scoots », ont largement envahi le marché urbain. Dotés d'un moteur de cylindrée comparable à celui d'une moto, les maxi-scooters possèdent, pour la majorité, des caractéristiques mécaniques très similaires. Parmi les maxi-scoots actuels et de grosse cylindrée (500 cm^3 et au-dessus) le plus populaires, le Yamaha Tmax 530 (devenu 560 en 2020), a vu deux de ses principaux rivaux, le Suzuki Burgman 650 et le BMW C 650, disparaître avec l'arrivée de l'Euro 5 en 2021. Le Kymco AK 550, apparu en 2017 et disponible en version sport depuis 2019, est à présent le challenger le plus sérieux du Tmax. Le Honda X-ADV 750 fait office d'hybride. Lui aussi apparu en 2017, il présente non seulement d'excellentes qualités en milieu urbain et routier mais aussi des aptitudes hors pistes auxquelles on ne s'attendait pas jusque-là pour un maxi-scooter au look très proche d'une moto. Disponible avec une version 35 kW, qui peut être reconvertie à sa puissance totale pour les permis A2.

Avec une protection imbattable, des compartiments de rangement très pratiques et une grande facilité de conduite, les maxi-scoots offrent des performances qui promettent de laisser plus d'une moyenne cylindrée derrière, en ville ou sur autoroute... De quoi embarquer un passager et sillonner les routes pour aller jouer les touristes !

Certains d'entre eux sont dotés de trois roues. Parmi les modèles en vogue actuellement, on trouve les Piaggio MP3 (300 et 500 cc) et le Peugeot Metropolis (400 cc). Parmi les modèles électriques à remarquer, le constructeur français Eccity, déjà connu pour ses 50 et 125 cm^3, propose depuis 2020 le Eccity model3 : un scooter électrique 3 roues pendulaires dont 2 à l'arrière. Il dispose de 75 à 100 km d'autonomie et peut atteindre les 110 km/h.

Idéals pour les cadres pressés des grandes villes novices dans le domaine du deux-roues, les scooters à trois roues ne remportent que peu de succès auprès des motards de cœur. Ils nécessitent depuis janvier 2013 un permis spécifique, exception faite pour les conducteurs titulaires du permis A ou B de plus de 2 ans. Parmi ces derniers (permis B de plus de 2 ans), ceux possédant leur permis depuis janvier 2011 doivent avoir suivi une formation à la conduite de ces engins (7 heures au total). Le premier scooter à 4 roues, lancé par l'italo-suisse Quadro, est apparu en France en 2016 sous la dénomination Quadro4. Ce dernier est devenu Qooder en 2018 et est mû par un moteur de 399 cm^3 de 32,5 ch. Il est catégorisé L5^e et peut être piloté aux mêmes conditions que les modèles à 3 roues de cylindrée supérieure à 50 cm^3. Le eQuooder en est la variante électrique. Avec un moteur équivalent à un 650 cm^3 thermique, il devrait être disponible prochainement.

Les motos électriques

Ce n'est plus un rêve, la moto (et non plus le scooter) électrique rentre par la grande porte dans notre quotidien. Après des machines comparables à des 125 CC (voir le chinois Super Soco et sa TC Max, l'espagnol Volta et sa BCN ou encore l'italien Tacita et sa T Cruise), plusieurs autres constructeurs nous proposent aujourd'hui des moteurs de puissance bien plus élevée sur de « vraies » motos au design réussi. Début 2021, ce sont deux Américains qui sont sur le devant de la scène : Zero Motorcycle, avec ses gammes sportive, roadster, routière et trail routier, et Harley Davidson, avec la LiveWire électrique. Côté européen, un constructeur italien est également présent : Energica, avec la EVA EsseEsse9 en plusieurs déclinaisons. On attend à présent la Vision DC Roadster de BMW, à l'état de prototype depuis 2020.

CARNET

© FOTOANDALUCIA - STOCK.ADOBE.COM

LES GRANDES MARQUES DE MOTO

Japon

Yamaha – Fondé en 1887, le fabricant d'instruments de musique qu'était Yamaha se lancera à l'issue de la Seconde Guerre mondiale dans la production de motos. De nos jours, la marque au diapason connait un réel succès. Son roadster MT-07 est l'une des motos les plus vendues en France. D'autres modèles comme la Tracer, la Ténéré ou la R1 m font également les beaux jours de Yamaha.

Honda - La création de la marque ailée remonte à 1948. Honda n'a jamais hésité à se démarquer et à innover avec des modèles tels que les feues DN01 et NC750 ou la récente X-ADV (mi moto, mi scooter). Parmi ses plus célèbres ambassadeurs actuels : la Honda Goldwing 1800, véritable vaisseau de croisière, l'Africa Twin ou encore la CBR 1000 RR Fireblade.

Kawasaki - Kawasaki est né en 1878 avec une production destinée à l'armée. Aujourd'hui, quelle que soit la catégorie cross, roadster, trail, sport ou hypersport, ses machines sont le rêve assuré. « Kawa » tient également son identité à sa couleur vert vif, qu'on aime… ou pas. La Ninja ZX-10R, la Z1000 ou la Versys 1000 sont parmi les modèles en haut du panier.

Suzuki – Suzuki a élaboré son premier prototype en 1937. Parmi ses modèles phares des dernières années, la Bandit fut longtemps le modèle de la marque le plus vendu en France. A présent, les Katana et Vstorm rencontrent un beau succès. Quant à la GSX-1300R Hayabusa, elle figure parmi les légendes du monde moto.

Europe

BMW - la marque bavaroise produit des motos depuis 1923. Elle a, elle aussi, ses fidèles. Plus onéreux que d'autres à l'achat, ses modèles décotent cependant souvent moins vite. La 1250 GS (bientôt 1300 GS), la S 1000 RR ou la R1250 RT figurent parmi les fers de lance du constructeur.

KTM - L'histoire du constructeur autrichien a débuté en 1934. Tout d'abord connu dans le monde du cross et de l'enduro, la marque orange s'illustre désormais sur tous les fronts. Avec, par exemple, la série « Duke », KTM propose des modèles roadsters de 125 cm^3 à plus de 1200 cm^3.

Triumph – La marque anglaise a été fondée en 1885-87 par… deux allemands. En 1956, John Allen établissait le record du monde de vitesse sur sa Triumph T 110, sur le lac de Bonneville, aux USA. De là, naissait le fameux modèle homonyme qui continue son évolution au milieu d'autres noms au succès mérité comme Street Triple, Scrambler, Tiger ou Rocket.

Aprilia – Cette marque italienne fondée à la fin de la Seconde Guerre appartient aujourd'hui à Piaggio. Dès les années 90, la marque s'est imposée en compétition. Elle propose de véritables « pur sang » qui portent aujourd'hui les noms de RS, Tuono ou encore RSV4.

Ducati – Ce constructeur basé à Bologne a été racheté en 2012 par l'allemand Audi, filiale de Volkswagen. Mais tout est resté italien : la rage, la passion, les extrêmes. Ducati s'est d'ailleurs associé en 2020 avec Lamborghini pour créer une machine d'exception : la Ducati Diavel 1260 Lamborghini. Ses modèles Multistrada V4, 950 SuperSport et Scrambler 1100 sont de véritables bijoux.

Moto Guzzi – La production Moto Guzzi commence en 1921. Après une longue histoire faite de succès et de défaites, la marque semble disparaitre progressivement du devant de la scène. En 2021, pour le centenaire de sa fondation, seuls trois modèles sont proposés, tous équipés du même V2 de 853 cm^3 : la V7, la V9, et le trail V85TT. Chacun se décline en plusieurs versions.

USA

Harley Davidson – Née en 1903 à Milwaukee, aux USA, la marque est le symbole du rêve américain. Les membres de ses HOG (Harley Owners Group) se comptent par millions à travers le monde. L'arrivée récente sur le marché du roadster électrique LiveWire et du tout terrain Pan America apporte clairement une réponse aux exigences de sa nouvelle clientèle.

Indian – Concurrent direct de Harley (et inversement), ses modèles visent à l'origine les mêmes amoureux du chrome, du bitume et des grands espaces. Sa première moto de course remonte à 1906. Aujourd'hui, ce sont ses modèles Indian Scout, Chief et Challenger qui occupent le devant de la scène.

Inde

Royal Enfield – Née britannique en 1901, la marque est détenue depuis 1994 par la compagnie indienne Eicher Motors. Ses modèles simples et robustes, sont souvent en première ligne lors d'expéditions « hors normes », quand les mécaniques sont susceptibles d'être mises à rude épreuve en traversant des pays où la pièce détachée est rare. La Bullet est le modèle qui fit les premiers succès de la marque. Outre le trail Himalayan et les twins Continental et Interceptor, la Meteor 350 est sa dernière réalisation.

L'ÉQUIPEMENT DE LA MOTO

L'équipement, qu'il s'agisse de celui de la moto ou du motard, est une chose importante à bien prendre en considération. Bien que la bagagerie soit le nerf de la guerre quand on part en voyage, certains accessoires ont aussi leur importance et vous seront très utiles sur la route. Une moto, aussi fournie soit-elle en accessoires à l'achat, réclame toujours à s'enrichir dès qu'il s'agit de voyage, d'autant plus pour les longues distances. Qu'il s'agisse de la bagagerie, donc, ou bien des accessoires de confort, du système de navigation, des appareils de communication audio ou bien encore de la fameuse dashcam, vous saurez tout sur le choix pléthorique d'équipements disponibles pour compléter votre petit bijou et également votre confort de route, sans jamais négliger votre sécurité. Voici une liste exhaustive de ce qu'il vous sera possible de trouver.

CARNET

La bagagerie

Tous les motards doivent savoir voyager léger. Mais cette notion dépend de la bagagerie dont vous disposez, ainsi que des conditions dans lesquelles vous allez passer vos vacances. Les possibilités d'emport varient bien sûr selon que vous voyagez seul ou en duo. Il faut garder en mémoire qu'une partie du volume disponible sera accaparée par quelques éléments indispensables, comme un antivol, un kit anti-crevaison, les papiers de bord (manuel du conducteur, livret d'entretien, photocopie des cartes grise et verte), un gilet de haute visibilité (obligatoire depuis le 1er janvier 2016), plusieurs constats amiables, sans oublier un stylo, voire un appareil photo (ou celui de votre téléphone) pour établir des preuves en cas de litige. Bien utiles aussi, un chiffon en microfibre pour tout essuyer, des bouchons d'oreille, une tenue de pluie et des équipements chauds (comme un tour de cou et des gants d'hiver), surtout si vous prévoyez de faire de la montagne. Rappelez-vous que l'éthylotest reste un accessoire obligatoire dans tout véhicule à moteur depuis 2012.

La sacoche de réservoir

Proche du centre de gravité de la moto, elle est idéale pour les objets assez lourds. Souples, parfois équipées d'un ou de plusieurs soufflets pour une contenance variable, les plus volumineuses dépassent les 30 litres. Presque toujours munies d'un porte-cartes étanche, elles ont aussi des pochettes latérales où peuvent se glisser, par exemple, les tickets aux péages. Vérifiez que la sacoche comporte une housse de pluie. Comme pour toute bagagerie souple, emballer ses affaires fragiles dans des sacs plastiques reste une solution fiable pour les garder au sec. Il existe plusieurs types de fixation. Les sacoches magnétiques se fixent à même le réservoir. Elles sont intéressantes en termes de prix et faciles à placer. Il est cependant recommandé de bien nettoyer le réservoir avant installation pour le préserver de rayures. Les tapis de réservoir, quant à eux, ont l'avantage de protéger le réservoir des assauts du temps et de toute dégradation, sous réserve là aussi d'un entretien scrupuleux : des poussières peuvent se faufiler sous le tapis et user la peinture par frottement. Le tapis comprend des fixations pour des sacoches spécifiques au fabricant. Le point faible de cette solution réside dans son coût : à l'achat de la sacoche s'ajoute celui du tapis pour un montant parfois équivalent. A côté de ses modèles classiques, Bagster propose des tapis universels de surface minimale à coût très compétitif nommé Easy. Enfin, on peut également citer les modèles Tanklock de Givi. Les sacoches du fabricant sont clipsables sur un support fixé au réservoir grâce aux vis du bouchon de réservoir. Vérifiez que la sacoche ne réduit pas trop votre champ de vision ni vos manœuvres. Une fois remplis, les plus gros modèles cachent le tableau de bord et diminuent la maniabilité de la moto si le guidon vient en butée contre la sacoche (attention à l'enfoncement accidentel du démarreur, voire du coupe-circuit). Notez enfin qu'il vaut mieux éviter de laisser votre sacoche de réservoir sur votre moto si vous vous en éloignez longtemps. Rapides à installer et donc à enlever, interchangeables, elles peuvent être volées facilement ! La plupart sont munies de bretelles permettant de les porter en sac à dos.

Le top-case

C'est l'un des éléments de bagagerie les plus courants. Sa contenance peut atteindre les 72 litres. Certains modèles bénéficient d'un kit feu stop. En duo, on peut l'équiper d'un dosseret qui augmente le confort du passager. En roulant dans une circulation dense, il vous permettra de transporter des bagages sans augmenter le gabarit de votre moto. A l'arrêt, il vous permet d'abriter un casque, voire deux pour les plus volumineux. Vérifiez qu'une fois chargé, le top-case n'entraîne pas de risques pour la sécurité. Positionné loin en arrière du centre de gravité et en hauteur, il modifie l'aérodynamisme et la répartition des masses de la moto. A savoir que, même s'il fait partie de l'équipement d'origine, il rend la moto plus sensible aux turbulences et peut engendrer des guidonnages. Assurez-vous également que le poids transporté sera supporté par le top-case et par le porte-bagage, mais aussi par les supports de ce dernier. Si une platine existe, elle sera certainement vendue à part. Son achat peut vous permettre d'augmenter la qualité de maintien du top-case et vous éviter des bricolages hasardeux sur le porte-bagage d'origine. Le système de verrouillage est avant tout dissuasif. Tous les modèles sont plus ou moins faciles à forcer, y compris ceux fournis par les constructeurs. Ainsi, de nombreux vols ont lieu régulièrement sur des motos ou scooters en stationnement (contenu du top-case ou top-case lui-même). Restez vigilant et n'y laissez aucun objet ou document de valeur. Laissez-le ouvert s'il est vide.

Les sacoches cavalières

Ces sacoches se fixent un peu à la manière d'une selle de cheval. Il faut veiller d'une part à bien les équilibrer, et d'autre part à les sangler pour qu'elles ne battent pas. Si le système de fixation passe sur la selle, il peut à la longue gêner le confort du passager. Il est donc préférable de le faire passer sous la selle en démontant celle-ci. A noter également que les systèmes de fixation fournis s'abîment rapidement et sont parfois insuffisants pour garantir la stabilité de l'ensemble. Mieux vaut avoir recours à des tendeurs supplémentaires. Abordables, extensibles, ces sacoches disposent de housses amovibles, car leur étanchéité n'est pas toujours totale. Attention à leur positionnement, car elles peuvent fondre au contact des pots d'échappement, bien que les manufacturiers essaient de s'adapter à cette contrainte avec des protections thermiques. Ces sacoches peuvent être transportées en bandoulière ou sur le dos.

Les valises rigides

Elles sont faciles à installer une fois leur support permanent mis en place, et présentent l'avantage d'être étanches. Elles sont détachables et transportables à la main. Elles disposent d'un système de verrouillage qui, comme pour les top-cases, est avant tout dissuasif, mais pas inviolable. Si vous laissez vos valises sur votre engin en stationnement, n'y laissez aucun objet ou document de valeur. Sur les motos n'étant pas équipées d'origine du support adapté, il faut en installer un, spécifique, souvent non amovible et qui peut remettre sérieusement en question le charme de votre monture. Par ailleurs, supports et valises représentent un certain investissement – rentabilisé toutefois par une durée de vie importante. Faites attention les premiers temps : une fois équipé de cette bagagerie, l'arrière de la moto est plus large qu'à l'accoutumée. Pensez aussi au fait que les valises peintes sont très belles, mais beaucoup plus sujettes aux rayures que les valises noires, teintées dans la masse. Une protection, bien souvent sous forme de bande caoutchouteuse, existe sur certains modèles, parfois en option.

Sacoches cavalières.

Le bagage de selle

Il se fixe sur le siège passager ou sur le porte-paquets. Parmi ces bagages, des sacoches dites « soft-case », existent et ressemblent à celles de réservoir. On trouve aussi des sacs « polochon » étanches, de contenance variable (jusqu'à 90 litres), à sangler à l'aide des fixations fournies ou de tendeurs. Mais pour emporter des bagages derrière soi sur de courtes distances, il n'est pas nécessaire d'investir dans un sac spécial moto. Un sac classique ou un sac à dos peuvent être fixés au moyen d'une « araignée », filet extensible muni de crochets – un accessoire extrêmement pratique et peu cher.

La remorque

Avec une remorque, pas de privation en vue : sa grande capacité d'emport (jusqu'à plusieurs centaines de litres) permet de rapporter des souvenirs et d'emporter quantité de vêtements de rechange. Elles sont maniables et conçues pour ne pas gêner la facilité de circulation qui caractérise le deux-roues. Quelques rares fabricants se partagent le marché, avec des produits très divers, à une ou deux roues, au look rétro ou futuriste, et à des prix souvent élevés en raison du faible volume des ventes. Pour un périple à l'étranger, attention à la réglementation propre à chaque pays. Certains peuvent restreindre l'utilisation des remorques bagagères, voire l'interdire.

Le sac à dos

Il existe aujourd'hui des sacs à dos spécifiques moto, équipés de bretelles préformées et de protections au niveau du dos pour plus de confort et de sécurité. Des serrages sont conçus pour favoriser la stabilité du sac et une housse amovible vient bien souvent améliorer l'étanchéité (pas toujours garantie à l'origine). Leur contenance peut varier de 10 à plus de 50 litres. Vérifiez que la prise au vent du sac ne vous gênera pas. Pour les sacs les plus encombrants, l'idéal est de pouvoir en faire reposer la partie inférieure sur la selle, sans pour autant détendre les bretelles et risquer de vous déstabiliser. Quel que soit le modèle de sac à dos, il faut absolument éviter de transporter des objets rigides, contondants ou lourds (exemples typiques : un antivol), très dangereux pour votre dos si vous chutez. Et que dire des bouteilles en verre quand on a fait des courses ou qu'on se rend à une soirée. Si vous n'avez pas d'autre choix que le sac à dos pour transporter vos affaires, on signalera parmi les modèles ergonomiques le People Delite Aero du constructeur suédois Boblbee, qui dispose d'une coque rigide homologuée de niveau 2. Dans tous les cas, en cas de chute et de glissade, pensez qu'un sac à dos, quel qu'il soit, pourra vous blesser par sa forme proéminente et qu'il pourra s'accrocher à d'autres véhicules ou au mobilier urbain. Bien entendu, il est à proscrire pour les porteurs d'airbag.

Le sac de casque

Les casques trouvent difficilement une place sur une moto garée. Pour les casques intégraux et modulables, une solution consiste à les fixer à la moto avec un antivol flexible et extensible. Si vous craignez pour la sécurité de votre heaume

© PRAPHAB LOUILARPPRASERT - SHUTTERSTOCK.COM

Le rangement dans la selle est pratique.

CARNET

© UGURHAN - ISTOCKPHOTO.COM

réplica dernier cri, il existe soit des sacs à dos spécifiques pour casque, soit des housses, fréquemment fournies avec le casque au moment de son achat (ne pas hésiter à la demander en cadeau). Ces dernières permettent d'abord de protéger le casque des petits chocs et des poussières. Elles constituent aussi des sacs de transport grâce à leurs bretelles ou aux cordons. Veillez à vérifier régulièrement la solidité de ces derniers, surtout au niveau des nœuds qui se défont lentement. Certaines housses sont coquées.

Les accessoires de confort

Certains motards ajoutent une panoplie plus ou moins riche d'équipements destinés à améliorer leur confort contre la morsure du froid, la pluie ou encore les inconvénients d'un trop long parcours. Disponibles dès la conception sur de plus en plus de modèles, les poignées chauffantes peuvent être acquises par la suite pour les motos les plus anciennes ou sans cette option. Elles remplacent les poignées d'origine ou s'adaptent en se posant par-dessus. Elles ne chauffent que l'intérieur de la main et n'évitent pas les engelures par grand froid. Pour se protéger efficacement du froid (en complément des gants dont le port reste obligatoire), on peut installer des manchons, une sorte de moufles fixées aux poignées dans lesquelles les mains gantées se glissent. Il s'agit d'un système efficace, mais souvent décrié par les motards, car peu esthétique. Ils peuvent être chauffants. Au prix d'une esthétique discutable, mais d'une efficacité redoutable, le tablier pour les jambes est l'outil idéal pour se protéger du froid et de la pluie. Comme les manchons, il peut être chauffant. De plus en plus de modèles de motos de type GT et trail routier proposent une selle chauffante. Il est possible de gérer la partie passager à part. Certains selliers et accessoiristes proposent également des selles chauffantes en adaptable. On pourrait en rire, mais la vérité est là et tous les motards vous le diront : notre postérieur est la partie de notre anatomie la plus sensible au manque de confort sur les longs trajets. La démarche la moins onéreuse pour répondre à ce problème quand il devient récurrent consiste à faire retravailler votre selle d'origine. Il vous faudra alors confier celle-ci soit directement au sellier, soit à un motociste qui l'expédiera ensuite par coursier. Il faudra également prévoir une solution de remplacement si vous devez utiliser votre moto pendant le temps d'indisponibilité de la pièce. Passer par un motociste présente parfois l'avantage de pouvoir se faire prêter une selle ; il est également possible (selon votre modèle) de commander une selle complète qui remplacera votre selle d'origine. Évidemment, c'est plus cher ! A noter que pour les personnes de taille moyenne, le spécialiste peut rabaisser la hauteur de l'assise en diminuant l'épaisseur de la mousse. Il est alors possible de demander d'insérer un gel (selle conducteur et/ou passager) qui, tout en permettant de gagner sur l'épaisseur, offre un très bon confort.

Le système de navigation

Le GPS (Global Positioning System) est le seul système à ce jour développé à grande échelle pour nous aider à naviguer. Avec le GPS, le voyage perd en spontanéité, mais gagne en efficacité. Sans grand intérêt sur un trajet connu, cet outil apporte une aide importante au motard en voyage. On sait toujours où l'on est (sous réserve de capter le signal satellite) et même si la route indiquée n'est pas toujours la plus directe ou la plus plaisante, on est certain de parvenir à destination. Il n'est plus nécessaire de s'arrêter pour consulter un plan ou changer de pli de carte (notamment la nuit, sous un réverbère ou à la lumière des phares). De plus, le GPS apporte un nombre considérable d'informations, appelées POI (points of interest), comme les stations-essence, les garages, les lieux touristiques, les hôtels et restaurants, ou encore les zones accidentogènes. Enfin, les limites de vitesse sont indiquées et tout dépassement peut être signalé au pilote suivant le paramétrage choisi. Le GPS peut s'utiliser « à la volée » en vous donnant l'itinéraire le plus court en distance ou le plus rapide en temps, circulation comprise (option souvent payante), avec ou sans péage, depuis l'endroit où vous vous trouvez jusqu'à votre destination finale. Des étapes intermédiaires peuvent également être choisies. Pour la balade « libre » d'une après-midi, certains GPS proposent dans leur menu une option « route sinueuse » fort utile qui vous permettra de n'emprunter que les chemins de traverse et autres itinéraires bis... mais bien entendu toujours choisis par les algorithmes de l'appareil. Pour les périples où l'on souhaite imposer un tracé particulier, des logiciels de planification dédiés (BaseCamp pour Garmin, My Drive pour Tom Tom…) permettent de préparer sur ordinateur l'itinéraire de son choix puis de le mémoriser dans son GPS. De nombreuses applications pour smartphone permettent également de lire les fichiers GPX préparés à l'avance (Geo Tracker, Trails, GPX Viewer…). Osmond est l'une de celles les plus adaptées aux motards. Reste la question principale : quel modèle choisir parmi l'offre pléthorique, dont les prix sont en baisse constante ? Les GPS moto sont étanches et faits pour être utilisés avec des gants. On notera néanmoins que de nombreux smartphones proposent de plus en plus ces deux particularités avec ou non l'adjonction de pochettes et la mise en place de supports adaptés. Certains GPS voiture peuvent également être utilisés dans les mêmes conditions de protection. Autre critère à considérer : le système de fixation, spécifique selon la marque (BMW, Ducati, certains modèles de japonaises, etc.) ou universel (RAM Mounts, Touratech, etc.). Selon la taille du GPS et les possibilités offertes par le type de moto, on pourra intégrer l'appareil dans un logement spécifique, l'accrocher au guidon, à la bulle ou à la colonne de direction. Attention qu'il ne masque pas le tableau de bord, ne gêne pas la mise en place d'une éventuelle sacoche de réservoir et que l'orientation de l'écran permette de le lire sans souffrir des reflets ni quitter la route du regard. Tous les modèles actuels de GPS disposent du Bluetooth, qui permet de recevoir les instructions vocales par le système audio intégré au casque (l'utilisation de l'oreillette est interdite depuis 2015). Le volume sonore s'adapte en fonction du bruit ambiant. Si vous êtes un adepte des voyages au long cours, pensez à recourir à une alimentation électrique externe, les batteries internes des GPS ne durant pas plus de 5 à 7 heures en utilisation continue. Le plus simple consiste à brancher le GPS sur une prise de bord ou directement sur le faisceau (protégé par un fusible). Au moment du choix, testez si possible les boutons et l'écran tactile en gardant en tête que l'utilisation du GPS se fera souvent avec des gants. En effet, s'il reste déconseillé de manipuler l'appareil en roulant, on rechigne à enlever ses équipements de protection à l'arrêt, surtout quand il fait froid. L'utilisation d'un stylet reste possible, mais peu adaptée. Souvenez-vous également que l'écran tactile peut se rayer rapidement sous l'action des frottements de doigts, gantés ou non. Un film plastique de protection se révélera donc des plus utiles. Parmi les concurrents sur le marché du GPS pour deux-roues, on peut citer le néerlandais TomTom, l'américain Garmin, le belge Tripy et le français Mappy. Leurs GPS sont communément disponibles avec une cartographie France ou Europe. Les assistants d'aide à la conduite (AAC) n'ont pas de lien avec la navigation et leur finalité n'est d'ailleurs pas là. Les détecteurs et avertisseurs de radar ayant été interdits en France en 2012, les boîtiers d'alors se sont purement et simplement reconvertis en appareils avertisseurs de zones de danger. Inforad est le seul fabricant connu en France à fournir des appareils spécifiques à la moto.

Les systèmes et appareils de communication

Partager ses impressions est un des plaisirs de la balade en duo, voire de moto à moto. Des solutions existent si vous ne voulez pas devoir tourner la tête et vous égosiller. Rappelons que toute source sonore distrait une partie de votre vigilance au détriment de votre sécurité, surtout si vous vous consacrez à une conversation suivie. Rappelons également que, depuis 2015, il est illégal en France de conduire une auto, une moto ou un scooter avec une oreillette, avec ou sans fil. Le kit Bluetooth utilise une technologie sans fil qui permet de communiquer en duo, voire avec plusieurs motos, et de recevoir des appels ou d'écouter de la musique à partir d'appareils également Bluetooth.

© SERGII ZYSKO - ISTOCKPHOTO.COM

Caméra embarquée.

Avec les principaux leaders du marché (Scala Rider, Cellular Line, Nextel, etc.), chaque casque doit être équipé d'écouteurs, d'un micro et d'un boîtier de transmission. Certains casques (Shoei, Nolan, Schuberth, BMW, etc.) ont un emplacement intégré pour le récepteur et l'appareillage micro/écouteurs. L'intercom électronique est composé d'un boîtier, d'un écouteur et d'un micro pour chaque motard, avec la possibilité d'y raccorder un téléphone, un GPS, une source musicale... Un câble de liaison est nécessaire pour le pilote et le passager. Malgré leurs excellentes performances, ils ont cédé le pas aux systèmes sans fil Bluetooth. Les kits mains libres pour smartphones et autres téléphones portables s'ajoutent aujourd'hui à tous ces systèmes de communication à l'origine prévus pour le motard et son passager. L'appareil lui-même peut être fixé au guidon grâce aux nombreux systèmes d'attache et aux housses de transport disponibles. Préférez les housses étanches. Faites attention au respect de la réglementation française interdisant le port d'une oreillette. Avant tout départ à l'étranger, renseignez-vous pour connaître la législation en vigueur. Parmi les autres technologies, l'américain Buhel a commercialisé à partir de 2015 un kit Bluetooth (D01 et D02) qui n'utilisait pas d'écouteurs internes. Le micro-récepteur était positionné sur le casque par un système adhésif, puis le son reçu est transmis par vibrations au porteur du casque directement depuis la calotte. L'entreprise n'existe plus, mais des kits sont encore en vente sur le net.

L'enregistrement vidéo

L'enregistrement vidéo a progressivement pris sa place mode dans le monde des voyageurs motorisés, que se soit pour conserver la beauté des paysages, le fun de la route ou une preuve tangible en cas d'accident. Familièrement appelé dashcam, cet objet dont le nom signifie « caméra de tableau de bord » se réfère pour le motard à la caméra fixée sur son casque ou sur le châssis de son engin. La qualité de l'enregistrement vidéo, mais aussi audio, la stabilité de l'image, l'angle de vue, la robustesse, la simplicité d'utilisation (importante en pilotant la moto), la connectivité sans fil, l'autonomie et la marque sont quelques-uns des éléments déterminants dans le prix de ce petit joujou dont les tarifs varient de 100 € à 500 € pour les plus perfectionnés. Plusieurs choses importantes sont considérées lors de l'achat « motard » : le choix du support (moto, thorax du pilote, caque) et le passage des éventuels câbles, l'atténuation des vibrations (il y en aura moins sur le casque) d'où l'intérêt d'un bon stabilisateur d'image, et l'étanchéité parfaite pour filmer quelle que soit la météo (appareil lui-même ou boîtier de protection). Attention à la réglementation observée par différents États, y compris ceux proches de nos frontières. Nos caméras sont strictement interdites au titre de la protection de la vie privée dans certains pays. Leur utilisation est notamment sanctionnée en Allemagne, en Autriche, au Luxembourg et au Portugal. Cette liste mise à jour en fin d'année 2021 n'est pas exhaustive et est à actualiser avant tout départ à l'étranger ou simple passage de la frontière.

L'ÉQUIPEMENT DU MOTARD

Pour un maximum de sécurité, nous vous recommandons de ne pas lésiner sur l'équipement qui constitue la protection du motard contre les aléas en cas de chute ou contre les aléas climatiques. Seuls deux équipements sont à ce jour obligatoires aux yeux de la réglementation française. Il s'agit sans surprise du casque (pour le pilote et le passager) et des gants (également pour le pilote et le passager). Il va sans dire que se cantonner à ce strict minimum n'est bien sûr pas suffisant : colonne vertébrale, bras, jambes ou pieds sont tout aussi importants pour profiter de la vie. C'est là l'objet de cette partie qui vous permettra de connaître l'équipement indispensable. Ne lésinez pas sur les effets qui pourront vous protéger du pire. Lors de vos achats, au-delà des effets de mode, assurez-vous en premier lieu que vos articles correspondent aux normes européennes pour les équipements individuels.

Le casque

Ce n'est pas seulement parce que son port (sur la tête, jugulaire fermée) est obligatoire, mais aussi parce qu'il protège l'organe le plus fragile et le plus important de notre corps que son choix doit être fait avec soin. Il existe quatre types de casques : les intégraux, les jets, les modulables et les transformables. Tous doivent bénéficier d'une norme européenne CE (la norme française NF reste acceptée mais est en voie de disparition) et comporter quatre stickers auto-réfléchissants. Attention aux achats faits hors d'Europe ! L'intégral offre la meilleure sécurité et la meilleure insonorisation, un critère important lors des longues journées de route. Mais il n'est pas des plus pratiques et pèche parfois par un champ de vision trop restreint. La lettre P doit figurer sur la norme. Le modulable est apprécié pour son côté pratique. Lors des arrêts, il n'est pas nécessaire de l'enlever pour parler, entendre et profiter d'un peu d'air frais, il suffit de relever la mentonnière. Pour savoir si votre heaume est homologué pour être utilisé ouvert ou fermé, regardez si les lettres J/P (et non P seule) figurent sur la norme. Le jet laisse le visage exposé aux éléments extérieurs (insectes, gravillons, particules de pollution, pluie...) et, plus grave, en cas de chute. Il ne devra être utilisé qu'à faible vitesse et derrière une bulle. Ceux munis d'un écran facial protègent davantage des éléments extérieurs, mais très peu en cas d'accident. La lettre J figure sur la norme. Le transformable peut être un casque intégral ou un casque jet par le maintien ou le retrait de la mentonnière amovible.

La plupart des grandes marques proposent un modèle de ce genre. Dans tous les cas, vérifier l'homologation : la lettre P précise que la mentonnière assure la protection complète de la mâchoire, les lettres NP indiquent que la protection maxillaire n'est pas intégrale. Après la vérification de la norme, n'achetez un casque qu'après avoir jugé de son confort (positionnement des mousses et de la jugulaire, isolation phonique, ventilation intérieure, place offerte pour le port de lunettes de vue ou autres...) et qu'il soit exactement à votre taille. Il ne doit être ni trop grand, ni trop serré au niveau du crâne car la mousse à ce niveau ne se relâchera pas avec le temps et la douleur qui sera perçue après quelques minutes (voire plusieurs dizaines de minutes) deviendra vite insupportable. Dans tous les cas, n'achetez pas de casque d'occasion ! Quand changer de casque ? Si la recommandation de changer un casque tous les cinq ans persiste, ce n'est toutefois qu'un conseil (et en général la limite de garantie proposée par le constructeur). Un casque bien entretenu et peu soumis aux UV peut être conservé plus longtemps. Toutefois, quel que soit son âge, il reste indispensable de le remplacer en cas de choc important ou d'accident. En effet, même si le casque semble intact, le calotin intérieur qui a joué son rôle d'amortissement lors d'un premier choc ne sera probablement plus en mesure de le faire une seconde fois. Ce n'est parce que le mal peut être invisible qu'il ne faut jamais acheter de casque d'occasion. Si vous n'avez pas opté pour un modèle aux garnitures intérieures amovibles, vous devrez également changer de casque dès que les mousses intérieures ne joueront plus leur rôle de soutien.

L'écran

Souvenez-vous que la partie du casque qui s'use le plus vite est son écran, et que celui-ci influe sur votre vision de la route. Entretenez-le en faisant attention à ne pas détériorer la partie externe (munie d'un film anti-rayures) et n'hésitez pas à le changer si la transparence n'est plus optimale. L'écran protège vos yeux des courants d'air mais aussi des insectes et projections diverses. Si votre casque n'en possède pas ou si vous tenez vraiment à rouler écran ouvert, portez une paire de lunettes, et (si vous en avez une) relevez votre bulle au maximum. Certains écrans permettent d'installer une lentille anti-buée amovible (film Pinlock, du nom de la société néerlandaise Pinlock) : un accessoire qui se révèle vite indispensable en hiver mais aussi lors des changements de température et des saisons pluvieuses où la formation de buée est fréquente. Ne jamais nettoyer cet ustensile très fragile avec un chiffon, même très fin. Préférez un lavage à la main, avec de l'eau et du savon et faites sécher à l'air libre. Attention, cette lentille anti-buée, même non teintée, est non homologuée pour la conduite de nuit car elle diminue la transmission lumineuse au-dessous des normes européennes (80% pour la conduite de nuit).

Le tour de cou et la cagoule

Un tour de cou permet de garder le cou et la nuque au chaud quand les températures deviennent basses. En été, c'est une protection supplémentaire contre l'infiltration d'insectes. Choisissez-le de préférence hydrophobe, respirant et adapté à la saison (chaud en hiver, peu épais en été). Pour les grands froids, les tours de cou-plastrons, qui couvrent le cou mais également la partie haute du buste, sont également une possibilité. Une cagoule devient indispensable quand l'air glacé s'infiltre dans le casque. Certaines enserrent le visage, qui reste à découvert, et d'autres sont percées d'ouverture pour les yeux. Dans ce dernier cas, lors de l'achat, attention à ce que le champ de vision soit conservé. Pensez également que l'air circulant moins bien dans le casque du fait de l'épaisseur apportée par la cagoule peut être propice à la formation de buée. Comme pour le tour de cou, pensez à choisir la matière qui conviendra le mieux à votre usage et à votre confort.

Le blouson - La veste

Chaque type de blouson et de veste de moto possède ses atouts et ses défauts, selon leur utilisation prévue. Idéalement, il faudrait posséder un vêtement pour chaque saison (été, hiver, mi-saison), en cuir ou en textile spécifique, mais un choix s'impose, la plupart du temps pour des raisons de budget. Voici quelques critères pour vous y aider. La matière de la couche extérieure doit résister à l'abrasion. Les blousons en cuir ou en fibres textiles spécifiques telle que le Cordura sont très efficaces. Le cuir doit être de bonne qualité (pleine fleur, épais de plus d'un millimètre) et bien cousu. La qualité des coques (épaules et coudes, voire poitrine) et de la dorsale est le second critère. On trouve à présent des coques, souples ou dures et homologuées CE dans tous les blousons. La qualité des dorsales est en revanche plus aléatoire. La quasi-totalité de celles qui sont intégrées d'origine sont inefficaces. Solutions à cette lacune : soit remplacer la protection d'origine par une protection amovible de qualité, soit investir dans une protection dorsale indépendante, fixée avec des bretelles et une ceinture, composée de « vertèbres » en plastique et munie de mousse pour plus de confort. À savoir qu'il existe aussi des gilets de protection couvrant tout le tronc. Un matériau particulièrement performant utilisé pour la conception des protections est le 3DO, une mousse orange dont la particularité est de durcir instantanément en cas de choc. La visibilité du produit vis-à-vis des autres conducteurs

© PRO STOCK PROFESSIONAL - SHUTTERSTOCK.COM

Une veste adaptée apporte une protection en cas d'accident.

doit être prise en compte au moment de l'achat. La nuit, sans gilet fluorescent, un blouson sombre vous rendra difficilement identifiable sur la route, notamment en cas d'accident. L'étanchéité et la « respirabilité » sont primordiales. Elles dépendent de la qualité de la membrane qui double immédiatement la couche extérieure, mais aussi de la conception générale du vêtement. Une membrane 100 % étanche ne sert à rien si l'eau entre par les coutures, les fermetures éclair, le col, les poches... Inversement, le vêtement doit pouvoir évacuer la transpiration pour éviter au motard de « cuire dans son jus ». Sur ces deux derniers critères, le cuir est très souvent pénalisé. Certaines matières synthétiques s'avèrent à la fois plus économiques, plus étanches, plus respirantes et plus légères ; elles sèchent en outre plus rapidement et demandent moins d'entretien. Pour l'été, les textiles de type « mesh » (alvéolés) sont très confortables ; la maille laisse passer l'air, entraînant une ventilation efficace grâce au vent relatif. Évidemment, cela devient bien moins efficace dès que la moto s'arrête... A défaut d'un vêtement « spécial canicule », le motard peut se contenter d'un vêtement de mi-saison doté d'aérations sur les bras, les épaules et la poitrine. Pour davantage de confort, on peut essayer le gilet thermique. Ce gilet fonctionne avec l'eau contenue dans la membrane et permet d'abaisser la température de 6 à 15° C degrés selon le modèle. Parmi les fabricants, on peut citer les Néerlandais Macna (Dry Cooling Vest) et Revit (Challenger), l'italien Alpinestars (Cooling Vest) ou encore l'Allemand BMW (CoolDown). L'hiver, la doublure thermique amovible, qui fait parfois aussi office de membrane d'étanchéité, existe de différentes qualités en fonction des matières utilisées, plus ou moins isolantes et respirantes, tout comme le blouson. Une sous-veste en polaire ou dans un matériau technique qui facilite la rétention de chaleur permettra de compenser les faiblesses d'un vêtement de mi-saison. Enfin, pensez au côté pratique du blouson : poches intérieures et extérieures, systèmes d'ajustement (velcro, boutons pression, etc.) prévus en fonction des vêtements portés en dessous, démontage possible ou non des coques et des éléments réfléchissants (indispensables pour être vu la nuit, surtout à côté de la moto, voire sur la route en cas de chute)...

Le système airbag

L'airbag moto, qui peut être intégré d'origine à un blouson ou à une veste spécifique ou se porter en gilet sous ou sur le vêtement de protection classique, est commercialisé en France par plusieurs fabricants dont les plus connus sont Hit-Air, Helite, Bering, Dainese, Alpinestars, Ixon - In&motion ou encore Hi-Airbag Connect. En cas d'éjection, l'airbag se gonfle en moins de quelques millisecondes. Les zones protégées par la majorité des produits vendus sont la nuque, le dos, les côtes, le thorax et le coccyx. Après quelques secondes, l'airbag se dégonfle progressivement. Outre l'airbag filaire, la plupart des concepteurs proposent un airbag électronique (sans cordon relié à la moto), laissant une liberté complète au porteur de l'équipement mais néanmoins devant être rechargé périodiquement. Leur avantage décisif est qu'ils se déclenchent en cas de forte décélération (impact contre un objet fixe ou en déplacement), même si le porteur de l'équipement n'est pas désolidarisé de la moto. Ce qui n'est pas le cas d'un airbag filaire.

Les airbags électroniques les plus performants n'ont plus besoin de capteurs fixés sur votre machine. C'est alors le critère du prix qui entre en ligne de compte. Certains constructeurs proposent l'achat de ces modèles électroniques avec abonnement mensuel pour la mise à jour continue du produit, ce qui contrebalance le coût de la vérification régulière qui est habituellement nécessaire pour ce type d'équipement. La location avec option d'achat et également à l'ordre du jour. Comme de plus en plus de compagnies d'assurance et de mutuelles incitent à l'achat d'un airbag, il est conseillé de vous renseigner auprès de votre assureur pour connaître les facilités d'achat ou les dédommagements proposés. A savoir que l'airbag est obligatoire depuis 2018 au cours des Grands Prix moto. Si les champions l'utilisent, pourquoi pas nous ? Avant tout achat, vérifiez la certification CE du produit et assurez-vous que le système couvrira le cou, le dos, les hanches et la poitrine en cas d'accident. A signaler que depuis 2020, un surpantalon airbag est commercialisé par la startup française CX Air Dynamic. Les membres inférieurs étant statistiquement les plus exposés lors d'une chute, cette innovation devrait remporter rapidement un succès mérité.

La ceinture lombaire

Une ceinture lombaire ne vous protégera pas des chocs mais ménagera votre dos soumis à rude épreuve sur certaines machines lors de longs trajets. Attention, elle entraîne à la longue un relâchement des muscles, ce qui peut rendre le remède pire que le mal.

© PEOPLEIMAGES - ISTOCKPHOTO.COM

Les gants, élément indispensable à la tenue du motard.

Les gants

Lors d'une chute, les mains se trouvent systématiquement en première ligne. Pour cette raison, le port des gants a été rendu obligatoire par la loi française le 20 novembre 2016. Cette mesure concerne le conducteur comme le passager et les gants portés doivent être étiquetés CE. Toutefois, si la norme CE définit un niveau minimum de protection, elle ne correspond cependant pas à un modèle unique et votre choix doit également prendre en compte d'autres critères. Il existe des modèles pour l'hiver, l'été et la demi-saison, chaude ou froide, pluvieuse ou sèche. Pour les gants portés sous la pluie, privilégiez les articles étanches et respirants. Attention lors de l'achat à ne pas confondre la mention déperlante (qui laisse glisser l'eau) et étanche (qui fait barrière au passage de l'eau).Deux types de matières sont proposés : le cuir et le textile. Bien que le cuir ait bien souvent prouvé sa supériorité pour la résistance, des coutures solides et des protections (coques et renforts en matériaux spécifiques : carbone, Kevlar...) sont indispensables. Veillez à choisir une taille de gants adaptée. Ceci vous permettra de conserver les qualités de préhension et de sensibilité des commandes, mais aussi de manipuler (à l'arrêt) votre GPS sans avoir besoin d'enlever vos gants. Cette taille peut varier d'une marque et d'un modèle à l'autre, et entre des gants d'été, de mi-saison et d'hiver. La partie à la fourchette des doigts doit être en contact avec la peau et vos doigts ne doivent pas buter au bout des gants. Garder une légère marge avec l'extrémité. Privilégiez les gants dotés d'un serrage au poignet ou d'une manchette, pour éviter les infiltrations de pluie et d'air froid, et également pour assurer un bon maintien en cas de chute. Essayez-les avec votre blouson pour vérifier que l'ensemble s'adapte bien. Lorsqu'il pleut, l'eau coule le long de la manche et s'infiltre dans les gants ; il faut alors passer la manchette à l'intérieur de l'emmanchure du blouson. Par temps froid, il vaut mieux la passer au-dessus. Ne négligez pas la présence des protections additionnelles. Elles vous éviteront de sérieux traumatismes en cas de chute. En plus du renfort sur la paume, des coques au niveau des articulations sont à privilégier. L'indication KP1 ou KP2 apparaît sur l'étiquette des gants quand ceux-ci sont coqués. Parmi les accessoires utiles, on peut citer la raclette pour essuyer votre visière sous la pluie, fixée sur l'index du gant, et les extrémités sensitives, pour mieux utiliser GPS et smartphones (toujours à l'arrêt !).»

Le pantalon - La salopette

La sécurité suppose que toute la surface du corps soit couverte. Il est logique d'éviter les shorts et bermudas, même par 40 degrés à l'ombre. Vérifier plutôt sur votre pantalon la présence d'aérations, souvent disposées au niveau des cuisses mais aussi en haut des fesses. Quel que soit le modèle de pantalon choisi, vérifiez qu'il est certifié CE et possède le logotype moto. Les pantalons moto en cuir constituent une excellente solution, tant au niveau de la sécurité qu'au niveau du froid. A contrario, les pantalons moto en textiles spécifiques offrent l'avantage d'être étanches et respirants. En complément des genouillères intégrées incontournables, optez pour les modèles disposant également de protections aux hanches et ne négligez pas les dispositifs réfléchissants. Alternative intéressante pour les citadins ou les sorties qui ne sont pas que moto : les jeans renforcés, spécifiquement développés pour la pratique du deux-roues, ils possèdent des renforts invisibles de l'extérieur et sont extrêmement résistants à l'abrasion. Là aussi, privilégiez les modèles avec protections coquées aux genoux et aux hanches. Le surpantalon de route (à distinguer du surpantalon de pluie) permet d'enfiler par-dessus son pantalon de tous les jours un équipement possédant à la fois une excellente résistance à l'abrasion et des protections homologuées (genoux et hanches, évidement). Il peut être étanche ou non et posséder une doublure thermique. Privilégier un modèle muni de fermetures complètes (du haut de la cuisse au bas de la jambe) afin de pouvoir l'enfiler et le retirer sans mal. Plus souvent utilisé par les motards au long cours, la salopette protège indéniablement des remontées d'air froid et d'humidité. En contrepartie, elle s'avère moins pratique que le pantalon quand il s'agit de s'en défaire sans enlever une partie des effets couvrant le haut du corps…comme parfois aux toilettes !

Les bottes - Les chaussures

Il existe une multitude de modèles de bottes ou de chaussures homologués pour la moto (marquage CE). Qu'il s'agisse des unes ou des autres, celles-ci devront répondre à plusieurs critères : être imperméables, être assez souples pour bien sentir les commandes, être au minimum équipées de protections sur la pointe du pied et au niveau de la malléole, posséder des semelles antidérapantes. Pour l'été ou le port toute la journée, choisissez de préférence des modèles conçus avec des matériaux respirants. Quant aux semelles antidérapantes, assurez-vous lors de votre achat qu'elles le sont aussi sur revêtement humide. Les bottes moto, de cuir ou synthétiques, offrent la meilleure protection car elles maintiennent et protègent la cheville mais couvrent aussi le tibia et bénéficient bien souvent de protections spécifiques à ce niveau. Les chaussures spéciales moto seront plus confortables si vous les gardez aux pieds toute la journée. En plus des modèles façon « basket », assez décontractés, les fabricants ont pris en compte les impératifs du costume-cravate pour de nombreux utilisateurs de deux-roues se rendant chaque jour au travail. Des modèles particulièrement esthétiques (sans en faire de véritables œuvres d'art) sont ainsi dis-

CARNET

© NOMAD_SOUL - STOCK.ADOBE.COM

ponibles sur le marché. En complément des protections sur la pointe du pied et la malléole, un renfort à l'emplacement du sélecteur permettra une usure moins rapide. L'un des points importants à vérifier pour les chaussures à lacets est la possibilité de maintenir ces derniers à l'écart des cale-pieds et du sélecteur. Rien n'est plus désagréable que la chute à l'arrêt, quand on veut poser le pied au sol et que le lacet, pris dans le cale-pied, vous entraîne irrémédiablement à terre ! Réduisez toujours leur longueur, ou rentrez-les dans les chaussures (beaucoup de modèles de chaussures permettent à présent de maintenir le haut du lacet sous une languette). La recommandation vaut aussi pour les pantalons mal ajustés aux chevilles et qui, trop amples, peuvent également s'accrocher sur le cale-pied ou le sélecteur quand on pose le pied au sol !

Les protections supplémentaires

Outre l'inconfort qu'ils procurent, la trop forte luminosité et le bruit constant sont des facteurs de fatigue supplémentaires. D'autre part, la pluie et le froid diminuent vos possibilités de réaction rapide en cas de danger. Heureusement, des solutions efficaces existent contre tous ces maux.

Se protéger de la luminosité. Pour se protéger les yeux des fortes luminosités, de nombreux casques proposent un double écran solaire. A défaut, il est possible d'utiliser un écran principal teinté ou des lunettes de soleil. Il faut toutefois se souvenir que le grand soleil peut subitement laisser la place à la pénombre des tunnels et que l'approche du crépuscule est toujours un moment délicat pour le motard.

Le double écran solaire intégré au casque. Son premier intérêt est d'être disponible à tout moment, d'un simple geste de la main. Son second est de convenir parfaitement aux porteurs de lunettes, son troisième est qu'il n'alourdit que très peu le casque et évite l'encombrement d'une paire de lunettes de soleil placée dans les poches. Malgré ces qualités indéniables, ses inconvénients sont multiples : son traitement anti-rayures est en général bien moindre que celui d'un écran classique, il n'est pas démontable et donc difficile à nettoyer, et il n'offre qu'un type de teinte, qui ne peut être changé. En outre, la protection solaire réelle contre les UV est difficilement vérifiable. Il existe des écrans teintés, à plusieurs degrés de contraste. Toutefois, les écrans dont la transmission de lumière est inférieure à 50 % sont interdits sur route. C'est notamment le cas des écrans dits « iridium » qui sont exclusivement réservés à la compétition. L'utilisation d'écrans dont la transmission de lumière est inférieure à 80 % étant interdite de nuit, deux écrans, l'un normal et l'autre teinté, seront souvent nécessaires au cours d'un long périple. A noter que certains fabricants proposent des casques munis d'un écran photochromique (le belge Lazer Helmets et son casque Monaco Evo avec écran Lumino, par exemple), idéals pour les parcours où le soleil joue à cache-cache et utilisables de nuit.Le port de lunettes de soleil est la solution pour les casques sans écran. Toutefois, les lunettes présentent un certain nombre de désavantages : elles doivent être retirées/remises systématiquement avec le casque (une opération assez fastidieuse quand les parcours sont courts et nombreux) ou lors des changements de luminosité (tunnels, nuages, etc.). Leur encombrement dans les poches n'est rien en comparaison de leur risque d'oubli (sur une table ou en changeant de blouson), sans oublier que les montures et verres sont potentiellement susceptibles de vous blesser le visage en cas de chute : évitez à tout prix les montures en acier, très dangereuses en cas d'accident, et préférez les verres organiques aux verres minéraux. Dans tous les cas, rappelez-vous que l'indice de protection maximum autorisé pour des lunettes destinées à la conduite est de 3 (UV3), et que les verres polarisants sont à déconseiller en association à un écran fermé, car ils perturbent alors la netteté de la vision. Les verres photochromiques, qui foncent ou s'éclaircissent suivant l'intensité lumineuse, sont à préférer sans hésitation.

Se protéger du bruit. Le meilleur moyen d'augmenter l'isolation contre les bruits extérieurs et l'utilisation de protections auditives adaptées. Il ne s'agit pas de simples bouchons d'oreille mais de produits adaptés au monde de la moto, munis d'un filtre acoustique de haute technologie. Leur intérêt ? Ils atténuent considérablement les bruits extérieurs (notamment liés au vent) sans réduire la perception des signaux de sécurité (avertisseurs sonores) ou de la voix de votre passager. Leur tarif se situe généralement autour de 30 €. N'utiliser jamais des bouchons d'oreille classiques (en mousse ou en silicone) qui, eux, ne disposent pas d'un filtre acoustique.

Se protéger de la pluie. Le cuir a beau constituer une excellente protection en cas de chute, il n'est pas imperméable. De même, les vêtements textiles dotés de membranes étanches et respirantes finissent par laisser passer l'eau après des heures de pluie continuelle. Les solutions miracles sont donc difficiles à trouver. Le plus efficace et le moins onéreux reste la combinaison de pluie intégrale ou la veste et le pantalon étanches en polyamide enduit de PVC, avec coutures thermosoudées, à passer par-dessus blouson et pantalon traditionnels de moto.

Pensez lors de l'achat que vous devrez parfois enfiler très vite ces effets contre la pluie et sans toujours bénéficier d'un abri. Ainsi, les pantalons avec fermeture éclair complète (jusqu'à la taille) sont à privilégier. Certains modèles permettent d'insérer des protections aux genoux. Des bandes réfléchissantes, des poches en surnombre, une capuche intégrée (pour marcher sous la pluie une fois la moto stationnée), un tissu respirant, sont autant d'atouts supplémentaires qui feront rapidement grimper le prix du produit. Pour les mains et les pieds, en cas de forte pluie ou de trajet long sous les averses, il convient de s'équiper également de surgants et de surbottes. Veillez alors à maintenir une bonne sensibilité des commandes au guidon, mais également au pied.

Sans équipement de pluie, les produits imperméabilisants pour cuir ou textiles permettront de passer à travers une brève averse, en n'oubliant pas de renouveler régulièrement le traitement. Sur les effets en cuir, lors de leur entretien, ne pas hésiter à alterner le cirage et la graisse afin d'améliorer l'imperméabilité de la peau, mais aussi des coutures.

▸ **Se protéger du froid.** Outre les possibilités d'équipement de la moto que nous avons décrit dans le chapitre « Les accessoires de confort », il existe de nombreux équipements individuels destinés à aider le motard frileux à supporter les rigueurs de l'hiver, à commencer par les sous-gants en soie, les sous-vêtements chauds, les tours de cou et les cagoules. L'investissement est peu onéreux et conviendra la plupart du temps pour de courtes sorties.

Bien que l'usage de chaufferettes à usage unique ou réutilisable n'ait plus la faveur des équipementiers moto, ces petits sachets à glisser dans vos vêtements existent toujours et peuvent vous dépanner dans l'attente d'un achat d'équipement plus sérieux. Certains blousons étaient encore disponibles il y a peu avec des poches spéciales pour les accueillir. Quand les équipements basiques deviennent insuffisants, il devient nécessaire d'investir dans des équipements chauffants tels que gants, chaussettes, pantalons, sous-pantalons, gilets et blousons que proposent de nombreux fabricants. La plupart des équipements disponibles nécessitent un branchement 12 volts directement sur la batterie de la moto ou par le biais de l'allume cigare que possèdent certaines machines. En ce qui concerne les gants chauffants, plusieurs fabricants (Gerbing, Furygan, Racer, V'Quatro, etc.) proposent d'excellent produits sans fil et rechargeables, avec plusieurs niveaux de chauffe. L'autonomie des batteries et leur durée de vie sont toutefois à prendre en compte lors de l'achat. Pour les pieds les plus sensibles, on peut trouver facilement sur le net des semelles chauffantes par batterie rechargeable qui se glisseront sans mal dans vos bottes ou chaussures.

Les normes de protection européennes

L'homologation des équipements dépend du respect de certaines normes européennes qui doivent être indiquées sur le produit :

▸ **Les casques** sont certifiés par les normes ECE 22-04 ou ECE 22-05. Dans le casque, une étiquette blanche avec la lettre E suivie d'un chiffre indique le pays européen où s'est déroulée l'homologation. À savoir que la norme française (NF) n'est plus utilisée mais que les articles porteurs de cette étiquette de couleur verte restent autorisés.

▸ **Les blousons et les pantalons** sont certifiés par la norme EN 13595. Ils sont équipés de protections contre les chocs, elles-mêmes normées EN 1621 et divisées en 3 catégories :
EN 1621-1 - protections coudes/ épaules/genoux /hanches (2 niveaux de protection). EN 1621-2 - protections dorsales (2 niveaux de protection). EN 1621-3 – protections thoraciques.

▸ **Les airbags** ne bénéficient pas encore de norme harmonisée au niveau européen. Toutefois, il s'agit bien d'un équipement de protection individuel (EPI) de niveau 2 et les fabricants doivent obtenir une certification CE délivrée par des laboratoires agréés avant toute mise sur le marché.

▸ **Les gants** sont certifiés par la norme EN 13 594 et font partie des équipements de protection individuel (EPI). La durée de résistance à l'abrasion des matières utilisées est de 4 secondes pour le niveau 1 (contre 1,5 secondes auparavant) et de 8 secondes pour le niveau 2. De plus, la norme a introduit des niveaux de performances accrus au niveau de la protection des doigts, des fourchettes et de la ligne du poignet. En ce qui concerne les protections des articulations, 3 types d'homologation existent et sont indiquée en sus du marquage CE : gants de protection sans coques de protection des articulations (1), gants de protection avec coques de protection des articulations (1 KP - KP signifiant « knuckle protection »), gants de protection avec coques de protection des articulations, de niveau de protection supérieure (2 KP).

Le port de gants certifiés CE est obligatoire depuis le 20 novembre 2016 pour tous (motards et scootéristes, trois roues, quads, conducteurs et passagers), à l'exception des véhicules équipés de ceintures de sécurité et de portières. Le non respect de cette mesure entraîne une amende de 3e classe (68 €, minorée à 45 € en cas de paiement sous 15 jours) et un retrait d'un point au permis du pilote s'il est le contrevenant. Voir décret 2016-1232 et arrêté correspondant du 19 septembre 2016.

▸ **Les bottes et chaussures** sont certifiées par la norme EN 13634.
Source : www.securite-routiere.gouv.fr

PRÉPARER SON VOYAGE

Pour préparer votre voyage sereinement, assurerez-vous dans un premier temps que votre machine est en mesure de supporter la distance envisagée et les conditions dudit voyage. Cette anticipation est valable pour chaque élément contrôlé. Ainsi, des pneus en bon état au départ ne suffisent pas si vous savez qu'ils seront usés à mi-parcours. Viennent ensuite le choix des outils de guidage et la préparation de l'itinéraire, la liste des sites Web et des applications permettant d'actualiser l'information en cours de route (circulation, météo, stations-essence), le contrôle de la couverture offerte pas vos assurances et la sélection de l'outillage et des documents à emporter. Si vous souhaitez transporter votre moto à destination, prenez le temps de lire le paragraphe que nous consacrons à ce sujet en fin de chapitre, juste avant les derniers conseils et les mesures à prendre pour remiser au retour votre machine.

Les préparatifs de la moto

Voici les organes et partie essentiels de la moto qu'il va vous falloir vérifier avant votre départ. Si certaines opérations s'avèrent trop fastidieuses ou technique, n'hésitez pas à avancer la visite technique de votre machine ou d'en demander une pour vérifier les points essentiels. Ce sera peut-être le prix de votre tranquillité. Ne vous laissez pas surprendre par le délai avant d'obtenir un rendez-vous chez votre garagiste, vous n'êtes pas le seul à vouloir partir en vacances à moto !

▶ **Les pneus.** On l'oublie parfois, mais les pneus sont un organe de sécurité essentiel, étant le seul lien entre la route et la moto. Les tensions auxquelles ils vont être soumis en voyage imposent une inspection minutieuse de leur aspect et de leur pression. Un regard attentif permet de repérer les éventuelles coupures et toute autre irrégularité menaçant à terme l'intégrité du pneu. Dans l'idéal, il vaut mieux éviter d'avoir à les remplacer pendant le voyage. La loi impose de remplacer un pneu quand l'une des rainures mesurées est inférieure à 1,6 millimètre de profondeur. Prenez en compte la distance que vous avez prévu de parcourir et le poids supplémentaire dû au chargement, qui va accélérer l'usure. De plus, un pneu usé à plus de 50 % fait fortement augmenter le risque de crevaison, surtout à l'arrière.

Attention si vous changez de pneus : ils seront particulièrement glissants sur les premiers kilomètres. Rodez-les sur toute leur surface pendant une centaine de kilomètres pour assurer leur adhérence complète. Si vous partez pour un long périple, choisissez des pneus routiers ou sport-route à gomme dure. Les pneus tendres des sportives ne possèdent qu'une durée de vie très courte (souvent moins de 5 000 km), du moins à l'échelle d'un grand voyage. Une conduite souple, sans forte accélération ni freinage brutal, permet de prolonger la durée de vie des pneus (et accessoirement de consommer moins d'essence et d'économiser les plaquettes de frein). Vous devez aussi contrôler la pression. Respecter les recommandations du constructeur indiquées dans le manuel du conducteur, et souvent par un autocollant sur votre machine. La pression des pneus s'effectue de préférence à froid (la pression mesurée d'un pneu chaud augmente d'environ 0,3 bar, plus encore en cas de forte chaleur). Vérifiez la pression des pneus tous les 1 000 km environ. Les stations-essence équipées d'un manomètre et d'un compresseur en état de marche (et accessibles gratuitement) se font de plus en plus rares. De plus, certains flexibles de gonfleurs sont à présent prolongés d'un manche rigide qui rend difficile voire impossible d'accéder aux valves de certains modèles de moto. Un manomètre de poche ne coûte pas cher, ne prend pas de place et rend bien des services. Au pire, vous trouverez des gonfleurs gratuits près des grandes barrières de péage autoroutier. Hors autoroute, sollicitez les garages et centres d'entretien auto. Ils possèdent tous un compresseur et acceptent généralement de bonne grâce de les laisser utiliser par les motards soucieux de leur sécurité. En rase campagne, souvenez-vous que tout paysan qui se respecte a également un compresseur à la ferme. Pensez dans cette période de préparation à la mise en place d'un anti-crevaison préventif. Ce type de produit est commercialisé par plusieurs marques. Bien qu'à base de gel semi-liquide, aucun balourd ne vient perturber la conduite. Il n'endommage pas l'intérieur du pneumatique et n'interdit pas les réparations. Il limite également les pertes de pression habituelles. Ces produits sont pour la plupart compatibles avec les dispositifs de contrôle de pression intégrés aux valves de certains modèles de moto.

Contactez l'une de nos 30 concessions
pour louer votre Harley® près de chez vous

RÉGION ÎLE DE FRANCE

75	Harley-Davidson Paris Etoile	Paris	01 45 74 60 78
75	Harley-Davidson Paris Bastille	Paris	01 48 04 07 07
78	Harley-Davidson Vallée de Chevreuse	Coignières	01 85 40 01 00
91	S-One	Ballainvilliers	01 69 80 12 01
92	Roadstar 92	Saint Cloud	01 55 39 10 10
94	Harley-Davidson Borie	Villiers-sur-Marne	01 49 30 41 97

RÉGIONS NORD ET EST

21	Harley-Davidson Dijon	Dijon	03 80 36 37 38
59	Harley-Davidson Lille-Europe	Seclin	03 20 06 23 23
67	Harley-Davidson Center of Alsace	Fegersheim	03 88 68 55 00
71	Central Twin Avenue	Sevrey	03 85 93 32 00

RÉGION OUEST

14	Harley-Davidson Caen	Caen	02 31 35 50 21
17	Harley-Davidson La Rochelle	Puilboreau	05 46 28 12 81
29	Cornouaille Moto	Ergué-Gaberic	02 98 66 69 00
31	American Motos	Toulouse	05 61 58 26 76
33	Harley-Davidson Bordeaux	Bègles	05 57 80 18 01
35	Harley-Davidson Portes de Bretagne	La Mézière	02 99 14 99 99
47	Harley-Davidson Agen	Boé	05 53 99 47 47
56	Harley-Davidson Golfe de Bretagne	Vannes	02 90 99 90 99
64	Motos Côte Basque	Bayonne	05 59 25 40 40
72	Harley-Davidson Le Mans	Le Mans	02 43 40 40 10
76	Harley-Davidson Légende 76	St Jean du Cardonnay	02 35 74 49 49
86	Harley-Davidson Poitiers	Poitiers	05 49 53 02 02

RÉGION SUD

13	Harley-Davidson Massilia	Marseille	04 96 12 05 64
13	Harley-Davidson Sun Road	Salon-en-Provence	04 90 59 78 70
20	Harley-Davidson Ajaccio	Afa	04 95 71 26 92
30	Harley-Davidson Avignon	Rochefort-du-Gard	04 90 16 61 40
34	Macadam Moto - Montpellier	St Jean de Vedas	04 67 47 22 15
69	Harley-Davidson Grand Lyon Sud	Brignais	04 78 05 60 89
83	Prestige Motorcycles	Roquebrune sur Argens	04 94 44 21 31
83	Harley-Davidson Toulon	La Valette du Var	04 98 01 30 15

La chaîne. Beaucoup de motos de type GT ou custom possèdent une transmission par cardan, à l'entretien réduit (vidange), ou par courroie. Pour les autres, la chaîne est toujours d'actualité. L'entretien du kit-chaîne est une opération régulière qui comporte la lubrification et la tension. La fréquence de graissage et de tension dépend des conditions d'utilisation, du kilométrage parcouru depuis le dernier entretien et du type de chaîne installé.

Présente sur la quasi-intégralité des motos utilisant la chaîne comme système de transmission, la chaîne à joints toriques est composée de maillons dont les axes de liaison sont protégés par des rouleaux lubrifiés à vie. Les joints toriques sont destinés à rendre étanche lesdits rouleaux et à protéger les axes de toutes souillures extérieures. Bien que la durée de vie de la chaîne soit ainsi allongée, il est toutefois nécessaire de graisser régulièrement l'extérieur des rouleaux qui entrent en liaison avec les pignons et la couronne du reste du kit-chaîne. La chaîne basse friction est un modèle de chaîne à joints toriques dont la forme des joints est en croix au lieu d'être cylindrique. Sa durée de vie est supérieure à celle d'une chaîne à joints toriques traditionnelle. Plus que minoritaires, les chaînes sans joints toriques ne se trouvent plus aujourd'hui que sur certains modèles de petite cylindrée ou de compétition. Elles nécessitent un graissage très fréquent. Pour les opérations de nettoyage et de tension, nettoyez tout d'abord la chaîne avec un produit adapté vendu dans le commerce, voire du pétrole désaromatisé. N'employez jamais de l'essence qui endommagerait les joints toriques. Pulvérisez ensuite un fin jet continu de graisse en bombe sur la face interne de la chaîne tout en faisant tourner la roue à la main (béquille centrale) ou en déplaçant la moto progressivement. En fin d'opération, essuyez l'excédent de graisse. Évitez de trop tendre la chaîne. D'une part, cela augmente le risque de la voir se casser. D'autre part, une chaîne trop tendue favorise son usure et celle des pièces en contact avec elle. Avant un voyage, surtout à deux, vérifiez que l'amplitude soit suffisante. La tension de la chaîne augmente lorsque la moto est chargée. Il suffit donc d'ajuster la tension une fois la moto équipée de sa charge.»

L'huile moteur et de transmission. Une quantité adaptée d'huile-moteur garantit le bon fonctionnement du moteur. Contrôlez le niveau d'huile en le faisant avec la moto droite et sur un terrain plat. Pour un périple de plusieurs milliers de kilomètres, une vidange peut s'imposer avant de partir. Pour les possesseurs de moto à cardan, pensez également que l'huile spécifique de cet organe de transmission doit être vidangée et changée périodiquement.

Le liquide de refroidissement. Le liquide de refroidissement est remplacé environ tous les deux ou trois ans ou 40 000 km (règle générale). Au-delà, ses capacités anticorrosion, lubrifiantes et antigel deviennent très faibles, voire nulles.

Les freins. La vérification de l'usure des plaquettes de freins avant et arrière doit être effectuée avec la plus grande attention. Les plaquettes trop usées émettent un son qui signale un changement nécessaire... Il est préférable d'éviter d'arriver à cette extrémité. Outre la vérification visuelle régulière des plaquettes,

Vérification de la pression des pneus.

CARNET

© NIKODASH - SHUTTERSTOCK.COM

le contrôle du niveau de liquide de freinage permet de se faire une idée de l'état d'usure atteint. Pensez aussi à changer régulièrement le liquide de freinage lui-même.

Les phares et feux de signalisation. La propreté de l'optique de phare compte beaucoup dans la qualité de l'éclairage. Nettoyez-le régulièrement et avant le départ. Depuis 2004, l'Union européenne impose aux motos neuves l'allumage automatique du feu de croisement. De plus, et quelle que soit la cylindrée, l'allumage de ce feu est devenu obligatoire de jour comme de nuit pour tous les deux roues depuis 2007.

Avec une moto chargée, la zone couverte par les feux change, le faisceau éclaire plus haut, au risque d'éblouir les véhicules arrivant en face, voire de ne plus éclairer la route du tout. Il faut donc régler les feux lors d'un galop d'essai avec le chargement du voyage. Changez éventuellement les ampoules avant de partir si vous estimez que vos feux de route et de croisement n'éclairent plus assez. Un petit parcours de nuit permet de mesurer leur efficacité. Il ne faut pas seulement vérifier les ampoules des feux de croisement et de route (bien souvent la même avec des filaments différents) mais aussi celles des clignotants, des feux de position et des feux stop. Pour les ampoules au xénon, outre le risque d'éblouissement pour les autres usagers, sachez qu'une moto réceptionnée avec un feu halogène ne peut se voir monter un feu xénon, même indiqué comme homologué, sous peine de remettre en cause la conformité du véhicule. D'où un risque de sanction par la police, mais aussi d'un refus d'indemnisation en cas d'accident par votre assureur.

Les outils de guidage et d'aide à la conduite

Qu'il est loin le temps où seule le support papier et les panneaux directionnels étaient nos seules aides sur la route. Avec les progrès technologiques de ces dernières années, il est à présent tout à fait possible d'utiliser des outils bien plus perfectionnés pour suivre ou trouver son chemin. Évidement, les inconditionnels de la carte trouveront toujours à redire, notamment sur l'aspect aventure qui n'est plus au rendez-vous... Mais cet aspect devient beaucoup moins intéressant quand la nuit tombe, qu'il pleut, qu'on est fatigué et qu'on n'arrive plus à déchiffrer sur le bord de la route le papier trempé, A contrario, n'en déplaise aux plus accros à l'high-tech, il restera toutefois bien utile d'avoir conservé au chaud une carte et quelques notes sur un calepin quand le réseau téléphonique sera défaillant, le signal GPS perdu ou la batterie du même boitier GPS à plat.

Le road book. Si on connaît précisément le parcours à effectuer, le plus simple consiste à établir un road book, avec les différentes étapes, le nom des routes, les distances entre chaque changement de direction... Ce road book peut être établi à partir d'une carte ou d'un atlas routier, sur lesquels on aura surligné les itinéraires à prendre, ou calculé par ordinateur, soit avec un logiciel dédié, soit sur Internet à l'aide de sites Web gratuits ou non (roadbook-moto.fr, moto-trip.com, etc.), voire en utilisant les options proposées par les grands de la cartographie informatisée (Google Maps, Mappy, Bing, Michelin et autres). Il suffit ensuite de l'imprimer et de le glisser dans son lecteur de carte.

Les cartes routières. Pour un long voyage, même avec un GPS à jour et un road book, les cartes routières sont indispensables. Elles seules vous permettront d'avoir une vue d'ensemble de la région traversée et de préparer plus facilement votre étape du lendemain, voire de prendre les bonnes décisions de contournement en cas de problème sur la route (accident, route coupée…). La référence, pour la France et beaucoup de pays, reste la carte Michelin, notamment avec ses fameuses « routes vertes », incontournables pour définir son itinéraire sur des routes pittoresques et parfois méconnues. ur une échelle moins vaste, les cartes IGN permettent d'avoir des indications très précises sur le relief et la végétation. La lisibilité des routes n'est toutefois pas toujours au rendez-vous.

Optez pour les cartes étanches et indéchirables, qui se généralisent de plus en plus, moyennant un surcoût acceptable. Seul bémol : le traçage ou les remarques au crayon sur leur surface lisse n'est pas toujours aisé.

Le GPS (Global Positioning System). Dans son utilisation basique, le GPS permet de rejoindre deux points sans risque d'erreur ou de se perdre en cours de route : vous êtes localisé en permanence grâce aux signaux transmis par satellites. Si son intérêt est mineur quand on utilise les grands itinéraires, il devient en revanche très important lors de la traversée des grandes villes et de leurs agglomérations, quand la carte n'est plus assez précise et ne peut pas être consultée sans risque d'accident. L'aide supplémentaire apportée par le guidage vocal est incomparable. En utilisation « réfléchie », votre itinéraire peut être rentré étape par étape ou à l'aide de logiciels dédiés. Les grandes marques de GPS proposent également leur propre planificateur (Base Camp pour Garmin, Mydrive pour Tom Tom…). Le GPS vous permettra alors de découvrir toutes les routes, curiosités, points de chute dont vous aurez déterminés les coordonnées à l'avance. Tous les fabricants de GPS produisent des appareils dotés de la plupart des fonctions proposées par les assistants d'aide à la conduite.

Les assistants d'aide à la conduite (AAC). Les appareils détecteurs ou avertisseurs de radars, interdits depuis 2012, ont été remplacés par les assistants d'aide à la conduite (AAC).

Suivant les modèles et options disponibles, ces assistants signalent les « zones de danger » (radars, bouchons, zones en travaux…), ainsi que les dépassements de vitesse autorisée. Coyote, Wikango et Inforad sont parmi les fabricants les plus connus. Tous s'appuient sur une base de données mise à jour en temps réel par la communauté des utilisateurs. Outre les produits vendus avec boitiers, de nombreuses applications d'aide à la conduite, dont certaines gratuites, ont été développées pour les téléphones portables (Avertinoo, ICoyote, Wikango HD, Waze…) et de nombreux GPS possèdent aujourd'hui des fonctions identiques.

Le smartphone. Véritable outil à tout faire, le smartphone reprend les avantages du GPS et de l'assistant d'aide à la conduite. S'il peut être une alternative intéressante à ces derniers, plusieurs points sont à prendre en compte pour que votre smartphone leur soit vraiment compétitif :

L'étanchéité. La plupart des smartphones sont aujourd'hui étanche mais leur degré de protection contre l'eau peut fortement varier d'un appareil à l'autre. L'IP (Ingress Protection) vous donne l'indication de protection contre la poussière (1er chiffre de 0 à 6) et contre l'eau (2ème chiffre de 0 à 9) de votre appareil. Plus le chiffre sera élevé, meilleure sera l'étanchéité de l'appareil. La résistance aux chocs. Une bonne coque et un système d'accroche adéquat devrait vous permettre d'éviter tout problème de ce coté.

L'autonomie en fonctionnement GPS. C'est un des points faibles de nombre de smartphones. Plus d'une heure d'autonomie avec une forte luminosité de l'écran sera souvent problématique à atteindre. D'autant plus que l'autonomie de votre batterie devra être préservée pour toutes les autres occasions d'utilisation de votre smartphone (appel et réception d'appel, accès Internet, appel d'urgence…).

La chauffe du processeur, toujours en fonctionnement GPS. Elle risque d'être rapidement un problème, notamment en été quand la température extérieure et l'exposition continue au soleil risque d'amener un plantage de votre processeur.

La capacité de recharge effective tout en roulant. Certains appareils ne chargeront pas assez vite pendant l'utilisation de votre smartphone en mode GPS.

L'utilisation avec des gants. Bien que beaucoup d'écran de smartphone soient d'un très bon répondant tactile, tous ne permettent pas l'utilisation avec des gants….

Enfin, pour ne parler que des applications GPS disponibles pour votre smartphone, si Google et Waze semblent d'emblée parfaites pour une utilisation basique, elles sont toutefois moins bien adaptée que d'autres comme Osmond pour la construction d'itinéraires. N'hésitez pas à chercher sur le web celle qui, payante ou non, vous conviendra le mieux.

Précautions d'utilisation à l'étranger. Attention en passant les frontières, car certains pays n'autorisent pas les assistants d'aide à la conduite, y compris quand ce fonctions sont sur GPS, ni les applications pour téléphones portables du même type. C'est notamment le cas de la Suisse (qui va jusqu'à en interdire le transport avec des amendes très fortes et la confiscation du matériel incriminé – cf. Article 98a de la Loi fédérale sur la circulation routière).

Les informations à connaître et à actualiser

Si partir en balade quelques heures en plein été sur les routes que l'on connait ne demande pas de grande préparation, il en est tout autre lorsqu'on part au devant de régions inconnues. Arriver en fin de journée à destination sans s'être soucié des bouchons, de la tenue à adopter ou du risque de panne d'essence mérite qu'on prenne le temps de s'informer en amont de son départ.

Connaître l'état du trafic. Le meilleur moyen d'éviter les problèmes de circulation consiste, quand c'est possible, à partir avant ou après les grandes transhumances. Quand ça n'est pas possible, ou que vous visez plutôt une petite escapade d'un week-end, des sites Web aident à éviter les bouchons. Le site de Bison Futé figure toujours parmi les plus complets, notamment avec ses prévisions sur l'année. Pour l'autoroute, utilisez www.autoroutes.fr. Bien entendu, on peut également se fier aux indications données par les GPS bénéficiant de l'application idoine (payante ou non suivant les modèles) et d'applications gratuites telles que Google Maps, Bing, Mappy, ViaMichelin. Waze, pour sa part, n'est accessible qu'à travers votre smartphone.

Suivre les prévisions météorologiques. Contrairement à l'automobiliste, le motard ne peut pas faire abstraction de la météo. Sans toit ni climatisation, il ressent directement les caprices du ciel. Alors autant se renseigner sur les conditions météo que l'on est susceptible de rencontrer. . Les chaînes de télévision et les stations radio généralistes proposent une information assez imprécise. Pour la précision des données et leur actualisation permanente, préférez les sites Web. En montagne ou en bord de mer, là où les conditions météo sont déterminantes, des lieux comme l'office de tourisme ou la capitainerie (dans les ports) affichent les bulletins météo. Dans tous les cas, rappelez-vous que la météorologie n'est pas encore une science exacte et que les prévisions à plus de trois jours ne sont fiables qu'à environ 60 %.

Localiser les stations d'essence. En voyage, l'autonomie relative de la plupart des motos nécessite de passer souvent à la pompe. D'autant plus que chargé ou en roulant vite, vous consommerez sans doute davantage qu'à votre habitude. Avant de partir ou pendant le trajet, se renseigner sur les stations-essence présentes sur votre parcours ou à proximité permet d'éviter la panne sèche. Dans certaines régions à faible densité d'habitation, on peut parcourir des routes sans station à plus de 50 km à la ronde. Dans les zones frontalières, par exemple près de la frontière espagnole, la différence de prix importante a fait disparaître de nombreuses pompes. Les applications smartphone Essence&Co, Fuell Flash ou Gasoil Now font partie des nombreuses applications que l'on peut télécharger et utiliser facilement – quand on a du réseau.

Même si la plupart des GPS et AAC , ainsi qu' un nombre incalculables d'applications pour smartphones, indiquent les stations proches de vous, le plus raisonnable dans les régions « à risque » est de faire le plein d'essence dès la moitié du réservoir épuisée.

Prévoir l'imprévu mécanique

Malgré toutes les précautions, des pannes et autres soucis techniques sont susceptibles de se produire. Les motos modernes sont de plus en plus fiables mécaniquement, mais avec l'électronique actuelle, il devient plus difficile d'intervenir soi-même et le moindre souci nécessite souvent de faire transporter la moto au garage.

L'outillage minimum. Pour tenter de réparer sa moto soi-même, quand c'est possible, mieux vaut ne pas avoir sacrifiée l'outillage d'origine avant son départ pour gagner en place. Tournevis plat et cruciforme, clés allen (hexagonales) ou torx (en étoile) et quelques clefs adaptées à vos boulons les plus courants sont le minimum à prévoir si vous constituez votre propre boite à outils. Pour les longs voyages, pensez à ajouter dans vos valises du ruban adhésif résistant, des gants de protection et un chiffon. Pour les voyages qui vous entraîneront loin des grands centres urbains, pensez à emporter un jerrycan souple en polyéthylène. Pliable, il prend très peu de place et ne coûte que quelques euros.

Les fusibles et ampoules de rechange. Votre boîte à fusibles (il y en a souvent plusieurs sur une même machine) en contient à l'origine. Vérifiez cependant cela avant votre départ. Pour ce qui est des ampoules, rappelez-vous que vous n'avez qu'un phare et un seul feu arrière. Vous serez totalement invisible de l'avant ou de l'arrière si l'un des deux vous lâche sur la route et il est parfois difficile de trouver le bon modèle d'ampoule. Prévoyez des ampoules de rechange, même si leur échange ne pourra être fait que dans un atelier. Au moins, vous êtes sur d'avoir le bon modèle. Conservez ces ampoules dans une boite étanche et à l'abri des vibrations, en les entourant par exemple de papier.

Le nécessaire anti-crevaison. La crevaison est un risque qui peut être minimisé par l'emploi d'un produit préventif anti-crevaison comme Wheelsecure ou Restom (des produits français !), ou encore Ride-On, facilement mis en place dans vos pneus avant votre départ. Informez-vous cependant sur la compatibilité du produit avec les capteurs de pression qui équipent peut-être votre machine et sur la vitesse maximum autorisée par le produit. Quand la crevaison est bien là, une bombe anti-cre-

© IVANRIVER - SHUTTERSTOCK.COM

vaison peut se montrer efficace. Elle ne devra pas être utilisée si vous possédez les capteurs de pression évoqués plus haut. Toutefois, sur un pneu tubeless (sans chambre à air), mieux vaut utiliser un kit de réparation qui permet de placer une mèche et d'injecter le contenu d'une cartouche de gaz pour rouler jusqu'au garage suivant. Le pneu pourra ensuite être réparé par un professionnel en plaçant une pièce par l'intérieur (seule réparation autorisée pour les tubeless). Ne conservez pas de réparation de fortune : vous courez le risque de voir votre pneu se dégonfler dans les jours qui suivent, voire subitement en roulant.

Les documents du véhicule. Nombre d'informations utiles s'y trouvent, notamment les indications relatives aux pannes électroniques susceptibles de s'afficher sur votre tableau de bord. Retrouver l'emplacement de la boîte à fusible peut aider également, sans parler des numéros de téléphone des concessionnaires de la marque ou des différents numéros de série, toujours demandés en cas de panne. A défaut d'emporter le manuel sous format papier, faites en une copie numérisée que vous aurez sur votre smartphone.

Le gilet de haute visibilité. Depuis le 1er janvier 2016, les conducteurs de deux et trois-roues motorisés ont obligation d'avoir à bord de leur véhicule un gilet de haute visibilité afin d'être visibles en cas de panne ou d'accident. Prenez-en deux si vous avez un passager.

Le transport de sa moto

Mettre sa machine sur une remorque tractée par une voiture constitue le moyen le moins cher pour transporter sa moto. A condition d'avoir une voiture ! De plus, si transporter sa moto sur une remorque ménage sa machine, cela n'épargne pas un long trajet, souvent sur autoroute et parfois dans les bouchons. Pour arriver frais et dispos sur le lieu de vacances, l'appel à un transporteur est une solution certes plus onéreuse mais qui nécessite d'être envisagée.

Utiliser une remorque. Il n'y a pas de législation spécifique aux remorques porte-moto en France. Il faut donc se référer aux textes concernant les remorques en général. Si vous partez à l'étranger, référez-vous à la réglementation en vigueur dans le pays, qu'il s'agisse des péages, de la vitesse ou des possibilités d'accès à certaines routes.

Lors du choix de la remorque porte-moto, outre ses caractéristiques générales (encombrement, stabilité, diamètre des roues, nombre de points d'encrage, etc.) il faut particulièrement fait attention à son PTAC. Les moins chères ont en effet un PTAC limité (par exemple 250 kg) ne permettant pas d'y installer de grosses cylindrées, sachant qu'une remorque pèse au moins 50 kg à vide. Pour une utilisation unique, il est possible de louer une remorque, auprès de particuliers ou de professionnels, dont certains sont à la fois vendeurs et loueurs.

Qu'il s'agisse d'un achat ou d'une location, pensez également qu'une rampe d'accès à votre remorque est nécessaire et qu'elle doit pouvoir supporter sur un seul rail le poids de votre machine. Pour montez votre moto sur la remorque, il est préférable d'être à deux. Concernant l'arrimage de votre machine, ne jouez pas avec le feu et prévoyez des sangles à cliquet avec un minimum de cinq, dont une servira de rechange. Deux sont réservées à l'avant et deux à l'arrière. N'utilisez pas de point d'ancrage tels que pot d'échappement, valises, mais plutôt les éléments du cadre. Compresser modérément la suspension et enlevez la béquille latérale. De préférence, tendez les sangles à l'avant à 45° par rapport à votre machine et celles de l'arrière à 90° par rapport au bras arrière. Tendez l'ensemble progressivement en évitant soigneusement tous les points de friction avec des éléments peints ou fragiles. Une fois en déplacement sur la route, surveillez votre remorque autant que faire se peut avec vos rétroviseurs. Arrêtez-vous fréquemment pour vérifier la tension des sangles. Elles se desserreront systématiquement, notamment si il y a du vent ou que la route est mauvaise.

La réglementation pour tracter une remorque. On peut tracter une remorque avec un permis B à deux conditions : que le poids total du chargement (remorque et moto) n'excède pas 750 kg de PTAC (poids total autorisé en charge) ; sachant qu'une moto pèse rarement plus de 350 kg, il y a une bonne marge. Et si malgré tout votre PTAC dépasse les 750 kg, mais est inférieur à 3,5 tonnes, vous pouvez encore tracter avec un permis B si le poids de l'ensemble ne dépasse pas 4,25 tonnes. Dans les autres cas, une formation ou un permis spécifiques sont nécessaires. Se référer pour cela à la réforme des permis en vigueur depuis le 19 janvier 2013 (voir par exemple le site https://permisdeconduire.ants.gouv.fr/Tout-savoir-sur-le-permis-de-conduire/Les-categories-du-permis-de-conduire). A savoir notamment qu'au-delà de 3,5 tonnes pour une remorque et jusqu'à 4,25 tonnes pour l'ensemble voiture et remorque, une formation complémentaire de 7 heures est nécessaire et la mention 96 est ajoutée au permis B. La catégorie BE (qui a remplacé le permis EB) concerne les ensembles dont le PTAC de la remorque est compris entre 750 kg et 3,5 tonnes, et dont la somme des PTAC (voiture et remorque) excède 4,25 tonnes. Si le PTAC de la remorque excède 3,5 tonnes, la catégorie $C1^E$ est nécessaire.

Au-dessous de 500 kg de PTAC, la remorque doit avoir la même plaque que celle du véhicule tracteur et est couverte par l'assurance de ce dernier. Si le PTAC dépasse 500 kg, il faut déclarer sa remorque (carte grise et plaque d'immatriculation différentes du véhicule tracteur). Son assurance restera généralement incluse avec celle du véhicule tracteur jusqu'à 750 kg. Au-delà de 750 kg de PTAC, il faut équiper la remorque de freins. Ces freins sont obligatoires également si ce PTAC est supérieur à 50 % du poids à vide du véhicule tracteur. La remorque doit faire l'objet d'une assurance complémentaire.

Faire appel à transporteur routier. La SNCF a arrêté son service Auto-Train en 2020. C'est

Vérification de la batterie.

CARNET

à présent son partenaire, Hiflow, qui se charge d'assurer le transport de votre moto entre deux points relais. Votre moto est assurée par défaut à hauteur de 1 000€, vous pouvez ajouter une assurance tous risques. De point relais à point relais, elle est livrée en moyenne 15 jours après sa prise en charge.
N'hésitez pas à comparer les tarifs et les conditions d'assurance d'Hiflow avec celui d'autres transporteurs routiers qui vous proposeront bien souvent une livraison d'adresse à adresse. Das tous les cas, soyez présent lors de l'embarquement de votre moto et vérifiez les passages de sangles (marques sur la peinture, sur le carénage, etc.). Prenez une photo de votre moto avant son départ, de façon à pouvoir justifier de son état antérieur en cas de casse constatée à l'arrivée.

Les derniers conseils

Ça y est ? Presque prêt à partir ? Alors voici un condensé de l'essentiel de l'essentiel. Attention : ce qui suit ne prend pas en compte toute la partie préparation qui s'étale sur plusieurs semaines (budget, choix du pays et conditions d'entrée et de circulation, conditions d'assurance...), la liste des affaires personnelles à emporter, ni le check-up complet de la moto et les achats d'accessoires, cartes, équipements spécifiques...

Plusieurs semaines avant le départ. Achetez ou commandez les cartes ou badges de télépéages nécessaires à votre voyage. Si votre périple dépasse les frontières de l'Hexagone, vous pourrez être confronté à la nécessité de posséder une vignette environnementale pour traverser certaines villes. Le site Green-Zones.eu (www.green-zones.eu) vous permet de tout savoir sur les différentes vignettes européennes et de les acquérir si besoin est.

Quelques jours avant le départ. Mettez à jour votre GPS et faite une copie dans un coffre-fort virtuel de vos documents importants (sur www.service-public.fr, par exemple). Si vous partez à l'étranger, inscrivez-vous sur le site Ariane de France Diplomatie.

Lors du chargement. Une opération à faire si possible la veille ou plusieurs heures avant le départ. Placez les objets les plus lourds près du centre de gravité de la moto, ou au plus bas, de préférence dans les valises latérales. Éviter de charger lourdement la sacoche de réservoir ou le dessus du top-case. Laissez libre d'accès le ou les boîtiers fusibles et la batterie après avoir repéré leur emplacement. Idem pour les indispensables : antivol, anticrevaison, trousse à outils...Après le chargement, vérifier la hauteur d'éclairage de vos phares et assurer vous que la pression des pneus est adaptée à la charge.

Au moment de partir. Contrôlez vos niveaux. Vérifier que vous êtes bien en possession des documents suivants : permis de conduire, pièce d'identité, carte grise, certificat d'assurance, constat européen d'accident pré-rempli, adresses de contacts en France, manuel d'entretien (sous format informatique). Si vous partez à l'étranger, pensez à prendre votre carte d'assurance européenne de sécurité sociale, votre justificatif de mutuelle complémentaire, les coordonnées de votre assistance rapatriement (à souscrire impérativement).
Enfin, n'oublier pas le double des clefs (contact et valises, mais aussi antivol), les câbles de liaison et les chargeurs dont vous aurez besoin (intercom, téléphone, GPS...).

Le remisage de sa moto

Certains motards utilisent leur machine toute l'année, que ce soit dans les trajets quotidiens, pour se balader le week-end ou partir en voyage. D'autres, dès les mauvais jours d'automne, décident de laisser leur moto hiberner et de ne la ressortir qu'au printemps. Certaines précautions sont alors à prendre pour être certain de repartir du bon pied dès les premiers beaux jours.

Le stationnement. Plus que du froid, il faut à tout prix préserver votre machine de la pluie et de l'humidité. L'idéal pour cela est un endroit sous abri, voire un garage chauffé. Si vous garez votre moto dans une cour, dans la rue ou sur un endroit exposé, protégez-la au mieux avec une housse spécifique moto. Le matériau doit en être à la fois étanche à l'eau et laisser circuler l'air pour ne pas favoriser l'apparition de la rouille. Positionner la moto sur la béquille centrale, si elle en a une, pour ménager les pneus et les amortisseurs.

La batterie. Dès les premiers jours de froid et la certitude que votre moto va rester stationner plusieurs semaines, pensez à votre batterie. Ici, l'ennemi n'est pas la rouille, mais le froid qui décharge. Retirer votre batterie et stockez là dans un endroit sans risque ou investissez dans un optimiseur de batterie. Ce dernier peut être branché en permanence (vérifier toutefois la notice) et fournira automatiquement une charge appropriée si le voltage de votre batterie tombe sous une certaine limite.

Les liquides et les pneumatiques. Remplir le réservoir afin d'éviter que l'air ne le fasse rouiller. Pour les motos sans injection, vidanger les carburateurs, pour ne pas les laisser s'encrasser. Une autre solution, consiste à faire le plein du réservoir et de rajouter un additif conservateur. Au redémarrage de la moto en fin de remisage, une vidange d'huile ne fera pas de mal et il sera impératif de vérifier la pression des pneus qui se seront dégonflés.

ROULER EN SÉCURITÉ

Rouler en sécurité, c'est savoir prendre un maximum de précautions dans différents domaines, tous susceptibles d'être complémentaires les uns des autres. C'est par exemple le cas d'un voyage à deux au cours duquel on différenciera bien le cas d'un passager novice ou d'un enfant, avec une moto chargée de bagages et au cours duquel on empruntera une chaussée dégradée. Il n'est pas déraisonnable d'imaginer qu'à cela puisse s'ajouter en cours d'itinéraire la difficulté de rouler de nuit ou dans de mauvaises conditions météo, avec toujours à l'esprit la crainte de rencontrer des animaux sur la chaussée. Le tableau est noir mais, à bien y réfléchir, pas si irréaliste que cela. A ceux d'entres-vous qui s'exclameraient : « On nous promet un voyage impossible ! », sachez que nous avons délibérément retiré de ce paragraphe les risques de chute d'avion sur l'autoroute, de tremblement de terre et de tsunami !

Les règles élémentaires

Vous partagez la route avec de nombreux autres usagers : motards, automobilistes, piétons, routiers, agriculteurs, cyclistes... Vous devez donc redoubler de vigilance, tant pour vous que pour les autres. Vous êtes en vacances dans une région inconnue, sur des routes que vous découvrez ? Vous n'êtes sans doute pas le seul : faites attention aux comportements hésitants, aux arrêts brusques et aux changements de direction non signalés ou au dernier moment.

▶ **Respectez les distances de sécurité**. Adaptez votre vitesse aux conditions de circulation pour vous permettre de faire face à l'imprévu, tout en profitant de la balade. Sur sol sec, vous pouvez vous servir de la méthode suivante pour définir la distance de sécurité minimum à respecter avec un véhicule circulant devant vous. Déterminer un point fixe sur le bas côté. Comptez 2 secondes quand le véhicule qui vous précède est passé à sa hauteur. Si vus passez ce repère avant la fin du délai de 2 secondes, vous êtes trop près.
Quand l'adhérence est mauvaise, allongez ce délai et pensez qu'en cas de freinage d'urgence, les systèmes ABS évitent le blocage des roues mais allongent la distance d'arrêt.

▶ **Partez en bonne condition physique**. Que ce soit seul, en duo, en groupe, sous un orage ou dans toutes autres conditions, entreprendre un voyage à moto demande une bonne forme physique. On parcourt en général des distances plus longues et plus éprouvantes que le parcours quotidien ou la balade dominicale. Il faut prendre en compte qu'une moto chargée, surtout en duo, pèse lourd (parfois plus de 400 kg). Vos jambes travailleront à l'arrêt et en manœuvre. A cela s'ajoute la fatigue nerveuse et mentale due à l'attention, redoublée par le fait de circuler sur des routes inconnues. Il est donc vital de ne prendre la route qu'au meilleur de sa forme.

▶ **Évitez la fatigue**. Si vous n'avez pas l'habitude des longs trajets, reposez-vous, veillez à bien dormir la nuit précédant le départ, mangez léger avant de prendre la route, et n'hésitez pas à vous arrêter aux premiers symptômes d'assoupissement. Sur autoroute notamment, la monotonie du parcours et l'impression de sécurité entraînent une baisse de l'attention. Dès que vous sentez vos paupières lourdes, le regard qui baisse vers le tableau de bord et non plus loin devant, ou faites l'expérience des microsommeils d'une seconde dont on se réveille en sursaut, diminuez la vitesse, ouvrez le casque pour prendre un bol d'air frais et arrêtez-vous impérativement sur l'aire de repos suivante.

▶ **Ne faites pas d'excès.** Avant le départ comme à la pause, n'abusez pas du café et du tabac, qui donnent une sensation de coup de fouet, suivie d'une chute encore plus forte de la capacité de concentration. Lors des repas, mangez léger. Si vous craquez malgré tout pour un déjeuner gastronomique, accordez-vous le temps de la digestion, ne serait-ce qu'une demi-heure. Une petite sieste n'a jamais tué personne, mais un défaut de vigilance, si. Bien évidement, la consommation d'alcool, de médicaments qui assoupissent et de drogues est à proscrire dans tous les cas. On rappellera que 0,2 g par litre de sang est la limite d'alcoolémie autorisée pour les jeunes conducteurs, contre 0,5 g par litre pour les autres.

La moto à deux

Vous êtes responsable de votre passager, physiquement et moralement. C'est à vous qu'il incombe qu'il arrive à bon port et apprécie cette façon de vivre la route. Combien de vies ou simplement de vocations furent gâchées par des motards qui voulaient en mettre plein la vue à un passager néophyte ?

Assurance et Banque
Économiser sur le tarif, pas sur la protection !
Assurance Moto
jusqu'à 25 %(1) de réduction
Je choisis une assurance citoyenne
(1) Réduction jusqu'à -25% : appliquée sur le tarif d'assurance moto pour toute personne détenant déjà un contrat d'assurance auto, moto ou scooter chez AXA.
AXA France IARD - S.A. au capital de 214 799 030 € - 722 057 460 RCS Nanterre • AXA Assurances IARD Mutuelle - Société d'assurance mutuelle à cotisations fixes contre l'incendie, les accidents et risques divers - Siren 775 699 309 - Sièges sociaux : 313, Terrasses de 92727 Nanterre Cedex. AXA France Iard est mandataire exclusif en opérations de banque d'AXA Banque - N° ORIAS 13004246 • AXA Assistance France Assurances - Société anonyme de droit français au capital de 24 099 560,20 €, immatriculée au Registre du Commerce et des Sociétés de Nanterre sous le numéro 451 392 724 et dont le siège social est situé 6, rue André Gide - 92320 Châtillon • - la filiale spécialisée en assurance de protection juridique d'AXA France. S.A. au capital de 14 627 854,68 €. RCS Versailles 572. Siège social : 1, place Victorien Sardou - 78160 Marly-le-Roi. Entreprises régies par le Code des assurances • Club 14. est une, déclarée le 4 septembre 1981 sous le numéro 81 1832. Siret 338 666 050 00038. Siège : 87, avenue François Arago - 92022

BLUEJAYPHOTO - ISTOCKPHOTO.COM

Transporter un adulte. C'est le cas le plus courant. Pour un transport de quelques centaines de mètres, une balade ou un périple de plusieurs jours, les précautions à prendre sont toujours les mêmes A l'attention du pilote : Si votre compagnon/compagne de route n'est pas habitué(e) à la moto, prenez le temps – avant de démarrer, moteur coupé et sans le casque – d'effectuer un rappel des règles de sécurité : quand et comment monter et descendre de la moto, où et comment se tenir, quel comportement adopter à l'accélération, au freinage, en virage, à l'arrêt...

Au moment de la montée ou de la descente du passager, n'hésitez pas à mettre d'abord la béquille latérale en sécurité et vérifiez bien que vous êtes au point mort. Il n'est pas naturel pour un débutant de se pencher au-dessus du vide dans un virage. Il faut donc aborder les premières courbes en douceur, amener le passager à prendre lui-même la mesure de la force gyroscopique, l'adhérence, l'équilibre... Une fois prêt, pendant que le moteur chauffe, aidez votre passager à vérifier son équipement. Mettez le passager en confiance par une conduite adaptée. Efforcez-vous de le rassurer, surtout dans les premières minutes, en conduisant souple, sans à-coups et plus lentement que d'habitude. N'oubliez pas que le passager anticipe beaucoup moins que le pilote et n'a pas le contrôle de la machine. Arrêtez-vous régulièrement pour que votre passager se dégourdisse les jambes et vous fasse part de ses impressions afin d'adapter davantage votre conduite. Ne pas oublier également que le passager se refroidit et se fatigue souvent plus vite que le pilote ; A l'attention du passager : Montez ou descendez de la moto en respectant l'axe d'équilibre de l'engin, et quand le pilote vous l'indique. Cherchez à ne faire qu'un avec le pilote en suivant ses mouvements. Une recommandation surtout valable dans les virages. Sans votre aide, le pilote ne pourra pas négocier la courbe correctement et la moto risque fort d'aller tout droit ou de se déporter excessivement vers l'extérieur. Prenez l'habitude de regarder la route pour anticiper la position que va prendre le pilote. Évitez tout mouvement brusque, susceptible de surprendre le pilote et de déséquilibrer la moto. A haute vitesse, prenez garde à ne pas tourner la tête trop rapidement. Ne vous appuyez pas sur le dos du pilote lors des freinages et évitez les coups de casque. L'utilisation de la poignée de maintien à l'arrière de la selle vous permettra de vous aider à vous maintenir à distance. Pour indiquer quelque chose à voir, autant se le dire à haute voix – par micro ou en relevant la visière. Dans ce dernier cas, si la vitesse est trop élevée, convenez d'un code pour demander à diminuer la vitesse et pouvoir se parler, avec des tapes sur le dos ou l'épaule, et jamais sur le casque !

Transporter un enfant. Il est possible d'emmener un enfant derrière soi, avec des aménagements et en gardant constamment à l'esprit la vulnérabilité des jeunes passagers. La loi ne fixe pas d'âge minimal pour le passager, c'est sa taille qui compte. Le Code de la route stipule néanmoins qu'un enfant de moins de 5 ans doit être assis et attaché sur un siège homologué, avec des repose-pieds intégrés et réglables, et doté d'une poignée ou d'une ceinture. Les enfants de plus de 5 ans doivent pouvoir poser les pieds sur les repose-pieds et se tenir à l'aide de la courroie de maintien ou des poignées latérales. Des sièges enfants pour moto existent à partir de 2 ans et demi et jusqu'à 8 ans. L'adulte qui pilote la moto doit vérifier que les jambes de l'enfant ne pendent pas et ne peuvent se coincer entre la roue et la partie fixe. Pour le transport en side-car, la loi impose de ne transporter au maximum qu'un enfant dans le panier et un sur la selle : la notion de « demi-personne » ne s'applique pas. Le passager d'un side-car doit porter un casque, à moins que l'attelage soit équipé d'origine de ceintures de sécurité homologuées. La protection : L'enfant doit être aussi bien (voire mieux) protégé que l'adulte et porter une tenue de protection complète, qui couvre l'ensemble du corps. Choisir avec lui un casque intégral (pour une meilleure protection) spécifique à sa taille de tête et impérativement homologué. En déplacement : Lors du déplacement, il vaut mieux réduire la vitesse et éviter de trop « pencher » avec un enfant derrière soi. Pour réduire encore les risques de chute, un top-case ou un sac évite de basculer en arrière. Comme pour tout passager, un intercom permettra à l'enfant de parler au conducteur sans avoir à se pencher. La fatigue : Il faut rappeler qu'un enfant se fatigue plus vite qu'un adulte et risque de s'endormir, surtout par temps chaud. Prendre la route avec lui impose de faire plus de pauses que d'habitude, au moins toutes les demi-heures, en en profitant pour lui rappeler les règles de sécurité, parfois trop vite oubliées.

Préparation de la moto pour le duo. Se déplacer à deux nécessite quelques ajustements de votre machine. Ajustez les pneus à la pression préconisée (indications portées sur le flan), durcissez les réglages de l'amortisseur arrière et adaptez la hauteur du faisceau de phare. Certains modèles permettent cette dernière manœuvre plus rapidement que d'autres, notamment quand le réglage est caché par un élément du carénage. Toucher aux réglages des amortisseurs peut être assez délicat, aussi faut-il tester les différentes configurations et trouver le meilleur réglage avant de prendre la route. Avant tout départ pour un long parcours, un petit essai dans les conditions de charge du voyage ne sera pas de trop pour se faire de nouveaux repères et juger du confort prévu.

© LIGHTFIELD STUDIOS - SHUTTERSTOCK.COM

Les effets du chargement. Avec passager et/ou bagages, votre moto s'alourdit avec d'importantes conséquences sur son comportement : puissance moindre, distances de freinage plus longues, tendance à sortir large des virages, diminution de la maniabilité...

Concernant la puissance et le freinage, une seule chose à faire : anticiper. Le manque de reprise fait qu'il devient plus difficile de doubler sans être bien lancé. Attention à ne pas garder ses anciens réflexes, notamment si vous possédez une moto légère (hors charge). La largeur nouvelle de votre moto et sa plus faible maniabilité obligent à ne pas doubler aussi fréquemment que seul et sans bagages. Pour ce qui est des sous-virages, des trajectoires plus douces permettent de compenser ce problème. D'une manière générale, entraînez-vous à rouler avec les charges du voyage pour vous approprier un peu ce qui doit être considéré comme une nouvelle monture. Même sans passager, rouler avec des bagages nécessite une adaptation de votre mode de conduite, et pas seulement en raison du nouveau comportement d'une moto alourdie. Si vous êtes adepte des bagages maison, des sacs arrimés par un filet ou des sangles, vous connaissez les risques : il n'est pas rare de perdre un vêtement ou un objet tombé de la selle. Si vous utilisez une bagagerie dure, vous êtes normalement à l'abri, à condition de respecter les limitations de vitesse indiquées par les constructeurs de bagagerie adaptables pour leurs produits. Enfin, si vous roulez avec un sac à dos, le problème devient moins la moto que vous-même. Car un sac exerce une pression sur votre dos qui peut devenir douloureuse. Il n'améliore pas non plus votre confort au niveau du fessier, souvent mis à mal sur une moto. Rappelons-le, en cas de chute, le sac à dos représente un risque de blessures supplémentaires.

Les risques sur la chaussée

La sécurité à moto dépend en partie de l'état de la chaussée. Celle-ci varie beaucoup selon la météo ou la qualité du revêtement.

Les différentes configurations. Indépendamment du type de zone dans laquelle vous circulez (montagne, bord de mer, campagne), cette qualité varie selon son ancienneté, les travaux éventuels et de l'entretien régulier ou non de la portion de route empruntée. L'entretien des voies étant à la charge tantôt d'une commune, d'un département ou d'une direction interdépartementales, il n'est pas rare que l'état de la route change subitement à la frontière des uns et des autres. Pour les autoroutes, ce sont les sociétés d'autoroute qui assurent leur entretien.

Par temps chaud. L'un des pires aléas estivaux est le goudron ramolli par le soleil. Ce dernier diminue l'adhérence de vos pneus, notamment au moment du freinage, et fait faire à votre machine des « virgules » sur l'angle. Soyez particulièrement attentifs aux réparations bitumeuses que l'on trouve sur les routes prétendues « saines », et les ronds-points dont les lézardes de la chaussée ont été réparés par ces coulées noires, heureusement facilement repérables.

Par temps humide. Méfiez-vous des marquages au sol (passages piétons, zébras, flèches et autres bandes blanches). Certains sont dits « antidérapants », mais ils sont souvent extrêmement glissants et d'autant plus dangereux que le motard les aborde sur l'angle.

Le conseil est également valable pour tout ce qui concerne les regards et plaques de fonte ou d'acier sur la chaussée.

A la campagne. Méfiez-vous des bouses et de la boue aux sorties des prés et des fermes. Comptez également sur les engins agricoles pour laisser une partie de leur récolte sur la chaussée et y déposer des paquets de terre tombant de leurs gros pneus.

En montagne. La route soumise aux rigueurs climatiques sera souvent dans un état très inégal, surtout après la fonte des neiges. Attention aussi aux pierres laissées par un éboulement et aux nids-de-poule dans les chaussées endommagées par l'hiver.

Dans les ronds-points et carrefours giratoires. Les traces d'huile et déversements de gazole issus des réservoirs trop pleins y sont plus abondants qu'ailleurs. Il est préférable de les aborder et de les utiliser en évitant l'extérieur de la chaussée car c'est là que les projections sont les plus importantes. De même, ces endroits sont relativement dangereux du fait des changements de direction de dernière minute de certains usagers ou des ralentissements subits qui peuvent se produire sur l'anneau quand des passages piétons existent en sortie.

A l'approche des ralentisseurs. Prenez garde aux ralentisseurs de plus en plus nombreux, aussi bien en ville que dans les petits bourgs et à l'approche des intersections. Ils peuvent vous faire perdre le contrôle de votre machine si vous les traversez trop vite, déstabiliser votre passager ou plus simplement endommager votre machine ou certains accessoires.

Dans les stations-service. Ne poser ni vos roues ni vos pieds sur les traces de gazole. Rincez ou nettoyez vos semelles le plus rapidement possible si vous avez posé le pied dans ce type de carburant, sinon la glissade en posant le pied à terre au prochain feu rouge ou stop est quasi garantie.

La nuit et les mauvaises conditions atmosphériques

En voyage, il arrive parfois de rouler de nuit, que ce soit par plaisir, en partant avant l'aube pour éviter les bouchons, ou en rentrant plus tard que prévu d'une balade. Moins prévisibles que la durée du jour, la pluie, le vent, le brouillard peuvent être de la partie sur de longs périples. Ces conditions dégradées demandent une concentration importante et une adaptation rigoureuse de sa conduite aux conditions rencontrées. Une visière propre (et non teintée), des optiques bien réglés et une vitesse réduite font partie des premiers impératifs. En dehors de l'attention au revêtement dont nous avons déjà parlé dans la partie plus avant, voici quelques conseils au cas par cas :

En cas de pluie. Il est inutile de faire un réglage particulier de la pression des pneus quand il pleut. Si votre machine en est dotée, vérifiez que vous êtes bien en mode de conduite « Pluie » et que l'anti-patinage est activé pour limiter les risques d'aquaplanage. Évitez les flaques d'eau (dont vous ne connaitriez la profondeur qu'en les traversant) et qui cachent peut être un trou.

En cas de vent. Méfiez vous lors des dépassements, du passage de ponts ou encore de la traversée de zones découvertes. La force du vent latéral peut subitement s'accentuer lorsque les obstacles latéraux disparaissent et vous faire dévier de votre trajectoire. Ne roulez pas trop près du bas côté et tenez fermement votre guidon.

© ALEXANDER KIRCH - SHUTTERSTOCK.COM

En cas de brouillard. N'utilisez pas votre feu de route : son faisceau devant éclairer loin, il « tapera » sur un mur impénétrable et ne vous aidera en rien. Le phénomène est identique en cas de chute de neige. Contentez vous de rouler en feu de croisement, complété par les feux antibrouillards que vous posséderez peut être. Attention aux véhicules qui vous suivent et aux arrêts : votre feu arrière n'est pas muni d'antibrouillard et vous pourriez ne pas être vu à temps.

En cas de risque de verglas. Le froid étant sans pitié, l'engourdissement des membres et la diminution de sensibilité des extrémités peut fortement ralentir vos réflexes. Évitez toutes les surfaces brillantes au sol et les zones d'ombre, et donc plus froides. Prenez un itinéraire utilisant les grands axes qui seront théoriquement salés, et donc plus sûrs : ne vous aventurez pas dans les rues et cours privées. Choisissez avec précaution votre emplacement de stationnement et ne tentez pas de monter sur un trottoir. Si votre moto a dormi au chaud dans votre garage, le plus risqué sera sans doute de parcourir la distance entre ce dernier et la voie publique déjà salée.

En cas de neige. Si un peu de neige recouvre la route, en plus des conseils précédents, essayez de rester dans les traces des pneus des véhicules qui vous précèdent. Au démarrage comme au moment de s'arrêter, préférez la seconde à la première et tenez-vous prêt à poser un pied au sol.

Les animaux, gros et petits

Malgré la quiétude des routes qu'emprunte en général le motard en balade, campagnes, montagnes ou forêts traversées sont autant d'endroits où la faune est bien présente mais cachée. Même si les collisions sont assez rares, soyez vigilant, car l'apparition soudaine d'un animal, même de petite taille, surprend et peut engendrer des réactions dangereuses d'évitement ou de freinage brusque. L'aube et le crépuscule sont les deux moments de la journée où les animaux sont les plus fréquents sur les routes ou à leurs abords. Quelle que soit la route empruntée, et protégée ou non par des grillages de part et d'autre, les animaux les plus téméraires n'hésiteront pas à surgir d'un côté de la voie avant de disparaître de l'autre... quand ils ne s'arrêteront pas soudainement en pleine voie avant de faire demi-tour raison apparente. La traversée d'une forêt peut provoquer d'avantage de surprises puisqu'il n'y a pas la visibilité que l'on peut avoir au milieu des champs (méfiance quand même quand les cultures sont hautes). Elle implique donc une vigilance accrue, une vitesse réduite et éventuellement une trajectoire proche de la bande centrale pour avoir un peu plus le temps de réagir. Pensez enfin aux insectes qui, comme vous, aiment le beau temps. Leur compagnie « à bord » peut s'avérer fort désagréable ! Il est donc judicieux de s'en protéger en roulant visière baissée et blouson fermé. Si votre cou n'est pas suffisamment protégé par ce dernier, portez une écharpe ou un tour de cou.

Les moyens et dispositifs d'alerte

Le smartphone est le premier moyen d'alerte que se doit de posséder tout motard en balade. Outre la possibilité d'appel direct des secours (le dépanneur dans les cas les moins dramatiques), cet outil précieux peut également être couplé à différentes applications téléchargeables et/ou à des systèmes intégrés à votre machine et destinés à déterminer une chute ou un arrêt brutal contre un obstacle.

Les applications mobiles. Certaines applications de nos smartphone sont en mesure de détecter l'accident dont nous pourrions être victime. C'est un algorithme avancé du programme qui permet de détecter le choc perçu par le téléphone portable du pilote (ou du passager). L'application transmet un signal d'alerte à un centre de réception des appels avec les données de géolocalisation recueillies par le GPS du smartphone. Le centre tente immédiatement de vous rappeler sur votre portable avant de déclencher l'envoi des secours sur le lieu de l'accident. Un message à des proches dont vous aurez préenregistrés les coordonnées peut également être envoyé automatiquement par l'application. En 2021, Liberty Rider et Cosmo sont les principaux leaders du marché français et proposent chacun leur propre application.

Le système eCall. L'eCall est un dispositif électronique intégré au véhicule qui permet l'appel d'urgence automatique en transmettant à un centre d'appel 112 la géolocalisation du lieu de l'accident. Les derniers sont chargés d'alerter les secours. L'appel peut également être fait manuellement à l'aide d'un bouton dédié accessible dans l'habitacle. Cet équipement est obligatoire sur l'ensemble des véhicules automobiles neufs depuis le 1er avril 2018.

Si l'obligation sur les deux-roues n'est pas encore à l'ordre du jour, BMW a cependant ouvert le bal en 2017 en proposant ce système en option sortie d'usine sur ses modèles haut de gamme, avec son propre centre d'appel. Aucun système de communication n'est nécessaire dans le casque pour une communication vocale avec le centre d'appel BMW : un haut-parleur et un micro sont préinstallés sur le guidon. Le système fonctionne déjà en France et plusieurs pays européens dont la liste s'allonge peu à peu. Attention toutefois : le système ne fonctionne qu'avec la disponibilité d'un réseau de téléphonie mobile à l'endroit de l'appel ou de l'accident.

SE PERFECTIONNER

Il n'y a pas de critère particulier d'âge ou d'ancienneté de permis pour s'intéresser au perfectionnement de sa conduite. Il est en effet toujours utile de se remettre en question et d'apprendre où réapprendre les bons réflexes. Ceci dit, il appartient à chacun de trouver ce qui lui convient le mieux. Le pilotage sur circuit et certes destiné aux accros de vitesse qui ne peuvent exercer leur passion sur la voie publique mais sa pratique est également un excellent moyen de se perfectionner en améliorant ses performances. Les cours et stages sur route sont bien souvent eux aussi sur circuit mais peuvent aussi avoir lieu à l'extérieur. Il s'agit alors d'améliorer sa technique et d'aller progressivement au-delà de ses appréhensions pour avoir sur la voie publique une conduite plus sûre, pour soi, son passager… et pour les autres. C'est aussi l'occasion d'en apprendre beaucoup sur les capacités réelles de nos machines.

Le pilotage sur circuit

Il existe une trentaine de circuits de vitesse en France. Une partie d'entre eux est toutefois fermée au public, interdite aux motos ou ne leur laissant que quelques journées par an. Certaines de ces pistes sont publiques et gratuites, la plupart payantes, avec des tarifs et des conditions d'accès extrêmement variables d'un endroit à l'autre. Certains circuits n'ouvrent leurs portes qu'à des groupes organisés, mais laissent la possibilité de se joindre à ces clubs sans en être adhérent. Dans tous les cas, il est exclu de se présenter sur la piste sans s'être renseigné au préalable sur les dates et horaires d'ouverture, variables en fonction de la saison, des conditions météo et de la disponibilité de la piste. Pour ceux proches de la région parisienne, on signalera que le circuit moto Carole (Tremblay en France - département 93), propose dans l'année près de trente week-ends de roulage gratuits et ouverts à tous. Voir le site www.circuit-carole.com De nombreux circuits demandent également une préinscription afin de pouvoir organiser les groupes de roulage. Si vous souhaitez vous perfectionner dans le pilotage de votre moto de sport sur une piste de vitesse (et non à la conduite sur route), la quasi-totalité des circuits français propose des stages de pilotage, animés par d'anciens pilotes professionnels.L'objectif de rouler sur circuit consiste à perfectionner sa conduite, donc à pousser au maximum ses propres compétences et les capacités de sa machine. Cet exercice se solde fréquemment par une chute. Il est donc logique et vivement recommandé de porter une tenue parfaitement protectrice. Dans les faits, presque tous les circuits imposent ou recommandent la combinaison de cuir avec protection dorsale, intégrale ou en deux pièces (blouson et pantalon raccordés par une fermeture éclair), ainsi bien sûr que le port du casque, de bottes et de gants. Concernant la moto, il est conseillé de la préparer en vue d'une éventuelle chute en ôtant les rétroviseurs et tout accessoire susceptible de se briser en cas de glissage. Les phares étant inutiles, leurs optiques pourront être recouvertes d'adhésif protecteur. Pour des raisons évidentes de maniabilité et d'aérodynamisme, les éventuels top-case et sacoche réservoir seront enlevés. La plupart des circuits acceptent les motos de route homologuées avec permis de conduire A, carte grise et attestation d'assurance. En fonction des écoles, des circuits et des stages, il est possible ou non de louer tout le matériel nécessaire, depuis la moto jusqu'à la combinaison intégrale en cuir. Une licence FFM est parfois exigée pour une question d'assurance. Dans ce cas, la version « Entraînement » suffit. Il est également possible de découvrir les principaux circuits homologués par la FFM (Fédération française de motocyclisme) lors de journées portes ouvertes organisées chaque année. Se renseigner directement auprès du circuit le plus proche de chez vous.

Les cours et stages de remise à niveau ou de perfectionnement

Pour une remise en selle après une longue période d'abstinence de la conduite moto, on peut s'adresser à certaines moto-écoles et à des organismes ou associations qui organisent des perfectionnements de conduite sur route. Toutefois, si vous êtes toujours en jambe (comprenez : possesseur d'une moto que vous utilisez) et qu'il s'agit d'un perfectionnement de conduite pur, mieux vaut s'adresser aux derniers. Maîtrise du poids de sa machine, maniement à basse vitesses, technique de prises de virages, d'évitement et de freinage, conduite de nuit et/ou sur sol humide… Bref, une panoplie importante de choses que l'on croyait bien connaitre et dont on ne savait en fait que le minimum.

LA MOTO ENTRE PASSIONNÉS

La moto seul ou à deux, c'est bien....et même très bien. Ceci n'empêche pas de vouloir connaitre d'autres expériences comme celle d'échanger sur différents sujets relatif au monde de la moto ou/et de partager les plaisirs d'une sortie à plusieurs. Comme il n'est pas toujours évident d'amener ses meilleurs amis à sa passion du deux roues, il devient rapidement nécessaire de chercher ses compagnons de route ailleurs que dans son carnet d'adresses habituel. Les forums peuvent être une bonne solution d'échange ou d'information mais restent virtuels. Et si la sortie à quelques motos sans organisation préalable est toujours possible après quelques coups de fil, ce sont bien souvent les motos clubs, généralistes ou thématiques, qui vous permettront de participer à des balades de grande ampleur. Bien sûr, toutes ces sorties et déplacements en groupe ne peuvent être organisées qu'avec le maitre mot « sécurité ».

Les forums

Pour rencontrer des compagnons de route qui vous ressemblent, rien de tel que les forums sur Internet. Les échanges permettent de créer une atmosphère conviviale avant le voyage et aussi de trouver les conseils et informations touristiques de motards qui vous ont précédés. Cet outil vous offre également la possibilité de trouver des comités d'accueil bienveillants partout en France, car il est fréquent que des soirées ou balades soient organisées en l'honneur du passage d'un membre dans une région qu'il ne connaît pas. Bien que quelques sites soient uniquement dédiés aux forums, la plupart d'entre eux font partie de sites professionnels consacrés à l'univers de la moto ou constituent l'une des parties des sites web des clubs et des associations.

Les moto-clubs

Les clubs généralistes. Pour se faire des amis qui partagent la même passion de la route, le plus simple consiste à rejoindre l'un des nombreux moto-clubs de tourisme. Il y en a des centaines partout en France. Les moto-clubs étaient affiliés à l'origine à la Fédération française de motocyclisme (FFM). Mais des clubs de plus en plus nombreux se créent en dehors du giron de la FFM. Parmi tous ces MC, on trouve facilement celui qui correspond à ses envies, sa façon de rouler et son état d'esprit. Certains apprécient des balades paisibles, en prenant le temps de découvrir les paysages rencontrés, d'autres préfèrent des virées un peu moins tranquilles. Les sorties ne constituent souvent qu'une partie, plus ou moins importante, de l'activité des clubs. Après avoir roulé ensemble, les membres se retrouvent autour d'un verre ou d'un bon repas. En général, les non-adhérents peuvent se joindre ponctuellement à leurs balades moyennant une somme modique si nécessaire.

Les clubs thématiques. A côté des clubs « généralistes », il existe de nombreux clubs thématiques qui rassemblent de véritables passionnés pour une monture ou une marque fétiche. Ces clubs ont pour but de mettre en commun des conseils techniques et des connaissances et, bien entendu, d'organiser des sorties. Malgré leur attachement à un modèle considéré, les adhérents d'un club sont rarement ségrégationnistes vis-à-vis des autres heureux motards... Quelques sites spécialisés dans le monde motard proposent une page répertoriant les nombreuses adresses en France.

L'organisation des balades

« Les concentrations de moins de 50 véhicules dans le respect du code de la route se déroulant sur la voie publique ne sont désormais soumises à aucune procédure » (Instruction interministérielle portant simplification réglementaire de l'organisation des épreuves sportives et clarification des conditions d'indemnisation des services d'ordre en date du 13 mars 2018). Cet extrait de l'Instruction précitée devrait soulager ceux parmi vous vous qui souhaitent organiser à titre individuel (les clubs et associations ont leur propres spécificités) des sorties en groupe limitées à quelques motos : vous avez la voie libre jusqu'à 49 machines. Au delà, une déclaration en Préfecture est obligatoire. Voir également à ce sujet l'article R331-20 du Code du Sport.

Les étapes à respecter. Pour ne rester que dans le cas le plus simple (moins de 50 machines), l'organisation d'une sortie en groupe sera d'autant plus délicate que le nombre de participants sera important. Voici les conseils que l'on peut vous donner : **La date et les délais d'inscription :** Définissez une date suffisamment à l'avance pour que chacun puisse prendre ses dispositions. 15 jours semblent un minimum ; **Le nombre :** Restez modeste dans le nombre de machines qui participeront à la sortie. 5 à 7 motos maximum (soit jusqu'à 14 personnes) semble raisonnable.

Au-delà, attendez-vous à des difficultés lors du déplacement ; **Les machines :** Évitez les trop grands écarts de cylindrées et de types de machines. Même en respectant scrupuleusement les limites de vitesse, la puissance ou le confort feront la différence en cours de parcours ; **L'objectif de la balade :** Donner un but à la sortie, afin que tous soient persuadés d'attendre la même chose : un point de vue exceptionnel, un restaurant sympa, un pique-nique au bord de l'eau, une baignade à la plage... ; **La distance et la durée :** En comptant sur une vitesse moyenne de 50km/h, 2 heures de route le matin et 2 heures l'après-midi seront la plupart du temps amplement suffisantes. Soit 200 km et 4h maximum avec un repas et au moins 2 pauses intermédiaires ; **Le point de rendez-vous :** Définissez un lieu de rendez-vous facilement accessible et adapté pour recevoir tout ce beau monde en toute sécurité, de préférence à proximité d'une station service. Faites les pleins avant de partir du point de rendez-vous ; **Le briefing :** Faites un briefing avant le départ (rappel des consignes de circulation, de sécurité, des étapes jusqu'à la première pause… en pour distribuer le road-book, même sommaire, que vous aurez concoctez pour l'occasion. Échangez vos numéros de téléphone ; **Les lieux à éviter/les routes à privilégier :** Éviter les grandes villes intermédiaires où l'on se perd et privilégier les petites routes que vous aurez de préférence reconnues (mettez toutefois de coté les chemins vicinaux). Attention si vous avez des pilote novices : la fatigue et le manque de technique seront des ennemis redoutables si la route est trop dégradée ou que les virages s'enchainent sans fin ; **Les pauses :** Prévoyez des pauses et des endroits avec toilettes sur le parcours. **S'informer.** Vérifier la météo la veille et les prévisions de trafic si vous devez emprunter quelques grands axes ; **Les réservations :** Réserver impérativement à l'avance si vous voulez déjeuner ou goûter quelque part (à 4 ça passe, à 14 ça peut être assez problématique, surtout en saison). Si une nuit est prévue, soyez très large sur les délais de réservation ; **En fin de balade :** Prévoyez un dernier endroit pour vous rassemblez en fin de journée (facilement accessible, en sécurité…), afin de vous assurer que tout va bien pour chacun avant que le groupe ne se sépare.

Rouler en groupe

Rouler en groupe est un exercice bien particulier qui se révèle dangereux si l'on ne respecte pas quelques règles de prudence, plus encore si l'on ne connaît pas les habitudes de conduite des autres membres du groupe.

Les règles de déplacement. Plus le groupe est important, plus le risque grandit. Un petit groupe de motos de même type ou de même catégorie, conduites par des motards possédant à peu près le même niveau d'expérience, risque bien moins de soucis qu'une meute de plusieurs machines hétérogènes. **Choisir le rythme à adopter.** En cas de désaccord entre les participants, mieux vaut se répartir en plusieurs groupes. Choisissez ceux avec qui vous vous sentez en sécurité et ne roulez pas au-dessus de vos capacités. **Définir une place pour chacun.** Pour éviter que le groupe ne s'étale sur des kilomètres, les motards les plus rapides devront s'aligner sur le rythme du plus lent. Celui qui conduit la moto la moins puissante et qui possède le moins d'expérience viendra se mettre en deuxième position derrière l'ouvreur. Ce dernier devra à l'inverse être le plus expérimenté, capable de suivre l'itinéraire, de l'indiquer aux suivants, de surveiller à la fois le trafic, l'environnement et les motos qui le suivent. Il devra également savoir gérer les arrêts du groupe à des endroits suffisamment vastes, sans gêner les autres usagers, sans risquer qu'une des motos se fasse accrocher. **Conserver une bonne visibilité.** A partir de deux motos, deux principes fondamentaux sont à respecter en toutes circonstances : garder une visibilité aussi bonne que si vous rouliez seul et pouvoir effectuer un freinage brutal sans gêner la moto qui vous suit. La solution consiste à adopter une formation en quinconce avec une distance de sécurité importante entre chaque moto, à moduler selon le type de route empruntée et la vitesse. Le quinconce (chaque moto décalée latéralement par rapport à celle qui la précède) permet à chacun de se déporter en cas d'obstacle (pierre sur la route, trou, zone glissante) sans risquer de collision, tout en dégageant un espace suffisant pour voir loin et s'arrêter en cas de nécessité (chute d'une moto devant). Cette formation adoptée par tous les groupes soucieux de leur sécurité ne peut évidemment se pratiquer que sur des routes suffisamment larges et droites. Sur petite route viroleuse, la file indienne s'impose, avec cette fois des distances de sécurité encore allongées. **Faire attention aux autres.** Personne ne doit venir rouler à la hauteur d'une autre moto : en cas de modification de la trajectoire dans un virage, l'autre pilote n'aurait pas de marge de manœuvre. En revanche, à l'arrêt à une intersection, il est judicieux d'abandonner la formation en quinconce et d'avancer vers la moto la plus proche, de façon à réduire la longueur du groupe et de permettre un passage plus rapide. Une autre règle consiste à ne pas doubler, sauf en cas de nécessité et en prévenant par des appels de phares ou un petit coup d'avertisseur pour ne pas surprendre le motard qui ne s'attend pas à vous voir près de lui. **Adopter des signes de communication.** Convenez de signes de communication sous forme de gestes qui vous permettront d'indiquer un obstacle à celui qui suit, de la nécessité de vous arrêter ou de vous ravitailler en carburant, mais aussi que tout va bien, entre autres… Bien évidement, la mise au point de ce code n'empêche en rien d'échanger sur la route au moyen d'équipement Bluetooth. Les équipements les plus performants permettent de partager la discussion jusqu'à 15 motards en simultané et à plus d'un kilomètre de distance entre la première et la dernière moto.

S'INFORMER

Si les associations et fédérations motos sont d'excellents interlocuteurs pour répondre à vos questions ou vous venir en aide dans de multiples domaines (juridique, réglementation, formation...), les agences spécialisées ont pour vocation de vous aider à monter votre voyage. Le choix des services offert est vaste. Cela peut aller de la réservation des hébergements avec location de moto au voyage intégralement livré clef en main avec ou sans accompagnement. Les tarifs sont évidement en conséquence de l'aide apportée et tout est en général parfaitement pensé. Les moins fortunés préféreront passer du temps sur le web pour mettre eux-mêmes en place leur périple et économiser sur les différentes marges des prestataires. Pour se donner des idées de destination, d'achats ou obtenir des renseignements techniques sur les mille et un sujets relatifs au monde de la moto, les médias spécialisés sont des sources d'information irremplaçables.

LA.MO.TO - ASSOCIATION DES MOTARDS DE TOURISME

✆ 06 71 96 28 96
www.lamoto.org

LA.MO.TO est un club de niveau national né en 1996. Il a pour objet le développement des activités de tourisme ainsi que la défense des intérêts des motards. Il participe notamment aux activités liées aux déplacements motocyclistes, aux rassemblements de masse ou individuels et aux épreuves du championnat de France de tourisme à moto. Un bon moyen d'aborder avec sérénité la moto de tourisme et d'éviter les quelques pièges qui peuvent se dresser entre vous et votre passion.

AFDM - ASSOCIATION POUR LA FORMATION DES MOTARDS

8, rue Jean-Jacques-Rousseau
MONTREUIL
✆ 06 63 19 31 67
www.afdm.org

L'AFDM est une association loi 1901. Structure de prévention et de formation à la conduite des deux-roues de la FFMC, elle intervient également auprès de l'Assurance mutuelle des motards (AMDM). Au-delà de son rôle de conseil et de ses stages de formation, elle organise des stages de perfectionnement de 1 ou 2 jours, ainsi que des stages spécialisés (conducteurs de scooters de grosse cylindrée, side-cars, personnes à mobilité réduite, etc.). Son réseau s'étend sur toute la France.

FFMC - FÉDÉRATION FRANÇAISE DES MOTARDS EN COLÈRE

8, rue Jean-Jacques-Rousseau
MONTREUIL
✆ 01 48 18 03 20
www.ffmc.asso.fr

Regroupant des motards et autres usagers de deux et trois-roues depuis 1980, la FFMC a pour but de promouvoir la pratique de la moto de route en insistant sur la sécurité. Fonctionnant comme un groupe de pression, elle utilise différents moyens d'action pour se faire entendre : manifestations, pétitions, actions ponctuelles, et travail en amont auprès des autorités. Les 88 antennes locales organisent souvent des sorties touristiques et des rencontres, à la manière des moto-clubs.

ASSOCIATION CLUB 14

NANTERRE
www.club14.com

Club 14 est une association loi 1901 (moto club) créée en 1981. Son objectif était de proposer à ses adhérents des conditions optimales pour la pratique de la moto, dont une assurance abordable et adaptée à leurs besoins. Pour ce faire, Club 14 s'est associé à un acteur du monde de l'assurance « Mutuelles Unies » devenu entre-temps AXA. Il aujourd'hui près de 450 000 adhérents et propose de nombreux évènements (balades, rallye routier, journées circuit...) tout au long de l'année. Découvrez les évènements et avantages de l'association sur le site internet.

FFM - FÉDÉRATION FRANÇAISE DE MOTOCYCLISME

74, avenue Parmentier
PARIS (11e)
01 49 23 77 00
www.ffmoto.org

La Fédération Française de Motocyclisme, créée en 1913, est la doyenne des organisations moto. Forte de milliers d'adhérents et de nombreux clubs, elle a un champ d'activités très large, des cours de pilotage aux compétitions. Elle en organise dans plus de 10 disciplines dont la vitesse, le rallye routier, le moto-cross, l'enduro ou encore le trial. Son site internet permet de s'informer sur les événements et compétitions majeurs qui rythment l'année.

CASIM - SÉCURITÉ ET INFORMATION DES MOTARDS

SAINTE-LUCE-SUR-LOIRE
casim-france.fr

Les objectifs de la Casim sont de former et d'aider d'autres motards à apprendre, entre eux, la sécurité. Créée en 1981 à Sainte-Luce-sur-Loire, près de Nantes, elle est régie par la loi 1901 sur les associations. Plusieurs antennes ont ainsi été créées dans d'autres départements. Chaque association départementale a mis en place des stages de perfectionnement moto, encadrés par des bénévoles compétents. La Casim propose également des sorties, balades et rallyes.

FEMA - FÉDÉRATION DES ASSOCIATIONS MOTOCYCLISTES EUROPÉENNES

Square de Meeûs 18
BRUXELLES - BRUSSEL
+33 6 07 76 2043
www.fema-online.eu

La Fédération des Associations Motocyclistes Européennes (FEMA) est basée à Bruxelles, en Belgique. Elle à pour objectifs de défendre les intérêts de la moto auprès des instances européennes compétentes. Elle est notamment à l'origine de la fin du bridage des 100 CV en France. La FEMA regroupe vingt-quatre associations réparties dans dix-neuf pays et est notamment en liaison avec la FFMC (Fédération française des motards en colère).

ALL WAYS ON WHEELS

4, les Hauts-Sauviers
BÉDOIN
04 90 12 86 80
www.allwaysonwheels.com

Spécialiste du voyage en moto dans le monde entier et plus spécifiquement sur la destination USA, l'agence All Ways on Wheels propose plusieurs circuits intéressants à l'étranger mais également en France (*Tour de France, Provence, Corse, Châteaux de la Loire, Route nationale 7 ou encore Champagne et Normandie*). Elle propose ainsi des circuits en Harley-Davidson, BMW ou Honda GoldWing avec hébergement en hôtels 3, 4 ou 5 étoiles. Le site propose une rubrique destinée aux voyageurs seuls se proposant comme pilote ou passager.

FRANCE MOTO VOYAGES

24, rue du Général Leclerc
EPERNON
06 76 61 36 83
www.francemotovoyages.com

France Moto Voyages propose 4 formules de voyages aux passionnés de deux-roues. Qu'il s'agisse de la France (Corse, Pyrénées, Aveyron, Périgord...) de l'Europe (Croatie, Italie, Autriche, Irlande, Écosse...), les grandes routes d'Amérique du Nord (Route 66, Route du Blues, Ouest américain, Québec...) ou du Sud (Argentine, Bolivie...) ou encore d'autres destinations aux sensations fortes (Mongolie, Inde...), il y a forcément une formule et un circuit faits pour vous. Pour les plus exigeants, France Moto Voyages se charge de créer à la demande l'itinéraire de vos rêves.

ROUTES ET MOTARDS

353, route Couttet-Champion
CHAMONIX-MONT-BLANC
06 60 13 57 41
www.routesetmotards.fr
Packs en vente par correspondance à partir du site Internet.

Routes et Motards est petite société implantée à Chamonix et fondée en 2006 par les frères Malleways. Elle conçoit et met en vente des kits complets qui permettent de concevoir son itinéraire à partir des supports fournis : film vidéo, guide pratique PDF jour par jour (avec cartes, adresses d'hébergements et de restauration, photos, bons plans...), et des tracés GPS à intégrer dans votre appareil de navigation... Bref tout ce qui permet de partir n'importe quand, avec qui l'on souhaite, et dans les meilleures conditions pratiques.

FG.
FeelGood.

ITINÉRAIRES ÉVASION

61, avenue de la République
EYBENS
✆ 04 76 01 08 19
www.itineraires-evasion.fr

Créateur de voyages moto, Itinéraires Evasion est spécialiste de la France mais aussi de l'Europe. Que vous préfériez des routes à virages ou des routes panoramiques, des paysages surprenants vous attendent aux détours de leurs itinéraires ! Avec la formule « liberté » choisissez vos dates et partez seul, à 2 ou entre amis avec votre moto. Avec la formule « groupe » vous vous joignez à un petit groupe de motards. Une troisième formule, « départs à date fixe », permet de partager son voyage avec d'autres motards avec des dates prédéterminées.

WEST FOREVER

32, rue du Bassin-d'Austerlitz
STRASBOURG
✆ 03 88 68 89 00
www.westforever.com

West Forever est LE spécialiste français des voyages en Harley Davidson. À des destinations telles que les États-Unis (bien sûr !), le Canada, l'Amérique du Sud, l'Afrique, l'Asie, l'Australie ou encore Cuba, West Forever intègre à sa palette plusieurs tours en France et chez nos voisins européens. L'agence, qui est certifiée « Authorized Harley-Davidson Tours » est également partenaire du magazine *Freeway*. En complément des offres du catalogue, on notera la possibilité de confectionner son propre voyage à la carte, pratique !

RIDE IN TOURS

196, avenue George Sand
LA VILLE-AUX-DAMES
✆ 09 84 07 78 56
www.ride-in-tours.com

Location motos, scooters. Proposition road-trip avec hébergement. France ou étranger.

Le spécialiste du tourisme en moto ! Laurent a lui-même parcouru pendant 25 ans les routes du monde entier. Il partagera avec vous ses plus précieux conseils. Faites-lui confiance les yeux fermés, il s'occupe de tout ! Location des engins, préparation de votre balade (seul ou en groupe) et hébergement. Tout est pris en compte : moto, assurance, guide, nuitées, road-book... Ici, le tourisme et le partage ne sont pas oubliés pour passer un agréable moment sans chercher la performance. Des séjours et circuits pour partir à la découverte du Val de Loire sont proposés.

ROAD TRIP MAGAZINE

https://shop.6pack.fr/

Depuis plus de 10 ans maintenant, l'équipe de *Road Trip Magazine* invite tous les deux mois ses lecteurs à l'évasion avec des reportages sur des destinations en France et à l'étranger. Le magazine mélange habillement les thèmes du voyage et de la moto avec des parenthèses culturelles, historiques ou encore gastronomiques, ainsi que des adresses, des conseils pratiques et des bons plans pour préparer au mieux son voyage. Le contenu permet de voyager au sens propre comme au sens figuré, et les illustrations sont d'excellente qualité.

WEST EURO BIKES

5, rue Président-Kennedy
SAVENAY
✆ 02 28 03 15 04
www.westeurobikes.com

West Euro Bike est une agence qui propose des circuits, accompagnés ou non, avec la possibilité de louer sa moto sur place, en Europe mais également bien plus loin. Parmi ses différentes offres dans l'Hexagone, on y trouve des circuits qui permettent de parcourir différentes régions, comme la Bretagne et ses environs, avec notamment les Châteaux des Ducs de Bretagne et le Mont Saint-Michel, mais également les villes et villages de la Corse, la Côte d'Azur ou encore en parcourant l'itinéraire des Châteaux de la Loire.

MOTO MAGAZINE

www.motomag.com

Moto Magazine propose des essais, des comparatifs et des dossiers « consomotard » complets. Précisons que ce mensuel n'est pas neutre dans ses prises de position car affilié à la FFMC. Son site internet regorge d'informations touristiques et permet de rester branché à l'actualité moto. Chaque année, un hors-série Tourisme propose de belles escapades à moto partout en France.

LE JOURNAL DES MOTARDS

www.journaldesmotards.com

Ce bimestriel est vendu en kiosque depuis 1993. Il a la particularité d'être écrit en grande partie par ses lecteurs motards (et non par des journalistes). Le JDM est axé sur le tourisme avec des balades et des voyages. Sa chaîne hôtelière RELAIS MOTARDS® dédiée aux deux roues, regroupe des gîtes, bars, restaurants, hôtels... (relais-motards.com). Ce magazine est à l'origine de l'association Les Chevaliers De La Route (CDLR), des motards qui se proposent d'assister tout autre "chevalier" qui solliciterait leur aide dans leur région.

MOTOPLANETE.COM

www.motoplanete.com

Moto Planète est un site géré par une équipe de bénévoles passionnés. Il vous permettra de suivre l'actualité moto et de comparer très facilement les modèles du marché, notamment grâce à un excellent classement par marque, par puissance ou encore par consommation, des articles très détaillés et des liens judicieux proposés entre fiches. Il est également possible de retrouver des annonces de véhicules d'occasion pour faire de bonnes affaires. Un outil bien pratique pour se renseigner avant d'investir dans son futur bolide.

LEREPAIREDESMOTARDS.COM

www.lerepairedesmotards.com

Le Repaire des Motard constitue une véritable bible d'information incontournable pour tous les passionnés de moto. Le site offre des milliers de repères avec un contenu très complet pour s'informer. De l'actualité aux essais, en passant par les balades, les *roadtrips* avec cartes, les bonnes adresses, les conseils, les dossiers, les jeux, les services ou encore les bons plans, vous ne passerez à côté de rien.

MOTO STATION

https://moto-station.com/

Moto Station est un site exhaustif sur la moto. En plus de son actualité fournie, il édite plusieurs magazines dont *Moto Revue* qui paraît tous les mois. Les nouvelles machines sont passées au crible, régulièrement testées et opposées à leurs principales concurrentes. Le sport moto, national et international, est largement abordé. De nombreuses pages sont enfin consacrées aux dossiers « conso » et aux conseils techniques. D'autres magazines sont publiés, comme *Moto Revue Classic* qui paraît tous les deux mois et aborde la moto classique à vintage.

© KESU01 - ISTOCKPHOTO.COM

AGENDA

Les manifestations, rassemblements et fêtes diverses de la moto qui se déroulent en France sont légions et il est bien difficile de toutes les énumérer. Pour les trouver en fonction de vos goûts et des régions, vous pouvez consulter le site Internet de vos journaux moto préférés qui ont tous un agenda annuel à vous proposer. Nous vous indiquons ci-dessous les principaux salons et grandes manifestations mythiques qu'il serait impardonnable de passer sous silence. Bien entendu, les frontières de l'Hexagone n'étant pas si difficiles que cela à franchir quand il s'agit d'événements exceptionnels, nous avons également indiqué les grands rassemblements (hors salons) organisés en Europe par quelques marques de renom. 2021 ayant été également touchée par la crise de la COVID19, il est difficile d'assurer que les dates prévisionnelles annoncées seront respectées, ni même que certains événements ne disparaitront pas des calendriers.

ENDUROPALE DU TOUQUET PAS-DE-CALAIS/ QUADURO

Front de mer
LE TOUQUET-PARIS-PLAGE
✆ 03 21 06 72 00
www.enduropaledutouquet.fr
Fin janvier.

L'Enduropale est une épreuve motocycliste très rude qui est présentée comme «la première manifestation sportive de France», avec 400 000 spectateurs ! Non seulement les près de 2 300 pilotes doivent rouler vite, mais ils doivent en plus supporter des trombes de sable et parfois d'eau. Depuis 1975, elle se déroule sur les plages du Touquet et de Stella (sur un parcours de 13 kilomètres). L'Enduropale fait partie du Championnat de France des Sables. Une épreuve mythique !

SALON DU 2 ROUES DE LYON

Boulevard de l'Europe
CHASSIEU
www.salondu2roues.com
Tous les ans, en février, mars ou avril.

Le Salon du 2 Roues de Lyon existe depuis 1994. Trois à quatre jours sont consacrés aux plus grandes marques avec de nombreux équipementiers, accessoiristes - coup de cœur pour la partie «custom», voyagistes et associations. Au total, plus de 150 exposants et 2 000 deux-roues sur plus de 50 000 m². Animations inédites dans tous les genres. Pour l'année 2022, le salon innovera avec un programme riche, plusieurs émissions, de nombreux reportages et pas moins de 12h de live pour profiter de l'événement à distance.

SALON DE LA MOTO DU SCOOTER ET DU QUAD DE NARBONNE

Avenue Maître-Hubert-Mouly
NARBONNE
www.salon-moto.fr
Tous les ans, en mars.

Ce salon d'une durée de 3 jours est incontestablement l'événement moto de l'année de la région narbonnaise. Il a été inauguré pour la première fois en 2004. Toutes les plus grandes marques et représentants de motos, scooters, quads, d'accessoires et de services y sont présents chaque année. Des animations sportives sont également organisées ainsi que des démonstrations. Ce salon est un incontournable pour tout féru de deux-roues qui se respecte !

24 HEURES DU MANS MOTO

LE MANS
www.lemans.org/fr/24-heures-motos
Tous les ans, en avril.

En 1978, l'Automobile Club de l'Ouest, organisateur du championnat du monde d'endurance des 24 Heures du Mans Automobile, lance les 24 Heures du Mans Moto en partenariat avec le journal hebdomadaire spécialisé *Moto Journal* qui voulait concurrencer *Moto Revue*, organisateur du Bol d'Or, qui déménage alors sur le circuit du Castellet dit Paul-Ricard (Var). La manifestation attire chaque année plus de 100 000 spectateurs qui se rassemblent autour du circuit Bugatti. Les essais et les épreuves de la compétition se répartissent habituellement sur 4 jours.

GRAND PRIX DE FRANCE MOTO

Place Luigi-Chinetti
LE MANS
www.gpfrancemoto.com
Tous les ans, en mai.

Le Grand Prix moto de France compte pour les Championnats du monde de vitesse moto. Après avoir été courue sur de nombreux circuits différents depuis sa création en 1920, la compétition se court depuis l'année 2000 sur le circuit Bugatti du Mans, long d'un peu plus de 4 km, et s'étale sur 3 jours. Le site Internet permet d'accéder à l'actualité ainsi qu'à la billetterie. Cet événement historique est un incontournable pour les aficionados de compétitions moto.

AMERICAN TOURS FESTIVAL

Avenue Camille-Chautemps
TOURS
www.americantoursfestival.com
Tous les ans, premier week-end de juillet.

En trois jours, c'est la culture nord-américaine dans toute sa diversité qui envahit le Parc Expo de Tours. L'American Tours Festival est le rendez-vous des bikers en Harley-Davidson, mais aussi le point de rencontre des danseurs de country, rock ou swing. Les fans de rodéo ou de sports auto sont ravis, et on chine volontiers au marché vintage, entre vêtements rétro et vinyles par centaines. Mais le moment fort reste les dizaines de concerts, avec de grandes stars en soirée. On y a déjà vu Lenny Kravitz, Deep Purple ou Scorpions par exemple. Vivement la suite !

JOURNÉES NATIONALES DE LA MOTO ET DES MOTARDS - JNMM

24, avenue du Maréchal de Villars
FONTAINEBLEAU
www.jnmm.fr
Tous les ans, en juin.

Organisées depuis 2013, ces Journées permettent de découvrir le savoir-faire, les compétences et les enseignements dispensés par la Gendarmerie nationale à ses propres motocyclistes ; de sensibiliser les motards à la sécurité grâce au regroupement des principaux acteurs du milieu de la moto ; et de faire profiter les motards d'actions de prévention articulées autour de la découverte de la trajectoire de sécurité enseignée aux gendarmes motocyclistes et de son application sur route.

BOL D'OR

Circuit Paul-Ricard
LE CASTELLET
www.boldor.com
En septembre.

Après quinze années passées sur le célèbre circuit de Formule 1 de Magny Cour, la mythique course internationale de moto a fait son grand retour au Castellet en 2015. En 2016, elle a célébré ici-même sa 80e édition. Chaque année, ce sont près de 70 000 spectateurs qui assistent à la compétition. Une centaine d'exposants, des stands et des expositions animent cette grand-messe de la moto, attirant toujours plus de visiteurs année après année. Un événement immanquable pour les passionnés ou simples curieux. Attention, les places partent comme des petits pains.

MORZINE HARLEY-DAYS

MORZINE
www.morzine-avoriaz.com
Toutes les années impaires, en juillet.

Cet événement festif rassemble tous les deux ans, pendant 4 jours, plusieurs dizaines de milliers de Harleytistes et de fans venus de toute l'Europe. Outre les concerts rocks et autres animations qui mettent la petite station en liesse, de nombreuses balades sont organisées dans la région par les clubs locaux. Une programmation riche pour un festival qui ne l'est pas moins. La 7e édition s'est déroulée en juillet 2019 avec de nombreux participants et pas moins de 30 000 bikers. La prochaine manifestation se déroulera en juillet 2022.

OPALE HARLEY DAYS

NEUFCHÂTEL-HARDELOT
✆ 03 21 31 66 66
harley-davidson-cotedopale.com
Tous les ans, en septembre.

Depuis 2010, ce rassemblement Harley organisé par l'Opale Shore Chapter rencontre chaque année un vif succès. C'est un événement officiel Harley-Davidson depuis 2016. Au programme, parade, exposition-vente, spectacles de rue, baptême en Harley (comme passager), animations diverses dans les bars et restaurants de la station de Hardelot... Trois jours de blues, rock, country et de nombreuses animations. Les Opale Harley Days reviendront pour leur 10e édition à Hardelot en septembre 2022 !

NOS CIRCUITS

LE PARC NATIONAL DES CÉVENNES ET LES GORGES DU TARN

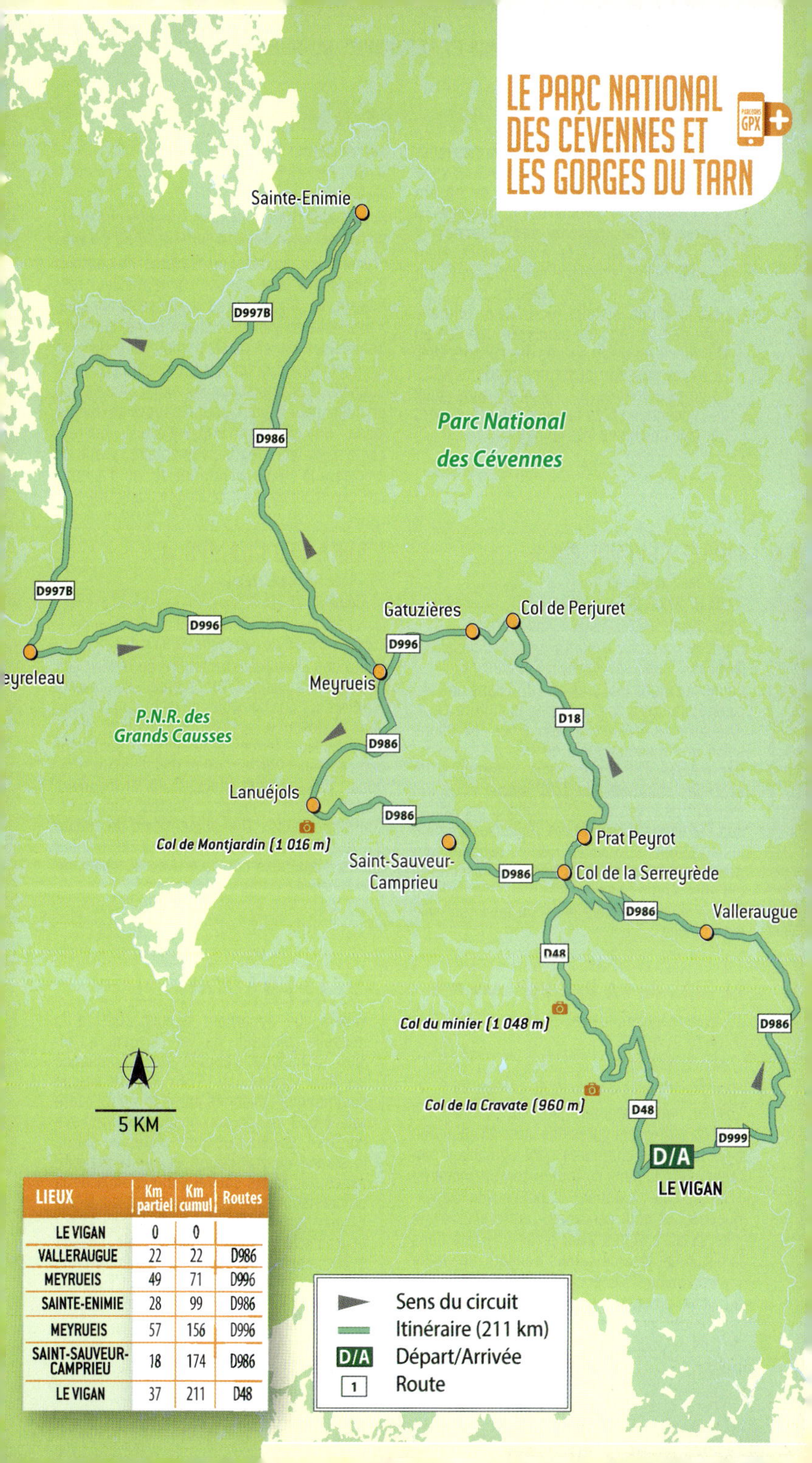

LIEUX	Km partiel	Km cumul	Routes
LE VIGAN	0	0	
VALLERAUGUE	22	22	D986
MEYRUEIS	49	71	D996
SAINTE-ENIMIE	28	99	D986
MEYRUEIS	57	156	D996
SAINT-SAUVEUR-CAMPRIEU	18	174	D986
LE VIGAN	37	211	D48

LE VIGAN ★

Cité millénaire et capitale des Cévennes méridionales, Le Vigan étale sa douceur de vivre au long des ruelles médiévales, au hasard des fontaines et jardins qui la peuplent, à l'entrée du Parc national des Cévennes et dans la vallée de l'Arre, à l'ombre du Mont Aigoual. On s'y promène avec plaisir, là sur les traces des hommes célèbres qui y sont nés, ici d'une histoire industrialo-culturelle riche depuis l'épopée séricicole débutée au XVIIe siècle jusqu'au succès des collants Well. Le Vigan possède aussi ses produits AOC : pommes reinettes du Vigan, oignons doux des Cévennes et les fameux pélardons, petit fromage de chèvre très goûteux.

LE JARDIN €€

10, rue du Four

✆ 04 67 81 28 96

www.resto-lejardin.fr

Ouvert toute l'année. Horaires variables en fonction des saisons. Menus à partir de 15,50 €. Carte.

Prenons les chemins de traverse et quittons le boulevard pour tomber sur le meilleur restaurant du Vigan et sa terrasse ombragée. Petite salle en pierre et chaux jaune, couleurs lumineuses, bar en galets et plateau de bois : le décor est planté, la cuisine est résolument traditionnelle avec des soupçons multiculturels. Ici, on milite pour le goût, pour les produits frais et locaux. Une cuisine du Sud, ensoleillée, qui respecte aussi votre régime alimentaire : gratin de moules à la crème aveyronnaise, ris d'agneau aux cèpes, fondant à la châtaigne. Délicieux !

MUSÉE CÉVENOL ★

1, rue des Calquières

✆ 04 67 81 06 86

www.museecevenol-levigan.jimdo.com

Fermé de novembre à mars. Horaires variables en fonction des saisons. Adulte 5 €, enfant 3 €.

Ce musée municipal créé en 1963 dans une ancienne filature à soie présente la culture cévenole sur trois niveaux : il expose des collections selon une muséographie de très haut niveau. Des milliers d'objets et tissus, notamment de superbes costumes du XVIIIe siècle, nous immergent dans les arts et traditions populaires des Cévennes. Les métiers régionaux comme les artisanats du vannier, verrier, sabotier, tonnelier sont évoqués dans une salle réservée à cet effet. André Chamson, l'écrivain symbolique de la culture cévenole possède aussi sa salle personnelle.

L'AURA DES CHAMPS

16, Place Sainte-Euzeby

✆ 04 67 85 71 35

Ouvert du mardi au samedi de 9h à 12h30 et de 15h30 à 18h30 ; le dimanche de 9h à 12h30.

L'Aura des Champs est membre du réseau Les Boutiques Paysannes. Vente directe de produits fermiers sur une sélection de vingt paysans qui vous proposent leurs produits cultivés et élaborés dans leurs fermes et ateliers. Ils travaillent dans le respect de la terre et des animaux. Produits : pains, pâtés, sirops, fruits et légumes, viandes, miels, fromages, plantes, conserves, confitures, œufs... Une alimentation de qualité qui favorise l'agriculture locale et les circuits courts ! Une belle boutique avec du choix, de plus l'accueil est très sympathique !

LE MAS DE LA PRAIRIE** €€

16, avenue Sergent-Triaire

✆ 04 67 81 80 80

www.masdelaprairie.fr

Chambres doubles à partir de 60 €. Menu 26 €.

Voici un hôtel-restaurant plein de charme, où il fait bon se reposer après une virée au cœur des Cévennes. Les chambres sont agréables, parfaitement équipées de tout le confort moderne (climatisation, cafetière et plateau de bienvenue, etc) et pour certaines d'entre elles d'une jolie terrasse. Après avoir piqué une tête dans la piscine et lézardé sur les transats, une halte gastronomique s'impose. Dans ce restaurant, on vous proposera une cuisine authentique autour des produits du terroir, accompagnée de vins de pays, à apprécier à la lueur des lampions.

VALLERAUGUE

Valleraugue appartient depuis 2019 à la nouvelle commune de Val-d'Aigoual. La région touristique s'appuie sur la présence du Mont-Aigoual (alt. 1567 m), deuxième sommet des Cévennes après le Mont Lozère (alt. 1 699 m), de son observatoire achevé en 1894, sur les quelques pistes de ski de la station de Prat-Peyrot et sur la magnificence des forêts sauvées in-extremis de la déforestation qui les menaçaient au siècle dernier. Le dénivelé entre le point le plus haut et le point le plus bas de Valleraugue (près de 1 300 mètres) est l'un des plus importants des communes du Massif Central. L'Espérou, situé à 1 200 mètres d'altitude, est son plus haut hameau.

MEYRUEIS ★

Meyrueis est l'une des portes sud de la Lozère. Ses foires d'autrefois étaient dédiées à la production locale. La ville se fortifia, mais ne fut pas épargnée par la guerre de Cent Ans ni par les guerres de Religion. Malgré de nombreuses destructions (dont celle de sa citadelle en 1629), les industries reprirent à la paix retrouvée : les chapeaux de feutre, la filature de laine et de soie, la clouterie, les tanneries. L'industrialisation et le développement des voies de communication oublièrent ce terroir dans la deuxième moitié du XIXe siècle, et l'exode rural y fut très important jusqu'au développement du tourisme au siècle dernier.

Meyrueis.

AVEN ARMAND ★★★★

HURES-LA-PARADE

✆ 04 66 45 61 31

www.aven-armand.com

De mars à novembre. Tarifs variable selon la visite choisie. Voir sur le site Internet. Snack. Boutique. Animations.

Imaginez l'émotion d'Edouard-Alfred Martel lorsqu'en 1887, accroché à une échelle de corde, à la lueur d'une torche, il découvrit cette forêt de 400 stalagmites. Vous pouvez descendre par le puits naturel à l'aide de corde avec un spéléologue confirmé, en été, et plonger dans la salle immense qui pourrait contenir Notre-Dame-de-Paris et admirer cette profusion de stalagmites géants. On peut aussi accéder par un funiculaire à un belvédère pour une vision globale. Un parcours aménagé, un éclairage étudié, des guides dynamiques rendent la visite spectaculaire.

GROTTE DE DARGILAN

D139

✆ 04 66 45 60 20

www.grotte-dargilan.com

Tous les jours, de Pâques à la Toussaint. Adulte 12,50 €, enfant 8 €. Visites à heure fixe.

C'est « la grotte rose », rose à cause de l'oxyde de fer qui a créé des roses et une belle palette de jaunes et d'ocres. Découverte par un jeune berger cévenol, elle ne fut explorée qu'à partir de 1888. Ses spécificités lui valent rapidement une belle notoriété et le site est aménagé dès 1890 pour les visiteurs. Concrétions et cristallisations y rivalisent de beauté. Il y a les draperies, le grand clocher, la cascade, la mosquée, etc. La grotte abrite surtout l'une des plus grandes salles souterraines de France et un parcours de près de 1,5 km.

LE CHÂTEAU D'AYRES**** €

Les Ayres

✆ 04 66 45 60 10

www.hotel-restaurant-meyrueis.com

Chambre double de 99 € à 185 € ; suite de 189 € à 209 €. Petit déjeuner 15 €. Restauration.

Dans cet ancien monastère du XIIe siècle, Hélène et Jean-François de Montjou, proposent une trentaine de chambres chaleureuses et romantiques. Le grand parc de 5 ha planté d'arbres centenaires, confère une grande sérénité aux lieux. L'établissement est doté d'une piscine intérieure, d'un tennis et de plusieurs salons. Il offre aussi une cuisine de qualité avec comme chef Hélène de Montjou qui joue subtilement sur l'authenticité des produits du terroir. Le pélardon de la ferme des Oubrets et la noisette d'agneau grillée à la plancha sauce au curry sont des délices.

GRAND HÔTEL DE FRANCE** €€

10, place Jean-Séquier

✆ 04 66 45 60 07

www.hotel meyrueis-lozere.fr

Fermé du 31 octobre au 15 avril. 45 chambres. Chambre double de 59 € à 73 € ; chambre triple de 71 € à 91 €.

La grande façade de l'hôtel de Thibault Cordelier, ancien relais de poste du XVIIe siècle, trône sur la place principale du village, entourée de platanes, avec sa terrasse fleurie sous son chapiteau. Ses 44 chambres sont bien équipées, idéales pour un séjour prolongé, d'autant que l'établissement dispose d'un jardin très agréable, d'un court de tennis et d'une piscine panoramique, à flanc de coline, où il est agréable de se prélasser lors des chauds après-midi d'été. A l'heure de passer à table, d'appétissants fumets viennent titiller les narines.

NOS CIRCUITS

LE JARDIN DES GLACES €

1, avenue E.-A.-Martel

© 04 66 45 43 75

Basse saison : du mercredi au dimanche midi et soir. Haute saison : tous les jours midi et soir. Menu à partir de 17 €.

Hélène et Emmanuel Calvet tiennent ce restaurant familial depuis 1985. On déjeune dans un jardin, les pieds dans l'herbe, sur les bords d'un bassin en forme de haricot. Tout est fait maison et dans la bonne humeur. Une superbe carte traditionnelle qui fleure bon le terroir : aligot (avec de vraies pommes de terre), chichoumeille (ratatouille), sacs d'os (spécialité lozérienne), écrevisses (selon arrivage), vous dégusterez du granino une sorte de parmesan du nord Lozère, toutes les viandes sont grillées (viande d'Aubrac, agneau de Cévennes).

SAINTE-ÉNIMIE

Sainte-Énimie, classé parmi les Plus Beaux Villages de France, est installé sur le Grand Site national des gorges du Tarn. La richesse historique de la ville, originairement un monastère construit au VIe siècle, se raconte à travers ses nombreux monuments et ses vieilles rues pavées en galets du Tarn. Le village et les alentours réservent une multitude de découvertes : églises, monastère fortifié, ermitage, grotte, source de la Burle, ensemble mégalithique de l'Aire des Trojs-Seigneurs, croix et chapelles... Sainte-Énimie fait partie des adhérentes du parc national des Cévennes, elle est en zone de Réserve de Biosphère des Cévennes et Site Natura 2000.

SAINT-CHÉLY-DU-TARN

Niché au fond d'un méandre de la rivière, le village de Saint-Chély-du-Tarn et son cirque, un vaste amphithéâtre au creux des falaises du Causse Méjan, sont un petit bijou ! Maisons restaurées, église de campagne au clocher carré, pont en pierre, cascades - la carte postale idéale - et une humble chapelle romane blottie dans la baume de Cénaret, une cavité naturelle creusée dans la roche. Une petite plage de galet permet de se rafraîchir dans ce cadre féerique. Quelques commerces et plusieurs logements chez l'habitant sont ouverts, principalement à la belle saison. En été également, un son et lumière met en valeur les superbes falaises.

SAINT-SAUVEUR-CAMPRIEU

Installé sur un plateau, le village de Camprieu (ou Cam del Rieu, qui signifie « entre deux rivières »), domine à près de 1 100 mètres d'altitude. C'est là que s'écoule la rivière Bonheur, dont le nom s'accorde parfaitement à la quiétude des lieux. Entre maquis et landes, on peut y passer un séjour estival en camping où dans un des nombreux chalets construits pour accueillir les vacanciers. Outre l'abîme de Bramaniau tout proche du village, un bel arboretum peut être visité à quelques kilomètres à l'ouest, à Saint- Sauveur-des-Pourcils, le plus important hameau de la commune. On y trouve des arbres spectaculaires au milieu d'un parcours très agréable.

ABÎME DE BRAMABIAU ET RIVIÈRE SOUTERRAINE

Chemin de Bramabiau

© 04 67 82 60 78

www.abime-de-bramabiau.com

Ouvert d'avril à novembre, tous les jours. Adulte : 10 €. Enfant (de 13 à 16 ans) : 7,50 € (6 à 12 ans : 6,50 €).

Edouard-Alfred Martel, père de la spéléologie, découvre l'abîme de Bramabiau en 1888. Aujourd'hui, on suit ses pas sur un parcours de 1km, au départ des sous-bois du massif de l'Aigoual. Une descente, crescendo, au cœur de la végétation, mène à la rivière souterraine, le Bonheur, qui serpente sous le Causse de Camprieu, avant jaillir par une étroite fissure haute de 70 m et précipiter ses eaux en cascade. Clou de la visite : des empreintes de dinosaures.

ARBORETUM DE LA FOUX

D986

Ouvert toute l'année. Gratuit.

Non loin de l'Abîme de Bramabiau et de sa rivière souterraine, l'arboretum de la Foux, appelé également Sentier des arbres et des arbustes, abrite quelques-uns des plus hauts arbres d'Europe et d'ailleurs. Un circuit d'une heure est organisé au milieu d'une végétation luxuriante, préservée pour le plus grand bonheur des randonneurs et des amateurs de nature. On y admire notamment le Pin pleureur de l'Himalaya, le Cyprès de Lawson, l'Araucaria et de très nombreux feuillus. En été, l'office de Tourisme propose des visites guidées et commentées.

LA CORNICHE DES CÉVENNES ET LE MONT AIGOUAL

LIEUX	Km partiel	Km cumul	Routes
SAINT-JEAN-DU-GARD	0	0	
LE POMPIDOU	30	30	D9
FLORAC-TROIS-RIVIERES	22	52	D983, D907
VEBRON	13	64	D907
MEYRUEIS	21	85	D996
SAINT-SAUVEUR-CAMPRIEU	19	104	D986
VALLERAUGUE	27	131	D986
SAINT-HIPPOLYTE-DU-FORT	40	171	D999
THOIRAS	18	189	D39, D57
SAINT-JEAN-DU-GARD	9	198	D57, D907

SAINT-JEAN-DU-GARD

Au sud de la corniche des Cévennes, non loin de la vallée Borgne et en limite du Parc national des Cévennes, Saint-Jean-du-Gard est une jolie étape pour qui découvrent les Cévennes : nichée au fond de la vallée le village garde des traces d'un passé agité. Le vieux pont du XVIIe siècle porte les stigmates de la furie des flots, la tour de l'Horloge (XIIIe) de celle des hommes. Aujourd'hui, le village est une place forte pour les randonneurs, qui refont le parcours Stevenson (*Voyage avec un âne*), il attire les amateurs de baignade en rivière ou de culture occitane pour ses fameux baletis, les bals populaires qui animent les soirées d'été.

LE BISTROT €€

4, rue Pellet de la Lozère

✆ 04 30 38 19 34

Basse saison : ouvert du jeudi au mardi le midi et le soir. Haute saison : tous les jours le midi et le soir.

C'est en 2014 que David Platto et Laetitia Poli ont créé ce beau bistrot de Saint-Jean-du-Gard. Anciennement appelée le «Café de la Bourse», cette brasserie se situe au cœur de ce charmant village du Gard. Il fait battre son cœur grâce à des concerts nocturnes et des expositions d'artistes peintres. Des apéros-dressing sont également organisés. Mais Le Bistrot c'est avant tout une bonne table de la ville. Après un relooking complet, l'adresse a fait peau neuve et sa décoration a pris des airs de «campagne choc». On s'y sent bien, confortablement installé.

MAISON ROUGE - MUSÉE DES VALLÉES CÉVENOLES ★

5, rue de l'Industrie (entrée piéton)

✆ 04 66 85 10 48 - www.maisonrouge-musee.fr

Fermé en janvier, ouvert le reste de l'année, horaires variables en fonctions des saisons. Adulte 8 €, enfant 6 €.

Une collection incroyable de 10 000 objets exposés donne à comprendre la vie, le savoir-faire et l'histoire des Cévennes. L'Homme et les objets qu'il a fabriqués sont au centre du discours et de la scénographie du musée. Comme un héritage, la mémoire de la filature, la plus ancienne à avoir innové et la dernière en activité en France, est sublimée par une rénovation et une extension volontairement contemporaines. Le parc met en lumière une muséographie complémentaire à celle du musée.

LE POMPIDOU

Le Pompidou est la seule commune présente sur la Corniche des Cévennes (D938). Elle se trouve à mi-distance entre Saint-Jean-du-Gard et Florac-Trois-Rivières,à proximité de la frontière entre la Lozère et le Gard. Au cours des guerres de Religion, Le Pompidou, passé au protestantisme dans sa grande majorité, vit son temple détruit en 1685. Il fut plus tard reconstruit un peu plus loin dans sa forme actuelle. Puis l'anticléricalisme de la Convention, en 1793, imposa que le nom de la commune ne soit plus celui de la paroisse (Saint-Flour-du-Pompidou) mais uniquement Le Pompidou. On y trouve quelques commerces et des logements chez l'habitant.

LES BELLUGUES** €€

13, rue Pelet-de-la-Lozère

✆ 04 66 85 15 33

www.hotel-bellugues.com

Fermé de décembre à mi mars. Chambres à partir de 62 €.

Cet hôtel au centre de Saint-Jean-du-Gard est le point de départ de nombreuses excursions dans les Cévennes, dont le GR70, le fameux « chemin de Stevenson ». Vous arrivez ici dans ce qui fut une filature de soie à la fin du siècle dernier et les propriétaires ont eu l'excellente idée de conserver l'aspect extérieur. Les chambres, coquettes et confortables, offrent de douces tonalités et seront un havre de paix pour vous ressourcer au cœur de la nature cévenole. Le petit déjeuner, pris au bord de la piscine ou dans la salle, est composé de produits du terroir.

FLORAC TROIS RIVIÈRES

La récente réforme des communes a uni La Salle-Prunet à Florac, devenues désormais Florac-Trois-Rivières, un nom qui tombait sous le sens puisque le lieu se trouve à la confluence de la Mimente, du Tarnon et du Tarn. Sa situation sur une ancienne voie de circulation importante a favorisé son rayonnement et lui a permis d'être le siège de marchés et de foires réputées. Dès la belle saison, la ville s'anime et prend des airs méridionaux. On peut arpenter la grande esplanade ombragée de platanes (on y verra le buste de Léon Boyer, enfant du pays qui fit les premiers plans du viaduc de Garabit) et y prendre un verre à l'une des terrasses de café.

LES TABLES DE LA FONTAINE €

31, rue du Thérond
✆ 04 66 65 21 73
www.tables-de-la-fontaine.com

Fermé le mercredi et le dimanche soir. Menus de 21 € à 24 €. Formule du midi : 13 €.

Véronique et Denis Dessaint vous accueilleront au cœur de Florac en Lozère, dans une maison ancienne, réaménagée en restaurant et chambres d'hôtes. Le chef tourné vers l'innovation sert des spécialités locales au menu comme à la carte, et cuisine des produits du terroir tels que le Pélardon, le Bleu des Causses et la truite. Que ce soit dans la salle au style épuré ou dans le patio fleuri agrémenté d'expositions ponctuelles d'artistes, rien ne viendra troubler votre tranquillité.

VÉBRON

Entre le Causse Méjean et la Can-de-l'Hospitalet, le charmant village de Vébron s'étale sur une pente, près du Tarnon. Un peu en aval, un grand rocher, qui surplombait la rivière, a été taillé pour permettre l'élargissement de la route et portait le nom de rocher des Fées. La légende raconte qu'autrefois, la nuit venue, les fées y attiraient les voyageurs par leurs chants mélodieux pour ensuite les précipiter dans la rivière. A Salgas, au nord de Vébron, un château a été reconstruit sur l'emplacement de l'ancien château du baron de Salgas, démoli sur ordre de Louis XIV. L'infortuné baron fut condamné aux galères pour connivence avec les camisards.

AUBERGE DU TARNON €€

Les Vanels
✆ 04 66 37 23 67
www.auberge-du-tarnon.fr

Chambre double de 40 € à 55 €. Petit déjeuner : 7 € (jusqu'à 10 h). Parking. Wifi. Restauration.

Labellisé Accueil moto, l'hôtel a les pieds dans l'eau, avec chambres ouvertes sur la campagne environnante. La déco simple, moderne et chaleureuse donne le ton du séjour, avec de nombreuses possibilités de balades en tous genres. Mais c'est pour les motards qu'ont été créés de petits services supplémentaires et malins, comme la remorque et l'atelier ou le parking couvert. A table, une cuisine simple et généreuse bien présentée et servie avec le sourire et des soirées à thème. N'allez pas chercher plus loin... C'est ici qu'il faut vous arrêter.

SAINT-SAUVEUR-CAMPRIEU

Installé sur un plateau, le village de Camprieu (ou Cam del Rieu, qui signifie « entre deux rivières »), domine à près de 1 100 mètres d'altitude. C'est là que s'écoule la rivière Bonheur, dont le nom s'accorde parfaitement à la quiétude des lieux. Entre maquis et landes, on peut y passer un séjour estival en camping où dans un des nombreux chalets construits pour accueillir les vacanciers. Outre l'abîme de Bramaniau tout proche du village, un bel arboretum peut être visité à quelques kilomètres à l'ouest, à Saint- Sauveur-des-Pourcils, le plus important hameau de la commune. On y trouve des arbres spectaculaires au milieu d'un parcours très agréable.

ABÎME DE BRAMABIAU ET RIVIÈRE SOUTERRAINE

Chemin de Bramabiau
✆ 04 67 82 60 78
www.abime-de-bramabiau.com

Ouvert d'avril à novembre, tous les jours. Adulte : 10 €. Enfant (de 13 à 16 ans) : 7,50 € (6 à 12 ans : 6,50 €).

Edouard-Alfred Martel, père de la spéléologie, découvre l'abîme de Bramabiau en 1888. Aujourd'hui, on suit ses pas sur un parcours de 1km, au départ des sous-bois du massif de l'Aigoual. Une descente, crescendo, au cœur de la végétation, mène à la rivière souterraine, le Bonheur, qui serpente sous le Causse de Camprieu, avant jaillir par une étroite fissure haute de 70 m et précipiter ses eaux en cascade. Clou de la visite : des empreintes de dinosaures.

ARBORETUM DE LA FOUX

D986

Ouvert toute l'année. Gratuit.

Non loin de l'Abîme de Dramabiau et de sa rivière souterraine, l'arboretum de la Foux, appelé également Sentier des arbres et des arbustes, abrite quelques-uns des plus hauts arbres d'Europe et d'ailleurs. Un circuit d'une heure est organisé au milieu d'une végétation luxuriante, préservée pour le plus grand bonheur des randonneurs et des amateurs de nature. On y admire notamment le Pin pleureur de l'Himalaya, le Cyprès de Lawson, l'Araucaria et de très nombreux feuillus. En été, l'office de Tourisme propose des visites guidées et commentées.

MEYRUEIS ★

Meyrueis est l'une des portes sud de la Lozère. Ses foires d'autrefois étaient dédiées à la production locale. La ville se fortifia, mais ne fut pas épargnée par la guerre de Cent Ans ni par les guerres de Religion. Malgré de nombreuses destructions (dont celle de sa citadelle en 1629), les industries reprirent à la paix retrouvée : les chapeaux de feutre, la filature de laine et de soie, la clouterie, les tanneries. L'industrialisation et le développement des voies de communication oublièrent ce terroir dans la deuxième moitié du XIXe siècle, et l'exode rural y fut très important jusqu'au développement du tourisme au siècle dernier.

LE CHÂTEAU D'AYRES**** €

Les Ayres

✆ 04 66 45 60 10

www.hotel-restaurant-meyrueis.com

Chambre double de 99 € à 185 € ; suite de 189 € à 209 €. Petit déjeuner 15 €. Restauration.

Dans cet ancien monastère du XIIe siècle, Hélène et Jean-François de Montjou, proposent une trentaine de chambres chaleureuses et romantiques. Le grand parc de 5 ha planté d'arbres centenaires, confère une grande sérénité aux lieux. L'établissement est doté d'une piscine intérieure, d'un tennis et de plusieurs salons. Il offre aussi une cuisine de qualité avec comme chef Hélène de Montjou qui joue subtilement sur l'authenticité des produits du terroir. Le pélardon de la ferme des Oubrets et la noisette d'agneau grillée à la plancha sauce au curry sont des délices.

LOGIS HÔTEL LE MONT-AIGOUAL*** €€

34, quai de la Barrière

✆ 04 66 45 65 61

www.hotel-mont-aigoual.fr

Chambre double de 60 € à 100 € ; chambre triple à partir de 95 €. 2 personnes. 2 personnes. Petit déjeuner : 11 €.

Cette affaire familiale est une véritable institution de la région, créée par l'arrière-grand-mère de l'actuel propriétaire, elle a su résister aux rouages du temps et a conservé une excellente réputation. Pour trouver la source de cette renommée, il suffit de se rendre sur place, de découvrir les chambres au cadre chaleureux, de s'allonger autour de la piscine, de déjeuner au sein du restaurant... Bref de profiter de l'expérience charmante qu'est l'Hôtel Le Mont-Aigoual !

LE JARDIN DES GLACES €

1, avenue E.-A.-Martel

✆ 04 66 45 43 75

Basse saison : du mercredi au dimanche midi et soir. Haute saison : tous les jours midi et soir. Menu à partir de 17 €.

Hélène et Emmanuel Calvet tiennent ce restaurant familial depuis 1985. On déjeune dans un jardin, les pieds dans l'herbe, sur les bords d'un bassin en forme de haricot. Tout est fait maison et dans la bonne humeur. Une superbe carte traditionnelle qui fleure bon le terroir : aligot (avec de vraies pommes de terre), chichoumeille (ratatouille), sacs d'os (spécialité lozérienne), écrevisses (selon arrivage), vous dégusterez du granino une sorte de parmesan du nord Lozère, toutes les viandes sont grillées (viande d'Aubrac, agneau de Cévennes).

VALLERAUGUE

Valleraugue appartient depuis 2019 à la nouvelle commune de Val-d'Aigoual. La région touristique s'appuie sur la présence du Mont-Aigoual (alt. 1567 m), deuxième sommet des Cévennes après le Mont Lozère (alt. 1 699 m), de son observatoire achevé en 1894, sur les quelques pistes de ski de la station de Prat-Peyrot et sur la magnificence des forêts sauvées in-extremis de la déforestation qui les menaçaient au siècle dernier. Le dénivelé entre le point le plus haut et le point le plus bas de Valleraugue (près de 1 300 mètres) est l'un des plus importants des communes du Massif Central. L'Espérou, situé à 1 200 mètres d'altitude, est son plus haut hameau.

LE CHÂTEAU D'AYRES**** €

Les Ayres - **MEYRUEIS**

✆ 04 66 45 60 10

www.hotel-restaurant-meyrueis.com

Chambre double de 99 € à 185 € ; suite de 189 € à 209 €. Petit déjeuner 15 €. Restauration.

Dans cet ancien monastère du XIIe siècle, Hélène et Jean-François de Montjou, proposent une trentaine de chambres chaleureuses et romantiques. Le grand parc de 5 ha planté d'arbres centenaires, confère une grande sérénité aux lieux. L'établissement est doté d'une piscine intérieure, d'un tennis et de plusieurs salons. Il offre aussi une cuisine de qualité avec comme chef Hélène de Montjou qui joue subtilement sur l'authenticité des produits du terroir. Le pélardon de la ferme des Oubrets et la noisette d'agneau grillée à la plancha sauce au curry sont des délices.

LOGIS HÔTEL LE MONT-AIGOUAL*** €€

34, quai de la Barrière - **MEYRUEIS**
✆ 04 66 45 65 61
www.hotel-mont-aigoual.fr
Chambre double de 60 € à 100 € ; chambre triple à partir de 95 €. 2 personnes. 2 personnes. Petit déjeuner : 11 €.

Cette affaire familiale est une véritable institution de la région, créée par l'arrière-grand-mère de l'actuel propriétaire, elle a su résister aux rouages du temps et a conservé une excellente réputation. Pour trouver la source de cette renommée, il suffit de se rendre sur place, de découvrir les chambres au cadre chaleureux, de s'allonger autour de la piscine, de déjeuner au sein du restaurant... Bref de profiter de l'expérience charmante qu'est l'Hôtel Le Mont-Aigoual !

SAINT-HIPPOLYTE-DU-FORT

Saint-Hippolyte-du-Fort, traversée par le Vidourle, est une petite ville du Gard située sur le versant sud au pied des Cévennes. La bourgade fut très prospère dès le XVIIIe siècle grâce à l'industrie de la soie, dont l'histoire est retracée dans le Musée de la Soie, situé dans les anciennes Casernes construites sous Louis XIV. On peut également voir dans la ville un nombre impressionnant de fontaines anciennes et de cadrans solaires, ainsi que quelques belles façades des XVIIe et XVIIIe siècles, avec portes et balcons ouvragés. N'hésitez pas à flâner dans les rues à la recherche des traces du passé et profiter de l'ambiance de ce village du sud.

MUSÉE DE LA SOIE ★

Place du 8-Mai-1945
✆ 04 30 67 26 94
www.museedelasoie-cevennes.com
Fermé de janvier à mi-février, et le 25 décembre. Adulte 6 €, Enfants 4,50 €.

Ce musée, à la fois naturaliste et manufacturier, dévoile les étapes de la transformation de la soie, du ver à soie à l'étoffe, en soulignant le caractère artisanal de la production. Un espace découverte dédié aux enfants met à disposition de petits métiers à tisser et des vers à soie à observer de près qu'il est permis de toucher. Pour compléter votre visite, ne manquez pas de vous balader sur les sentiers du Carré de Soie : 4 sentiers d'interprétation racontant l'histoire de la soie en Cévennes sur 4 communes de la Communauté de communes du Piémont Cévenol.

THOIRAS

Installée au confluent de plusieurs cours d'eau, notamment le Gardon de Saint-Jean, le Boisseson, la Doucette et la Salindrenque, Thoiras est propice à la baignade, la randonnée et autres activités de pleine nature. Pour ceux qui aiment les sensations fortes, en dehors de celles que procure la moto bien sûr, il y a aussi la ferme Abracadabranche, parcours d'un arbre à l'autre, ludiques et sportifs, passant parfois aussi au-dessus de l'eau. Tyroliennes, ponts de singe et filets, de quoi aussi pique-niquer et se baigner.

CHÂTEAU DE MALÉRARGUES

Malerargues
✆ 04 66 85 45 98
https://roy-hart-theatre.com
Parking.

Dans le hameau de Malérargues, sur la commune de Thoiras, une ferme prospère datant du Moyen Âge succédait à une villa gallo-romaine, métairie des Mandajors, seigneurs des Plantiers. C'est à cet endroit qu'a été construit le château. Ce qu'il en restait a été dès 1976 entièrement rénové par l'actuel propriétaire, le Centre artistique international Roy Hart. Une exposition photo relate cette aventure collective aux stagiaires et visiteurs sur demande. Il s'agit d'une école dont la spécialité est la voix humaine avec une approche unique en son genre.

GÎTE L'AMORIÉ €

Paillère
✆ 04 66 61 64 16
www.lamorie.fr
Adultes : pension complète 40 €, demi-pension 33 € et nuit + petit déjeuner 23 €.

L'Amorié est un gîte de groupe agréé par le Ministère de la Jeunesse, des Sports, de l'Education Populaire et de la Vie Associative et a été repris récemment par des propriétaires jeunes et pleins d'énergie. Au cœur de « la Cévenne » historique, l'Amorié est niché dans un des nombreux replis de la montagne cévenole. L'accueil se fait dans un hameau authentique à l'architecture préservée de plus de trois siècles. Cette situation exceptionnelle permet de nombreuses activités nature toute l'année. Les bâtiments peuvent accueillir 25 personnes.

DES MONTS D'ORB AUX GORGES DE L'HÉRAULT

LIEUX	Km partiel	Km cumul	Routes
BÉDARIEUX	0	0	
LAMALOU-LES-BAINS	9	9	D908
LA TOUR-SUR-ORB	30	39	D23
LE BOUSQUET-D'ORB	6	45	D35
AVÈNE	13	58	D8
CEILHES-ET-ROCOZELS	10	68	D8
LODÈVE	26	94	D902
SAINT-ÉTIENNE-DE-GOURGAS	8	102	D609, D25
SAINT-MAURICE-NAVACELLES	17	119	D25
GANGE	25	144	D25
SAINT-GUILHEM-LE-DÉSERT	32	176	D4
CLERMONT-L'HÉRAULT	19	195	D4, D141, D908, D609
MOURÈZE	18	213	D8
BÉDARIEUX	25	238	D8, D908

BÉDARIEUX

Bédarieux est une ville industrielle et minière du XIXe siècle construite au confluent de l'Orb et de la Vèbre, conservant les témoignages d'un passé florissant. Le paysage urbain est marqué par les grands bâtiments des biscuiteries, les tanneries, les fabriques de matériel agricole et vinicole de jadis. Les passionnés d'architecture prendront plaisir tout en marchant sur les pas de l'écrivain Ferdinand Fabre ou du sculpteur Francisque Duret à découvrir le patrimoine de Bédarieux : la chapelle Saint-Raphaël, l'église Saint-Louis qui abrite l'orgue romantique classé monument historique, l'église Saint-Alexandre fondée au XIIe siècle...

LAMALOU-LES-BAINS ★

La légende raconte qu'au Moyen Age, un paysan souffrant de douleurs s'était baigné dans la mare boueuse formée par les sources de la ville, et que peu à peu son mal fut soulagé. Mais, ce n'est qu'au XIXe siècle, que Lamalou-les-Bains fut exploité pour le pouvoir sédatif de ses eaux. Cette absence d'histoire et de patrimoine est compensée par un charme naturel dû à sa situation à 200 m d'altitude dans un vallon ombragé, au pied du Caroux-Espinasse, et à une architecture du XIXe siècle. Depuis les Thermes en passant par les grands hôtels jusqu'au théâtre et au casino avec ses vitraux classés, tout l'éclectisme architectural de l'époque y est représenté.

HÔTEL DE L'ORB €€

Route de Saint-Pons

www.hotel-orb.com

Chambre double de 63 € à 86 €. Demi-pension. Petit déjeuner : 8 €. Parking fermé. Animaux acceptés. Wifi gratuit.

Bâtiment récent, les belles tonnelles, la couleur de la façade et la végétation, lui donnent un petit air de maison traditionnelle. Guilhem et Caroline sont les heureux propriétaires de cet agréable hôtel classé deux étoiles. Idéalement situé, à 500 m de la gare, il dispose de vingt-huit chambres tout confort, neuves et aménagées avec goût. Climatisées et équipées de télévision, elles permettent de passer un séjour agréable. Pour un supplément très doux, vous pouvez certains jours (lundi au jeudi) bénéficier de la demi-pension.

LA FORGE €€

22, avenue Abbé-Tarroux

✆ 04 67 95 13 13

www.restaurantlaforgebedarieux.fr

Basse saison, mardi / jeudi-samedi soir, mardi-dimanche midi. Haute saison, mardi-dimanche midi et soir. Menus 18-37 €.

Sous la voûte en pierres résonnait autrefois, au XVIIe siècle, le martèlement des lourdes masses qui forgeaient les armes royales. Tout cela est bien fini et il y règne à présent une ambiance chaleureuse autour de la monumentale cheminée de la Forge. On se délecte ici d'une cuisine soigneusement élaborée par le chef. Le restaurant propose différents menus selon vos envies, « L'eau à la bouche », « Le menu gourmand » et « Le menu gourmet ». Pour les beaux jours, une terrasse fleurie et arborée. Le restaurant dispose également d'un parking.

MUSÉE DE LA CLOCHE ET DE LA SONNAILLE

Espace Campanaire André Malraux - **HÉRÉPIAN**

✆ 04 67 95 39 95

www.grandorb.fr

Fermé du 20 octobre au 20 avril. Ouvert du mardi au dimanche de 14h à 19h. Adulte : 5 €. CB non acceptée.

Cela fait 20 ans que ce musée nous conte l'histoire des cloches et des sonnailles et il n'a pas pris une ride ! Logé dans l'ancienne gare d'Hérépian, aux abords de la voie verte, il possède une scénographie moderne faite de sons et lumières. Si on en apprend beaucoup de la conception à l'installation de ces instruments à percussion, on apprécie le fait de pouvoir les manipuler et de les faire tinter. Mesurez vos gestes sur la cloche à la fin de l'exposition, elle peut vous surprendre !

HÔTEL DU SQUARE** €

11, avenue Foch

✆ 04 67 23 09 93

www.hoteldusquare.fr

Chambre simple de 42 € à 50 €, double de 48 € à 52 €. Animaux acceptés (sur demande). Wifi gratuit. Restauration.

Accueillis ici avec décontraction et sourire par Marie et Jean-Paul, vous choisirez une des douze chambres de plain pied. Tout confort, elles disposent de la climatisation, de la télévision, et du téléphone direct. Aménagées avec goût, chacune à sa couleur et donne sur une terrasse. Parmi ses prestations, l'hôtel compte un parking privé et a reçu l'homologation Tourisme et Handicap pour deux chambres. Pour des séjours plus longs, ses propriétaires vous proposent une formule en demi-pension ou en pension complète à des prix très doux.

NOS CIRCUITS

LA TOUR-SUR-ORB

Niché au cœur d'un vallon, La Tour-sur-Orb est noyée dans une oasis de verdure. Dominant la plaine viticole, avec pour horizon les champs de cerisiers en fleurs, la campagne séduit par son calme et sa sérénité. La communauté de hameaux offre aux visiteurs huit églises et chapelles. Difficile de choisir parmi une telle richesse patrimoniale. Pour vous aider dans votre choix, aller voir en priorité, l'ancienne résidence des abbés de Joncel (XVIIe siècle), dont l'une des ailes abrite aujourd'hui la mairie et l'église Notre-Dame de la Piété à Boussagues (XIIe-XVIe siècle), un superbe village médiéval à deux kilomètres à l'ouest de La Tour-sur-Orb.

AVÈNE

Avène, station thermale dermatologique et touristique, est nichée au cœur du Pays des Monts et des Sources. Village blotti dans les méandres de la vallée de l'Orb, il s'intègre parfaitement dans le parc naturel du Haut Languedoc, entre les monts de l'Espinouse et de l'Escandorgue. Avec le dédale des maisons en quinconce, la petite église, l'ancienne tannerie et le vieux pont de pierre, la commune confirme son appartenance au paysage languedocien. Avène, c'est aussi la magie de cette eau secrète aux vertus curatives qui jaillit des terres chaudes. Dans les années 1860, sa renommée a conduit à l'aménagement d'un établissement thermal.

LE BOUSQUET-D'ORB

Blotti en haute vallée de l'Orb, veillé par les plateaux de l'Escandorgue et les monts d'Orb, le Bousquet-d'Orb, ancien village industrialo-minier et verrier, est aujourd'hui un lieu de viticulture prospère. Après le charbon, le voilà producteur de vins de pays de grande qualité. Les cépages phares en sont le chardonnay, le merlot, la syrah et le cabernet. Pays sauvage, les traces de son passé sont encore visibles et plusieurs bâtiments ou lieux sont dignes d'intérêt, tels le château de Cazillac, l'église Saint-Martin ou encore le lavoir à charbon de l'ancienne mine. Ne pas manquer la visite de l'espace muséographique Les lumières de la mines.

LODÈVE ★★

Pays de transition entre les Grands Causses et la plaine viticole, Lodève et la vallée de l'Hérault recouvrent une large diversité de paysages. Terre de garrigue, la vallée de l'Hérault est dominée par la Séranne et le pic Saint-Loup, qui fait face à la montagne et offre un magnifique panorama. Les rivières y ont découpé abîmes et dentelles de pierre. La terre est par endroits si rouge qu'on la croirait baignée de sang. Elle offre un spectacle magnifique lorsqu'elle contraste avec les eaux bleues du lac du Salagou et le camaïeu de verts de la végétation. Les hommes s'en sont servis pour construire des hameaux vers Saint-Jean-de-la-Blaquière.

LES LUMIÈRES DE LA MINE

2, chemin de Saint-Martin ✆ 04 67 23 78 03
www.grandorb.fr

Du lundi au samedi de 10h à 12h et de 14h à 18h30, dimanche de 10h à 12h. Basse saison : sur rendez-vous. Gratuit.

L'espace muséographique du Bousquet-d'Orb accueille une exposition permanente consacrée à l'évolution de l'éclairage minier depuis le XVIIIe siècle jusqu'à nos jours. Plus de 150 lampes de mine, objets du quotidien du mineur, cartes postales et autres documents anciens, issus de la collection privée de Philippe Estang, y sont exposés, constituant d'authentiques témoignages du travail de mineur. Des panneaux illustrés complètent la collection et racontent l'histoire de l'ancien bassin minier de Graissessac, des premières concessions jusqu'à la fermeture des mines.

ANCIEN PALAIS ÉPISCOPAL - HÔTEL DE VILLE

7, place de l'Hôtel-de-Ville
www.tourisme-lodevois-larzac.fr/lodeve

Le palais épiscopal, aujourd'hui hôtel de ville, jouxte la cathédrale. Il a été construit au XVIIe siècle. De l'extérieur, on admire sa cour caladée et sa toiture en tuiles vernissées marron et vert. A l'intérieur, le bel escalier Louis XV a été conservé. A partant vers les allées de la Résistance, une halte au parc s'impose. L'étonnant monument aux morts sculpté par Paul Dardé est extraordinaire, il représente de façon très réaliste un groupe de quatre veuves.

CATHÉDRALE SAINT-FULCRAN ★

7, boulevard Gambetta
✆ 04 67 44 06 32
www.paroissesaintfulcran.com
Accès libre. Basse saison : tous les jours de 9h à 12h et de 14h à 18h. Haute saison : tous les jours de 8h à 20h.

Cette cathédrale témoigne de l'importance qu'eut l'évêché de Lodève entre le IVe siècle et 1790, date de sa dissolution. Classée au rang des cathédrales fortifiées du Languedoc, l'édifice, construit une première fois au Xe siècle, le fut à nouveau au XIIIe siècle. La cathédrale actuelle, de style gothique avec des parties flamboyant, fut édifiée entre le XIIe et le XIVe siècle. C'est le monument le plus ancien et le plus remarquable de Lodève. Les destructions des guerres de religion ont conduit à de grands travaux de restauration entre 1634 et 1643.

MANUFACTURE NATIONALE DE LA SAVONNERIE ★

Impasse des Liciers
✆ 04 67 88 86 44
www.tourisme-lodevois-larzac.fr
Visites guidées uniquement. Entrée : 7 €, gratuit pour les moins de 12 ans.

Unique annexe de la célèbre manufacture des Gobelins à Paris, la visite de cet atelier est spectaculaire et originale. Dans les locaux de l'ancienne manufacture royale, instaurée au XVIIe siècle par Colbert, on assiste au minutieux travail des artisans. Ils sont focalisés sur d'immenses tapis anciens et contemporains, réalisant notamment des copies d'anciens modèles destinés aux services du Mobilier national. Certaines œuvres et rénovations peuvent parfois durer plus de dix ans.

MUSÉE DE LODÈVE ★

1, place Francis Morand ✆ 04 67 88 86 10
www.museedelodeve.fr
Ouvert du mardi au dimanche de 10h à 18h. Exposition événement : 10 €. Autres expositions : 7 €. Hors expositions : 6 €.

Après des travaux considérables, le nouveau musée de Lodève a ouvert ses portes au public en juillet 2018. Le bâtiment a été entièrement repensé et s'impose comme l'un des grands rendez-vous culturels de l'Hérault. Un projet muséographique est en place depuis l'ouverture, il comprend des parcours immersifs et des multimédias novateurs. Les collections du musée présentent 540 millions d'années d'histoire, c'est l'un des très rares musées en France à couvrir une période aussi vaste de l'histoire de la Terre, à partir de collections uniquement prélevées localement.

HÔTEL-RESTAURANT DE LA PAIX*** €€

11, boulevard Montalangue
✆ 04 67 44 07 46
www.hotel-dela-paix.com
Chambre simple à partir de 70 €, double à partir de 80 €, triple à partir de 95 €. Petit-déjeuner 8 €.

Depuis 1888, les générations Escudié se succèdent à la tête de cet établissement. Entièrement rénové, l'ancien relais des postes est un véritable havre de tranquillité. Ses chambres soigneusement équipées présentent un maximum de confort. Le patio aux couleurs chaudes offre un coin de fraîcheur pour l'été, avec une piscine agréablement aménagée. Au bord de l'eau ou dans la salle à manger, on goûte une cuisine délicate et généreuse d'un chef passionné comme on en trouve peu aujourd'hui.

LE PETIT SOMMELIER €€

3, place de la République
✆ 04 67 44 05 39
Du mardi au dimanche le midi et le soir. Carte : 32 € environ. Formules : 21 € et 24 €.

Le Petit Sommelier opère dans le cœur historique de Lodève. Souvent recommandé par les locaux, il propose une cuisine traditionnelle tournée vers le terroir et les plats bistrotiers. Malgré son cadre commun, voire vieillot, l'adresse arrive à tirer son épingle du jeu. Ses atouts : une équipe chaleureuse et dynamique, de belles portions gourmandes, des petits prix et des produits frais. Parmi les spécialités du chef, on trouve la cervelle d'agneau aux câpres, un plat qui fait appel à notre nostalgie et à la robustesse de nos estomacs. Une adresse plaisir.

SAINT-ETIENNE-DE-GOURGAS

C'est sans doute son cirque du Bout du Monde qui donne sa notoriété à Saint-Etienne-de-Gourgas. Ce cirque a été formé par un méandre de la Bronzinadouïre, dont les eaux ont grignoté au fil des millénaires les falaises calcaires des contreforts du causse du Larzac. Au cœur de ce cirque, une ferme fortifiée et une demeure bourgeoise datant de 1845 sont installées. Saint-Étienne s'enorgueillit de ses maisons anciennes restaurées dans le respect des matériaux d'autrefois. Tout autour d'elles, vignes et jardins se déploient le long de la vallée de la Brèze. Des balades sont proposées dans la forêt au départ de La Vacquerie ou de Saint-Pierre-de-la-Fage.

GANGES ★

A la frontière du Gard et du sud des Cévennes, cette place médiévale, ancien refuge des Camisards, a une forte personnalité marquée par sa situation géographique et son histoire. Village fortifié au Moyen Âge, le vieux centre - avec ses maisons du XVIe et du XVIIe, ses placettes, ses fontaines et ses passages voûtés - témoigne du riche passé de cette petite capitale de la soie (réputation qu'elle a acquise au XVIIIe siècle). Du système défensif de la ville ne subsiste que l'ancien beffroi du XVIIe transformé en tour de l'horloge ; son campanile supporte une cloche de 1531. Restauré, le Pont-Vieux du XIIe permet aux piétons d'enjamber l'Hérault.

SAINT-GUILHEM-LE-DÉSERT ★★★

Saint-Guilhem-le-Désert est l'un des plus beaux villages de France. Son inscription au Patrimoine mondial de l'Humanité par l'Unesco prouve son intérêt majeur. Cette vallée, où Guilhem se retira en 806 après y avoir fondé le monastère de Gellone, était un désert que seuls les bergers du néolithique avaient déjà fréquenté. Écrin de pierre aux falaises vertigineuses où s'accrochent le thym, le chêne et le pin, ce paysage fait de pierre et de ciel est enchanteur. En son cœur est blottie la légendaire cité de Saint-Guilhem, qui apparaît alors comme une véritable oasis. Développé autour de l'abbaye de Gellone, le village constitue un ensemble harmonieux.

GROTTE DES DEMOISELLES ★★★★

Route départementale 986/108e
SAINT-BAUZILLE-DE-PUTOIS
www.grotte-des-demoiselles.com
Été : tous les jours. Horaires flexibles selon les saisons (généralement de 11h à 17h30). Adulte : 13€. Visite guidée.

© JACKF - STOCK.ADOBE.COM

Il faut s'éloigner un peu de Ganges et faire un crochet par rapport à notre itinéraire, mais elle mérite ce petit détour. La grotte des Demoiselles (ou des Fées) est un ensemble de cavités naturelles et de concrétions spectaculaires, riche de stalagmites et stalactites géantes, de coulées de calcites, de grandes colonnes, de draperies translucides… une véritable cathédrale souterraine, équipée du premier funiculaire touristique souterrain d'Europe. La température moyenne de la grotte des Demoiselles est de 14 °C et la visite dure environ 1h30.

ABBAYE DE GELLONE ✝ ★★

2, grand chemin du Val-de-Gellone
✆ 04 67 57 58 83
www.saintguilhem-valleeherault.fr
Ouvert tous les jours de 8h à 18h. Fermé entre 12h et 14h (jusqu'à 14h30 l'été, dimanche et jours fériés). Gratuit.

Joyau de l'art roman, ce sanctuaire fondé au début du IXe siècle est l'un des plus importants foyers spirituels et culturels du Languedoc. Situé sur le chemin de Saint-Jacques, abritant un morceau de la Vraie Croix, il fut prospère jusqu'au début du XVe siècle. Après avoir été mis à sac pendant les guerres de Religion, une partie de son cloître a été démantelée au XIXe siècle. Il ne reste aujourd'hui du monastère que le réfectoire et l'église abbatiale. On peut les visiter tous les jours gratuitement. Prenez le temps de déambuler dans les ruelles.

GROTTE DE CLAMOUSE 📷 ★★★

Route de Saint-Guilhem-le-Désert
SAINT-JEAN-DE-FOS
✆ 04 67 57 71 05
www.clamouse.com
Visites guidées tous les jours (toutes les heures en haute saison). Adulte : 12,90€. Enfant : 7,80€.

Situé à proximité du village de Saint-Guilhem-le-Désert, le site a été utilisé de tout temps : point d'eau à la Préhistoire, moulin à grain au Moyen Age… Elle s'entoure de légendes et fut découverte en 1945 par un club de spéléologie. Elle a été ouverte au public en 1964. Depuis cette date plus de trois millions de visiteurs sont venus en admirer sa richesse. Les scientifiques reconnaissent l'importance de ses concrétions : coulées stalagmitiques, cristaux d'aragonite ou encore fleurs de calcite lui ont valu son classement au Patrimoine mondial de l'Unesco.

NOS CIRCUITS

CIRQUE DE L'INFERNET ★

Cirque de l'Infernet
www.saintguilhem-valleeherault.fr
Accès libre et gratuit.

© LDGFR PHOTOS - SHUTTERSTOCK.COM

Gigantesque muraille naturelle, le cirque de l'Infernet aussi surnommé le cirque du Bout du Monde (à ne pas confondre avec d'autres), est composé de falaises impressionnantes enserrant la partie amont du val de Gellone. Entre ces parois et le Verdus, des éboulis d'un autre temps forment des pentes impressionnantes. La vigne et l'olivier ont élu domicile sur les terrasses étagées des versants exposés au sud. Pour s'y rendre, il suffit d'emprunter la rue du Bout du Monde qui part de la place du village, puis de suivre le sentier qui longe le cours d'eau.

CEILHES-ET-ROCOZELS

Ceilhes et Rocozels est à l'image de la nature qui l'entoure, il s'y dégage une atmosphère de sérénité où s'égrènent les saisons. Riche d'un patrimoine partiellement exploré, une promenade dans le village et ses alentours conte sa longue histoire. L'empreinte médiévale est remarquable : église Saint-Jacques-de-Rocozels, église Saint-Jean-Baptiste-de-Ceilhes du XIIe siècle fortifiée au XIVe siècle, remparts. Également révélateurs de ce passé florissant les voûtes, porches, linteaux, et la fontaine du Griffoul datant du XVIIe siècle jalonnent la visite. Porte du Parc régional du haut Languedoc, le village est encadré par trois forêts domaniales.

ÉGLISE SAINT-JEAN-BAPTISTE DE CEILHES

Grand Rue
Accès libre.
L'église Saint-Jean-Baptiste est un monument remarquable, elle résulte d'un mélange d'architecture romane et gothique. Elle est également l'une des plus imposantes églises de la région, par ses importantes dimensions. Dans les archives, elle est mentionnée dès 1135. A la fin du XIVe siècle, elle fut fortifiée dans la partie est du chœur par deux contreforts épaulant un arc brisé à mâchicoulis de type assommoir. Elle se prête à de jolies découvertes.

SAINT-MAURICE-NAVACELLES

Saint-Maurice de Navacelles doit sa renommée au cirque naturel qui se trouve à une dizaine de kilomètres de là. Au nord et à l'est, la commune est délimitée par le cirque et les profondes Gorges de la Vis. Au sud, on trouve le massif de la Séranne, qui domine le bas pays languedocien jusqu'à la Méditerranée. Avec un peu moins de 200 habitants, la commune résulte de la fusion de Saint-Maurice et des hameaux de Navacelles et Madières. Évidement, le tourisme est l'un des leviers majeurs de l'économie de la région et son activité est bien plus importante aux beaux jours. On trouve dans le village quelques logements chez l'habitant mais pas de commerce.

CIRQUE DE NAVACELLES

Accès par D130 (Saint-Maurice de Navacelles), D713 (Blandas) ou D158 (Rogues).
Quinzième grand site de France et inscrit au patrimoine mondial de l'Humanité par l'Unesco, le cirque de Navacelles est un site géologique d'une grande splendeur. Il mesure 2 km de diamètre et 300 m de profondeur. Sa formation est due au creusement de l'eau de la Vis dans le plateau calcaire du causse de Blandas. Une biodiversité remarquable est abritée en ces lieux, par ailleurs d'une incroyable beauté. Parmi les sentiers de randonnées qui le traversent, on peut citer le GR7, le GR de Pays *Tour du Larzac méridional* et le PR *Le cirque de Navacelles.*

NOS CIRCUITS

CLERMONT-L'HÉRAULT

Ancienne ville des tanneurs et des drapiers, c'est pour permettre aux artisans de développer leur savoir-faire que la ville s'entendit au-delà de ses remparts dès le XIVe siècle, sur les berges du Rhonel. C'est à cette époque que sont construits les édifices les plus emblématiques : l'hôpital, le monastère des dominicains et l'abbaye des bénédictins. Les guerres de Religion et l'épidémie de peste touchent sévèrement la ville qui s'endormira pour plusieurs siècles. C'est seulement au XVIIIe siècle que la fabrication de draps, de manière industrielle cette fois-ci, permet à Clermont de connaître une nouvelle période de grande prospérité.

MOURÈZE

Attesté dès 990, sous le nom de castro Morecino, l'antique village s'agrippe à la roche dolomitique jusqu'à s'y confondre. Perché sur un éperon rocheux, un château du Xe siècle, veille sur les ruelles étroites et les maisons du village. L'église Sainte-Marie, bâtie au XIIIe siècle, très remaniée, se compose d'un chœur polygonal précédé d'une courte nef de deux travées. Le contrefort situé près de l'entrée conserve les vestiges d'un ancien bâtiment probablement plus imposant. Se refaisant une beauté, Mourèze offre à ses visiteurs des rues et des places pavées, des façades de pierre, un presbytère et un four à pain entièrement restaurés.

CHÂTEAU FÉODAL DES GUILHEM

Visite guidée (avec l'office de tourisme).

Cette enceinte fortifiée du XIIe siècle est l'une des mieux conservées du Languedoc. Placé stratégiquement sur le plateau Le Pioch Castel, le château dominait la vallée de l'Hérault et offre une vue impressionnante sur Clermont-l'Hérault. Bâti sur une ancienne forteresse érigée par les Wisigoths au Ve siècle, par le premier membre de la famille Guilhem, seigneur de Clermont, le château présente un rempart face à la vallée construit en pierres est flanqué de sept tours semi-circulaires.

CIRQUE DE MOURÈZE ★★

Accès libre.

Le cirque de Mourèze est un chaos d'énormes blocs de roches, il constitue le plus important site dolomitique de France. En s'érodant, la pierre a pris des formes aussi extraordinaires que surprenantes. Certains pitons mesurent plus de 100 m de hauteur et leurs esthétiques fantastiques ont pris l'apparence d'un singe, d'un meunier, d'un sphinx, d'un serpent… Le lieu se remplit de magie au lever et au coucher du soleil, les rochers revêtent alors des couleurs enchanteresses. Un spectacle féerique à ne rater sous aucun prétexte.

LAC DU SALAGOU ★★

A 5 km au nord-ouest de Clermont-l'Hérault via D156 E4.

Ouvert toute l'année. Gratuit. Activités nautiques payantes si location de matériel.

Le lac du Salagou est un lac de barrage datant de 1969 qui couvre une superficie de 700 hectares. C'est le plus grand lac du département de l'Hérault et l'un des plus célèbres du Sud de la France. Il a été créé dans le but principal d'être un réservoir d'eau pour l'irrigation de la plaine, mais aussi pour contrôler les crues du ruisseau du Salagou. Le barrage mesure 63 m de hauteur pour 357 m de longueur. Le plan d'eau se révèle parfait pour la baignade et les loisirs nautiques. A proximité, on trouve de nombreux campings et restaurants.

AUBERGE DE VAL MOURÈZE*** €€

56, Route de la Dolomie

✆ 04 67 96 06 26

www.aubergedevalmoureze.com

Fermé de novembre à mars. Chambre double à partir de 65 €, suite à partir de 125 €. Petit déjeuner : 12 €. Restaurant.

Cet hôtel-restaurant familial est implanté au cœur de Mourèze, à quelques minutes seulement du lac du Salagou. Les 18 chambres de l'établissement ont été rénovées au cours des dernières années. Voilà donc l'assurance de séjourner dans des chambres modernes à la décoration épurée et au confort très satisfaisant. La plupart d'entre elles possèdent une vue sur le patio, la piscine ou les reliefs environnants. L'hôtel possède aussi son propre restaurant.

MONTPELLIER, BASSIN DE THAU ET LAC DU SALAGOU

LIEUX	Km partiel	Km cumul	Routes
MONTPELLIER	0	0	
FRONTIGNAN	20	20	D612
SÈTE	11	31	D612
BALARUC-LES-BAINS	8	39	D2
LOUPIAN	11	50	D129, D613, D158
MÈZE	3	52	D158, D613
MONTAGNAC	12	64	D613
PÉZENAS	6	70	D613, D161
CLERMONT-L'HÉRAULT	33	103	D15, D908
VILLEVEYRAC	34	137	D5
MONTPELLIER	30	167	D5, D27, N109, ave de la Liberté

MONTPELLIER ★★★

Capitale de l'ancienne région Languedoc-Roussillon, Montpellier est une ville prospère. Elle est d'ailleurs la ville française qui connaît la plus importante croissance démographique ! Étudiante et festive, moderne et historique, elle offre un beau cadre de vie. En trois décennies, elle est passée du statut de belle endormie à une ville de technologies et de culture où foisonnent musées, galeries d'art, salles de concerts et festivals tels que la Comédie du Livre, le festival des fanfares, les internationales de la Guitare, le festival du film d'aventure et de voyage, Arabesques... La ville offre également un beau mélange d'architecture ancienne (hôtels particuliers, cathédrales, plus ancienne faculté de Médecine), et contemporaine (Port Marianne, Antigone, Halles du Lez, Pierresvives, l'Arbre blanc), le tout à quelques encablures du littoral, facilement accessible en tram ou en vélo. Malgré sa dense population, Montpellier est une ville à taille humaine et intimiste où chaque secteur profite pleinement d'une vie de quartier agréable. On peut visiter tout le centre-ville à pied en prenant plaisir à se perdre dans les vieilles ruelles pavées labyrinthiques qui débouchent toutes sur des placettes absolument sublimes (Place de la Canourgue, chic et huppée, Place Jean Jaurès, étudiante et bruyante, Saint-Anne, belle et solennelle et enfin, notre favorite, Saint-Roch, entourée de bistrots et d'oliviers centenaires). Les commerçants sont joviaux et accueillants, mais gare à ne pas les brusquer. Ici, exit la précipitation; on prend son temps, on discute avec les habitués, c'est la douceur de vivre sudiste qui s'applique ! A Montpellier, l'ennui n'est pas permis. On se donne rendez-vous à la Comédie ou à la préfecture, on fait une virée shopping rue de l'Aiguillerie, on mange au soleil sur l'Esplanade, on se promène sur les quais à Rives du Lez, on flâne au Peyrou ou au jardin des Plantes, et la soirée se poursuit souvent dans les rues animées selon ses envies gastronomiques et son budget, car il y a pour tous les goûts ! Deux halles ont ouvert récemment: les Halles du Lez (Port-Marianne) et les Halles Laissac (quartier gare) qui regroupent plusieurs stands de nourriture et permettent soit de faire son marché soit de manger de façon conviviale en s'installant sur de grandes tablées centrales afin de profiter d'un moment de détente ou juste pour boire son café ou l'apéro.

© ROSSHELEN - SHUTTERSTOCK.COM

Vue sur les toits de Montpellier.

ARC DE TRIOMPHE ★

Rue Foch

Visite guidée (organisée par l'office de Tourisme, contact : 04 67 60 60 60).

Emblème de la ville, cette porte fut érigée à la fin du XVIIe siècle sous l'impulsion du Roi Soleil. Réalisé par l'architecte François d'Orbay (élève de Mansart), l'arc fut bâti à la place de l'une des portes de l'ancien rempart de la cité. Sur sa façade, il est possible d'admirer de superbes médaillons représentant le Roi terrassant un aigle (l'Empire) et un lion (l'Angleterre). Plus pacifique, on y trouve un trio de personnages symbolisant le canal du Midi joignant la Méditerranée et l'océan Atlantique. Son panorama est splendide.

CATHÉDRALE SAINT-PIERRE ✞ ★

Place Saint-Pierre

✆ 04 67 66 04 12

Ouvert du lundi au samedi et les jours fériés de 10h30 à 11h45 et de 14h30 à 18h. Gratuit. Animations. Messes. Concerts.

Ancienne chapelle des bénédictins construite en 1364, cette église devint siège épiscopal en 1536. Dévastée pendant les guerres de religion, elle fut remaniée aux XVIIe et XIXe siècles en plusieurs parties qui contrastent avec sa façade austère et son porche du XIVe siècle. La Révolution la proclama «Temple de la Raison», avant qu'elle ne devienne un entrepôt militaire. Son élément le plus impressionnant est sans aucun doute son porche : un imposant baldaquin soutenu par d'énormes piles circulaires qui portaient autrefois les armoiries d'Urbain V.

NOS CIRCUITS

JARDIN DES PLANTES DE MONTPELLIER

1, boulevard Henri-IV
✆ 04 34 43 36 20
Basse saison : du mardi au dimanche de 12h à 18h. Haute saison : du mardi au dimanche de 12h à 20h. Gratuit.

Le Jardin des Plantes repose à deux pas de l'université de Médecine avec lequel il noue un partenariat. L'espace vert est né en 1593 à la demande d'Henri IV qui commanda à Pierre Richer de Belleval, enseignant en botanique et anatomie, la création d'un Jardin royal. Au fil des siècles, il s'est développé et diversifié, accueillant serres tropicales, orangerie, jardin à l'anglaise et bien d'autres variétés. De nos jours, le jardin est composé d'une mosaïque de plantes de toutes origines

MUSÉE ET CONSERVATOIRE D'ANATOMIE

2, rue de l'École de Médecine
Visite guidée (organisée par l'office du Tourisme, contact : 04 67 60 60 60).

C'est dans les murs de la faculté de Médecine que ce musée se découvre. A la fois outil de recherche et de découverte, il retrace l'évolution de la discipline. Les collections ont d'ailleurs été classées Monument historique en 2004. Au total, il est possible d'y découvrir près de 13 000 objets et moulages permettant de visualiser les progrès et techniques médicales. Corps humains, pathologies et anatomie se révèlent en cire, plâtre ou bocaux, et forment un patrimoine fascinant.

PROMENADE DU PEYROU ★★★

Place Royale du Peyrou
Été : 7j/7 de 7h à 0h. Mars, avril, mai, septembre et octobre : 7h-21h30. Novembre à février : 7h-20h. Gratuit.

© STÉPHAN SZEREMETA

La promenade du Peyrou est un incontournable de la découverte de la ville. En plus d'offrir une parenthèse de verdure dans le cœur historique de Montpellier, l'espace est une preuve de la riche histoire de la cité et permet aux visiteurs de découvrir un panorama impressionnant sur la ville et sa région. Aménagés à partir de 1689 et surtout de 1766 à 1777, ces jardins jouent sur les perspectives et se découvrent sur plusieurs niveaux. Prenez le temps de monter les marches de cet édifice, au sommet vous trouverez une vue imprenable sur la cité.

NOS CIRCUITS

PLACE DE LA COMÉDIE ★

Place de la Comédie
✆ 04 67 60 60 60
www.montpellier-tourisme.fr
Accès libre. Animations. Parking.

Avec ses 230 mètres de long sur 50 mètres de large, la place de la Comédie forme avec l'Esplanade l'un des plus grands ensembles piétons de France. Bordée de majestueux bâtiments du XIXe siècle, elle accueille de nombreuses terrasses de café, l'Opéra national de Montpellier, un cinéma, l'office de Tourisme et bien d'autres points d'intérêts. En son cœur, la fontaine des Trois-Grâces constitue le point de ralliement le plus connu de la ville. Idéalement placé à deux pas de toutes les lignes de tramway, il sert de départ à de nombreuses activités et soirées.

HÔTEL DES ARCEAUX*** €€

33-35, boulevard des Arceaux
✆ 04 67 92 03 03
www.hoteldesarceaux.com
Chambre double de 75 € à 180 €. Petit déjeuner : 12 €. Parking. Animaux acceptés (6€). Restauration. Canal +.

Les propriétaires ont fait de cette ancienne demeure bourgeoise du XIXe siècle un établissement élégant à la décoration très soignée. Le cadre y est à la fois original, confortable et raffiné, et les chambres aux noms enchanteurs (« Réchauffe ton cœur », « Côté jardin »...) ont toutes été rénovées avec goût. Dans des tons doux et délicats, on s'y sent comme dans un petit cocon soyeux. Les prestations sont tout aussi séduisantes : climatisation, restauration légère le soir, sans oublier le jardin ombragé, parfait au petit déjeuner.

HÔTEL DU PARC €€

8, rue Achille Bégé
✆ 04 67 41 16 49
www.hotelduparc-montpellier.com
16 chambres. Chambre double à partir de 90 €. Wifi.

Cet hôtel est l'une des belles adresses de la ville. Implanté au sein d'une ancienne demeure languedocienne du XVIIIe siècle, l'établissement allie l'authenticité de la vieille bâtisse et le confort d'aujourd'hui en plein centre. Votre hôte, Nicolas, saura se rendre disponible afin de faire de votre séjour un moment inoubliable. Ses dix-neuf chambres équipées possèdent un charme très simple mais elles offrent tranquillité et intimité. Aux beaux jours, Nicolas vous invite à prendre votre petit-déjeuner sur la terrasse de l'hôtel.

L'ENTRECÔTE €

3, rue de Verdun
✆ 04 67 58 42 56
www.entrecote.fr
Tous les jours le midi et le soir. Menu unique à 18 € (midi et soir). Vin au verre.

Paul Gineste de Saurs a lancé ce restaurant en 1959 à Paris, puis ce fut Toulouse, Bordeaux, Nantes, Lyon puis Montpellier. La formule est simple : une salade de noix en entrée puis une tranche de contre-filet de 170 grammes avec ses frites maison (à volonté) et sa célèbre sauce. Tous les produits sont frais et préparés à la commande. A l'intérieur, sur plusieurs étages, retrouvez le décor mural écossais et noir et le jaune citron qui égaye les nappes, les menus et les tenues des serveuses. S'il vous reste encore un peu d'appétit, goûtez aux desserts

LES FRÈRES POULARDS €€

27, rue du Faubourg-du-Courreau
✆ 04 67 86 94 96
Ouvert tous les jours le midi ; du lundi au samedi le soir. Carte : 32 € environ. Terrasse.

Romain et Thibaud Poulards - deux frères passionnés et passionnants - ont ouvert leur bistrot-rôtisserie dans la rue du Faubourg-du-Courreau. Si le décor de l'établissement allie de manière subtile les styles industriel et vintage, il a conservé le charme de l'histoire des lieux en préservant les crochets à saucisse de l'ancienne boucherie ainsi que quelques photos de l'activité. Dans les assiettes, c'est le plaisir et la générosité sous toutes ses formes : cassolette de poulet, poulet rôti, os à moelle, pied de cochon, rognons...

GÉRARD CABIRON

10, Grand Rue Jean-Moulin
✆ 04 67 66 79 65
www.gerardcabiron.com
Ouvert le lundi de 14h à 19h ; du mardi au samedi de 10h à 19h. Coffrets.

Les locaux le savent : Cabiron est synonyme de délices. Dans le centre-ville, en perpendiculaire de la rue de la Loge, Gérard Cabiron accueille les gourmands dans une boutique colorée. A l'intérieur, le meilleur ouvrier de France 2007 propose ses collections glacées et pâtissières. Si ses glaces et chocolats séduisent les badauds, ce sont les macarons qui sont les icônes et les indétrônables de la maison. Disponibles en version salée et sucrée, ils sont équilibrés, se déclinent en une infinité de saveurs ou encore, en concentré de fruits. On craque !

MUSTANG CAFE

2, place Castellane
✆ 04 67 55 64 57
www.lemustang.com
Ouvert tous les jours de 11h à 1h. Happy hours (de 19h à 20h). Terrasse. Restauration. Concerts.

C'est dans le dos des Halles Castellane que le Mustang a pris ses quartiers. Bien implanté dans l'Ecusson, il attire une clientèle de gourmands et de soiffards du déjeuner à la nuit noire. Ils sont séduits par les deux terrasses du Mustang, son ambiance musicale, ses cartes à boire et à manger, ses animations... En bref, son ADN ! Si son extérieur est l'arme principale des lieux, elle est rapidement suivie par l'impressionnante carte de cocktails, bières et tapas à petits prix. On apprécie également sa décoration intérieure.

CABIRON TRAITEUR

304, rue de la Jasse de Maurin
✆ 04 67 65 48 02
www.cabiron.com
Ouvert du lundi au vendredi de 9h à 13h et de 14h à 18h, le samedi de 9h à 12h. Traiteur. Prestations dans la région.

Cabiron Traiteur, c'est une expérience qui court sur trois générations de professionnels des métiers de bouche. Référence sur la région, l'entreprise est appréciée tant pour la qualité de la gastronomie qu'elle développe que pour l'efficacité de ses prestations logistiques. La société est membre des Traiteurs de France, certifiée Qualitraiteur et Gérard Cabiron a été élu Meilleur ouvrier de France en 2007. Au sein de son showroom, l'équipe vous présentera quelques spécialités de la maison : glaces, marrons glacés, macarons sucrés et salés...

VOLUM

2656, avenue Georges-Frêche - **PÉROLS**
✆ 04 99 13 14 15
www.volum-showroom.fr

Ouvert le lundi de 14h à 18h30 ; du mardi au vendredi de 10h à 13h et de 14h à 18h30 ; le samedi de 10h à 18h30.

C'est à proximité de l'aéroport de Montpellier que cet impressionnant showroom de plus de 1 200 m² vous ouvre ses portes. Lumineux et épuré, à l'image de Volum, l'espace est totalement dédié à l'aménagement intérieur de la maison. La palette des produits représentés est riche : carrelage, salle de bains, parquet, menuiseries, peintures, papiers peints, décoration... Loin de se contenter des classiques, la marque mise sur les produits innovants et les matières d'avant-garde. Un espace boutique permet d'acquérir de la vaisselle, des lampes, du mobilier...

FRONTIGNAN ★

L'antique « Frons stagni » est située au bord de l'étang d'Ingril, au pied d'une colline de vignobles donnant le prestigieux muscat. Aujourd'hui, cette eau-de-vie est mondialement connue. Mais ce n'est pas le seul atout de la commune. Frontignan possède aussi un superbe et élégant hôtel de ville, avec son petit beffroi qui rappelle ceux du Nord de la France. La Chapelle des Pénitents, où est installé un petit musée non dénué d'intérêt, et l'église fortifiée Saint-Paul sont quant à eux classés aux Monuments Historiques. Ils sont propices à des arrêts. Quelques maisons, dont certaines de la Belle Epoque, contribuent au charme de cette douce cité.

SÈTE ★★★

Lovée au pied du mont Saint-Clair, reliée à la terre par deux étroites langues de sable, Sète, l'île singulière comme certains l'appellent, porte fièrement le titre de premier port de pêche du littoral. Deuxième port de pêche français en Méditerranée, Sète offre tous les matins un joyeux spectacle sur la Criée avec la valse des chalutiers. Ainsi, en découle une richesse gastronomique avec des recettes succulentes, à forte personnalité. Parler de Sète, c'est évoquer ses quartiers de caractère, la Pointe courte et le Quartier haut représentés lors des traditionnelles joutes nautiques de la Saint-Louis, avec ses jolies barques rouges ou bleues.

ESPACE GEORGES BRASSENS

67, boulevard Camille-Blanc ✆ 04 99 04 76 26
www.espace-brassens.fr

Ouvert du mardi au dimanche de 9h à 12h et de 14h à 18h. Adulte : 5,90 €. Enfant : 2,40 €. Groupe : 3,90 €.

C'est par l'intermédiaire d'un casque d'écoute que Georges Brassens vous guide sur ce parcours muséographique d'une heure. Il vous entraîne sur le chemin de sa vie, des premiers pas à la consécration. L'Espace comprend dix salles interactives retraçant l'enfance et la jeunesse à Sète, l'impasse Florimont avec Jeanne et Marcel, le temps des cabarets, l'écriture poétique et musicale, les femmes avec un regard sur sa compagne Püppchen, Brassens le libertaire et l'homme de scène... Vous pouvez prolonger la visite du côté du cimetière le Py, où repose l'artiste.

HALLES DE SÈTE

Rue Gambetta
✆ 04 99 04 74 00
www.halles-sete.fr

Ouvert toute l'année. Fermeture le 1er janvier. Tous les jours de 7h à 15h. Restauration. Boutique.

Élues troisièmes plus belles halles d'Occitanie, elles sont les ambassadrices de la réputation de la gastronomie sétoise. L'ancien bâtiment des années 70 a laissé la place en 2014 à un splendide édifice signé par l'architecte François Fontès. Ouvert tous les matins, il abrite 75 commerçants passionnés de terroir et de produits de qualité. On découvre, goûte et déjeune les spécialités locales tout en discutant avec des producteurs fiers de faire découvrir leurs produits. Bouchers, boulangers, fromagers, poissonniers, maraîchers, cavistes, traiteurs, tout est là !

Chalutiers rentrant au port.

MOLE ET PHARE SAINT-LOUIS

Ouvert de février aux vacances de Toussaint. Horaires en ligne. Adulte : 3,50 €.

Le Môle Saint-Louis est un ouvrage chargé d'histoire, en effet il s'agit de la première construction effectuée lors de la fondation de la ville en 1666. Cette jetée longue de 650 mètres offre une promenade rafraîchissante en bord de mer. A son bout on trouve un autre monument incontournable de Sète : le Phare Saint-Louis. Sa création remonte vers 1680 et, malgré sa démolition par les Allemands en 1944, il fut reconstitué en 1948. Aujourd'hui il est encore en activité et se visite.

HALLES ET MANGER €€

Halles de Sète

✆ 06 62 82 55 22

www.hallesetmanger.fr

Ouvert du vendredi au mardi de 12h à 14h30. Carte : 20 € environ.

En plein cœur des halles de Sète, Magali et Joël proposent une belle cuisine méditerranéenne, colorée, fraîche et croquante. Magali travaille à l'ardoise avec les produits des étals voisins, parmi les propositions : salade de poulpe sur lit de pommes de terre Agatha, velouté de topinambour, seiche au chorizo et ses petits légumes, padrones, pavé de bonite aux graines de sésame à la plancha et une tarte au pamplemousse qui est à tomber ! Les assiettes généreuses font la part belle au Sud. Joël sert et présente le vin qui va bien avec ce que vous avez commandé.

MONT SAINT-CLAIR ET CIMETIÈRE MARIN ★★

Accès libre.

© S_LUCCHESE / ADT HÉRAULT TOURISME

Le mont Saint-Clair culmine à 175 m, c'est un peu l'âme de Sète, son phare... Du centre-ville, on peut observer sa grande croix qui semble embrasser les nuages. Au sommet de ce haut piton calcaire la vue est magnifique, elle s'étend de l'étang de Thau aux Pyrénées, en passant par les Cévennes et l'Espiguette. En haut une table d'orientation aide à se repérer. Le site abrite le cimetière chanté par Paul Valéry qui y repose. Jetez un œil sur le panorama de la forêt des Pierres Blanches.

BALARUC-LES-BAINS ★★

Entre garrigues et Méditerranée, Balaruc-les-Bains offre un point de vue dominant sur l'étang de Thau. Plaisante petite station balnéaire, elle séduit par ses nombreuses infrastructures sportives, culturelles et de loisirs mais surtout par ses cures de rhumatologie et de phlébologie, pour lesquelles, chaque année, plus de 45 000 curistes font le déplacement. Première station thermale du Languedoc Roussillon, son dynamisme, ses structures et sa situation privilégiée – les pieds dans l'eau – lui ont permis de se classer au deuxième rang au niveau national. La promenade Georges Brassens permet de profiter de la tranquillité des rives de la commune.

LOUPIAN

Village viticole concentré autour de son premier château médiéval, le nom de Loupian est d'origine antique et rappelle probablement le nom d'un des propriétaires de la villa : Loppius. Le souvenir de Loupian s'étant peu à peu perdu, les villageois ont donné une autre signification au nom du village. La légende du loup était née, et serait désormais intégrée à la vie de la cité. Riche des passés deux fois millénaires, Loupian possède un patrimoine archéologique impressionnant, notamment une porte fortifiée du XIVe siècle, un château seigneurial, la chapelle Saint-Hippolyte l'église paléochrétienne et la villa Loupian qui croise la via Domitia

MUSÉE GALLO-ROMAIN - VILLA LOUPIAN

RD 158 E4

✆ 04 67 18 68 18

patrimoine.agglopole.fr

Ouvert du 1er février au 30 novembre. Voir horaires sur le site Internet. Adulte 5 €.

Musée-site archéologique présentant une villa gallo-romaine, son histoire, son fonctionnement en tant que domaine viticole, mais aussi les nombreux objets trouvés lors des fouilles, et des maquettes. Deux salles d'expositions sont à découvrir. L'un des éléments les plus remarquables exposés est sans doute l'ensemble de mosaïques polychromes, classées monument historique, qui décoraient la villa au Ve siècle, présentées à leur emplacement d'origine.

PÉZENAS ★★

Pézenas est une halte indispensable pour qui veut connaître la culture du Languedoc. La cité, bâtie sur une plaine fertile où s'étendent les vignobles, a hérité de son passé un riche patrimoine. Ville de foires, ville d'Etats, elle fut également un lieu de séjour de prédilection pour Molière et son théâtre. Ses rues et placettes portent encore en elles les traces de cette existence prospère. En flânant dans la ville, vous découvrirez ces bijoux architecturaux, les cours intérieures, les tourelles d'escaliers, les façades ornées, les rues restaurées où abondent les échoppes d'artisans et les magasins d'antiquaires, ainsi que d'étonnants musées.

MÈZE

Premier port de petite pêche de la mer Méditerranée, Mèze est située au nord de l'étang de Thau. Une escale dans la commune permettra de découvrir le vieux village, les remparts, le château de Girard, la chapelle des Pénitents construite au XIIe siècle, l'ancienne chapelle de Notre-Dame-de-Pallas (Xe siècle) et bien d'autres monuments et vestiges. En été, les fêtes traditionnelles font danser Mèze avec leur ronde de joutes, leurs animaux totémiques, les brasucades et le jeu de tambourins. Quitter Mèze une journée afin d'aller flâner dans la garrigue, sur les traces des dinosaures, et revenez le soir déguster des huîtres, les pieds dans le sable.

CLERMONT-L'HÉRAULT

Ancienne ville des tanneurs et des drapiers, c'est pour permettre aux artisans de développer leur savoir-faire que la ville s'entendit au-delà de ses remparts dès le XIVe siècle, sur les berges du Rhonel. C'est à cette époque que sont construits les édifices les plus emblématiques : l'hôpital, le monastère des dominicains et l'abbaye des bénédictins. Les guerres de Religion et l'épidémie de peste touchent sévèrement la ville qui s'endormira pour plusieurs siècles. C'est seulement au XVIIIe siècle que la fabrication de draps, de manière industrielle cette fois-ci, permet à Clermont de connaître une nouvelle période de grande prospérité.

NOS CIRCUITS

MONTAGNAC

Au fil de vos balades, vous aurez l'occasion de découvrir la richesse de ce village atypique, notamment ses maisons médiévales et hôtels particuliers qui démontrent la présence d'une activité économique florissante. Cette prospérité démarre au XIIIe siècle avec l'achat de la ville par Saint-Louis. Alors devenue ville royale, Montagnac profite des privilèges royaux et accueille des foires qui vont se développer et conduire à sa fortune. La ville a conservé de ce passé certaines des demeures bourgeoises ainsi qu'une tradition commerçante qu'elle perpétue dans son marché du vendredi matin. Ces informations sont à découvrir au sein du musée du Patrimoine.

CHÂTEAU FÉODAL DES GUILHEM

Visite guidée (avec l'office de tourisme).

Cette enceinte fortifiée du XIIe siècle est l'une des mieux conservées du Languedoc. Placé stratégiquement sur le plateau Le Pioch Castel, le château dominait la vallée de l'Hérault et offre une vue impressionnante sur Clermont-l'Hérault. Bâti sur une ancienne forteresse érigée par les Wisigoths au Ve siècle, par le premier membre de la famille Guilhem, seigneur de Clermont, le château présente un rempart face à la vallée construit en pierres est flanqué de sept tours semi-circulaires.

CIRQUE DE MOURÈZE ★★

MOURÈZE

Accès libre.

Le cirque de Mourèze est un chaos d'énormes blocs de roches, il constitue le plus important site dolomitique de France. En s'érodant, la pierre a pris des formes aussi extraordinaires que surprenantes. Certains pitons mesurent plus de 100 m de hauteur et leurs esthétiques fantastiques ont pris l'apparence d'un singe, d'un meunier, d'un sphinx, d'un serpent… Le lieu se remplit de magie au lever et au coucher du soleil, les rochers revêtent alors des couleurs enchanteresses. Un spectacle féerique à ne rater sous aucun prétexte.

VILLEVEYRAC

Le site de Veyrac au sud du village fut occupé avec certitude depuis l'époque wisigothique. Il y aurait eu une villa appartenant à un certain Varius. Le village s'est développé en symbiose avec la prestigieuse abbaye bénédictine puis cistercienne de Valmagne. Village viticole, Veryrac a pendant des décennies vécu de l'extraction de la bauxite, puisque de ses carrières ont été extraites pas moins de 2 millions de tonnes entre 1991 et 2009, au rythme de 100 000 tonnes par an. En juillet et août, une fois par semaine, on peut parcourir un marché paysan abondamment approvisionné en produits locaux, souvent issus de l'agriculture biologique.

LAC DU SALAGOU ★★

A 5 km au nord-ouest de Clermont-l'Hérault via D156 E4.

Ouvert toute l'année. Gratuit. Activités nautiques payantes si location de matériel.

Le lac du Salagou est un lac de barrage datant de 1969 qui couvre une superficie de 700 hectares. C'est le plus grand lac du département de l'Hérault et l'un des plus célèbres du Sud de la France. Il a été créé dans le but principal d'être un réservoir d'eau pour l'irrigation de la plaine, mais aussi pour contrôler les crues du ruisseau du Salagou. Le barrage mesure 63 m de hauteur pour 357 m de longueur. Le plan d'eau se révèle parfait pour la baignade et les loisirs nautiques. A proximité, on trouve de nombreux campings et restaurants.

ABBAYE SAINTE-MARIE DE VALMAGNE

Route de Montagnac

✆ 04 67 78 06 09

Horaires : Abbaye, restaurant, caveau : consulter le site. Adulte : 8,50 € (réduit 6,80€). Enfant : 5€.

Un lieu de visite, un restaurant et un vignoble : trois choix possibles. L'abbaye en tout cas, fondée en 1139, a traversé le temps et a beaucoup à raconter. La visite guidée, libre ou avec audioguide, demande au moins 1h30, plus si l'on veut prendre un repas, visiter le caveau et les jardins. Elle est classée monument historique et considérée comme une des plus belles abbayes cisterciennes de France avec l'un des plus anciens vignobles du Languedoc.

AUBERGE DE VAL MOURÈZE*** €€

56, Route de la Dolomie - **MOURÈZE**

✆ 04 67 96 06 26

www.aubergedevalmoureze.com

Fermé de novembre à mars. Chambre double à partir de 65 €, suite à partir de 125 €. Petit déjeuner : 12 €. Restaurant.

Cet hôtel-restaurant familial est implanté au cœur de Mourèze, à quelques minutes seulement du lac du Salagou. Les 18 chambres de l'établissement ont été rénovées au cours des dernières années. Voilà donc l'assurance de séjourner dans des chambres modernes à la décoration épurée et au confort très satisfaisant. La plupart d'entre elles possèdent une vue sur le patio, la piscine ou les reliefs environnants. L'hôtel possède aussi son propre restaurant.

FERME-AUBERGE DE L'ABBAYE DE VALMAGNE €€

Abbaye de Valmagne

✆ 04 67 78 13 64

www.valmagne.com

Menus de 20 € à 35 €. Accueil des groupes. Jardin. Terrasse. Boutique. Animations. Cave. Visite guidée de l'abbaye.

Le domaine de l'abbaye de Valmagne accueille une ferme auberge de grande qualité dans un ancien bâtiment agricole tout de bois, de pierre et de terre orangée. On y sert une cuisine de jardin, composée par les parfums et arômes des quatre jardins bio des lieux. Les autres produits tels que les viandes et fromages sont des produits locaux. On se régale de propositions gourmandes qui varient selon la saisonnalité, elles s'accompagnent des vins de l'abbaye.

BÉZIERS ET LE PARC RÉGIONAL DU HAUT-LANGUEDOC

PARCOURS GPX

LIEUX	Km partiel	Km cumul	Routes
BEZIERS	0	0	
CLERMONT-L'HÉRAULT	44	44	D15, D908
LODÈVE	22	67	D140, D609, D148
SAINT-ÉTIENNE-DE-GOURGAS	8	75	D609, D25
LE CAYLAR	18	93	D9
LE BOUSQUET-D'ORB	31	124	D35
AVÈNE	12	136	D8
CEILHES-ET-ROCOZELS	10	146	D8
FAYET	20	166	D902
BRUSQUE	4	171	D12
LAMALOU-LES-BAINS	47	218	D922, D908
CESSENON-SUR-ORB	33	251	D14
BEZIERS	23	274	D14

BÉZIERS ★★

Traversée par l'Orb, Béziers comptabilise plus de vingt-sept siècles d'histoire, et les vestiges de son patrimoine en disent long sur les siècles écoulés. C'est le cas de son pont Vieux, de ses nombreux édifices religieux, ses deux arènes, ses moulins de Cordier ou de Bagnols, ses grandes halles... Bien sûr la ville a aussi ses musées et lieux culturels offrant expositions et spectacles, son jardin des Poètes et son cimetière Vieux. Une jolie palette de découvertes en perspective. Pour profiter aussi de la mer, il ne faut pas longtemps depuis là pour rallier Valras-Plage, ancien village de pêcheurs installé à l'embouchure du fleuve.

© KARL THOMAS

Vue sur la ville de Béziers et la cathédrale Saint-Nazaire.

ARÈNES DE BÉZIERS

1, avenue Jean-Constans

www.arenes-beziers.com

Agenda en ligne. Visites guidées. Animations.

Les arènes de Béziers font partie des édifices les plus impressionnants de la ville. Débutée en 1897 et achevée en 1905, leur construction sur le « Plateau de Valras » a demandé d'importants travaux. Réalisées en brique et en pierre, elles possèdent des gradins concentriques et une piste circulaire de plus de 50 mètres de diamètre. Cet aménagement en fait un haut lieu des spectacles taurins. Elles sont aussi très appréciées pour leur acoustique et accueillent de nombreux concerts, ainsi que des événements culturels réguliers.

CATHÉDRALE SAINT-NAZAIRE ✝ ★★

Plan des Albigeois

www.beziers-in-mediterranee.com

Basse saison : ouvert tous les jours de 9h30 à 12h30 et de 14h30 à 17h30. Haute saison : tous les jours de 9h à 19h.

Imposante, la cathédrale Saint-Nazaire est installée sur un promontoire rocheux qui lui permet de dominer la ville dont elle est le symbole. L'édifice actuel, de style gothique méridional, a pris la suite d'un temple romain dédié à Auguste et d'une église de style roman détruite en 1209 lors de la prise de Béziers par les croisés. Son intérieur est surprenant par son vaste volume. Il renferme des fresques du XIVe siècle, de magnifiques portes et un buffet d'orgues du XVIIe siècle, ainsi qu'une crypte du XIIe siècle qui abrite sarcophage et chapiteaux antiques.

MUSÉE CHAPY

14, rue du Muscat

BOUJAN-SUR-LIBRON

✆ 04 67 30 03 69

www.beziers-mediterranee.com

Ouvert sur rendez-vous. Participation libre.

Quand un passionné veut faire découvrir sa passion, que fait-il ? Eh bien, il installe ses trésors dans le sous-sol de son habitation, les classe, les range et invite à les découvrir. Et c'est ainsi qu'on peut admirer, à Boujan-sur-Libron, une trentaine de motos de toutes les époques. Car le père Chapy – c'est un surnom, il s'appelle en réalité Patrick Tournié – est un jour tombé amoureux d'une moto et, depuis, il collectionne tout ce qui a trait aux deux-roues à moteur. Au total, ce n'est pas moins de 1 400 pièces qui sont à découvrir.

MUSÉE TAURIN

7, rue Massol

uniontaurinebeziers.com

Fermé de septembre à juin (visites organisées sur rendez-vous). Haute saison : ouvert du mardi au samedi de 12h à 17h

Ville de tradition taurine depuis le XIXe siècle, Béziers se devait d'avoir un lieu consacré à la tauromachie. Ce musée, installé depuis 2015 dans l'ancien couvent des Dominicains, présente une exposition permanente sur la culture taurine. Il rassemble un bon nombre d'objets issus des collections de l'Union taurine biterroise : têtes de « toros », « costumes de lumière » légués par de grands toreros, photographies des légendes des arènes biterroises (El Cordobès, Nimeno II, Luis Miguel Dominguin...). Il contient aussi un espace pour les expositions temporaires.

NEUF ÉCLUSES DE FONSERANES

Rue du Canal Royal
✆ 04 99 41 36 36
Basse saison : du mercredi au dimanche de 10h à 12h30 et de 13h30 à 17h. Haute saison : tous les jours de 10h à 19h

Les 9 écluses de Fonséranes, véritables merveilles de génie civil uniques au monde, sont un site exceptionnel classé au patrimoine mondial de l'Unesco ainsi qu'aux Monuments historiques. Ouvrage majeur du canal du Midi créé par Pierre-Paul Riquet, il comporte huit bassins de forme ovoïde et neuf portes qui permettent de franchir une dénivellation pouvant aller de 21,6 mètres sur une longueur de plus de 300 mètres. Aujourd'hui, seules sept de ses écluses sont encore en service.

PONT-CANAL DE L'ORB

Avenue Pierre Brousse

Le pont-canal de l'Orb, également appelé pont-canal de Béziers, permet le passage du canal du Midi au-dessus de l'Orb. Sa construction a été lancée en 1854, sous la direction d'Urbain Maguès, l'ingénieur responsable des travaux du canal du Midi. Sa mise en service en 1858 a permis d'abandonner la traversée dans le lit de la rivière que devaient effectuer les bateaux. C'est un des plus grands ponts-canaux de l'Hexagone. Il mesure 240 m de long, 28 m de large et 12 m de haut. Il est inscrit au titre des monuments historiques depuis 1996.

HOTEL-CAFÉ LE XIX*** €€

19, place Jean-Jaurès
✆ 04 67 48 04 00
www.hoteldixneuf.com
12 chambres. Tarifs chambres : « Classique » de 95 à 110 €, « Confort » de 115 à 130 € et « Supérieure » de 130 à 145 €.

Les lignes élégantes et épurées de cet hôtel citadin viennent épouser les contours de l'ensoleillée place Jean-Jaurès, en plein centre de Béziers. Ouvert depuis 2016 et repris en 2019, il combine un doux mélange d'Art déco et de design contemporain, ponctué de quelques tableaux du peintre Sébastien Bayet. Le ton est harmonieux de l'accueil aux chambres. Lumineux et convivial, l'ensemble crée un cocon chaleureux et chic. Les douze chambres de cet hôtel offrent d'ailleurs un confort digne d'un trois-étoiles, s'approchant d'un quatre.

LA RAFFINERIE €€

14, avenue Joseph-Lazare
✆ 04 67 76 07 12
www.restaurant-raffinerie-beziers.fr
Ouvert le samedi et le lundi en soirée, du mardi au vendredi le midi et le soir. Formule : 24 € et 30 €.

Située au bord du canal du Midi, dans l'ex-quartier des négociants en vin, La Raffinerie occupe une ancienne raffinerie de soufre dont elle a conservé une partie des vestiges. De son passé, on peut contempler l'imposante meule installée à l'entrée de l'adresse et les engrenages posés au-dessus du bar. Pour le reste, l'établissement revêt un décor contemporain élégant. Côté cuisine, les saveurs méditerranéennes sont au premier plan et se dévoilent dans des assiettes pleines de fraîcheur. Toutes ces bonnes agapes s'accompagnent d'une fine sélection de vins régionaux

CHÂTEAU DE RAISSAC

Route de Murviel
✆ 04 67 28 15 61
www.raissac.com
Ouvert du lundi au vendredi de 9h à 12h et de 14h30 à 18h. Ouvert le samedi sur rendez-vous. Ouvert toute l'année.

Cette propriété viticole d'exception, située aux portes de Béziers, en bordure de l'Orb entre plaine et colline, est avant tout une histoire de famille. Gustave et Marie sont la sixième génération de la famille Viennet à perpétuer la tradition viticole. Ils ont mis l'accent sur l'oenotourisme depuis 2006 en s'appuyant sur trois piliers : le vin, l'art et le patrimoine. Dans les salons du château, des toiles et des fresques de l'artiste peintre Jean Viennet, père de Gustave, retracent la vie familiale ; dans les anciennes écuries, un Musée de la Faïence et des Arts de la Table. Le domaine s'étend sur 60 ha de vigne, et produit une gamme de 12 vins, blancs, rouges et rosés. Ils vieillissent dans un magnifique chai, creusé dans la roche, où reposent 200 barriques du meilleur chêne de l'Allier (forêt de Tronçais). Pour le blanc (vins de pays d'Oc ou coteaux-du-libron) les vignes sont, d'une part, sur des coteaux argilo-calcaires riches en fossiles marins, d'autre part, sur des terres riches en alluvions et recouvertes de galets siliceux du tertiaire, propices aux cépages blancs tels que le chardonnay et le viognier. Pour les rouges, elles poussent sur des terrasses de cailloutis « villafranchiens » particulièrement adaptées aux cépages rouges traditionnels de la région tels que grenache et syrah. Le domaine produit aussi des rosés et sert de cadre à des expositions de peinture. Il propose aussi cinq chambres d'hôtes dans le château, au cœur d'un parc à l'anglaise de 5 ha créé à la fin du XIXe siècle.

NOS CIRCUITS

CLERMONT-L'HÉRAULT

Ancienne ville des tanneurs et des drapiers, c'est pour permettre aux artisans de développer leur savoir-faire que la ville s'entendit au-delà de ses remparts dès le XIVe siècle, sur les berges du Rhonel. C'est à cette époque que sont construits les édifices les plus emblématiques : l'hôpital, le monastère des dominicains et l'abbaye des bénédictins. Les guerres de Religion et l'épidémie de peste touchent sévèrement la ville qui s'endormira pour plusieurs siècles. C'est seulement au XVIIIe siècle que la fabrication de draps, de manière industrielle cette fois-ci, permet à Clermont de connaître une nouvelle période de grande prospérité.

LAC DU SALAGOU ★★

A 5 km au nord-ouest de Clermont-l'Hérault via D156 E4.

Ouvert toute l'année. Gratuit. Activités nautiques payantes si location de matériel.

Le lac du Salagou est un lac de barrage datant de 1969 qui couvre une superficie de 700 hectares. C'est le plus grand lac du département de l'Hérault et l'un des plus célèbres du Sud de la France. Il a été créé dans le but principal d'être un réservoir d'eau pour l'irrigation de la plaine, mais aussi pour contrôler les crues du ruisseau du Salagou. Le barrage mesure 63 m de hauteur pour 357 m de longueur. Le plan d'eau se révèle parfait pour la baignade et les loisirs nautiques. A proximité, on trouve de nombreux campings et restaurants.

CHÂTEAU FÉODAL DES GUILHEM

Visite guidée (avec l'office de tourisme).

Cette enceinte fortifiée du XIIe siècle est l'une des mieux conservées du Languedoc. Placé stratégiquement sur le plateau Le Pioch Castel, le château dominait la vallée de l'Hérault et offre une vue impressionnante sur Clermont-l'Hérault. Bâti sur une ancienne forteresse érigée par les Wisigoths au Ve siècle, par le premier membre de la famille Guilhem, seigneur de Clermont, le château présente un rempart face à la vallée construit en pierres est flanqué de sept tours semi-circulaires.

LODÈVE ★★

Pays de transition entre les Grands Causses et la plaine viticole, Lodève et la vallée de l'Hérault recouvrent une large diversité de paysages. Terre de garrigue, la vallée de l'Hérault est dominée par la Séranne et le pic Saint-Loup, qui fait face à la montagne et offre un magnifique panorama. Les rivières y ont découpé abîmes et dentelles de pierre. La terre est par endroits si rouge qu'on la croirait baignée de sang. Elle offre un spectacle magnifique lorsqu'elle contraste avec les eaux bleues du lac du Salagou et le camaïeu de verts de la végétation. Les hommes s'en sont servis pour construire des hameaux vers Saint-Jean-de-la-Blaquière.

CIRQUE DE MOURÈZE ★★

MOURÈZE

Accès libre.

Le cirque de Mourèze est un chaos d'énormes blocs de roches, il constitue le plus important site dolomitique de France. En s'érodant, la pierre a pris des formes aussi extraordinaires que surprenantes. Certains pitons mesurent plus de 100 m de hauteur et leurs esthétiques fantastiques ont pris l'apparence d'un singe, d'un meunier, d'un sphinx, d'un serpent… Le lieu se remplit de magie au lever et au coucher du soleil, les rochers revêtent alors des couleurs enchanteresses. Un spectacle féerique à ne rater sous aucun prétexte.

ANCIEN PALAIS ÉPISCOPAL - HÔTEL DE VILLE

7, place de l'Hôtel-de-Ville

www.tourisme-lodevois-larzac.fr/lodeve

Le palais épiscopal, aujourd'hui hôtel de ville, jouxte la cathédrale. Il a été construit au XVIIe siècle. De l'extérieur, on admire sa cour caladée et sa toiture en tuiles vernissées marron et vert. A l'intérieur, le bel escalier Louis XV a été conservé. A partant vers les allées de la Résistance, une halte au parc s'impose. L'étonnant monument aux morts sculpté par Paul Dardé est extraordinaire, il représente de façon très réaliste un groupe de quatre veuves.

CATHÉDRALE SAINT-FULCRAN ★

7, boulevard Gambetta ✆ 04 67 44 06 32
www.paroissesaintfulcran.com

Accès libre. Basse saison : tous les jours de 9h à 12h et de 14h à 18h. Haute saison : tous les jours de 8h à 20h.

Cette cathédrale témoigne de l'importance qu'eut l'évêché de Lodève entre le IVe siècle et 1790, date de sa dissolution. Classée au rang des cathédrales fortifiées du Languedoc, l'édifice, construit une première fois au Xe siècle, le fut à nouveau au XIIIe siècle. La cathédrale actuelle, de style gothique avec des parties flamboyant, fut édifiée entre le XIIe et le XIVe siècle. C'est le monument le plus ancien et le plus remarquable de Lodève. Les destructions des guerres de religion ont conduit à de grands travaux de restauration entre 1634 et 1643.

MANUFACTURE NATIONALE DE LA SAVONNERIE ★

Impasse des Liciers
✆ 04 67 88 86 44
www.tourisme-lodevois-larzac.fr

Visites guidées uniquement. Entrée : 7 €, gratuit pour les moins de 12 ans.

Unique annexe de la célèbre manufacture des Gobelins à Paris, la visite de cet atelier est spectaculaire et originale. Dans les locaux de l'ancienne manufacture royale, instaurée au XVIIe siècle par Colbert, on assiste au minutieux travail des artisans. Ils sont focalisés sur d'immenses tapis anciens et contemporains, réalisant notamment des copies d'anciens modèles destinés aux services du Mobilier national. Certaines œuvres et rénovations peuvent parfois durer plus de dix ans.

MUSÉE DE LODÈVE ★

1, place Francis Morand ✆ 04 67 88 86 10
www.museedelodeve.fr

Ouvert du mardi au dimanche de 10h à 18h. Exposition événement : 10 €. Autres expositions : 7 €. Hors expositions : 6 €.

Après des travaux considérables, le nouveau musée de Lodève a ouvert ses portes au public en juillet 2018. Le bâtiment a été entièrement repensé et s'impose comme l'un des grands rendez-vous culturels de l'Hérault. Un projet muséographique est en place depuis l'ouverture, il comprend des parcours immersifs et des multimédias novateurs. Les collections du musée présentent 540 millions d'années d'histoire, c'est l'un des très rares musées en France à couvrir une période aussi vaste de l'histoire de la Terre, à partir de collections uniquement prélevées localement.

LE PETIT SOMMELIER €€

3, place de la République
✆ 04 67 44 05 39

Du mardi au dimanche le midi et le soir. Carte : 32 € environ. Formules : 21 € et 24 €.

Le Petit Sommelier opère dans le cœur historique de Lodève. Souvent recommandé par les locaux, il propose une cuisine traditionnelle tournée vers le terroir et les plats bistrotiers. Malgré son cadre commun, voire vieillot, l'adresse arrive à tirer son épingle du jeu. Ses atouts : une équipe chaleureuse et dynamique, de belles portions gourmandes, des petits prix et des produits frais. Parmi les spécialités du chef, on trouve la cervelle d'agneau aux câpres, un plat qui fait appel à notre nostalgie et à la robustesse de nos estomacs. Une adresse plaisir.

SAINT-ETIENNE-DE-GOURGAS

C'est sans doute son cirque du Bout du Monde qui donne sa notoriété à Saint-Étienne-de-Gourgas. Ce cirque a été formé par un méandre de la Bronzinadouïre, dont les eaux ont grignoté au fil des millénaires les falaises calcaires des contreforts du causse du Larzac. Au cœur de ce cirque, une ferme fortifiée et une demeure bourgeoise datant de 1845 sont installées. Saint-Étienne s'enorgueillit de ses maisons anciennes restaurées dans le respect des matériaux d'autrefois. Tout autour d'elles, vignes et jardins se déploient le long de la vallée de la Brèze. Des balades sont proposées dans la forêt au départ de La Vacquerie ou de Saint-Pierre-de-la-Fage.

LE CAYLAR

Assis au pied du Roc Castel, une curieuse colline hérissée de rochers dolomitiques, Le Caylar est un lieu magique. Au sommet du relief, on peut encore observer les ruines de l'ancien village. Ses sentiers historiques et botaniques sont jalonnés de panneaux racontant l'histoire du site où Romains et Wisigoths, seigneurs et évêques, s'y sont succédé, fortifiant le sommet. À ne pas manquer : la Chapelle Notre Dame, l'église Saint-Martin et l'arbre sculpté. Une fois arrivé au sommet du Roc castel, la vue est incomparable, le plateau du Larzac s'offre aux yeux du promeneur, et par temps clair, on peut apercevoir les Pyrénées.

LE BOUSQUET-D'ORB

Blotti en haute vallée de l'Orb, veillé par les plateaux de l'Escandorgue et les monts d'Orb, le Bousquet-d'Orb, ancien village industrialo-minier et verrier, est aujourd'hui un lieu de viticulture prospère. Après le charbon, le voilà producteur de vins de pays de grande qualité. Les cépages phares en sont le chardonnay, le merlot, la syrah et le cabernet. Pays sauvage, les traces de son passé sont encore visibles et plusieurs bâtiments ou lieux sont dignes d'intérêt, tels le château de Cazillac, l'église Saint-Martin ou encore le lavoir à charbon de l'ancienne mine. Ne pas manquer la visite de l'espace muséographique Les lumières de la mines.

LES LUMIÈRES DE LA MINE

2, chemin de Saint-Martin ✆ 04 67 23 78 03
www.grandorb.fr

Du lundi au samedi de 10h à 12h et de 14h à 18h30, dimanche de 10h à 12h. Basse saison : sur rendez-vous. Gratuit.

L'espace muséographique du Bousquet-d'Orb accueille une exposition permanente consacrée à l'évolution de l'éclairage minier depuis le XVIIIe siècle jusqu'à nos jours. Plus de 150 lampes de mine, objets du quotidien du mineur, cartes postales et autres documents anciens, issus de la collection privée de Philippe Estang, y sont exposés, constituant d'authentiques témoignages du travail de mineur. Des panneaux illustrés complètent la collection et racontent l'histoire de l'ancien bassin minier de Graissessac, des premières concessions jusqu'à la fermeture des mines.

CEILHES-ET-ROCOZELS

Ceilhes et Rocozels est à l'image de la nature qui l'entoure, il s'y dégage une atmosphère de sérénité où s'égrènent les saisons. Riche d'un patrimoine partiellement exploré, une promenade dans le village et ses alentours conte sa longue histoire. L'empreinte médiévale est remarquable : église Saint-Jacques-de-Rocozels, église Saint-Jean-Baptiste-de-Ceilhes du XIIe siècle fortifiée au XIVe siècle, remparts. Également révélateurs de ce passé florissant les voûtes, porches, linteaux, et la fontaine du Griffoul datant du XVIIe siècle jalonnent la visite. Porte du Parc régional du haut Languedoc, le village est encadré par trois forêts domaniales.

ÉGLISE SAINT-JEAN-BAPTISTE DE CEILHES

Grand Rue

Accès libre.

L'église Saint-Jean-Baptiste est un monument remarquable, elle résulte d'un mélange d'architecture romane et gothique. Elle est également l'une des plus imposantes églises de la région, par ses importantes dimensions. Dans les archives, elle est mentionnée dès 1135. A la fin du XIVe siècle, elle fut fortifiée dans la partie est du chœur par deux contreforts épaulant un arc brisé à mâchicoulis de type assommoir. Elle se prête à de jolies découvertes.

AVÈNE

Avène, station thermale dermatologique et touristique, est nichée au cœur du Pays des Monts et des Sources. Village blotti dans les méandres de la vallée de l'Orb, il s'intègre parfaitement dans le parc naturel du Haut Languedoc, entre les monts de l'Espinouse et de l'Escandorgue. Avec le dédale des maisons en quinconce, la petite église, l'ancienne tannerie et le vieux pont de pierre, la commune confirme son appartenance au paysage languedocien. Avène, c'est aussi la magie de cette eau secrète aux vertus curatives qui jaillit des terres chaudes. Dans les années 1860, sa renommée a conduit à l'aménagement d'un établissement thermal.

FAYET

Cette terre riche en minerai a été exploitée depuis l'Antiquité en témoigne encore sur le site, les puits correspondant à l'exploitation des mines. Cette activité a pu se développer grâce à la présence de forêts de hêtres. En plus des charbonniers, la forêt a fait vivre des tonneliers, des bûcherons au Moyen Age. A l'époque moderne, l'activité s'est centrée sur les manufactures de drap. Des maisons Renaissance avec portes et fenêtres travaillées attestent encore de cette relative prospérité. A la même époque, le château du village fut grandement remanié au point d'être aujourd'hui encore un exemple parlant de l'architecture Renaissance.

BRUSQUE

Ce pays de bruyère tire son nom de cette plante. Viguerie en 883, Brusque a connu un passé chargé de rebondissements. Du château, le « castelas », il ne subsiste que quelques vestiges. Les rues tortueuses, avec des maisons qui conservent encore quelques belles portes et fenêtres, vous mèneront jusqu'aux épaisses murailles de la tour Saint-Jacques, dernier témoignage de l'ancienne église. L'église actuelle date du XIXe siècle et recèle des reliques de St-Thomas. L'aspect de ce village, qui connut un riche passé industriel – travail du fer, mines d'argent, carrières de marbre, usines de chapeaux et de drap –, se tourne aujourd'hui vers le tourisme vert.

HÔTEL DU SQUARE** €

11, avenue Foch

✆ 04 67 23 09 93

www.hoteldusquare.fr

Chambre simple de 42 € à 50 €, double de 48 € à 52 €. Animaux acceptés (sur demande). Wifi gratuit. Restauration.

Accueillis ici avec décontraction et sourire par Marie et Jean-Paul, vous choisirez une des douze chambres de plain pied. Tout confort, elles disposent de la climatisation, de la télévision, et du téléphone direct. Aménagées avec goût, chacune à sa couleur et donne sur une terrasse. Parmi ses prestations, l'hôtel compte un parking privé et a reçu l'homologation Tourisme et Handicap pour deux chambres. Pour des séjours plus longs, ses propriétaires vous proposent une formule en demi-pension ou en pension complète à des prix très doux.

LAMALOU-LES-BAINS ★

La légende raconte qu'au Moyen Age, un paysan souffrant de douleurs s'était baigné dans la mare boueuse formée par les sources de la ville, et que peu à peu son mal fut soulagé. Mais, ce n'est qu'au XIXe siècle, que Lamalou-les-Bains fut exploité pour le pouvoir sédatif de ses eaux. Cette absence d'histoire et de patrimoine est compensée par un charme naturel dû à sa situation à 200 m d'altitude dans un vallon ombragé, au pied du Caroux-Espinasse, et à une architecture du XIXe siècle. Depuis les Thermes en passant par les grands hôtels jusqu'au théâtre et au casino avec ses vitraux classés, tout l'éclectisme architectural de l'époque y est représenté.

CESSENON-SUR-ORB

Blotti à flanc de colline sur une boucle de l'Orb, Cessenon-sur-Orb est une des plus anciennes cités du Languedoc. Cette superbe bourgade en circulade semble émergée d'un océan de vignes dominé par une tour carrée. Sur la place du marché, la présence d'un fragment de sarcophage du Ier siècle, enchâssé dans le mur d'une maison, témoigne de l'empreinte romaine. De l'ancienne forteresse démantelée en 1633, il ne reste que quelques vestiges. Une légende raconte que le nom de Cessenon soit dû à la malignité du diable qui, las d'entendre sonner les cloches, exigea un jour du sonneur qu'il cesse. Un brin sourd mais courageux, l'homme répondit : non.

MUSÉE DE LA CLOCHE ET DE LA SONNAILLE

Espace Campanaire André Malraux - **HÉRÉPIAN**

✆ 04 67 95 39 95

www.grandorb.fr

Fermé du 20 octobre au 20 avril. Ouvert du mardi au dimanche de 14h à 19h. Adulte : 5 €. CB non acceptée.

Cela fait 20 ans que ce musée nous conte l'histoire des cloches et des sonnailles et il n'a pas pris une ride ! Logé dans l'ancienne gare d'Hérépian, aux abords de la voie verte, il possède une scénographie moderne faite de sons et lumières. Si on en apprend beaucoup de la conception à l'installation de ces instruments à percussion, on apprécie le fait de pouvoir les manipuler et de les faire tinter. Mesurez vos gestes sur la cloche à la fin de l'exposition, elle peut vous surprendre !

CARRIÈRES DE COUMIAC

D136

Visite libre.

Il s'agit d'un site géologique d'exception puisqu'il permet l'observation de fossiles dans du marbre griotte de couleur rouge. Classé réserve naturelle régionale, le site est une référence internationale en ce qui concerne la compréhension de la crise qui a touché les espèces marines il y a 365 millions d'années. La carrière a cessé son exploitation au milieu des années 1960. C'est de là, pense-t-on, que le marbre utilisé pour la fabrication de la « chambre rouge » de la Maison-Blanche à Washington, ou encore la Maison de France à Rio de Janeiro, a été extrait.

DE L'ESPINOUSE AUX MONTS DE LACAUNE

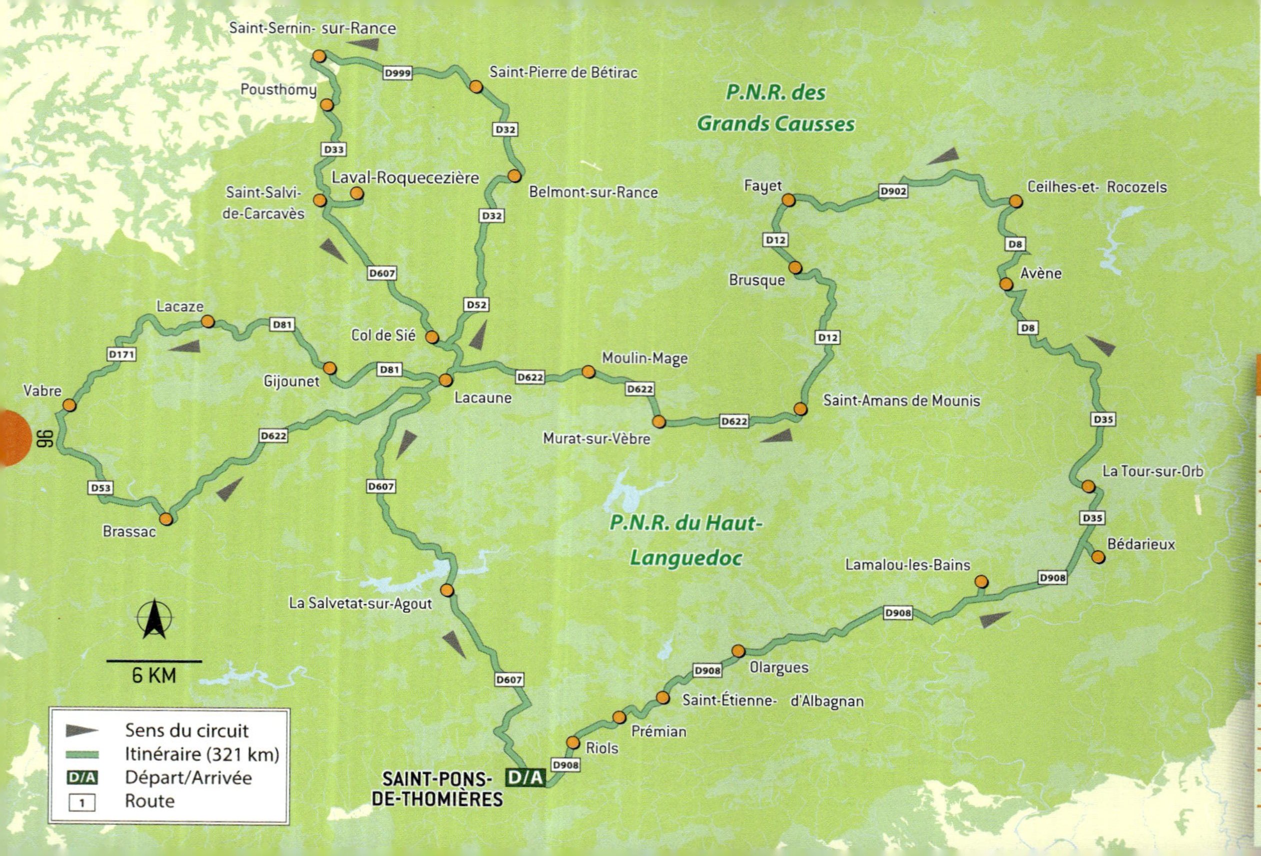

LIEUX	Km partiel	Km cumul	Routes
SAINT-PONS-DE-THOMIÈRES	0	0	
LAMALOU-LES-BAINS	36	36	D612, D908
BÉDARIEUX	8	44	D35
LA TOUR-SUR-ORB	6	49	D35
LE BOUSQUET-D'ORB	5	54	D8
AVÈNE	13	67	D8
CEILHES-ET-ROCOZELS	10	77	D8
LACAUNE	64	141	D622
SAINT-SERNIN-SUR-RANCE	39	180	D999
LACAUNE	29	209	D607, VC7
LACAZE	20	229	D81
BRASSAC	30	259	D53
LACAUNE	21	280	D622
LA SALVETAT-SUR-AGOUT	19	299	D607, D907
SAINT-PONS-DE-THOMIÈRES	22	321	D907

SAINT-PONS-DE-THOMIÈRES ★

Blottie dans la vallée du Jaur, aux pieds du Somail et des avant-monts, Saint-Pons-de-Thomières séduit les amoureux de la nature. Les pentes boisées qui entourent la ville sont une invitation à la randonnée ou à la cueillette des champignons. Au fil des promenades, on découvre le passé de Saint-Pons à travers ses monuments. La cathédrale en marbre rouge, assez étonnante, a été maintes fois remaniée : elle fut fortifiée au XIIe et XIIIe siècles, on lui ajouta une abside gothique au XVe siècle, qui fut détruite en 1567, puis remplacée au XVIIIe siècle par la nouvelle façade classique. Prenez le temps de la visiter, elle vous livrera ses secrets.

GROTTE DE LA DEVÈZE - LA FILEUSE DE VERRE ★★

Esplanade de la gare - **COURNIOU**
✆ 04 67 97 03 24
lafileusedeverre.fr

Fermé du 1er octobre au 1er avril. Été : ouvert 7j/7 de 11h à 18h. Basse saison : horaires en ligne. Adulte : 9,50€.

Découverte en 1886 lors de travaux de construction du chemin de fer, la grotte de la Devèze est surnommée le « Palais de la fileuse de verre » pour la finesse remarquable de ses concrétions : « fleurs d'aragonite », grande cascade pétrifiée, impressionnante et imposante stalagmite, puis un « autel » et son cierge d'une blancheur éclatante, des stalactites véritables sculptures minérales (anneaux, faucille, papillon…) et d'étonnantes draperies teintées du blanc à l'ocre foncé.

MUSÉE DE PRÉHISTOIRE RÉGIONALE ★

8, Grand Rue
✆ 04 67 97 22 61

Fermé d´octobre à mai. Ouvert du jeudi au dimanche de 10h à 12h. Adulte : 3,50 €. Enfant : 2 €. Groupe sur réservation.

Ouvert en 1985 suite à la donation du préhistorien Gabriel Rodriguez, ce musée est divisé en 3 espaces : l'accueil, qui peut accueillir d'importantes expositions temporaires, un espace administratif et le musée lui-même, réparti sur un seul niveau. Il abrite du mobilier découvert dans les grottes du Haut Languedoc, particulièrement de Camprafaud et Resplandy, site éponyme de la civilisation saint-ponienne, qui est à l'origine de la statuaire mégalithique la plus ancienne d'Europe.

HÔTEL-RESTAURANT LE SOMAIL €€

2, Avenue de Castres ✆ 04 67 97 00 12
hotel-restaurant-lesomail.com

Chambre double de 30 € à 65 €. Petit déjeuner 6 €. Soirée étape VRP 60 €. Wifi. Restauration (menus de 14 à 32 €).

Cet hôtel-restaurant propose des solutions d'hébergement de bon prix et une carte de délices plutôt alléchante. L'espace hôtelier contient une quinzaine de chambres allant des profils « économique » à « confort », elles disposent toutes de w.c. et salles de bain indépendantes. Si elles manquent de charme particulier, le tarif appliqué fait vite oublier ce genre de considérations… L'adresse possède également un restaurant du même nom, sa carte intègre des incontournables bistrotiers.

LAMALOU-LES-BAINS ★

La légende raconte qu'au Moyen Age, un paysan souffrant de douleurs s'était baigné dans la mare boueuse formée par les sources de la ville, et que peu à peu son mal fut soulagé. Mais, ce n'est qu'au XIXe siècle, que Lamalou-les-Bains fut exploité pour le pouvoir sédatif de ses eaux. Cette absence d'histoire et de patrimoine est compensée par un charme naturel dû à sa situation à 200 m d'altitude dans un vallon ombragé, au pied du Caroux-Espinasse, et à une architecture du XIXe siècle. Depuis les Thermes en passant par les grands hôtels jusqu'au théâtre et au casino avec ses vitraux classés, tout l'éclectisme architectural de l'époque y est représenté.

MUSÉE DE LA CLOCHE ET DE LA SONNAILLE

Espace Campanaire André Malraux - **HÉRÉPIAN**
✆ 04 67 95 39 95
www.grandorb.fr

Fermé du 20 octobre au 20 avril. Ouvert du mardi au dimanche de 14h à 19h. Adulte : 5 €. CB non acceptée.

Cela fait 20 ans que ce musée nous conte l'histoire des cloches et des sonnailles et il n'a pas pris une ride ! Logé dans l'ancienne gare d'Hérépian, aux abords de la voie verte, il possède une scénographie moderne faite de sons et lumières. Si on en apprend beaucoup de la conception à l'installation de ces instruments à percussion, on apprécie le fait de pouvoir les manipuler et de les faire tinter. Mesurez vos gestes sur la cloche à la fin de l'exposition, elle peut vous surprendre !

NOS CIRCUITS

BÉDARIEUX

Bédarieux est une ville industrielle et minière du XIXe siècle construite au confluent de l'Orb et de la Vèbre, conservant les témoignages d'un passé florissant. Le paysage urbain est marqué par les grands bâtiments des biscuiteries, les tanneries, les fabriques de matériel agricole et vinicole de jadis. Les passionnés d'architecture prendront plaisir tout en marchant sur les pas de l'écrivain Ferdinand Fabre ou du sculpteur Francisque Duret à découvrir le patrimoine de Bédarieux : la chapelle Saint-Raphaël, l'église Saint-Louis qui abrite l'orgue romantique classé monument historique, l'église Saint-Alexandre fondée au XIIe siècle...

HÔTEL DE L'ORB €€

Route de Saint-Pons

www.hotel-orb.com

Chambre double de 63 € à 86 €. Demi-pension. Petit déjeuner : 8 €. Parking fermé. Animaux acceptés. Wifi gratuit.

Bâtiment récent, les belles tonnelles, la couleur de la façade et la végétation, lui donnent un petit air de maison traditionnelle. Guilhem et Caroline sont les heureux propriétaires de cet agréable hôtel classé deux étoiles. Idéalement situé, à 500 m de la gare, il dispose de vingt-huit chambres tout confort, neuves et aménagées avec goût. Climatisées et équipées de télévision, elles permettent de passer un séjour agréable. Pour un supplément très doux, vous pouvez certains jours (lundi au jeudi) bénéficier de la demi-pension.

LA FORGE €€

22, avenue Abbé-Tarroux

✆ 04 67 95 13 13

www.restaurantlaforgebedarieux.fr

Basse saison, mardi / jeudi-samedi soir, mardi-dimanche midi. Haute saison, mardi-dimanche midi et soir. Menus 18-37 €.

Sous la voûte en pierres résonnait autrefois, au XVIIe siècle, le martèlement des lourdes masses qui forgeaient les armes royales. Tout cela est bien fini et il y règne à présent une ambiance chaleureuse autour de la monumentale cheminée de la Forge. On se délecte ici d'une cuisine soigneusement élaborée par le chef. Le restaurant propose différents menus selon vos envies, « L'eau à la bouche », « Le menu gourmand » et « Le menu gourmet ». Pour les beaux jours, une terrasse fleurie et arborée. Le restaurant dispose également d'un parking.

LA TOUR-SUR-ORB

Niché au cœur d'un vallon, La Tour-sur-Orb est noyée dans une oasis de verdure. Dominant la plaine viticole, avec pour horizon les champs de cerisiers en fleurs, la campagne séduit par son calme et sa sérénité. La communauté de hameaux offre aux visiteurs huit églises et chapelles. Difficile de choisir parmi une telle richesse patrimoniale. Pour vous aider dans votre choix, aller voir en priorité, l'ancienne résidence des abbés de Joncel (XVIIe siècle), dont l'une des ailes abrite aujourd'hui la mairie et l'église Notre-Dame de la Piété à Boussagues (XIIe-XVIe siècle), un superbe village médiéval à deux kilomètres à l'ouest de La Tour-sur-Orb.

LE BOUSQUET-D'ORB

Blotti en haute vallée de l'Orb, veillé par les plateaux de l'Escandorgue et les monts d'Orb, le Bousquet-d'Orb, ancien village industrialo-minier et verrier, est aujourd'hui un lieu de viticulture prospère. Après le charbon, le voilà producteur de vins de pays de grande qualité. Les cépages phares en sont le chardonnay, le merlot, la syrah et le cabernet. Pays sauvage, les traces de son passé sont encore visibles et plusieurs bâtiments ou lieux sont dignes d'intérêt, tels le château de Cazillac, l'église Saint-Martin ou encore le lavoir à charbon de l'ancienne mine. Ne pas manquer la visite de l'espace muséographique Les lumières de la mines.

LES LUMIÈRES DE LA MINE

2, chemin de Saint-Martin ✆ 04 67 23 78 03

www.grandorb.fr

Du lundi au samedi de 10h à 12h et de 14h à 18h30, dimanche de 10h à 12h. Basse saison : sur rendez-vous. Gratuit.

L'espace muséographique du Bousquet-d'Orb accueille une exposition permanente consacrée à l'évolution de l'éclairage minier depuis le XVIIIe siècle jusqu'à nos jours. Plus de 150 lampes de mine, objets du quotidien du mineur, cartes postales et autres documents anciens, issus de la collection privée de Philippe Estang, y sont exposés, constituant d'authentiques témoignages du travail de mineur. Des panneaux illustrés complètent la collection et racontent l'histoire de l'ancien bassin minier de Graissessac, des premières concessions jusqu'à la fermeture des mines.

AVÈNE

Avène, station thermale dermatologique et touristique, est nichée au cœur du Pays des Monts et des Sources. Village blotti dans les méandres de la vallée de l'Orb, il s'intègre parfaitement dans le parc naturel du Haut Languedoc, entre les monts de l'Espinouse et de l'Escandorgue. Avec le dédale des maisons en quinconce, la petite église, l'ancienne tannerie et le vieux pont de pierre, la commune confirme son appartenance au paysage languedocien. Avène, c'est aussi la magie de cette eau secrète aux vertus curatives qui jaillit des terres chaudes. Dans les années 1860, sa renommée a conduit à l'aménagement d'un établissement thermal.

BRUSQUE

Ce pays de bruyère tire son nom de cette plante. Viguerie en 883, Brusque a connu un passé chargé de rebondissements. Du château, le « castelas », il ne subsiste que quelques vestiges. Les rues tortueuses, avec des maisons qui conservent encore quelques belles portes et fenêtres, vous mèneront jusqu'aux épaisses murailles de la tour Saint-Jacques, dernier témoignage de l'ancienne église. L'église actuelle date du XIXe siècle et recèle des reliques de St-Thomas. L'aspect de ce village, qui connut un riche passé industriel – travail du fer, mines d'argent, carrières de marbre, usines de chapeaux et de drap –, se tourne aujourd'hui vers le tourisme vert.

CEILHES-ET-ROCOZELS

Ceilhes et Rocozels est à l'image de la nature qui l'entoure, il s'y dégage une atmosphère de sérénité où s'égrènent les saisons. Riche d'un patrimoine partiellement exploré, une promenade dans le village et ses alentours conte sa longue histoire. L'empreinte médiévale est remarquable : église Saint-Jacques-de-Rocozels, église Saint-Jean-Baptiste-de-Ceilhes du XIIe siècle fortifiée au XIVe siècle, remparts. Également révélateurs de ce passé florissant les voûtes, porches, linteaux, et la fontaine du Griffoul datant du XVIIe siècle jalonnent la visite. Porte du Parc régional du haut Languedoc, le village est encadré par trois forêts domaniales.

MURAT-SUR-VÈBRE

Installé sur les Monts de Lacaune, Murat-sur-Vèbre est niché à 900 m d'altitude, sur le chemin de Compostelle. Agriculture, salaison et artisanat font vivre ce joyau serti dans la forêt, qui conserve encore de nombreuses traces de son histoire ancestrale et spirituelle. On retrouve sur ces vallées la plus importante concentration de statues-menhirs d'Europe, accumulation qui suscite de multiples interrogations. De nombreux chemins de randonnée démarrent à Murat, mais vous pourrez aussi visiter le site de Boissezon-de-Masviel, antérieur au Xe siècle, dont il ne reste qu'une tour, ou le château de Canac en ruines, mais en cours de restauration.

ÉGLISE SAINT-JEAN-BAPTISTE DE CEILHES

Grand Rue

Accès libre.

L'église Saint-Jean-Baptiste est un monument remarquable, elle résulte d'un mélange d'architecture romane et gothique. Elle est également l'une des plus imposantes églises de la région, par ses importantes dimensions. Dans les archives, elle est mentionnée dès 1135. A la fin du XIVe siècle, elle fut fortifiée dans la partie est du chœur par deux contreforts épaulant un arc brisé à mâchicoulis de type assommoir. Elle se prête à de jolies découvertes.

GÎTE DE CAMBERT €€

Cambert

✆ 05 63 48 83 01

Bienvenue à la Ferme. Gîtes de France (2 épis). 3 chambres. Garage.

Situé dans un petit hameau isolé des monts de Lacaune, l'endroit est idéal pour se mettre au calme et s'évader du bouillonnement de la ville. Son implantation en pleine campagne lui a notamment valu d'être labellisé « Bienvenue à la ferme ». Tout autour du gîte Cambert, on trouve de splendides sentiers au cœur de la nature, des chemins parfumés par le tilleul au mois de juillet. Cet environnement offre une belle tranquillité quand vient la nuit. A proximité, on peut également contempler quelques statues-menhirs qui font la réputation de la région.

LACAUNE

Cette jolie cité aux toits d'ardoise culmine à 900 m d'altitude. Située à la croisée des climats méditerranéen, océanique et montagnard, elle possède des paysages colorés allant du vert foncé de ses forêts de résineux au bleu de ses lacs. Si la beauté de ses panoramas séduit, la ville offre aussi une belle introduction à l'histoire tarnaise grâce à ses vestiges, ses musées et les visites organisées par son office de tourisme. Lors de votre passage, vous comprendrez rapidement que l'un des plus grands trésors de Lacaune est culinaire. En effet, la réputation de la commune est intrinsèquement liée au talent de ses bouchers et charcutiers.

SAINT-SERNIN-SUR-RANCE

Le village se dresse sur un éperon rocheux, en bordure de la Rance. C'est ici que fut découvert en 1800 l'enfant sauvage, « Victor de l'Aveyron », dont l'histoire inspira plus tard François Truffaut qui en fera le sujet d'un film. Saint-Sernin recèle des trésors architecturaux hérités du Moyen Âge, lorsque le village était une place forte dominant la vallée. Il abrite une cité historique classée, une église collégiale de 1442, un hôtel de ville du XVe siècle, de belles maisons du XVe siècle et les « carrierots », ces ruelles qui dévalent vers le Rance et le Merdanson. Sans oublier une pierre-menhir devenue célèbre et décorée par des artistes.

LA PIERRE PLANTÉE

La Pierre plantée

Accès libre.

La Pierre Plantée est considérée comme l'un des plus hauts menhirs d'Europe. Classé monument historique, le poids de ce mégalithe avoisinerait les 9,5 tonnes. Planté et bien planté, donc. En comptant la partie enterrée, la pierre mesure 4,50 mètres de long pour 1,85 mètre de large et l'on peut encore y deviner quelques gravures millénaires. Elle se détache avec fierté au milieu d'un paysage verdoyant que domine le roc du Montalet, observant le monde depuis cinq mille ans. C'est un édifice qui mérite un arrêt pour être admiré comme il se doit.

LACAZE

Au cœur des Monts mystérieux de Lacaune, la petite bourgade de Lacaze et ses 300 âmes semble tout droit sortie d'un conte. Ses ruelles millénaires et son château médiéval reconstruit au XVI siècle dégagent un charme irrésistible qui ne laisse pas indifférents les promeneurs qui s'y aventurent. Si la commune est un terrain de choix pour flâner dès les premières lueurs du soleil, les environs possèdent aussi quelques arguments. On vous conseille notamment d'aller découvrir la petite chapelle rurale gothique de la tour de Saint-Jean-del-Frech du XVIe siècle ou encore la spectaculaire cascade du Saut de la truite, à Saint-Michel-de-Léon.

Lacaune et ses environs.

BRASSAC

Le temps semble s'être arrêté dans cette petite ville, où les murs de ses demeures et ses ruelles conservent encore des traces de son histoire. La légende voudrait qu'un chef gaulois, Baccius, ait donné son nom à la ville. On sait avec davantage de certitude que les Sarrasins, battus par Charles Martel à Poitiers en 732, trouvèrent ici un refuge. Enfin, lors des guerres de Religions, une lutte sans merci eut lieu entre catholiques et réformés, jusqu'à la victoire des calvinistes, le 21 juin 1569. La paix recouvrée, le bourg puisera par la suite sa fortune dans l'industrie textile et les forges installées sur les gisements de fer de la commune.

HÔTEL-RESTAURANT LA PLAGE** €€

Route du Lac ✆ 04 67 97 69 87
www.hotel-la-salvetat-sur-agout.fr
Chambre double 69 €. Demi-pension : 77 €. Petit déjeuner : 10 €. Garage. Restauration (de 14 à 36 €).

Embrassant l'immense lac de la Raviège, l'adresse promet un séjour calme et proche de la nature. Martine et Jean-René Pons y ont aménagé douze chambres classées deux étoiles, tout confort avec une vue imprenable. En cuisine, le chef laisse vagabonder son inspiration au gré des saisons en restant fidèle aux produits du terroir. Voici quelques-unes de ces spécialités : le délice salvetois, une charcuterie tiède en salade et œuf frit ou encore le foie chaud aux fruits de saison.

CAFÉ DE PARIS €€

8, place de l'Hôtel-de-Ville
✆ 05 63 74 00 31
Ouvert du mardi au dimanche de 9h à 23h. Menus de 14 € à 32 €. Vin au verre. Accueil des groupes. Terrasse.

Depuis 2014, Arnaud Caré anime cette table campagnarde centenaire au goût bien d'aujourd'hui. En cuisine, le chef mitonne de bons petits plats à l'aide de produits locaux, à l'image de la gaufre de chèvre, de la brick de museau grillé ou encore du confit de canard. Très canaille, cette adresse a su séduire les palais montagnols et le nôtre. Bonne nouvelle : après quelques travaux, Arnaud propose également huit chambres rénovées. Une halte de qualité pour ceux qui souhaitent séjourner dans un cadre authentique, pensé dans l'esprit d'un relais de poste.

OLARGUES ★

Le petit village d'Olargues s'élève sur une butte rocheuse et verdoyante, offrant un panorama superbe sur la montagne de lumière du Caroux et les monts de l'Espinouse. Classé parmi les Plus Beaux Villages de France, il dispose d'un environnement et d'un patrimoine à couper le souffle. Enjambant les eaux du Jaur qui coulent paisiblement, le Pont du Diable - imposant pont en marbre en dos-d'âne - permet de se faufiler dans ses ruelles pavées, dont certaines sont si étroites que les toits semblent se toucher. Elles permettent d'accéder aux vestiges de son castrum, château médiéval du XIIe siècle, surmonté de sa tour clocher emblématique.

LA SALVETAT-SUR-AGOUT ★

Dans un paysage montagnard qui est déjà celui du Massif Central, le village campe sur un promontoire cerné par une rivière. Foi et eau ont marqué l'histoire de la Salvetat. Le nom « salvetat » se rapporte à la sauveté médiévale, un espace protégé par l'église qui attirait les paysans défricheurs en leur garantissant une sécurité et une liberté que le monde de la féodalité n'assurait plus. On pense aussi aux pèlerins qui interrompent leur marche vers Compostelle pour adorer une Vierge noire. Quant à «l'agout » cela signifie «l'eau indispensable à la vie» en langue d'oc. Une eau qui, désormais mise en bouteille, est l'avenir de La Salvetat.

© TIM MANNAKEE
Village médiéval d'Olargues.

NOS CIRCUITS

DE CARCASSONNE AU MINERVOIS

PARCOURS GPX

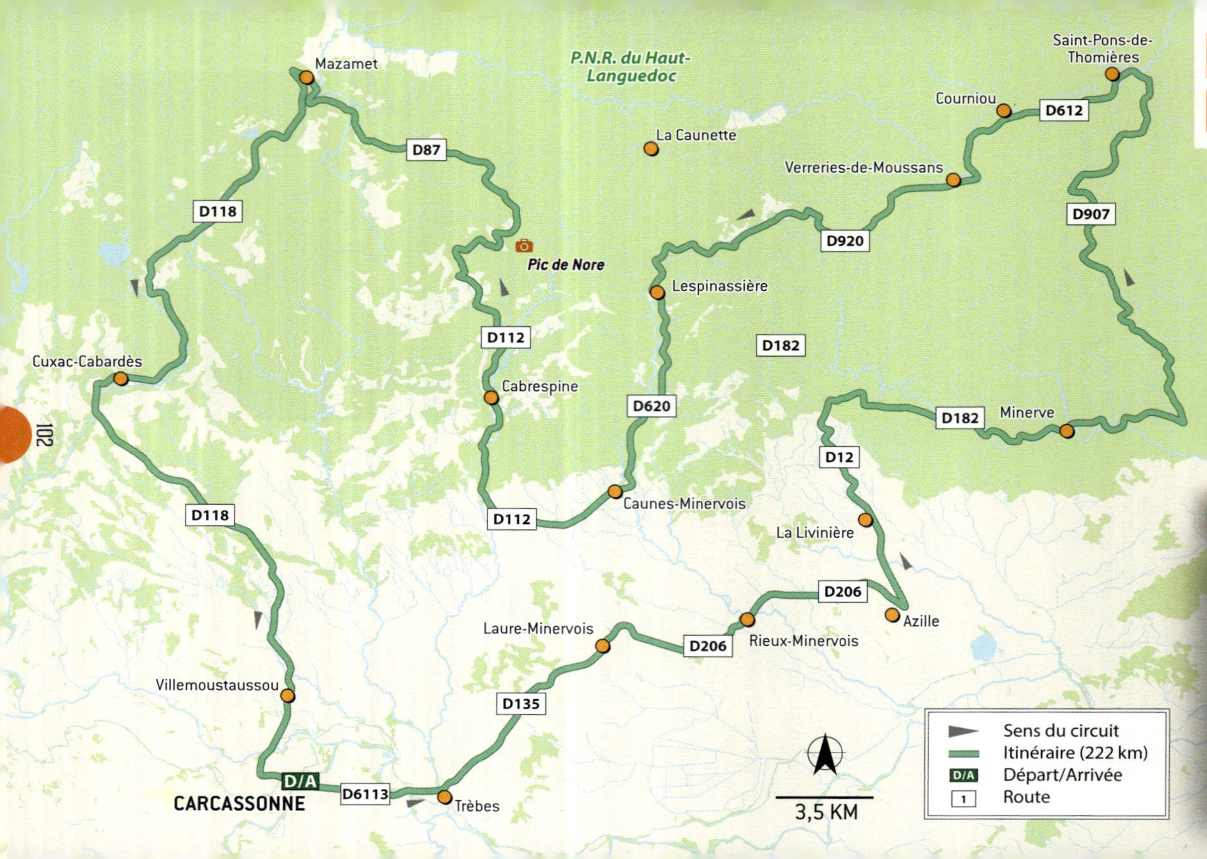

LIEUX	Km partiel	Km cumul	Routes
CARCASSONNE	0	0	
LAURE-MINERVOIS	18	18	D135
RIEUX-MINERVOIS	7	25	D111, D206
MINERVE	32	57	D182
SAINT-PONS-DE-THOMIÈRES	27	84	D907
COURNIOU	5	89	D612
CAUNES-MINERVOIS	42	131	D620
CABRESPINE	13	144	D620, D111, D112
MAZAMET	32	176	D87
CARCASSONNE	46	222	D49

CARCASSONNE ★★★★

Cet éperon rocheux est occupé depuis le VIe siècle av. J.-C. Sur la face ouest de cette fortification prend appui le château construit au XIIe siècle, appelé château Comtal. Au début du XIIIe siècle, Carcassonne est prise par Simon de Montfort, lors de la croisade des Albigeois, puis annexée au domaine royal. Les travaux de fortification se poursuivent tout au long du XIIIe siècle. Carcassonne perd de son importance après la signature du traité des Pyrénées, en 1659. Dans la seconde moitié du XIXe siècle, elle est restaurée sous la conduite d'Eugène Viollet-le-Duc. La Cité est inscrite sur la liste du patrimoine de l'humanité de l'Unesco.

CHÂTEAU & REMPARTS DE LA CITÉ DE CARCASSONNE ★★★★

1, rue Viollet-le-Duc
✆ 04 68 11 70 70
www.remparts-carcassonne.fr
Basse saison : 9h30 - 17h. Haute saison : 10h - 18h30. Visite découverte : 13 €. Audioguide : 3 €. Boutique. Animations.

© YAN EVEN

Le château comtal, sans cesse modifié au fil du temps, a été grandement restauré par Viollet-le-Duc au XIXe siècle. Composé d'un palais seigneurial séparant deux cours, il domine la Ville Basse, protégé par 11 tours dont 2 donjons. L'entrée principale est gardée par des tours jumelles formant un châtelet dont les systèmes défensifs sont très élaborés. La tour du Guet, située dans la Cour du Midi, est la plus haute du château, c'est une des rares tours carrées de la ville.

BASILIQUE SAINT-NAZAIRE ET SAINT-CELSE ✝ ★★★

Place Auguste-Pierre-Pont ✆ 04 68 25 27 65
www.tourisme-carcassonne.fr
Ouvert toute l'année. Gratuit. Pas de visite le dimanche matin pendant la messe. Concerts d'orgue.

La construction de la basilique, véritable chef-d'œuvre Roman-gothique, débuta à la fin du XIe siècle. Le pape Urbain II passa par Carcassonne, et bénit la première pierre de l'édifice en juin 1096. Le chantier ne fut achevé qu'au milieu du XIVe siècle, après la reconstruction du chœur roman en style gothique. La nef est aujourd'hui la partie la plus ancienne. Sa voûte romane, en plein cintre, contraste avec le chevet et le transept gothiques illuminés par des vitraux du XIIIe siècle.

HÔTEL DU PONT VIEUX*** €€

32, rue Trivalle
✆ 04 68 25 24 99
www.hotelpontvieux.com
Ouvert toute l'année. Chambre double à partir de 69 €. Petit-déjeuner buffet : 11€. Garage : 10€. Wifi. Boutique.

Les points forts de cet établissement sont sa situation ; au pied de la cité médiévale et 500 m du centre-ville, le charme qui s'en dégage. Une bâtisse du XVIIIe siècle et ses prix très attractifs. Les chambres dites « Privilège » sont situées côté jardin et plusieurs ont une superbe vue sur la cité. Les chambres « standard » donnent sur la pittoresque rue Trivalle. La décoration des chambres est moderne et élégante. Cerise sur le gâteau, la petite terrasse d'où vous pourrez réaliser des photos de la forteresse. Ou profitez tout simplement du jardin ombragé.

BRASSERIE LE DONJON €€

4, rue de la Porte-d'Aude
✆ 04 68 25 95 72
Lundi-samedi, 12h-13h45 / 19h-21h15. Le dimanche, 12h-13h45. Menus de 24 € à 33 €. Formule : 18 €. Vin au verre.

La brasserie Le Donjon propose une cuisine traditionnelle et créative. Le décor de la salle est design alliant le style médiéval au contemporain et si vous voulez manger en extérieur, une belle terrasse située devant le restaurant s'étend sur un superbe jardin dallé. Bien abritée du vent, trône en son centre un splendide olivier. Parmi les incontournables du chef, le traditionnel cassoulet languedocien au confit de canard ainsi que des spécialités comme l'assiette dégustation aux deux foies gras ou le risotto de riz rouge de Marseillette à l'effiloché de canard.

NOS CIRCUITS

Carcassonne.

LAURE-MINERVOIS

Au XIIe siècle, Lauran appartenait au monastère de Caunes. Son importance vient de la richesse de son vignoble. Son patrimoine architectural est dense : la tour du Portail Neuf, d'anciennes murailles, un mausolée romain, le dolmen de Saint-Eugène (1800 avant J.-C.), la fontaine du Ravelin, un puits du Moyen Age, l'église gothique Saint-Jean-Baptiste, le crucifix, un caveau édifié sous les ruines d'une ancienne chapelle... A cela s'ajouter le « sentier des capitelles », qui court parmi les anciennes parcelles, dans la garrigue ou sous les essences d'arbres plantées aux XIXe-XXe siècles. Ces capitelles sont d'anciens abris de pierres sèches.

HÔTEL RELAIS CHANTOVENT €€

17, Grand-Rue ✆ 04 68 91 14 18
www.relaischantovent-minerve.fr

Chambre simple 48 € ; chambre double 55 €. Demi-pension. Garage (à réserver). Restauration. Terrasse.

Composé de plusieurs maisons médiévales, l'hôtel, planté au cœur du village cathare, a conservé son charme d'antan. Ses dix chambres nichées dans la vieille pierre, toutes personnalisées sont très confortables et aménagées avec goût. Dans le restaurant, les convives seront enchantés par les associations savoureuses, confortablement installés dans une salle aux murs habillés d'œuvres contemporaines. Un plaisir pour les yeux et pour les estomacs ! La vue sur les gorges du Brian ajoute une touche de charme supplémentaire, pensez à réserver en terrasse.

RIEUX-MINERVOIS ★

Cet important village viticole, centre du Minervois, est établi sur les bords de l'Argent Double. Il aurait vu le jour autour d'un castrum, vers l'an 1000. D'agréables ruelles, dont certaines cachent d'anciennes maisons, mènent à l'église de l'Assomption, du XIIe siècle, qui doit son originalité à son plan intérieur. C'est un polygone régulier de 14 côtés inscrit dans un cercle. Au milieu se dresse une coupole soutenue par 7 arcades s'appuyant sur 7 colonnes de 6,66 m de hauteur disposés d'une façon circulaire et définissant le chœur dont le diamètre est égal à la moitié du diamètre total de l'église. La symbolique de cette symétrie est la sagesse.

SAINT-PONS-DE-THOMIÈRES ★

Blottie dans la vallée du Jaur, aux pieds du Somail et des avant-monts, Saint-Pons-de-Thomières séduit les amoureux de la nature. Les pentes boisées qui entourent la ville sont une invitation à la randonnée ou à la cueillette des champignons. Au fil des promenades, on découvre le passé de Saint-Pons à travers ses monuments. La cathédrale en marbre rouge, assez étonnante, a été maintes fois remaniée : elle fut fortifiée au XIIe et XIIIe siècles, on lui ajouta une abside gothique au XVe siècle, qui fut détruite en 1567, puis remplacée au XVIIIe siècle par la nouvelle façade classique. Prenez le temps de la visiter, elle vous livrera ses secrets.

MINERVE ★★

Haut lieu de la résistance cathare, la cité de Minerve s'élève au-dessus de deux rivières : la Cesse et le Brian. Au cœur d'un décor sauvage et grandiose de garrigues, de gorges et de falaises dénudées, Minerve est l'un des sites les plus extraordinaires de l'Hérault, il figure sur la liste des cent Plus Beaux Villages de France et est l'un des plus marqués par l'Histoire. En effet, cette cité a été témoin du drame cathare en 1210, une épopée des croisades racontée au musée Hurepel. Mais sa vie ne se limite pas à cet épisode et son patrimoine est encore bien vivant. Il se fond dans le décor naturel de la cité, apportant de la majesté à l'ensemble.

MUSÉE DE PRÉHISTOIRE RÉGIONALE ★

8, Grand Rue
✆ 04 67 97 22 61

Fermé d'octobre à mai. Ouvert du jeudi au dimanche de 10h à 12h. Adulte : 3,50 €. Enfant : 2 €. Groupe sur réservation.

Ouvert en 1985 suite à la donation du préhistorien Gabriel Rodriguez, ce musée est divisé en 3 espaces : l'accueil, qui peut accueillir d'importantes expositions temporaires, un espace administratif et le musée lui-même, réparti sur un seul niveau. Il abrite du mobilier découvert dans les grottes du Haut Languedoc, particulièrement de Camprafaud et Resplandy, site éponyme de la civilisation saint-ponienne, qui est à l'origine de la statuaire mégalithique la plus ancienne d'Europe.

NOS CIRCUITS

COURNIOU

Village à vocation agricole, Corniou abrite sur son territoire la grotte de Devèze, appelé également le Palais de la fileuse de verre, découvert en 1886. Ce site très visité fait aujourd'hui la renommée du village et contribue au développement de son économie. Corniou ne vit pas que sous la terre, pistes de VTT, parcours de pêche sillonnent son territoire. Les amateurs de randonnée partiront à la découverte des capitelles, abris du vigneron ou du berger en pierres sèches. Elles furent construites avec les pierres extraites des champs voisins. On rendait ainsi la parcelle cultivable tout en construisant ces abris qui ont traversé les siècles.

GROTTE DE LA DEVÈZE - LA FILEUSE DE VERRE ★★

Esplanade de la gare ✆ 04 67 97 03 24
lafileusedeverre.fr
Fermé du 1er octobre au 1er avril. Été : ouvert 7j/7 de 11h à 18h. Basse saison : horaires en ligne. Adulte : 9,50€.

Découverte en 1886 lors de travaux de construction du chemin de fer, la grotte de la Devèze est surnommée le « Palais de la fileuse de verre » pour la finesse remarquable de ses concrétions : « fleurs d'aragonite », grande cascade pétrifiée, impressionnante et imposante stalagmite, puis un « autel » et son cierge d'une blancheur éclatante, des stalactites véritables sculptures minérales (anneaux, faucille, papillon…) et d'étonnantes draperies teintées du blanc à l'ocre foncé.

CAUNES-MINERVOIS ★★

Caunes-Minervois, terre du célèbre marbre rouge, s'annonce avec son « totem néocubiste » à l'entrée du village. Blotti autour de son abbaye bénédictine entouré des vestiges de l'enceinte fortifiée, Caunes est doté d'un patrimoine architectural surprenant ! Ses ruelles anciennes vous révéleront de somptueux hôtels particuliers de style Renaissance, sa petite place aux deux platanes de 300 ans, ses façades remarquables et de nombreux ateliers d'art. Des sentiers vous conduiront aux carrières du célèbre marbre rouge, de « la petite griotte » à « l'incarnat », qui orne le Trianon de Versailles, l'Opéra Garnier, l'Arc de Triomphe... Un village à découvrir !

ABBAYE DE CAUNES-MINERVOIS ✞ ★★

Place de l'Église
✆ 04 68 78 09 44
www.caunes-minervois.org
Fermé fin d'année et mois de janvier, visites accompagnées sur réservation en juillet et août : 11h, 15h et 17h.

L'abbaye est érigée à la fin du VIIIe siècle. Elle se caractérise par ses 2 clochers-tours du XIIe siècle. Le clocher méridional, abritait le trésor et les archives de l'abbaye quant au clocher nord, il présente des chapiteaux de marbre blanc. Au XVIIe siècle, après une période de déclin, l'abbé Jean d'Alibert restaure les bâtiments, reconstruit le logis abbatial et commande un nouveau maître-autel. Aux XVIIe et XVIIIe siècles, les décors intérieurs sont refaits dans un style baroque.

L'abbaye de Caunes-Minervois.

CARRIÈRE DE MARBRE ROUGE ★

Avenue du Stade ✆ 06 80 96 22 26
www.visitecarriere.fr

Ouvert de mai à septembre. Visite guidée de juin à septembre à 16h30. Tarif : 10€. Gratuit jusqu'à 12 ans.

C'est la terre du célèbre marbre rouge, un marbre qui se décline dans les nuances de rose pâle à rouge sang, veiné de noir ou de blanc, dans une grande variété et de très belle qualité. Cette capitale mondiale du marbre incarnat, ce marbre qui orne Versailles, le Grand Trianon, l'Opéra de Paris, Saint-Pierre de Rome, la grande mosquée de Cordoue... Et ce prestige reste d'actualité, le prince d'Arabie saoudite Al-Whalid Ben Talal l'a choisi pour le revêtement de la « Kingdom Tower », dont les plans ont été conçus pour qu'elle soit la tour la plus haute du monde.

HÔTEL-RESTAURANT D'ALIBERT €€

Rue Saint-Gènes
✆ 04 68 78 00 54

8 chambres. Chambre double de 80 € à 90 €. Demi-pension. Lit supplémentaire : 10 €. Garage. Restauration.

Cet établissement, vieux de plus de cinq siècles, est riche de chefs-d'œuvre architecturaux : tourelles d'escalier à vis, cour de style italien agrémentée de deux galeries ornées de bustes et de colonnettes, puits à baldaquin de trois colonnes daté de 1561. Calmes, vastes et confortables, les chambres disposent d'un mobilier rustique assorti au cadre. Auprès de l'imposante cheminée ou dans la cour, vous pourrez également savourer la cuisine traditionnelle du chef.

LA GRANDE FONTAINE €€

1, rue d'Aiguebelle
✆ 04 68 78 00 63
www.restaurant-bar-caunes-minervois.fr

Ouvert toute l'année. Haute saison . lundi à jeudi 7h30 à 0h ; vendredi et samedi 8h à 2h ; dimanche 9h à 2h.

Au cœur du village de Caunes-Minervois, existe un havre de paix bien connu. Vous découvrirez sur la place, un restaurant, bar, tabac, presse, réel point de rencontres, de ce magnifique petit village. Daniel Rigon et Armand Brunet vous proposent dans une ambiance non conformiste, une cuisine qualitative sans chichis fondée sur le terroir : cassoulet maison, ou gardiane de taureau... Ce que l'on apprécie, c'est l'ambiance des soirs d'été où touristes et Caunois se côtoient, et échangent les anecdotes les plus truculentes sur leur territoire à ne pas manquer !

CABRESPINE ★★

Cabrespine se trouve aux confins du Minervois et du Cabardès, niché dans la vallée de la Clamoux, entre plaine et montagne. Il a appartenu à l'abbaye de Lagrasse de l'époque de Charlemagne jusqu'à la Révolution. Le château, construit au XIe siècle, a été plus tard, une garnison royale. Il n'en reste aujourd'hui que quelques ruines. En revanche l'église paroissiale, construite au XVIIIe siècle, est bien conservée. Les ruelles pittoresques sont particulièrement bien fleuries et cette mise en valeur ajoute au charme de ce village typique de la montagne Noire, connu également pour la présence sur le territoire de la commune d'un gouffre géant.

GOUFFRE GÉANT DE CABRESPINE ★★★

D 112
✆ 04 68 26 14 20
www.gouffre-de-cabrespine.com

Ouvert tous les jours, de février à début décembre. Entrée : 12,90 €. Aventures-parc sur réservation.

Le Gouffre Géant de Cabrespine, plus grand gouffre aménagé d'Europe, est connu dans le monde entier pour sa richesse minéralogique. Géant n'est pas un terme galvaudé, il est profond de 250 m pour un volume de plus de 1 500 000 m³, avec un réseau de plus de 25 km. On y trouve des disques, excentriques, aragonites, draperies, colonnes, ou encore des cascades. Grâce à des aménagements astucieux, le parcours est en partie accessible de plain-pied et donc au plus grand nombre.

MAZAMET

C'est sur les hauteurs de Hautpoul, que se situe historiquement le berceau de la ville. Fondé par les Wisigoths en 413, ce village fortifié devint un refuge cathare au XIIIe siècle. Assiégé en 1212 par Simon de Montfort, le château, dont les ruines sont toujours visibles, fut rasé. Les habitants rescapés s'installèrent plus bas, dans la plaine, entre Arnette et Thoré, au Mas Arnette, donnant naissance à Mazamet. La réputation de la ville a traversé les frontières au cours des deux derniers siècles. Malgré sa situation géographique défavorable, le délainage et la mégisserie faisaient de la ville une référence. Différents sites à visiter aux alentours.

MUSÉE DU CATHARISME ★

Rue des Casernes

✆ 05 63 61 56 56

www.museeducatharisme.fr

Fév-mars, mar-ven. Avril-11 juil et 23 août-oct, lun-ven 10-12h/14-17h. 12 juil-22 août, 10-12h30/14-18h. 5 €.

Ce musée didactique est un véritable pôle de découverte de l'histoire cathare. En déambulant à travers ses espaces, le visiteur aura une idée plus claire de la dimension humaine de la foi cathare. Au rez-de-chaussée, la demeure de l'amiral Fuzier, dont les deux salons reflètent le mode de vie de la haute bourgeoisie protestante du XIXe siècle, est accessible gratuitement. Au premier étage, une exposition retrace une page religieuse et tragique du Moyen Age occitan sur 300 m², s'appuyant en particulier sur les traces laissées dans le village d'Hautpoul.

PASSERELLE DE MAZAMET ★

D54

✆ 05 63 61 27 07

www.tourisme-castresmazamet.com

Accès libre. Ouvert tous les jours. Gratuit. Parking.

© DAVIDD31 - SHUTTERSTOCK.COM

Inaugurée en 2018, la passerelle suspendue de Mazamet est un lieu unique en Occitanie. Elle est le fruit de longs mois d'efforts et de la volonté de l'ex-cité industrielle de miser sur le « tourisme vert ». Ce nouveau point de vue promet des sensations de haut vol, il faut dire qu'un tel panorama ne se voit pas tous les jours. Installée à 70 m de haut, au-dessus des gorges de l'Arnette, la passerelle mesure 140 mètres de long : impressionnant ! Deux chemins permettent d'y parvenir : les jardins de Cormouls-Houlès (30 min à pied) et le chemin de Jamarié (15 min).

GUEST HOUSE LA VILLAE €

20, boulevard Soult

✆ 06 59 52 14 70

www.lavillae.eu

Ouvert toute l'année. 3 chambres. De 75 € à 95 €. Wifi gratuit. Spa.

Les trois chambres de La Villae se nichent dans une belle demeure bourgeoise de Mazamet comme il y en a tant. Celle-ci a été rénovée par Pascal Fregossy, aussi propriétaire du domaine de la Vivarié à Castres, le résultat est là. La décoration est ici particulièrement soignée : parquets en bois, plafond haut, escalier en chêne massif... Les chambres sont grandes avec une thématique autour des pierres et des couleurs. Si elles sont toutes très confortables, deux des chambres possèdent des salles de bain munies de grandes baignoires.

LA TAVERNE D'HAUTPOUL €€

Hautpoul ✆ 05 63 97 00 86

www.restaurant-portugais-tarn.fr

Haute saison : 7j/7 10h-23h. Sur réservation à partir de 5 personnes en basse saison. Carte 30 € environ. Terrasse.

Une petite auberge authentique, une terrasse avec une vue panoramique sur la vallée, une cuisine qui jongle entre tradition et saveurs portugaises... Bienvenue à la Taverne d'Hautpoul ! Reprise il y a maintenant plusieurs années, cette adresse repose au cœur du village médiéval d'Hautpoul, perché sur les hauteurs de Mazamet. Dans un cadre aussi contemporain que familial et authentique, l'équipe réalise des assiettes surprenantes et savoureuses. Les spécialités portugaises y sont servies avec le plus grand soin et réalisées à partir de produits frais et de saison.

NOS CIRCUITS

DU CANAL DU MIDI À LA MONTAGNE NOIRE

LIEUX	Km partiel	Km cumul	Routes
CARCASSONNE	0	0	
MONTRÉAL	18	18	D119
CASTELNAUDARY	24	42	D623
VILLEFRANCHE-DE-LAURAGAIS	22	64	D813
SAINT-FELIX-LAURAGAIS	21	85	D25, D2, D622
REVEL	10	95	D622
MAZAMET	63	158	D4, D12, D14, D56, D53
CARCASSONNE	45	203	D149

CARCASSONNE ★★★★

Cet éperon rocheux est occupé depuis le VIe siècle av. J.-C. Sur la face ouest de cette fortification prend appui le château construit au XIIe siècle, appelé château Comtal. Au début du XIIIe siècle, Carcassonne est prise par Simon de Montfort, lors de la croisade des Albigeois, puis annexée au domaine royal. Les travaux de fortification se poursuivent tout au long du XIIIe siècle. Carcassonne perd de son importance après la signature du traité des Pyrénées, en 1659. Dans la seconde moitié du XIXe siècle, elle est restaurée sous la conduite d'Eugène Viollet-le-Duc. La Cité est inscrite sur la liste du patrimoine de l'humanité de l'Unesco.

HÔTEL DU PONT VIEUX*** €€

32, rue Trivalle
✆ 04 68 25 24 99
www.hotelpontvieux.com

Ouvert toute l'année. Chambre double à partir de 69 €. Petit-déjeuner buffet : 11€. Garage : 10€. Wifi. Boutique.

Les points forts de cet établissement sont sa situation ; au pied de la cité médiévale et 500 m du centre-ville, le charme qui s'en dégage. Une bâtisse du XVIIIe siècle et ses prix très attractifs. Les chambres dites « Privilège » sont situées côté jardin et plusieurs ont une superbe vue sur la cité. Les chambres « standard » donnent sur la pittoresque rue Trivalle. La décoration des chambres est moderne et élégante. Cerise sur le gâteau, la petite terrasse d'où vous pourrez réaliser des photos de la forteresse. Ou profitez tout simplement du jardin ombragé.

BASILIQUE SAINT-NAZAIRE ET SAINT-CELSE ★★★

Place Auguste-Pierre-Pont ✆ 04 68 25 27 65
www.tourisme-carcassonne.fr

Ouvert toute l'année. Gratuit. Pas de visite le dimanche matin pendant la messe. Concerts d'orgue.

La construction de la basilique, véritable chef-d'œuvre Roman-gothique, débuta à la fin du XIe siècle. Le pape Urbain II passa par Carcassonne, et bénit la première pierre de l'édifice en juin 1096. Le chantier ne fut achevé qu'au milieu du XIVe siècle, après la reconstruction du chœur roman en style gothique. La nef est aujourd'hui la partie la plus ancienne. Sa voûte romane, en plein cintre, contraste avec le chevet et le transept gothiques illuminés par des vitraux du XIIIe siècle.

BRASSERIE LE DONJON €€

4, rue de la Porte-d'Aude
✆ 04 68 25 95 72

Lundi-samedi, 12h-13h45 / 19h-21h15. Le dimanche, 12h-13h45. Menus de 24 € à 33 €. Formule : 18 €. Vin au verre.

La brasserie Le Donjon propose une cuisine traditionnelle et créative. Le décor de la salle est design alliant le style médiéval au contemporain et si vous voulez manger en extérieur, une belle terrasse située devant le restaurant s'étend sur un superbe jardin dallé. Bien abritée du vent, trône en son centre un splendide olivier. Parmi les incontournables du chef, le traditionnel cassoulet languedocien au confit de canard ainsi que des spécialités comme l'assiette dégustation aux deux foies gras ou le risotto de riz rouge de Marseillette à l'effiloché de canard.

CHÂTEAU & REMPARTS DE LA CITÉ DE CARCASSONNE ★★★★

1, rue Viollet-le-Duc
✆ 04 68 11 70 70
www.remparts-carcassonne.fr

Basse saison : 9h30 - 17h. Haute saison : 10h - 18h30. Visite découverte : 13 €. Audioguide : 3 €. Boutique. Animations.

Le château comtal, sans cesse modifié au fil du temps, a été grandement restauré par Viollet-le-Duc au XIXe siècle. Composé d'un palais seigneurial séparant deux cours, il domine la Ville Basse, protégé par 11 tours dont 2 donjons. L'entrée principale est gardée par des tours jumelles formant un châtelet dont les systèmes défensifs sont très élaborés. La tour du Guet, située dans la Cour du Midi, est la plus haute du château, c'est une des rares tours carrées de la ville.

MONTRÉAL ★

Construite sur un éperon rocheux, l'origine de Montréal remonte à quelques centaines de milliers d'années. Sa situation géographique en fait un site fortifiable privilégié. À partir de Charlemagne, les populations s'organisent autour de ce point élevé. Le château à ce jour disparu, l'église originelle et les ruines des remparts, sont datés des XIe et XIIe siècles. Montréal va subir la sanglante hérésie cathare au XIIIe siècle, et se trouva au cœur des combats tant le lieu était stratégique. Brûlé et rasé par le Prince Noir, elle connaîtra les guerres de religion. Elle conserve, comme témoin de sa splendeur passée, l'église collégiale du XIVe siècle.

CASTELNAUDARY ★

Cette ville oscille intelligemment entre modernité et tradition. Connue dans le monde entier pour sa célèbre spécialité gastronomique, elle a acquis une certaine notoriété pour le point d'intérêt qu'elle représente au niveau du tourisme fluvial. Le paysage est fortement marqué par l'épopée cathare et les grands producteurs céréaliers. Des collines à perte de vue, une palette de couleurs qu'on ne saurait inventer, des vestiges de châteaux et d'anciens moulins à pastel et à farine, tel est le paysage de Castelnaudary. « La vieille ville » au cachet si méridional recèle en chacun de ses recoins des empreintes d'un riche passé qui se découvre du regard.

© CASTELNAUDARY TOURISME

Le port de Castelnaudary le soir.

LA MAISON DU CASSOULET* €

24, cours de la République ✆ 04 68 23 27 23
www.maisonducassoulet.com

Ouvert toute l'année. 9 chambres (dont 1 familiale). L'hôtel n'est pas accessible aux PMR. Animaux acceptés.

Situé à 300 m du célèbre canal du midi, dans le cœur de Castelnaudary, cet hôtel dispose de 9 chambres, confortables et bien équipées qui sauront vous charmer par leur aménagement sobre et moderne. Elles possèdent la télévision par satellite, ainsi qu'une salle de bains privative. Vous pourrez apprécier le petit déjeuner continental et la connexion wifi gratuite. Cet établissement est idéal pour une halte gastronomique ou un séjour détente à la découverte du patrimoine de la capitale chaurienne. Cet hôtel est modeste mais c'est un très bon plan qualité-prix.

LA MAISON DU CASSOULET €€

24, cours de la République
✆ 04 68 23 27 23
www.maisonducassoulet.com

Ouvert 7j/7 et jours fériés. Menus terroir de 15 à 32 € (menu cassoulet 20 €), vin au verre, vente à emporter, terrasse.

La Maison du Cassoulet est une étape culinaire incontournable à Castelnaudary, en mode « ancienne brasserie d'époque », version cocooning. Ici vous êtes dans le temple de ce plat mondialement connu, la Maison du Cassoulet vous propose une cuisine bistrot traditionnelle et raffinée, autour de son plat éponyme au porc et au canard. Elle vous régalera de ses classiques du Sud-Ouest au travers d'assiettes copieuses, de recettes originales et de spécialités régionales. Une belle cave à vins a pris ses quartiers dans une niche en pierres, ouverte sur la salle.

HÔTEL-RESTAURANT LE CENTRE*** €€

31, cours de la République
✆ 04 68 23 25 95
www.hotel-centre-lauragais.fr

10 chambres (dont 2 suites). Chambre double de 69 € à 84 €. Pdj : 9 €. Parking public à proximité. Animaux acceptés.

Au cœur de la capitale Chaurienne, dans l'artère principale, à deux pas du canal du midi, vous trouverez cette grande bâtisse, hébergeant au rez-de-chaussée un restaurant gastronomique traditionnel, et en étage un hôtel de charme 3 étoiles. Les 10 chambres et les deux suites, à la décoration moderne des plus raffinée, ont été rénovées il y a peu. Elles offrent tout le confort que vous pouvez rechercher avec climatisation, TV, et salle de bains, dans des tons apaisants.

VILLEFRANCHE-DE-LAURAGAIS ★

La charmante ville accueille le canal du Midi. Villefranche-de-Lauragais offre au regard des visiteurs quelques vestiges de son passé tels que la halle centrale à hautes arcades, ses maisons à colombages et tourelles, ses maisons du XVIIe siècle et passages couverts, son moulin à eau et son château de Barelles, ses pontets médiévaux, son kiosque à musique dans son jardin public, sa fontaine de Barreaux… et les curieux pourront ainsi remarquer une foule de petits détails intéressants, à commencer par la porte de l'église où une petite sirène sculptée semble souhaiter la bienvenue.

SAINT-FÉLIX-LAURAGAIS ★

Saint-Félix-Lauragais est une bastide haut perchée, pittoresque et charmante, présentant des maisons à pans de bois et dont la place centrale est agrémentée d'une ancienne halle. Situé sur une crête, le village offre un panorama grandiose sur la plaine de Revel, plantée de blés et de tournesols, avec la Montagne noire et les Pyrénées en toile de fond. Fort d'un riche héritage historique, Saint-Felix-Lauragais fut au XIIème siècle le siège du premier concile cathare. Pas moins de dix monuments historiques sont à voir dont un beffroi, un château médiéval et une collégiale du XIVème siècle. tous les vendredis, un petit marché de terroir anime le village.

REVEL

Cette charmante bastide médiévale a été fondée au XIVe siècle et son architecture préservée témoigne encore de ces temps anciens. Toutes les rues se coupent en angle droit pour aboutir en son centre à une extraordinaire halle du XIVe siècle, la plus vaste de France. La charpente, préservée depuis l'origine, est supportée par une forêt de piliers et surmontée d'un beffroi qui fut pendant des siècles la maison des communes avec sa tour de guet, sa salle des consuls et sa prison. Le marché qui s'y tient les samedis matin est considéré comme l'un des plus beaux du pays. L'artisanat tient aujourd'hui une place prépondérante dans l'activité locale.

© PHOVOIR
L'église Notre-Dame de Revel.

BEFFROI DE REVEL

Place Philippe VI de Valois
✆ 05 34 66 67 68
www.auxsourcesducanaldumidi.com
Visite guidée le samedi à 11h. En été, tous les jours sauf le dimanche, à 11h. Entrée : 2,50 €.

Il est devenu la figure emblématique de Revel : surplombant la halle du XIVe siècle, ce beffroi est quant à lui daté du XIXe siècle. Chaque samedi (et tous les jours en été), l'office de tourisme vous en propose la visite guidée. C'est l'occasion à travers son histoire de comprendre l'évolution de la bastide. En point d'orgue, vous accédez à une terrasse qui vous offre, au-dessus du bouillonnant marché, une vue panoramique inoubliable sur la ville, sur la plaine du Lauragais et sur la Montagne Noire. Une visite courte à petit prix qu'il serait dommage de manquer.

MUSÉE DU BOIS ET DE LA MARQUETERIE ★

13, rue Jean-Moulin ✆ 05 61 81 72 10
www.museedubois.com
Basse saison : mar-ven 14h-18h & samedi 10h-13h et 14h-17h30. Haute saison : tous les jours de 11h à 18h. Entrée : 5 €.

Le musée du Bois et de la Marqueterie est installé à Revel depuis 1994. Découvrez l'histoire des artisans du bois à travers un parcours didactique, sensoriel et artistique de 2 000 m². Ne manquez pas la «xylothèque» qui permet de découvrir des centaines d'essences d'arbres, aux propriétés nombreuses, répertoriées et expliquées. Le musée accueille régulièrement des expositions temporaires, qui mettent en valeur la création contemporaine. Un très beau musée à ne pas manquer.

LE 20 €€€

20, avenue Pierre-Paul-Riquet
✆ 05 62 18 93 37
Ouvert du jeudi au lundi le midi ; du jeudi au samedi le soir. Réservation recommandée. Carte : 30 € environ. Terrasse.

Le 20 est sans doute l'une des meilleures adresses de Revel, pour qui souhaite faire l'expérience d'une table savoureuse dans un cadre superbe. Unique et authentique, le décor a été conçu par des ébénistes locaux. Une cheminée en hiver, une terrasse en été, avec une toute nouvelle verrière offrant une vue sur le lac Saint-Ferréol : place au bien-être ! En cuisine, le chef Patrice Gelbart opte pour la *slow-food*, locale, qualitative et raffinée, avec une carte qui change tous les mois. Attention, le 20 connaît un franc succès, alors soyez prévoyant et réservez !

NOS CIRCUITS

SAISSAC ★

Sur les contreforts de la Montagne Noire, la ville de Saissac émerge d'un écrin de verdure. L'histoire de Saissac est fortement liée à celle de son château : il s'agit d'une étape à ne pas manquer. Ce monument cathare méconnu est le plus vaste et le plus ancien de France, sa construction aurait commencé en 900 ! Dans son enceinte, on retrouve deux salles consacrées à une muséographie sur le trésor monétaire de Saissac. Le tour de la ville a également beaucoup à offrir tant les vestiges de son Histoire sont nombreux : quatre tours, deux portes, une ancienne manufacture de draps, une église et un ancien hôtel reconverti en école...

CHÂTEAU DE SAISSAC

Rue Bertrand de Saissac
✆ 04 68 24 46 01
www.saissac.fr
Avril-juin et septembre 10h-18h. Février, mars, octobre-décembre 10h-17h. Juillet-août 9h-20h. Adulte 5 €.

Les ruines du château dominent le ravin de la Vernassonne depuis son promontoire rocheux. Cet emplacement constituait une position stratégique notable à l'entrée de la montagne Noire. Au Moyen Age, il fut la résidence de la puissante famille des Saissac, avant de passer entre plusieurs mains. Peu à peu laissé à l'abandon au cours du temps, il est revenu à la ville en 1994. Une partie a été restaurée et deux salles abritent aujourd'hui un musée sur le « trésor » trouvé à Saissac en 1979. Le site fait l'objet d'une inscription au titre des monuments historiques.

DOMAINE DE CAMPRAS €

Cambras
✆ 04 68 78 48 20
www.domainedecampras.fr
Ouvert toute l'année, 4 chambres, une roulotte, la cabane du trappeur et un loft. Spa. Chambre double 59 €, pdj inclus.

C'est dans un vrai paradis que Fred vous accueille. Vous aurez l'embarras du choix entre 4 jolies chambres en rez-de-chaussée de la maison avec accès indépendant et terrasse privative, l'étonnante roulotte, le chalet bâti en bois du pays, ou le nouveau loft avec sa vue panoramique sur les Pyrénées et la cité de Carcassonne. Les enfants seront ravis de rencontrer canards, poules, Idéfix et Igloo les deux poulains. Le petit déjeuner est 100 % maison, avec jus de fruits, pâtisseries, confitures et pain tout juste sorti du four... Un vrai coup de cœur.

MAZAMET

C'est sur les hauteurs de Hautpoul, que se situe historiquement le berceau de la ville. Fondé par les Wisigoths en 413, ce village fortifié devint un refuge cathare au XIIIe siècle. Assiégé en 1212 par Simon de Montfort, le château, dont les ruines sont toujours visibles, fut rasé. Les habitants rescapés s'installèrent plus bas, dans la plaine, entre Arnette et Thoré, au Mas Arnette, donnant naissance à Mazamet. La réputation de la ville a traversé les frontières au cours des deux derniers siècles. Malgré sa situation géographique défavorable, le délainage et la mégisserie faisaient de la ville une référence. Différents sites à visiter aux alentours.

MUSÉE DU CATHARISME ★

Rue des Casernes
✆ 05 63 61 56 56
www.museeducatharisme.fr
Fév-mars, mar-ven. Avril-11 juil et 23 août-oct, lun-ven 10-12h/14-17h. 12 juil-22 août, 10-12h30/14-18h. 5 €.

Ce musée didactique est un véritable pôle de découverte de l'histoire cathare. En déambulant à travers ses espaces, le visiteur aura une idée plus claire de la dimension humaine de la foi cathare. Au rez-de-chaussée, la demeure de l'amiral Fuzier, dont les deux salons reflètent le mode de vie de la haute bourgeoisie protestante du XIXe siècle, est accessible gratuitement. Au premier étage, une exposition retrace une page religieuse et tragique du Moyen Age occitan sur 300 m^2, s'appuyant en particulier sur les traces laissées dans le village d'Hautpoul.

PASSERELLE DE MAZAMET ★

D54
✆ 05 63 61 27 07
www.tourisme-castresmazamet.com
Accès libre. Ouvert tous les jours. Gratuit. Parking.

Inaugurée en 2018, la passerelle suspendue de Mazamet est un lieu unique en Occitanie. Elle est le fruit de longs mois d'efforts et de la volonté de l'ex-cité industrielle de miser sur le « tourisme vert ». Ce nouveau point de vue promet des sensations de haut vol, il faut dire qu'un tel panorama ne se voit pas tous les jours. Installée à 70 m de haut, au-dessus des gorges de l'Arnette, la passerelle mesure 140 mètres de long : impressionnant ! Deux chemins permettent d'y parvenir : les jardins de Cormouls-Houlès (30 min à pied) et le chemin de Jamarié (15 min).

DE CARCASSONNE À PERPIGNAN

LIEUX	Km partiel	Km cumul	Routes
CARCASSONNE	0	0	
LAGRASSE	38	38	D714, D3
DURBAN-CORBIÈRES	24	72	D611
RIVESALTES	47	119	D12, D5
PERPIGNAN	10	129	D614, D117
TAUTAVEL	46	175	D611
CUCUGNAN	24	199	D611, D14
ARQUES	42	241	D613
COUIZA	11	252	D613
RENNES-LE-CHÂTEAU	5	257	D52
LIMOUX	21	278	D52, D118
SAINT-HILAIRE	13	291	D104
CARCASSONNE	16	307	D104, D204, D104

CARCASSONNE ★★★★

Cet éperon rocheux est occupé depuis le VIe siècle av. J.-C. Sur la face ouest de cette fortification prend appui le château construit au XIIe siècle, appelé château Comtal. Au début du XIIIe siècle, Carcassonne est prise par Simon de Montfort, lors de la croisade des Albigeois, puis annexée au domaine royal. Les travaux de fortification se poursuivent tout au long du XIIIe siècle. Carcassonne perd de son importance après la signature du traité des Pyrénées, en 1659. Dans la seconde moitié du XIXe siècle, elle est restaurée sous la conduite d'Eugène Viollet-le-Duc. La Cité est inscrite sur la liste du patrimoine de l'humanité de l'Unesco.

BASILIQUE SAINT-NAZAIRE ET SAINT-CELSE ★★★

Place Auguste-Pierre-Pont
✆ 04 68 25 27 65
www.tourisme-carcassonne.fr
Ouvert toute l'année. Gratuit. Pas de visite le dimanche matin pendant la messe. Concerts d'orgue.

© BÉATRICE PREVE - FOTOLIA

La construction de la basilique, véritable chef-d'œuvre Roman-gothique, débuta à la fin du XIe siècle. Le pape Urbain II passa par Carcassonne, et bénit la première pierre de l'édifice en juin 1096. Le chantier ne fut achevé qu'au milieu du XIVe siècle, après la reconstruction du chœur roman en style gothique. La nef est aujourd'hui la partie la plus ancienne. Sa voûte romane, en plein cintre, contraste avec le chevet et le transept gothiques illuminés par des vitraux du XIIIe siècle.

CHÂTEAU & REMPARTS DE LA CITÉ DE CARCASSONNE ★★★★

1, rue Viollet-le-Duc
✆ 04 68 11 70 70
www.remparts-carcassonne.fr
Basse saison : 9h30 - 17h. Haute saison : 10h - 18h30. Visite découverte : 13 €. Audioguide : 3 €. Boutique. Animations.

Le château comtal, sans cesse modifié au fil du temps, a été grandement restauré par Viollet-le-Duc au XIXe siècle. Composé d'un palais seigneurial séparant deux cours, il domine la Ville Basse, protégé par 11 tours dont 2 donjons. L'entrée principale est gardée par des tours jumelles formant un châtelet dont les systèmes défensifs sont très élaborés. La tour du Guet, située dans la Cour du Midi, est la plus haute du château, c'est une des rares tours carrées de la ville.

HÔTEL DU PONT VIEUX*** €€

32, rue Trivalle
✆ 04 68 25 24 99
www.hotelpontvieux.com
Ouvert toute l'année. Chambre double à partir de 69 €. Petit-déjeuner buffet : 11€. Garage : 10€. Wifi. Boutique.

Les points forts de cet établissement sont sa situation ; au pied de la cité médiévale et 500 m du centre-ville, le charme qui s'en dégage. Une bâtisse du XVIIIe siècle et ses prix très attractifs. Les chambres dites « Privilège » sont situées côté jardin et plusieurs ont une superbe vue sur la cité. Les chambres « standard » donnent sur la pittoresque rue Trivalle. La décoration des chambres est moderne et élégante. Cerise sur le gâteau, la petite terrasse d'où vous pourrez réaliser des photos de la forteresse. Ou profitez tout simplement du jardin ombragé.

BRASSERIE LE DONJON €€

4, rue de la Porte-d'Aude
✆ 04 68 25 95 72
Lundi-samedi, 12h-13h45 / 19h-21h15. Le dimanche, 12h-13h45. Menus de 24 € à 33 €. Formule : 18 €. Vin au verre.

La brasserie Le Donjon propose une cuisine traditionnelle et créative. Le décor de la salle est design alliant le style médiéval au contemporain et si vous voulez manger en extérieur, une belle terrasse située devant le restaurant s'étend sur un superbe jardin dallé. Bien abritée du vent, trône en son centre un splendide olivier. Parmi les incontournables du chef, le traditionnel cassoulet languedocien au confit de canard ainsi que des spécialités comme l'assiette dégustation aux deux foies gras ou le risotto de riz rouge de Marseillette à l'effiloché de canard.

NOS CIRCUITS

LAGRASSE ★★★

Cette ancienne capitale culturelle des Corbières est classée parmi les Plus Beaux Villages de France. Cette cité médiévale est située dans la vallée de l'Alsou. Lagrasse présente de nombreuses curiosités : pont vieux du XIIe siècle, rues pavées bordées de façades Renaissance qui débouchent sur une belle place aux maisons classées, église paroissiale Saint-Michel de style gothique, ses halles où l'activité marchande était prospère et sa célèbre abbaye Sainte-Marie-de-l'Orbieu. Véritable plaisir de découverte d'un patrimoine et d'un art de vivre. N'hésitez pas à vous renseigner sur les Mitounes, elles offrent une légende vieille de plusieurs siècles au village.

© IRÈNE ALASTRUEY - AUTHOR'S IMAGE

Vue générale de Lagrasse

ABBAYE SAINTE-MARIE-D'ORBIEU ✝ ★★★

4, rive Gauche

✆ 04 68 43 15 99

L'abbaye est divisée en deux parties : voir « Partie médiévale» (partie publique) et « Le monastère».

L'abbaye bénédictine fondée au VIIIe siècle s'est développée grâce aux dons de puissants seigneurs. Du VIIIe au XVIIIe siècle, 64 abbés s'y succèdent et participent activement à la vie politique et religieuse du Languedoc et de la Catalogne. A la Révolution, les moines sont chassés, et l'abbaye est scindée en deux. Vous pourrez visiter le riche palais abbatial, le dortoir des moines, la salle d'apparat... La galerie supérieure mène à la chapelle abbatiale, joyau de l'art gothique.

LE BASTION €€

50, Boulevard de la Promenade

✆ 04 68 12 02 51

Ouvert du mercredi au samedi le midi et le soir ; le dimanche midi. Menus de 33 à 62 €.

Au sein d'une bâtisse historique de l'époque médiévale aux murs en pierre et mobilier moderne, vous serez chaleureusement accueillis par Valentin Renaud et Fabien De Bruyn tous deux cuisiniers et pâtissiers et copains d'enfance. Le cadre est parfait : la cuisine ouverte sur la salle laisse échapper des effluves gourmandes, une salle à l'étage plus calme, une jolie terrasse. Les chefs privilégient les circuits courts en travaillant avec des producteurs et vignerons locaux. A tester absolument : le menu «dégustation à l'aveugle» et ses plats mystères en 6 services !

DURBAN-CORBIÈRES

Au pied des ruines du château seigneurial du XIe siècle qui abrita la famille Treilhes Gléon Durban durant 600 ans, le village de Durban se niche dans un décor naturel au confluent de la Berre et du Barrou, entre vignes et garrigue. Depuis maintenant quarante ans, le village s'est développé sur la rive gauche pour accueillir de nouveaux établissements tout en conservant l'âme des Corbières. Laissez-vous guider par le soleil à travers les rues piétonnes et découvrez : le quartier du Fort, l'ancienne chapelle du château devenue l'église paroissiale Saint-Just-et-Saint-Pasteur ainsi que la chapelle Saint-Hippolyte du XIVe siècle, restaurée en 2005.

RUINES DU CHÂTEAU DE DURBAN ★

Place de l'Église

Ce château dont les ruines dominent le village fut, au XIIe siècle, la propriété de Bernard de Durban. En 1229, son descendant, Guillaume de Durban, jure fidélité au roi de France et conserve ses domaines malgré ses anciens liens avec le catharisme. Le dernier Durban meurt sans enfant en 1787. En 1873, le château est vendu et transformé en carrière de pierres. Il ne reste aujourd'hui que la face nord du bâtiment principal, ainsi qu'une tourelle ronde d'escalier et une tour carrée.

TUCHAN ★

Haut lieu des vins de Hautes-Corbières, Tuchan se prête à la visite, notamment pour les ruines de son château d'Aguilar, situé à deux kilomètres du village. Érigé au XIIe siècle, il fut la propriété des seigneurs de Termes. A Tuchan, on pourra également découvrir l'église Notre-Dame de Faste, partiellement en ruines, et admirer la jolie façade de l'hôtel des Poste (transformé en hôtel). Peuplée de près de 800 habitants, le village est situé à 27 kilomètres de Rivesaltes. A proximité se trouve le mont Tauch, d'une hauteur de 950 mètres, qui s'ouvre sur un très beau panorama, une grande étendue de vignes et des garrigues rocailleuses.

RUINES DU CHÂTEAU D'AGUILAR ★★

A 3,5 km à l'est de Tuchan via la D611.
✆ 04 68 45 51 00
www.payscathare.org
Haute saison : ouvert tous les jours. Voir calendrier complet sur le site Internet. Adulte : 4 €.

C'est dans ce beau Pays Cathare que se dresse le château Aguilar, mais il n'a joué aucun rôle militaire durant la Croisade contre les Albigeois. On trouve des traces écrites attestant de son existence dès 1020 sous l'appellation de « Puig Agilar ». Fier, surplombant du haut de sa colline de 321 m d'altitude la plaine de Tuchan il permettait de contrôler l'accès aux Corbières. Toutefois, en dépit de sa « hauteur », il est conçu comme un château de plaine.

RIVESALTES ★

Charmante petite ville entourée de vignobles et vergers, « La capitale mondiale du muscat » est principalement connue pour son vin doux que l'on déguste dans les nombreuses caves et boutiques du centre-ville. Jolie cité fortifiée au bord de l'Agly, Rivesaltes recèle en son cœur historique un intéressant patrimoine entretenu avec soin. Dans un passé plus récent, le camp de Rivesaltes fut un lieu de transit et de rétention pour les Républicains espagnols. Un Musée-Mémorial dédié à cette page trouble de l'histoire a été édifié dans l'enceinte du camp. Dès l'arrivée des beaux jours, de nombreuses festivités ponctuent le calendrier de la ville.

CAMP DE RIVESALTES ★★★★

Avenue Christian-Bourquin - **SALSES-LE-CHÂTEAU**
✆ 04 68 08 34 90
www.memorialcamprivesaltes.eu
Ouvert toute l'année. Accès au camp (visite extérieure) libre. Visite guidée. Librairie. Événements culturels.

Situé entre les communes de Rivesaltes et de Salses, le camp de Rivesaltes (ou camp Joffre) fut le principal camp d'internement du sud de la France entre 1941 et 1942. Réfugiés espagnols, Tsiganes et Juifs y furent tour à tour maintenus, avant que le camp n'accueille des suspects de collaboration et des prisonniers de guerre (1944-48). Par la suite, le camp abritera des Harkis et leur famille (1962-64), puis des militaires guinéens (1964-66) et des militaires d'Indochine française. Entre 1986 et 2007, il deviendra un centre de rétention administrative.

MUSÉE DU MARÉCHAL JOFFRE ★

11, rue Maréchal Joffre ✆ 04 68 64 24 98
museejoffre.fr
Ouvert en juillet, août et septembre. Visites de scolaires et groupes toute l'année. Adulte 3 €, groupe 2 €.

Joseph Césaire Joffre naquit à Rivesaltes en 1852 dans cette maison transformée en musée. Sur trois étages et repartis sur 200 m², on trouve mobilier, objets, documents et photos de celui que l'on considère à juste titre comme le héros de la Bataille de la Marne en 1914. Pour amateurs d'histoire contemporaine et curieux ou passionnés de la Première Guerre mondiale. Comptez 1h de visite en moyenne, et plus évidemment suivant l'intérêt du visiteur. Classé monument historique, le musée a reçu en 2011 le label « Maison des illustres ».

GRAND CIRCUIT DU ROUSSILLON

Route du Barcarès
✆ 04 68 64 44 44
grandcircuitduroussillon.com
Tarifs et horaires à voir sur le site Internet.

Ce circuit comprend une piste de 1 513 mètres et de 9 mètres de largeur avec 7 tracés possibles. Il accueille les amateurs de sports mécaniques avec des activités auto, moto et karting. C'est pour cette dernière catégorie le plus grand circuit au monde. Le circuit est homologué FFSA et FFM. L'offre proposée va des entraînements et des compétitions de kart et de moto aux pratiques d'essais et d'entraînement à la compétition pour les voitures de type Berline, GT, GT de série.

NOS CIRCUITS

PERPIGNAN ★★★

« Benvinguts en Perpinya la catalana », bienvenue à Perpignan la catalane, pouvez-vous lire sur les panneaux aux entrées de la ville. Les Perpignanais sont fiers d'être Catalans et d'appartenir à ce peuple qui a toujours accueilli les apatrides, les gens sans terre et les persécutés. A la fois ancrée dans le passé et tournée vers l'avenir, Perpignan devient au fil des ans un lieu de plus en plus plébiscité par les touristes venus à l'origine se ressourcer dans les montagnes catalanes ou se détendre sur la côte. Le centre ville a plus d'un charme dans son sac : monuments classés, musées, commerces, bars et restaurants ne manqueront pas de vous envoûter.

CATHÉDRALE SAINT-JEAN-BAPTISTE ✝ ★

Place Gambetta
✆ 04 68 51 33 72
Ouvert du lundi au samedi de 8h à 18h, jusqu'à 19h de juin à septembre, et le dimanche de 14h à 18h. Entrée libre.

C'est en 1324 que la première pierre fut officiellement posée, mais entre guerres, famines et épidémies, il fallut aux bâtisseurs 186 ans pour terminer leur œuvre. Elle fut consacrée en 1509, et érigée en cathédrale en 1601. Elle mesure 80 m de long sur 18 m de large et 26 m de hauteur, elle comporte une seule nef, un transept à peine saillant et une large abside. Elle a le trait gothique méridional, style architectural présent particulièrement en Catalogne aux XIVe et XVe siècles.

LE CASTILLET ET LE MUSÉE CASA PAÏRAL 📷 ★★

Place de Verdun
✆ 04 68 35 42 05
www.perpignantourisme.com
Gratuit jusqu'à 26 ans. Adulte : 2 €. Les 142 marches ne permettent pas l'accès aux personnes à mobilité réduite.

C'est l'emblème de Perpignan avec ses allures de petit château. Bâtie à la fin du XIVe siècle, cette porte fortifiée fut renforcée sous Louis XI. Charles Quint va ajouter sa pierre à l'édifice. De tour de guet, le petit château va devenir prison. Sous ses mâchicoulis, il accueille aujourd'hui le musée d'histoire de Catalogne aux huit salles sur l'artisanat, l'agriculture, la vie religieuse, et quotidienne. Grimpez jusqu'à la terrasse du donjon pour le panorama.

PALAIS DES ROIS DE MAJORQUE 📷 ★★

2, rue des Archers ✆ 04 68 34 96 26
www.perpignantourisme.com
Nov-Mars, 10-17h. Avril-Juin, 10-18h. Juillet-Août, 9h30-18h30. Sept-Octobre, 10-18h. Visites guidées, 11/15h. 2/3/4 €.

Résidence des souverains de Majorque au XIIIe siècle, ce palais imposant domine la ville. Bardé de six tours, il s'ouvre sur une gigantesque cour centrale. L'architecture austère est relevée par quelques éléments gothiques et méditerranéens. Après l'annexion du Roussillon, Vauban consolide la citadelle. La partie basse est toujours occupée par l'armée. La partie la plus ancienne accueille des manifestations culturelles toute l'année, les jardins suspendus des concerts en été.

Perpignan.

NOS CIRCUITS

DALI HÔTEL PERPIGNAN**** €

18, boulevard Jean-Bourrat

✆ 04 68 61 42 10

www.dalihotel.fr

Ouvert toute l'année. 115 chambres, dont 2 suites et 4 PMR. Restaurant. 7 salles de réunion, espace fitness, terrasse.

L'hôtel le Dali avec ses 115 chambres, 7 salles de réunion spacieuses et fonctionnelles, réparties sur 800 m², son restaurant, sa salle de fitness, sa terrasse et son roof-top a tout pour plaire. Les chambres climatisées, d'une superficie de 20 m², sont équipées de douche à l'italienne, sèche-cheveux, plateau de courtoisie. Un bar d'été sur le balcon-terrasse offre une vue sur la ville, ses remparts et le Canigó depuis le roof-top. Idéal pour les séminaires et à deux pas du Palais des Congrès de Perpignan le *Petit Futé* adore.

LOU GRILLADOU €

7, place de Belgique

✆ 04 68 34 86 81

www.lougrilladou.fr

Lundi, 9h-14h. Mardi-vendredi 9-14h/19-22h. Samedi 19-00h. Menus 10 / 23 / 35 €. Plat du jour 12 / 13,50 / 15,50 €.

A deux pas de la gare, en bordure d'une place ombragée et tranquille, qui ressemblerait à s'y méprendre à une place de village, se trouve Lou Grilladou. Et, puisque Lou Grilladou se trouve place de Belgique, le 21 juillet jour de la fête nationale belge, la soirée, organisée par le restaurant est à ne pas manquer. Edith, la patronne, nous propose une cuisine qui nous surprend toujours par sa qualité et sa justesse. Brochettes estivales, duos de gambas et seiche, des plats gastronomiques traditionnels, du foie gras maison (un délice...), magrets de canard...

TAUTAVEL ★★

A 30 km au nord-ouest de Perpignan, ce village des Corbières s'abrite dans un joli vallon protégé par de hautes falaises de calcaire bleu au milieu desquelles coule le Verdouble. Il séduit par ses places ombragées de platanes, ses venelles montantes, les ruines du château féodal qui domine le village du haut de son promontoire et sa tour à signaux, la Torre del Far, dont on perçoit la silhouette à plusieurs km à la ronde. Longtemps petit bourg tranquille entièrement dédié à la viticulture (et qui produit d'excellents vins!), Tautavel est devenu célèbre pour la découverte, il y a plus de quarante ans déjà, du crâne du plus vieil européen (450 000 ans).

MUSÉE DE TAUTAVEL - CENTRE EUROPÉEN DE PRÉHISTOIRE ★★★

Avenue Léon-Jean-Grégory ✆ 04 68 29 07 76

www.450000ans.com

Ouvert toute l'année, non stop en juillet-août de 10h à 19h et le reste de l'année de 10h à 12h30 et de 14h à 18h.

Espace muséographique vaste et ludique. Des objets tactiles, des reconstitutions grandeur nature, plus de 2 000 m² de galerie d'expositions qui permettent une immersion et même un voyage dans le temps, à la rencontre des habitants de ce même territoire il y a 450 000 ans ! Difficile de réaliser le chemin parcouru depuis ! La visite individuelle se fait librement et les bornes audio permettent de cheminer tout en apprenant un peu plus à chaque pas.

MUSÉE DES PREMIERS HABITANTS DE L'EUROPE

Rue Anatole-France

✆ 04 68 29 49 50

www.tautavel.com

Ouvert tous les jours. Billet couplé avec le Musée de la Préhistoire. Boutique.

Voilà le seul site au monde qui réunit toute la préhistoire européenne sur plus de 500 m². Vous traversez 1 700 000 ans de préhistoire en suivant une scénographie très moderne. Ludique et interactif, il s'adresse à toute la famille grâce à un équipement qui offre des théâtres optiques en 3D, un scanner de sol archéologique à écran tactile, un livre virtuel... Vous en sortirez rêveur et admiratif de ces exceptionnelles prouesses d'adaptation dont a fait preuve l'humain.

RESTAURANT EL SILEX €

Avenue Jean-Badia

✆ 04 68 52 77 93

Ouvert toute l'année. Fermé le lundi, le mardi soir et le mercredi soir hors-saison. Menus de 13,90 € à 29,90 €.

Face à la cave coopérative et à deux pas du musée, ce restaurant traditionnel vous propose de profiter des chaudes journées d'été à l'ombre de la grande terrasse en dégustant un pantagruélique repas composé d'entrées à volonté, d'un tournedos Rossini et sa tranche de foie gras ou au choix, la pareillade de poissons avec un dessert et 1/4 de vin rouge. Allez, vous avez le temps, vous êtes en vacances... Sinon, une autre formule est possible. Ici, le Petit Futé a été séduit par le sourire du personnel et la déco ambiance brasserie, en plus du repas, bien sûr !

CUCUGNAN ★

C'est par le grau de Maury, dominé par le château de Quéribus, dernière citadelle cathare et sentinelle française aux portes de l'Espagne jusqu'en 1659 qu'on accède à ce petit village de plaine qui s'est fait entendre, au fil de siècles, pour différentes raisons. Tout d'abord, il abrite dans l'église Saint-Julien-et-Sainte-Basilisse, datant du XIVe siècle, une représentation rarissime de la Vierge enceinte qui lui a fait connaître de nombreuses mésaventures. Ensuite, on y trouve les vestiges d'un castrum qui sont aujourd'hui encore visibles au-dessus du Moulin d'Omer (XVIIe), bâti sur un rocher en pente, au-dessus de trois anciennes aires de battage.

CHÂTEAU DE QUÉRIBUS ★★★

1, rue Achille Mir ✆ 04 68 45 03 69

www.cucugnan.fr

Ouvert toute l'année sauf les 25/12 et 01/01. Gratuit jusqu'à 5 ans. Adulte : 7,50 €. Horaires variables, cf site web.

Dominant les Corbières, Quéribus est l'un des châteaux majeurs de la frontière septentrionale du royaume d'Aragon à partir de 1162. Après la chute de Montségur en 1244, le château accueille les hérétiques cathares en fuite. Pourtant en 1255 Chabert de Barbaira se rend. Il abandonne Quéribus aux ingénieurs royaux et aux soldats. Devenue forteresse royale, Quéribus surveille la frontière entre les royaumes de France et d'Aragon et Saint Louis devient le maître des Corbières. Le château perdra son intérêt stratégique en 1659. Le site est remarquable.

L'AUBERGE DU VIGNERON €

2, rue Achille Mir ✆ 04 68 45 03 00

www.auberge-vigneron.com

Fermé de mi-novembre à mi-mars. Ouvert Mardi-dimanche, midi et soir. Menus 13-24,50-39,50 €. Formule midi 20 €.

Michèle et Raymond Fannoy vous accueillent chaleureusement dans leur maison de village plus que centenaire. Les magnifiques fûts de chêne de la salle à manger illustrent le nom de l'établissement. Ici, la cuisine de terroir est remise au goût du jour. Vous vous régalerez avec le marbré de queue de bœuf et foie gras, le cassoulet au lingots fondants et confit de canard, ou encore le filet de thon aux pleurotes et aux mangues... Notez que la carte évolue en fonction des saisons. La terrasse fleurie offre une vue sur les Hautes Corbières et le château de Quéribus.

DUILHAC-SOUS-PEYREPERTUSE

Niché dans un cirque de collines, au pied du piton du château de Peyrepertuse, l'origine de Duilhac ne vient pas de son château, mais de son église romane. En effet, il s'agit d'un village ecclésial dont l'origine pourrait remonter au Xe siècle. Le cœur du village, appelé « le fort », reprend le tracé primitif. En contrebas, vous pourrez découvrir la source. Cette source a la réputation de rendre amoureux ceux qui boivent son eau... Comme le confirme l'inscription gravée sur la fontaine, inspirée de Ronsard : « Quiconque en boira, qu'amoureux il devienne ! » A proximité, les gorges du Verdouble offrent un spectacle unique. Un véritable enchantement !

CHÂTEAU DE PEYREPERTUSE ★★★

Le Château ✆ 04 30 37 00 77

www.chateau-peyrepertuse.com

Ouvert toute l'année, tous les jours sauf le 24, 25 et 31 décembre. Gratuit jusqu'à 5 ans. Adulte : 7 €. Enfant : 4 €.

Peyrepertuse est le nom du rocher sur lequel siège la forteresse et signifie « pierre percée ». Avec ses 1,2 km de rempart, c'est le plus étendu des « fils de Carcassonne ». Les premières mentions du château remontent à 1070. La citadelle de ce château gigogne se compose de trois parties datant des XIe et XIIIe siècles : l'enceinte basse, de forme triangulaire, est protégée au nord par une muraille de 120 m, l'enceinte médiane abrite un ensemble de ruines et au sommet, le donjon Saint-Jordi qui offre des salles médiévales dont les meurtrières sont orientées Est.

ARQUES

À moins de 50 km au sud de Carcassonne, au cœur d'une belle vallée à la limite du Razès et du Termenès, le petit village d'Arques jouit à la fois d'une position en retrait, d'un agréable climat et d'un bienfaisant isolement. Le village est niché tout contre le château d'Arques, avec ses jolies ruelles fleuries, ses maisons dans les mêmes teintes rosées que celles du château. Un village de caractère entouré de terres rouges et de forêts verdoyantes, le tout complété par les rives d'un beau lac de 8 hectares. Bref, un petit village où il fait bon flâner, mais d'où on peut aussi partir pour effectuer de beaux circuits de randonnée dans la région.

CHÂTEAU D'ARQUES ★

Le château

✆ 04 68 69 84 77

Fermé de mi-novembre à début mars sauf sur réservation (groupes). Gratuit jusqu'à 6 ans. Adulte : 6 €. Visite guidée.

Mentionné pour la première fois au XIe siècle, Arques est qualifié de *villa* de Archas, c'est-à-dire de village. Le village a conservé une tour seigneuriale qui est aujourd'hui le clocher de l'église. Simon de Montfort serait entré en possession du village après la chute du château de Termes, l'été 1210. Des travaux sont menés vers 1280, notamment la construction d'une maison forte, résidence seigneuriale dont il ne reste que le donjon, un bijou de l'art gothique. Les 4 niveaux se visitent, comme les 2 niveaux de la tour-logis située au sud-ouest de l'enceinte.

LIMOUX ★

Aux portes de la haute vallée de l'Aude, en bordure du fleuve de même nom, Limoux tire ses origines d'une agglomération d'époque romaine. La première mention connue de la ville remonte au milieu du IXe siècle, et son développement urbain s'est affirmé à partir du XIe siècle, à proximité de l'église Saint-Martin. Limoux était un important foyer du catharisme, et opposa une résistance au roi de France et à l'Église. Vers 1240 apparaît le quartier de la rive droite de l'Aude, appelé aujourd'hui la « Petite Ville ». Ce secteur accueillit des activités liées à l'artisanat. La ville est réputée pour sa Blanquette, son vin effervescent, et pour son carnaval.

RENNES-LE-CHÂTEAU ★

Ce village attire de nombreux curieux, fascinés par la légende d'un trésor enfoui dans le village ou ses environs. La légende vient d'un article d'une Dépêche dans les années 60. On y découvrait l'histoire de Bérenger Saunière, envoyé à Rennes-le-Château comme prêtre en 1885 et qui, jusqu'à sa mort, en 1917, dépensa des sommes colossales, qui lui permit de restaurer l'église Sainte-Marie-Madeleine, de construire un presbytère, des jardins, le domaine villa Béthanie.. S'agit-il d'un trésor? Le village, fortifié à la période médiévale, a conservé des vestiges et un château, dont certains pans de mur sont datés du XIIIe et le reste du bâti du XVIe et XVIIe.

SAINT-HILAIRE ★★

Saint-Hilaire voit son histoire intimement liée à celle de son abbaye, construite au IIIe siècle. Celle-ci, initialement appelée Saint-Sernin, prendra au Xe siècle le nom du premier évêque de Carcassonne. Au cours de la guerre de Cent Ans, des fortifications sont bâties par les abbés autour du village qui connaît la peste et la famine. Puis, en 1547, le bourg est brûlé et en partie détruit par les protestants. L'abbaye fermera ses portes en 1748, un peu plus de deux cents après que les moines n'aient mis au point le premier vin effervescent au monde (1531), la blanquette. Saint Hilaire connaîtra ses derniers troubles lors de la Révolution française.

NOS CIRCUITS

DOMAINE DE L'ABBÉ SAUNIÈRE ★

Rue de l'Église

✆ 04 68 31 38 85

www.rennes-le-chateau.fr

Ouvert de mi-mars à mi-novembre et vacances de fin d'année, tous les jours 10h - 19h. Gratuit - de 10 ans. Adulte : 5 €.

La visite inclut la tour Magdala ; de style néo-gothique, la Villa Béthanie ; une sublime demeure de style Renaissance avec La Chapelle privée de l'abbé Saunière, l'oratoire, le presbytère ; devenu un ensemble muséographique, l'église Sainte-Marie-Madeleine, l'Orangerie, et diverses autres salles d'expositions : un seul billet donne accès à tous ces lieux. L'un d'eux cache peut-être la réponse du mystère de l'étrange abbé Bérenger-Saunière et du trésor de Rennes-le-Château.

ABBAYE DE SAINT-HILAIRE ★★

4, rue de la Mairie ✆ 04 68 69 62 76

www.saint-hilaire-aude.fr

Fermé une partie de décembre et janvier. Haute saison : ouvert tous les jours et jours fériés 10h-19h. Visite guidée.

L'abbaye bénédictine de Saint-Hilaire pourrait avoir été fondée dès le IIIe siècle. L'ensemble se compose d'une église abbatiale, d'un cloître et d'un logis. Le chevet de l'église est de style roman. Le cloître gothique, du XIVe siècle, dessert l'église, le logis abbatial, la salle capitulaire, le scriptorium, la bibliothèque, et le réfectoire des moines. Lieu de sépulture des vicomtes de Carcassonne, Saint-Hilaire est aussi, le berceau de la Blanquette, vin blanc pétillant que les moines de l'abbaye auraient inventé en 1531.

DE NARBONNE À RIVESALTES

PARCOURS GPX +

LIEUX	Km partiel	Km cumul	Routes
NARBONNE	0	0	
NARBONNE-PLAGE	16	16	D168
GRUISSAN	8	24	D332
NARBONNE	14	38	D32
SIGEAN	24	61	D6009, D105, D6009
LEUCATE	16	77	D6009, D627
LE BARCARES	18	95	D90
RIVESALTES	20	115	D1, D12
TUCHAN	27	142	D12
DURBAN-CORBIERES	17	159	D611
NARBONNE	29	197	D123, D613

NARBONNE ★★★

Narbonne détient un très riche patrimoine culturel et archéologique grâce à la diversité des influences dont elle a bénéficié. Restent aujourd'hui notamment des chefs-d'œuvre médiévaux comme le Palais des Archevêques, l'abbaye de Fontfroide et bon nombre de joyaux comme les Halles de style Baltard, le canal de la Robine et ses écluses, le pont des Marchands qui a la particularité d'être l'un des rares ponts bâtis et encore habités de France... Depuis sa fondation en 118 avant J.-C., elle est un carrefour entre Atlantique et Méditerranée, Massif central et Pyrénées. Hier berceau de la romanité, elle est aujourd'hui une ville aux mille facettes.

ABBAYE DE FONTFROIDE ✞ ★★★★

Route départementale 613
✆ 04 68 45 11 08
www.fontfroide.com
Ouvert toute l'année. Visite libre ou guidée. Jeu de piste. Circuits thématiques. Adulte à partir de 12,50€. Souvenirs.

Fondée à la fin du XIe siècle, Fontfroide se rattache en 1145 à l'ordre cistercien et devient une des plus puissantes abbayes en Europe. Elle joue un rôle crucial lors de la croisade contre les Cathares avant de connaître le déclin à partir du XIVe siècle. L'ensemble monastique est magnifiquement conservé, avec son cloître et sa salle capitulaire, son église abbatiale et ses vitraux modernes, les bâtiments des frères convers et des aménagements des XVIIe et XVIIIe siècles. De vastes jardins ainsi qu'une roseraie sont implantés autour de l'abbaye.

CATHÉDRALE SAINT-JUST-ET-SAINT-PASTEUR ★★★

Rue Armand-Gautier
✆ 04 68 65 15 60
www.narbonne-tourisme.com
Billet «Palais + Cathédrale» [Trésor] : 6 €/adulte, 4 €/étudiant et enfant de +10 ans.

© NIKITJE - ISTOCKPHOTO.COM

Cette cathédrale construite aux XIIIe et XIVe siècles est le monument le plus prestigieux de Narbonne. Sa construction de style gothique fut décidée en 1268 par le pape Clément IV, ancien archevêque de Narbonne. Elle fut consacrée aux jeunes martyrs espagnols Just et Pasteur. Elle se singularise par son unique chœur, dont les voûtes s'élèvent à plus de 40 mètres de haut. Elle est restée inachevée malgré des travaux entrepris aux XVIe, XVIIIe et XIXe siècles.

BASILIQUE SAINT-PAUL 📷

Rue Dupleix
✆ 04 68 90 31 34
www.musees-narbonne.fr
Ouvert du lundi au samedi de 10h à 12h et de 14h à 17h. Fermeture à 18h en été.

Érigée à l'emplacement du tombeau de l'apôtre et premier évêque de Narbonne, cette basilique est la première église gothique de la ville et l'une des plus anciennes du Midi. Édifiée en 1180, elle est d'origine romane mais fut remaniée au fil des siècles avec plusieurs grandes étapes entre les XIIIe et XVe siècles : construction du chœur, restructuration des voûtes, ajout de travées et renforcement des piliers. Le trésor principal de la basilique est sa « crypte » et ses deux sarcophages, à l'emplacement d'un ancien cimetière paléochrétien [IIIe-IVe siècles].

MAISON NATALE DE CHARLES TRENET 📷 ★★

13, avenue Charles Trenet
✆ 04 68 65 15 60
Basse saison : du mercredi au lundi de 10h à 12h et de 14h à 17h. Haute saison : 7j/7 de 10h à 13h et de 13h30 à 18h.

En passant la porte de la maison de l'artiste, vous entrerez dans l'intimité de Trenet et dans son lieu d'inspiration privilégié, univers poétique où règnent la nostalgie et les souvenirs. Le parcours est ponctué de photos, affiches, vidéos, illustrations de Cabu, images 3D, karaoké... Dans le salon des invités, Trenet raconte sur écran sa ville natale. Au fil des étages, il présente son domaine en chansons, évoque son enfance et sa mère dévoile de nombreuses anecdotes.

NOS CIRCUITS

MUSÉE NARBO VIA

2, avenue André Mècle
✆ 04 68 90 28 90
narbovia.fr
Ouvert toute l'année sauf les lundis. De mai à sept : 10h-19h ; d'oct. à avril : 11h-18h. +26 ans : 8€, tarifs réduits.

Narbo Via rend ses lettres de noblesse à la capitale de la province de la Narbonnaise, Narbo Martius, dont il ne reste paradoxalement aujourd'hui presque aucune trace visible. Sur 2 600 m², le parcours présente, avec plus de 580 pièces, la cité de Narbo Martius sous l'Empire romain : organisation sociétale, urbanisme et architecture, vie économique et portuaire, avec en filigrane un état des lieux des recherches et des fouilles en cours sur le territoire. Nombreux dispositifs de médiation, avec notamment des restitutions en trois dimensions du port antique.

PALAIS-MUSÉE DES ARCHEVÊQUES ★★★

16, place de l'Hôtel-de-Ville
✆ 04 68 90 31 34
Ouvert toute l'année. Fermé le 1er janvier, le 1er mai, le 1er novembre, le 11 novembre, et le 25 décembre.

Le palais est constitué de deux entités : le palais vieux (XIIe-XIIIe siècles) et le palais neuf (XIVe siècle, modifié aux XVIIe et XVIIIe siècles). Il abrite la mairie, ainsi que le Musée archéologique et le musée d'Art et d'Histoire. Sa façade possède trois tours : la tour de la Madeleine, la tour Saint-Martial et le donjon Gilles-Aycelin. L'édifice est adossé à la première enceinte de Narbonne, avec au-delà le jardin de l'Archevêché. Le complexe architectural est de toute beauté.

LE C BOUTIQUE HÔTEL*** €€€

15, rue de Suffren
✆ 06 40 20 99 97
www.cboutiquehotel.fr
Ouvert toute l'année. Chambre double à partir de 99 €. Junior suite à partir de 124 €. Rooftop. Parking Fermé : 12€.

Coup de cœur assuré pour ce charmant boutique hôtel situé dans un quartier calme au centre de Narbonne. L'hôtel a été entièrement restauré en 2018 et propose 10 belles chambres personnalisées et décorées dans un style bohème chic et très tendance. On apprécie le souci du détail et la qualité de l'accueil qui vous sera réservé. Surprise à la découverte du rooftop et sa vue à couper le souffle sur Narbonne et le massif de la Clape au loin, espace cosy avec petits salons à disposition. Mention spéciale pour le petit déjeuner copieux réalisé avec des produits locaux.

LE MACAR €€

21, cours de la République
✆ 04 68 75 81 23
Basse saison : jeudi au lundi de 9h à 1h. Haute saison : 7j/7 de 9h à 1h. Plat à partir de 12 €. Tapas à partir de 4 €.

Au Macar, les délices se déploient tout au long de la journée. Le midi, on vous proposera de jolies salades-repas, des plats de saison comme les moules gratinées des halles de Narbonne, du tataki de bœuf aux cèpes, du Mont d'or rôti, charcuterie et pommes de terre… Pour les tapas c'est du non-stop, une aubaine pour les retardataires, la carte évolue en permanence, mais on se régale toujours autour d'une belle planche de charcuterie des halles. Dans les verres, que du bon de la région et quelques vins « vivants » pour les amateurs de « sans sulfites ajoutés ».

NARBONNE-PLAGE

Narbonne-Plage est située à 15 kilomètres à l'est de Narbonne. On y accède par une jolie route, bercé par le chant des cigales. Nichée entre mer et étang, entourée par le massif de la Clape, cette station balnéaire bénéficie d'un ensoleillement exceptionnel et attire, à juste titre, de nombreux vacanciers. On y vient pour ses 5 kilomètres de plage de sable fin, son eau limpide et son front de mer. Ses hôtels et restaurants sont là pour vous accueillir et ses animations estivales, ses divers commerces et ses bars enchanteront vos soirées. « C'est la mer au ciel d'été que l'on voit danser le long des golfes clairs », tant chanté par Charles Trenet.

LA TERRASSE DE SÔ €€

1, boulevard du Front de Mer
✆ 09 67 30 42 80
Horaires variables, se référer au site internet. Formule du midi 21,90 €. Enfant 12 €

Le restaurant La Terrasse de Sô est l'endroit idéal si vous voulez une table avec vue sur la Grande Bleue. L'établissement est ouvert à l'année et séduit la clientèle locale en quête de bonne table, produits frais et maison garantis. Le cadre est agréable et épuré, que vous soyez en salle ou en terrasse, l'ardoise évolue en fonction du marché et de la saison et les produits de la mer ont la part belle. Pour accompagner votre repas, une belle sélection des vins de la Clape est proposée. L'accueil est parfait et le rapport qualité-prix indiscutable.

GRUISSAN ★★

Pittoresque avec son port situé au cœur d'un site naturel, avec ses ruelles circulaires au pied de la tour Barberousse, vestige d'un château fort construit aux Xe et XIe siècles. Familiale avec ses immenses plages de sable fin, dont celle des chalets montés sur pilotis, accessible à vélo par la piste cyclable qui longe le canal. Puis il y a son joli marché de plein air aux étals de fruits, de légumes et de produits du terroir. Aux beaux jours, de nombreux événements tels les Festejades, la Gruissan Beach Rugby, ou encore le célèbre Défi Wind (à la mi-mai). Concerts, expositions, spectacles et marchés nocturnes rythment la saison estivale.

SIGEAN ★

Au pied du massif des Corbières, Sigean occupe une situation géographique privilégiée, à 5 km de la mer et à 70 km des Pyrénées et de l'Espagne. Cette petite ville des Corbières tient son nom de l'époque gallo-romaine : la villa « Sejanum », important domaine agricole. Joli coup de projecteur sur la région, suite à l'ouverture dans les années 1970 de la Réserve Africaine. Sigean possède bien d'autres atouts : des sentiers de randonnées et de découvertes, un vignoble réputé, un riche patrimoine avec son église XVIIe siècle dont l'orgue est classé et ses anciens remparts... Sans oublier son site incontournable : l'oppidum de Pech Maho.

MUSÉE DES CORBIÈRES

Place de la Libération
✆ 04 68 41 59 89
www.sigean.fr

Horaires variables, consulter le site internet. Gratuit -16 ans. Adulte : 3,20 € (6,40 € visite guidée).

Le musée, dans une ancienne demeure du XVIIIe siècle, regroupe les fouilles de l'oppidum de Pech-Maho, et celles du canton. Le deuxième étage est consacré aux activités traditionnelles que sont la vigne, le sel, la pêche et la chasse. Un moyen de découvrir Sigean avant l'occupation romaine, lorsque les Elisyques peuplaient la région. Parmi les pièces les plus précieuses à observer, des tablettes en plomb portant de longs textes en ibère, langue non encore déchiffrée à ce jour. Rendez-vous au musée des Corbières pour tenter de résoudre ce grand mystère !

OPPIDUM DE PECH MAHO ★

www.sigean.fr

Visite guidée le samedi matin de novembre à mars et le mercredi matin d'avril à octobre. 6,40€, gratuit pour les -16 ans

L'oppidum pré-romain de Pech Maho était un comptoir commercial, occupé par trois villages successifs du VIe au IIIe siècle avant J.-C. Construit sur une colline calcaire de forme triangulaire et d'une altitude de 29 m, il s'étend sur une superficie de 2 ha. Ce site bénéficiait d'un double accès maritime par les étangs de Bages et de Sigean. Le site a été découvert en 1913, mais les premières recherches ont été lancées en 1930. Depuis, de nombreux mystères ont été résolus à propos de cet oppidum. Renseignements au Musée des Corbières, place de la Libération.

RÉSERVE AFRICAINE ★★

19, chemin Hameau-du-Lac ✆ 04 68 48 20 20
www.reserveafricainesigean.fr

Basse saison : tous les jours de 9h à 16h. Haute saison : tous les jours de 9h à 18h30. Tarifs : 32€/adulte et 23€/enfant

Entre garrigues et étangs, cet espace semi-naturel de presque 300 ha est suffisamment vaste pour permettre à plus de 3 800 animaux sauvages d'exprimer pleinement leurs comportements spontanés. En voiture, n'ouvrez à personne, pas même aux autruches qui viennent toquer aux vitres ! Vous allez rouler pendant 6 km au milieu des ours du Tibet, des rhinocéros blancs, des lions, des girafes et de bien d'autres espèces. Un 2e parcours se fait à pied (de 2h à 3h de marche). Il vous conduit à la rencontre des éléphants, des chimpanzés, des dromadaires, des alligators...

LE POTAGER €€

28, avenue de Perpignan
✆ 04 68 48 42 76
www.restaurantsigean.com

Avril à septembre du mardi midi au dimanche soir l'été (jeudi au dimanche en moyenne saison) Grillades à partir de 15€

Dans cette ancienne bâtisse vigneronne se cache un petit trésor qui attire tous les gourmands du secteur. De la terrasse au patio, en passant par la belle salle avec cheminée, ce restaurant arbore une décoration de caractère. Réalisée par Christine, la maîtresse des lieux, elle allie l'ancien, le moderne et l'atypique avec harmonie. Depuis l'extérieur, on peut profiter d'une vue agréable sur le potager de l'adresse. Les légumes qu'il produit s'inviteront dans vos assiettes, seuls ou en accompagnement des viandes et poissons grillés.

NOS CIRCUITS

LEUCATE ★

Située entre mer, étangs, vignes et parcs à huîtres, la presqu'île de Leucate tient son nom du grec ancien « leukos » signifiant blancheur, nommée ainsi par les marins comme point de référence et d'orientation. Leucate s'étend sur 17 kilomètres de plages, d'étangs, de chenaux et de bassins portuaires. Elle baigne dans un paysage naturel protégé d'une grande diversité, qui accueille goélands, flamants, aigrettes, grands cormorans, garde-bœufs... (classée zone Natura 2000). Elle se compose de quatre pôles touristiques : Leucate-Village, la Franqui, Port-Leucate et Leucate-Plage. « La plagette » est la plus belle plage du littoral audois.

RIVESALTES ★

Charmante petite ville entourée de vignobles et vergers, « La capitale mondiale du muscat » est principalement connue pour son vin doux que l'on déguste dans les nombreuses caves et boutiques du centre-ville. Jolie cité fortifiée au bord de l'Agly, Rivesaltes recèle en son cœur historique un intéressant patrimoine entretenu avec soin. Dans un passé plus récent, le camp de Rivesaltes fut un lieu de transit et de rétention pour les Républicains espagnols. Un Musée-Mémorial dédié à cette page trouble de l'histoire a été édifié dans l'enceinte du camp. Dès l'arrivée des beaux jours, de nombreuses festivités ponctuent le calendrier de la ville.

LE BARCARÈS ★

A environ 25 km au nord-est de Perpignan, voici la station balnéaire la plus septentrionale du département. Longtemps petit hameau de pêcheurs, c'est à partir des années 1960 et 1970 que Le Barcarès commence à se transformer en la station balnéaire que nous connaissons aujourd'hui. Du sud au nord, le long de la mer, on trouve le village du Barcarès, puis son port de pêche et de plaisance, suivis des quartiers limitrophes de l'Aude, à savoir le Lido et la Grande Plage, royaumes du farniente. Côté étang, trois zones lagunaires : la Presqu'île, la Coudalère et le Cap de Front, zones de marinas très prisées des touristes du nord de l'Europe.

CAMP DE RIVESALTES ★★★★

Avenue Christian-Bourquin - **SALSES-LE-CHÂTEAU**
✆ 04 68 08 34 90
www.memorialcamprivesaltes.eu
Ouvert toute l'année. Accès au camp (visite extérieure) libre. Visite guidée. Librairie. Événements culturels.

Situé entre les communes de Rivesaltes et de Salses, le camp de Rivesaltes (ou camp Joffre) fut le principal camp d'internement du sud de la France entre 1941 et 1942. Réfugiés espagnols, Tsiganes et Juifs y furent tour à tour maintenus, avant que le camp n'accueille des suspects de collaboration et des prisonniers de guerre (1944-48). Par la suite, le camp abritera des Harkis et leur famille (1962-64), puis des militaires guinéens (1964-66) et des militaires d'Indochine française. Entre 1986 et 2007, il deviendra un centre de rétention administrative.

LA LANGOUSTE QUI CHANTE €

59, Boulevard du Grau saint Ange
✆ 04 68 86 11 38
www.lalangoustequichante.com
Ouvert toute l'année. Tous les jours en été. Fermé le mardi hors saison. Carte environ 25 € pour 3 plats.

En front de mer, la Langouste qui Chante est un resto spécialisé dans les poissons et les crustacés. L'arrivage de la pêche est journalier ce qui est un gage de qualité et de fraîcheur. Les carnivores n'ont pas été oubliés, il y a aussi de belles grillades de viandes. Vous découvrirez une cuisine méditerranéenne variée et colorée, d'imprégnation française et espagnole. Enfin, soirées à thème et animation musicale les vendredis et samedis hors saison et deux fois par semaine en juillet et août. Un resto plutôt animé et qui vit à l'année !

MUSÉE DU MARÉCHAL JOFFRE ★

11, rue Maréchal Joffre ✆ 04 68 64 24 98
museejoffre.fr
Ouvert en juillet, août et septembre. Visites de scolaires et groupes toute l'année. Adulte 3 €, groupe 2 €.

Joseph Césaire Joffre naquit à Rivesaltes en 1852 dans cette maison transformée en musée. Sur trois étages et repartis sur 200 m^2, on trouve mobilier, objets, documents et photos de celui que l'on considère à juste titre comme le héros de la Bataille de la Marne en 1914. Pour amateurs d'histoire contemporaine et curieux ou passionnés de la Première Guerre mondiale. Comptez 1h de visite en moyenne, et plus évidemment suivant l'intérêt du visiteur. Classé monument historique, le musée a reçu en 2011 le label « Maison des illustres ».

GRAND CIRCUIT DU ROUSSILLON

Route du Barcarès
✆ 04 68 64 44 44
grandcircuitduroussillon.com
Tarifs et horaires à voir sur le site Internet.

Ce circuit comprend une piste de 1 513 mètres et de 9 mètres de largeur avec 7 tracés possibles. Il accueille les amateurs de sports mécaniques avec des activités auto, moto et karting. C'est pour cette dernière catégorie le plus grand circuit au monde. Le circuit est homologué FFSA et FFM. L'offre proposée va des entraînements et des compétitions de kart et de moto aux pratiques d'essais et d'entraînement à la compétition pour les voitures de type Berline, GT, GT de série.

DURBAN-CORBIÈRES

Au pied des ruines du château seigneurial du XIe siècle qui abrita la famille Treilhes Gléon Durban durant 600 ans, le village de Durban se niche dans un décor naturel au confluent de la Berre et du Barrou, entre vignes et garrigue. Depuis maintenant quarante ans, le village s'est développé sur la rive gauche pour accueillir de nouveaux établissements tout en conservant l'âme des Corbières. Laissez-vous guider par le soleil à travers les rues piétonnes et découvrez : le quartier du Fort, l'ancienne chapelle du château devenue l'église paroissiale Saint-Just-et-Saint-Pasteur ainsi que la chapelle Saint-Hippolyte du XIVe siècle, restaurée en 2005.

TUCHAN ★

Haut lieu des vins de Hautes-Corbières, Tuchan se prête à la visite, notamment pour les ruines de son château d'Aguilar, situé à deux kilomètres du village. Érigé au XIIe siècle, il fut la propriété des seigneurs de Termes. A Tuchan, on pourra également découvrir l'église Notre-Dame de Faste, partiellement en ruines, et admirer la jolie façade de l'hôtel des Poste (transformé en hôtel). Peuplée de près de 800 habitants, le village est situé à 27 kilomètres de Rivesaltes. A proximité se trouve le mont Tauch, d'une hauteur de 950 mètres, qui s'ouvre sur un très beau panorama, une grande étendue de vignes et des garrigues rocailleuses.

RUINES DU CHÂTEAU DE DURBAN ★

Place de l'Église

Ce château dont les ruines dominent le village fut, au XIIe siècle, la propriété de Bernard de Durban. En 1229, son descendant, Guillaume de Durban, jure fidélité au roi de France et conserve ses domaines malgré ses anciens liens avec le catharisme. Le dernier Durban meurt sans enfant en 1787. En 1873, le château est vendu et transformé en carrière de pierres. Il ne reste aujourd'hui que la face nord du bâtiment principal, ainsi qu'une tourelle ronde d'escalier et une tour carrée.

RUINES DU CHÂTEAU D'AGUILAR ★★

A 3,5 km à l'est de Tuchan via la D611.
✆ 04 68 45 51 00
www.payscathare.org
Haute saison : ouvert tous les jours. Voir calendrier complet sur le site Internet. Adulte : 4 €.

C'est dans ce beau Pays Cathare que se dresse le château Aguilar, mais il n'a joué aucun rôle militaire durant la Croisade contre les Albigeois. On trouve des traces écrites attestant de son existence dès 1020 sous l'appellation de « Puig Agilar ». Fier, surplombant du haut de sa colline de 321 m d'altitude la plaine de Tuchan il permettait de contrôler l'accès aux Corbières. Toutefois, en dépit de sa « hauteur », il est conçu comme un château de plaine.

SOUS L'ABRICOTIER €

6, rue du Presbytère
✆ 04 68 45 63 48
www.souslabricotier.fr
Chambre simple 37 € ; chambre double 63 € ; studio / appartement 73 €. Petit déjeuner inclus.

Sous l'Abricotier est situé au centre de Durban Corbières, sur le Sentier Cathare. Bertrand et Hélène vous accueilleront au pied du Château des Seigneurs de Durban datant du XIe siècle. Dans une ambiance authentique avec une cuisine aux mets savoureux, calme et convivialité vous attendent dans cette très agréable chambre d'hôtes. Outre le studio, équipé d'un grand lit et de deux lits individuels, les chambres spacieuses sont toutes dotées d'une salle d'eau avec douche, lavabo et WC. On apprécie tout particulièrement le jardin pour le repas ou le petit déjeuner.

NOS CIRCUITS

DE COLLIOURE À FIGUERES PAR LA COSTA BRAVA

LIEUX	Km partiel	Km cumul	Routes
COLLIOURE	0	0	
PORT-VENDRES	3	3	D114
BANYULS-SUR-MER	14	17	D914
CERBERE	10	27	D914
PORTBOU	14	41	N-260
LLANÇA	4	45	N-260
EL PORT DE LA SELVA	7	52	Gi-612
CADAQUÉS	13	65	Gi-613, Gi-614
CAP DE CREUS	15	80	Cami del Cap de Creus
CADAQUÉS	15	95	Cami del Cap de Creus
CASTELLO D'EMPURIES	23	118	Gi-614, carreta Cadaqués, carreta de Besalú a Roses
FIGUERES	10	128	C-260

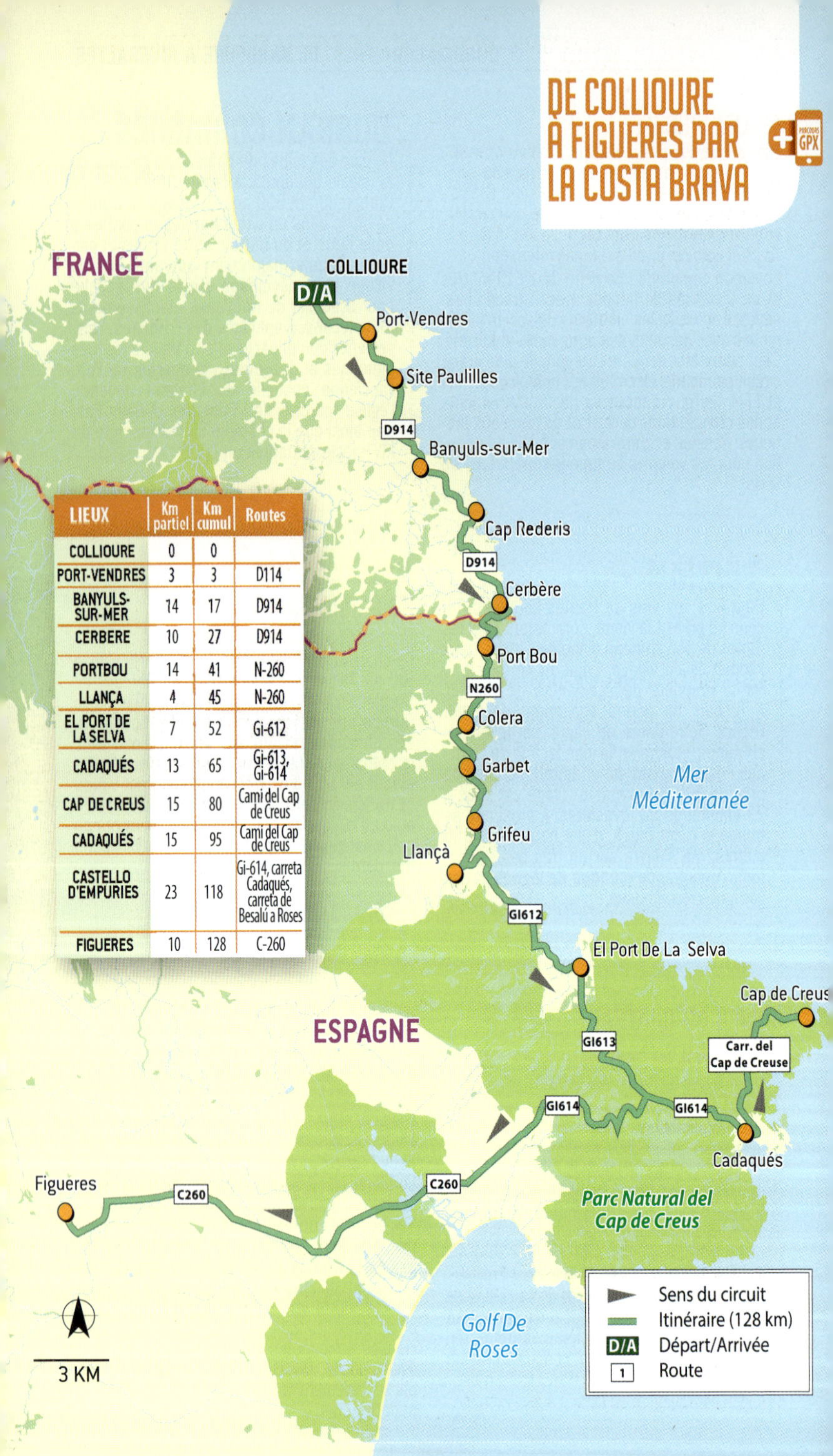

COLLIOURE ★★★

Joyau de la côte catalane, Collioure a su garder intact le charme de la vieille cité historique, De vieilles rues aux balcons fleuris et entrecoupés d'escaliers, une église au clocher emblématique, un puissant château bordé par de petites plages, des barques catalanes reconnaissables à leurs couleurs vives et leurs mâtures typiques, un ciel bleu qui ne vous quitte jamais... Tout concourt à faire de Collioure le site le plus fréquenté du département. Collioure ouvre une page de l'Histoire de l'Art du début du XXe siècle. Le Fauvisme, grand mouvement artistique à la conquête de la couleur pure, est célébré par Henri Matisse et André Derain en 1905.

CHÂTEAU ROYAL ★

Place du 8-Mai

✆ 04 68 82 06 43

Voir le site Internet pour les horaires selon saison. Adulte €. Gratuit jusqu'à 12 ans. Visite guidée.

Aménagé par les comtes du Roussillon et les rois d'Aragon aux XIIe et XIVe siècles, le château accueillera la cour des rois de Majorque durant le bref épisode de leur règne. Par la suite, il est occupé par les Espagnols jusqu'en 1642, puis retombe aux mains des Français. Vauban renforce alors la citadelle. Les amateurs d'architecture apprécieront les salles voûtées d'ogives, la chapelle, mais aussi les impressionnants remparts d'où l'on bénéficie d'une superbe vue sur la mer et la cité. Expositions et spectacles animent le château tout au long de l'année.

FORT SAINT-ELME ★★★

Sant Elme

✆ 06 64 61 82 42

www.fortsaintelme.com

Fermeture entre novembre et janvier. Ouvert tous les jours de 10h30 à 17h. Visite guidée 1 €. Animations.

© PHB.CZ (RICHARD SEMIK) - SHUTTERSTOCK.COM

Située sur un pic à 160 mètres d'altitude, entre Collioure et Port-Vendres, « la sentinelle de la Cote Vermeille », fut érigée au XVIe siècle sous Charles Quint (le Roussillon appartenait à l'époque au royaume d'Espagne) sur les bases d'une tour de guet pour lutter contre les razzias des Maures. Ce chef-d'œuvre de l'architecture militaire remanié par Vauban est aujourd'hui un lieu de culture consacré au Moyen Age et à la Renaissance qui permet de découvrir des centaines d'armes du XVIe et dans le jardin, des dizaines de plantes exotiques.

CASA PAÏRAL*** €€€

Impasse des Palmiers

✆ 04 68 82 05 81

www.fr.hotel-casa-pairal.com

Fermé de novembre à février. 27 chambres. Parking fermé.

Dans une petite impasse calme, la Casa Païral est l'hôtel de charme par excellence. Une vieille demeure catalane à la façade ocre, dans laquelle on pénètre par un hall dallé de tomettes anciennes. Vous aimerez le jardin méditerranéen avec fontaine et cyprès, vous vous enivrerez de son odorant magnolia centenaire ; la piscine est nichée dans la verdure. Certaines chambres évoquent les années 1930, d'autres vous plongent dans l'univers fauve. Varier pour mieux séduire : tous les ans, la déco de deux chambres de l'hôtel est revisitée en accord avec l'histoire.

CASA LEON €€

2, rue Rière

✆ 04 68 82 10 74

Ouvert toute l'année du mardi au dimanche. Carte : 35 € environ (pour 3 plats). Formules du midi. Terrasse.

Une adresse très sympathique dans le vieux Collioure, au détour d'une ruelle et pourtant à deux pas de la plage. La terrasse est un peu petite (il faut dire que les ruelles sont étroites) mais on a vraiment aimé l'accueil et la gentillesse du patron. Les plats à la carte sont assez généreux et vraiment bons. Une mention particulière pour le triple P : plancha, poisson et plaisir ! Vous serez conquis par l'authenticité du lieu. Un bon petit resto sans prétention, sûrement pas un attrape-touriste, et plein de bonnes surprises pour venir déjeuner en famille.

PORT-VENDRES ★

A 2 km au sud de Collioure, Port-Vendres, Portus Veneris pour les romains est le plus important port de pêche des Pyrénées-Orientales. Autrefois délaissée des touristes au profit de son élégante voisine, cette petite ville d'environ 5 000 habitants offre pourtant une ambiance toute méditerranéenne, avec ses restaurants de poissons et ses petits bateaux de pêche qui se balancent dans cette anse naturelle. La ville constitue aussi un important bassin de commerce, spécialisé dans les fruits et légumes. Les paquebots de croisière et autres luxueux yachts privés y accostent également toute l'année car c'est le seul port en eaux profondes du Département.

LE MIRADOU €€

Route de Cerbère
✆ 04 68 88 02 80
www.hlecatalan.com

Fermé entre novembre et mars. Ouvert tous les jours midi et soir. Menus de 28 à 39,50 €.

Depuis 1968, le Miradou domine la baie de Banyuls, avec aux commandes Pascale qui a succédé à son père et qui n'en finit pas d'innover. Deux solutions pour apprécier ce lieu : passer à l'heure du déjeuner, dénicher une table près de la piscine avec vue sur mer et prendre une formule tapas. Ou venir le soir pour découvrir une cuisine plus élaborée où les parfums du terroir croisent ceux de la Méditerranée. La finesse de la cuisine du Miradou fait l'unanimité de la clientèle, tout comme la terrasse et sa vue exceptionnelle sur la baie de Banyuls.

BANYULS-SUR-MER ★

Banyuls « la Lumineuse », sur la Côte Vermeille, là où les Pyrénées ont rendez-vous avec la Méditerranée. Station balnéaire appréciée pour ses belles plages, ses criques intimistes à l'abri du vent, elle a su préserver son riche patrimoine. Port de pêche pittoresque aux ruelles typiques qui s'élèvent en escalier, Banyuls est surtout connu pour le célèbre vin doux naturel que l'on déguste en contemplant la mer. Banyuls-sur-Mer a aussi vu naître Aristide Maillol (1861-1944), l'un des plus grands sculpteurs français du siècle dernier, un petit – mais magnifique – musée lui est consacré ainsi qu'un itinéraire intitulé « Dans les pas d'Aristide ».

BIODIVERSARIUM

1, avenue Pierre-Fabre
✆ 04 68 88 73 39
www.biodiversarium.fr

Haute saison ouvert tous les jours de 10h à 19h. Adulte : 12 €. Enfants de 3 à 12 ans : 6,50 €.

Le Biodiversarium, est constitué de deux sites complémentaires présentant la biodiversité des Pyrénées-Orientales. L'Aquarium, qui fait partie de l'un des plus grands centres européens de biologie marine, a été créé en 1885 par l'Université de Paris. On y trouve la plupart des espèces régionales. Daurades et mérous y évoluent dans des décors naturels identiques à ceux de la côte rocheuse. Le Jardin méditerranéen du Mas de la Serre, situé sur la route des Crêtes, concilie pour sa part balade et observation de la flore variée du littoral sur 3 hectares.

CERBÈRE ★

La ville s'offre à nos yeux, après avoir effectué un parcours de 10km depuis Banyuls-sur-Mer. Bâti sur les pentes ensoleillées des derniers contreforts des Albères, au fond d'une étroite baie, Cerbère, 1 500 habitants, connaît une ambiance toute méridionale. Station balnéaire et centre de plongée réputé, c'est aussi le siège d'une gare internationale, plaque tournante d'où partent les grands express européens. Anecdote pour les cinéphiles, Jean-Pierre Mocky, enfant terrible du cinéma français, avait choisi Cerbère pour y tourner des scènes de son film L'Etalon. A la distribution, deux maîtres de l'humour de l'époque : Bourvil et Francis Blanche.

PORTBOU

Portbou (1 100 habitants), village frontalier avec la France, est l'un des rares lieux de la Costa Brava où l'on vit encore à un rythme relativement tranquille. Entouré des contreforts des Albères, Portbou a pu préserver sa baie des constructions excessives. La Méditerranée y reste encore naturelle et sauvage. A voir : sa gare, de style néogothique construite en 1929, l'église de Santa Maria (1878), seule église néogothique de la région, le monument Passagen, œuvre érigée par l'artiste israélien Dani Karavan, à la mémoire du philosophe Walter Benjamin, décédé à Portbou en fuyant le nazisme, le cimetière marin, le port de plaisance achevé en 2001.

LLANÇÀ

Llança abrite 5 000 habitants. Ses vieilles maisons de pêcheurs entourant le port ont laissé la place à un espace touristique et résidentiel, développé depuis les années 1960. Son centre s'organise autour de la Plaça Major, où se dressent deux silhouettes emblématiques de la ville, Sant Vicenç une église baroque du XIIIe s. et une tour romane du XIIIe et du XIVe s. Apprécié pour les sports nautiques, Llança l'est aussi pour la randonnée puisqu'elle bénéficie de la proximité de deux parcs naturels protégés, Cap de Creus et Albera et que de nombreux sentiers s'y croisent. Comme le GR-92 et le GR-11 qui relie le Cap de Creus à la mer cantabrique.

CADAQUÉS ★★★

Cadaqués, qui abrite aujourd'hui 3 000 habitants, a longtemps été un village isolé du reste de la Catalogne de par les montagnes environnantes. C'est au XIXe siècle que de nombreux enfants du pays partirent d'ici pour faire fortune aux Amériques. A leur retour, ceux que l'on surnommait les Indianos firent construire de grandes et belles maisons dans le village et les alentours. Au début du XXe, ce sont des artistes comme Marx Ernst, Paul Eluard, René Magritte, Federico García Lorca, André Breton ou encore Luis Buñuel qui mirent à la mode ce ravissant et minuscule port de pêche, également marqué par la personnalité de Salvador Dalí.

EL PORT DE LA SELVA ★

Sur la péninsule du Cap de Creus, ce petit port de moins de 1 000 habitants bénéficie d'une situation exceptionnelle, pieds dans la mer et dos aux montagnes de Rodes, avec en ligne de mire dès l'arrivée, la silhouette blanche de Santa Maria de les Neus. Autant de paysages qui ont été et restent une source d'inspiration pour les écrivains ou les peintres. Jusqu'en 1787, c'était le quartier marin de Selva de Mar, un village médiéval situé à 2 km à l'intérieur lorsque les attaques de pirates rendaient plus périlleuse une installation sur la côte. Aujourd'hui, c'est l'un des ports de la Costa Brava qui conserve le mieux la tradition maritime.

CASA MUSEU SALVADOR DALI ★★

Avenida de Salvador Dalí, s/n - **PORTLLIGAT**
✆ +34 972 251 015 - www.salvador-dali.org
Horaires sur le site web, rubrique « musées ».
Entrée : 14 €. Réservation préalable indispensable.

A partir d'une maison de pêcheurs achetée en 1930, le peintre a conçu et aménagé les différents ensembles qui forment aujourd'hui cette maison-musée. Vous serez guidé dans les appartements et découvrirez son atelier, sa bibliothèque, sa chambre et les jolies terrasses aménagées. Libre à vous de découvrir ensuite d'autres éléments comme la piscine, tout à fait surréaliste, puis les jardins qui vous feront progresser vers les hauteurs. Salvador Dalí vécut ici jusqu'en 1982 et la mort de sa femme, Gala, avant d'aller s'installer au Château de Púbol.

MONASTÈRE DE SANT PERE DE RODES ✝ ★★★

Camí del Monestir, s/n ✆ +34 972 194 238
patrimoni.gencat.cat
D'octobre à mai, ouvert du mardi au dimanche de 10h à 17h30. De juin à septembre, de 10h à 20h.
Entrée : 6 €.

Situé sur la montagne de Verdera, ce site est l'un des trésors de l'art roman catalan. Il se situe à près de 520 m au-dessus du niveau de la mer, avec un paysage époustouflant. Les origines de ce monastère bénédictin sont incertaines même si les premières mentions le font apparaître à la fin du IXe siècle. Le début du Xe marque le début de sa splendeur avec la construction de l'église entre les Xe et XIe siècles. Sa décadence débutera dès le XIVe siècle et il sera abandonné en 1798.

MUSEU DE CADAQUÉS

Carrer Narcis Montuniol, 15
✆ +34 972 258 877
Horaires et jours d'ouverture variables en fonction des expositions (se renseigner).

Ce musée possède une collection importante d'œuvres réalisées par des artistes qui ont été d'une manière ou d'une autre liés au village de Cadaqués. Parce qu'ils y ont vécu, qu'ils y ont travaillé ou que ce lieu les a inspirés. Ce sera donc l'occasion de voir les travaux de Salvador Dalí, de Pablo Picasso, de Josep Niebla, peintre expressionniste catalan, d'Antoni Pixot, peintre et proche collaborateur de Salvador Dalí, mais aussi de Richard Hamilton, peintre et graphiste britannique. Ces artistes sont à découvrir à l'occasion d'expositions temporaires.

LLANÉ PETIT €€

Platja Llané Petit
✆ +34 972 251 020
www.llanepetit.com
Chambre double standard entre 99 € et 192 € selon la saison.

C'est un des classiques et historiques de Cadaqués. Son premier avantage est d'être situé directement sur le front de mer ce qui assure une très jolie vue sur la baie et le spectacle des petits bateaux depuis la terrasse. Rénovées en 2020, les chambres sont décorées de manière agréable. Toutes disposent de la climatisation, certaines possèdent un balcon ou une terrasse, avec là aussi vue sur la mer. Vous aurez un accès direct à une petite plage. Et vous apprécierez certainement son petit déjeuner copieux et sa piscine. Bel établissement de qualité.

CAP DE CREUS ★★★

Situé à 6 km au nord de Cadaqués, l'endroit est accessible par une petite route qui serpente dans un superbe décor entre ciel et mer. De cet éperon rocheux pyrénéen balayé par le vent, vous aurez un point de vue impressionnant, du Port de la Selva jusqu'à Roses et l'Escala. Déclaré parc naturel, ce cap est le point le plus oriental de la péninsule ibérique. La roche, très découpée, se précipite dans la mer bleue et forme de belles calanques. Près du phare se trouve une ancienne caserne de la Guardia Civil, aujourd'hui aménagée en bar-restaurant, avec terrasses. De quoi retrouver l'ambiance filmée par Luis Buñel dans L'âge d'or (1930).

ESPAI CAP DE CREUS

Far del Cap de Creus
Entrée libre.

Construit en 1853, le phare du Cap de Creus est le plus oriental de la péninsule ibérique et est considéré comme le second phare le plus ancien de Catalogne. Ouvert dix-neuf mois après le phare de Llobregat, il présente toutes les caractéristiques d'un phare du XIXe siècle, mais on notera sa double galerie, une originalité. Désormais, un nouveau mécanisme lui permet de projeter un éclat toutes les 20 secondes. L'espace est situé à l'intérieur du phare et se propose d'expliquer l'évolution géologique, végétale et animale de la zone classée Espace naturel protégé.

CASTELLÓ D'EMPÚRIES ★

Castelló d'Empúries abrite 11 000 habitants. C'est au Moyen Age que la ville atteignit toute sa splendeur, lorsqu'au XIe s., les comtes d'Empúries y installèrent leur résidence principale. De cette époque, son centre urbain conserve un patrimoine architectural très riche, fait d'édifices nobles ou religieux. On y croisera donc d'importants édifices comme la Mairie, la Casa Gran (XIVe s.), le portail de la Gallarda (XIe-XIIe s.), l'ancienne Lonja de Mar (Halle au poisson), le Pont Vell, le Couvent de Santa Clara (XIe s.) et des vestiges des remparts. Un itinéraire en français recense la vingtaine de points qui pourront jalonner votre visite.

BASILIQUE ET MUSÉE DE SANTA MARIA DE CASTELLÓ ✝ ★★

Plaça Mossèn Cinto Verdaguer, s/n
✆ +34 972 158 019
Ouvert tous les jours. Entrée basilique et musée : 2,50 €.

Cette belle église aux allures de cathédrale est l'un des exemples les plus intéressants de l'architecture religieuse gothique de Catalogne. Débutés au XIIIe siècle, les travaux se sont achevés au début du XIVe siècle avec la construction de sa façade ornée d'un magnifique portail en marbre. On notera son clocher roman d'influence lombarde. Le musée paroissial abrite une collection d'objets d'orfèvrerie, des ornements liturgiques et des pièces architecturales de diverses époques.

QUARTIER JUIF

C'était l'un des quartiers juifs les plus importants du Nord-est catalan puisque la ville a compté jusqu'à 300 juifs, jouissant de privilèges concédés par les comtes d'Empúries. Remontant au XIIIe siècle, cette communauté a pratiquement disparu après le décret d'expulsion des Rois Catholiques, en 1492. L'ancien quartier juif recouvrait un espace comprenant des rues de la Muralla, dels Jeues, del Call, del Calabró, Peixateries Velles ainsi que la plaça de la Llana. Ce quartier conserve la trame urbaine du Moyen Age et en a conservé quelques témoignages.

RESTAURANT EMPORIUM €€

Carrer Santa Clara, 31
+34 972 25 05 93
www.emporiumhotel.com
Fermé le lundi et le dimanche soir. Comptez au moins 50 € à la carte.

C'est le restaurant de l'hôtel Emporium, récompensé par une étoile Michelin. Avec une philosophie, priorité aux produits de proximité et bio. Egalement membre de l'association « cuina del vent », il varie bien sûr ses menus en fonction de la saison mais vous pourrez y tester, peut-être, les sardines marinées accompagnées de pois chiches, suivies d'un canard épicé servi avec des pommes et des endives pour terminer sur la « tecla de Santa Clara », un dessert maison. Un espace tapas vous permettra d'accéder à leur savoir-faire, de manière un peu plus abordable.

FIGUERES ★★

Figueres, capitale du Haut Empurdan, abrite 46 000 habitants. Elle est la ville de naissance et de décès du génial artiste Salvador Dalí (1904-1989). Le théâtre-musée Dalí, l'un des musées les plus visités d'Espagne, est tout naturellement l'attraction principale à visiter. Hormis cet incontournable, on se rendra avec plaisir à la forteresse du Castell de San Ferran ainsi que dans les nombreux musées que compte la ville : musée du jouet de Catalogne, Musée de l'électricité, Musée de l'Empordà... Le centre se situe autour de la Rambla, une jolie promenade ombragée de platanes où de nombreuses terrasses permettent de prendre un verre.

CASTELL DE SANT FERRAN ★★

Pujada del Castell
+34 972 502 653
www.lesfortalesescatalanes.info
Du mardi au dimanche de 10h30 à 15h, sauf jours fériés Visite intérieure 3,50 €. Visite extérieure (4x4/zodiac) : 10 €.

Cet ensemble militaire, construit entre 1753 et 1766, constitue le monument le plus important en superficie de toute la Catalogne et l'une des plus grandes forteresses d'Europe. Fortifications, bâtiments d'habitations, église inachevée, place d'armes, etc. En raison de la taille du site, les visites sont divisées en deux parties (intérieure et extérieure). Le tour des remparts, d'une longueur de 2 500 m s'effectue en véhicule 4x4. Elle inclut la visite souterraine des contre-mines, mais également la navigation à bord d'embarcations légères.

TEATRE-MUSEU DALI ★★★

Pujada Castell, 28
+34 972 677 505
www.salvador-dali.org
Horaires disponibles sur le site web. Entrée : 14 €. Achat des tickets en ligne à l'avance fortement conseillé.

Suivant le vœu de Dalí, aucune explication n'est donnée aux visiteurs. Le livret en vente à l'entrée aide à vous orienter. Dans la chapelle Sixtine dalinienne, vous remarquerez l'effet visuel du portrait de Lincoln, du tableau de Gala regardant la mer et du portrait de Beethoven réalisé à l'encre de poulpe ; dans l'ancien parterre du théâtre se trouve la Cadillac pluvieuse. La stéréoscopie permet de voir les tableaux en perspective. Le musée a intégré la Torre Galatea, ancienne demeure du peintre. Collection de 39 bijoux créés par Dalí entre 1941 et 1970.

HOTEL RAMBLA €€

Carrer de la Rambla, 33
+34 972 676 020
www.hotelrambla.net
Compter 50 à 65 € la chambre double. Parking à proximité.

Comme son nom le suggère fortement, cet établissement est établi sur la Rambla de Figueres, au centre de la ville, à proximité du quartier piéton. Derrière la façade bleutée néoclassique classée aux jolis balcons en fer, on découvre un hôtel tout ce qu'il y a de plus moderne avec de belles chambres dont une moitié donnent sur la place et l'autre sur une rue plus tranquille. TV, mini bar, coffre-fort, salle de bains totalement équipée, ascenseur. Un très bon choix d'hébergement du fait de l'excellent rapport qualité-prix et de l'accueil très agréable.

KOMBU €

Carrer Pi i Margall, 11
+34 972 605 171
www.kombufigueres.com
Fermé le mardi. Comptez 25 € par personne.

Ouvert depuis décembre 2019, ce kombu se propose d'offrir une fusion entre la cuisine japonaise et les classiques de la cuisine catalane. Dans un décor au look très minimaliste et avec une présentation évoquant l'univers culinaire japonais, on vous proposera par exemple du chorizo catalan accompagné de pâtes miso ou des soupes miso avec de la fideua. Côté sucré, la crème catalane frite vient ponctuer le repas de manière tout à fait agréable. C'est léger, plutôt innovant et l'accueil d'Andrés qui s'est formé sur les tables de Roses est très sympathique.

D'ALÈS AUX GORGES DE L'ARDÈCHE

PARCOURS GPX

LIEUX	Km partiel	Km cumul	Routes
PIERRELATTE	0	0	
BOURG-SAINT-ANDÉOL	4	4	D13, D59
PONT-SAINT-ESPRIT	15	19	D86, D6086
BAGNOLS-SUR-CÈZE	11	30	N86
ALÈS	49	79	D6
SAINT-MARTIN-DE-VALGALGUES	6	85	D906
VALLON-PONT-D'ARC	106	191	D579
SAINT-MARTIN-D'ARDÈCHE	36	227	D290
BOURG-SAINT-ANDÉOL	13	240	D86
PIERRELATTE	4	244	D59, D13

PIERRELATTE

Pierrelatte est marquée par son rocher. La légende dit que Gargantua se serait assis sur le mont Ventoux pour retirer un caillou de sa chaussure. Ainsi serait née PetraLatta, Pierrelatte. Toutefois, c'est à partir des années 1960 que Pierrelatte sort vraiment de l'ombre pour connaître une notoriété internationale liée à l'implantation de sa centrale nucléaire. Les ruelles anciennes, dont la rue d'Amour que l'on retrouve dans de nombreux villages provençaux, dévoilent de belles bâtisses dont la chapelle des Pénitentes du XIIe siècle. Le rocher et son théâtre de verdure où sont régulièrement programmées des manifestations culturelles garde leur attrait.

FERME AUX CROCODILES ★

395, allée de Beauplan
✆ 04 75 04 33 73
www.lafermeauxcrocodiles.com

Haute saison tous les jours de 9h30 à 18h. Adulte : 22 €. Enfant de 5 à 12 ans : 14,50 €.

Avec plus de 300 000 visiteurs par an, c'est le site touristique le plus fréquenté de la Drôme. Unique en Europe, ce parc animalier conjugue une serre paysagée de 8 000 m², soit plus de 600 espèces et variétés de plantes exotiques constituant une collection hors du commun et un parcours à ciel ouvert de 4 000 m². Ici évoluent librement plus de 400 animaux dont 10 espèces de crocodiles, varans, tortues géantes des Seychelles et des Galápagos, mais aussi serpents, poissons et oiseaux exotiques. La flore se marie avec la faune pour former un site époustouflant.

HÔTEL DU CENTRE** €

6, place de l'Eglise
✆ 04 75 04 28 59
www.hotelducentre26.com

Chambre double 76 €. Petit déjeuner : 8,50 € (enfant 5 €). Animaux acceptés (10 €).

Cet établissement se situe au milieu du dédale charmant des ruelles du vieux Pierrelatte. Qui plus est, il occupe les murs d'une ancienne abbaye du XVIe siècle. L'hôtel qui ne dispose pas de restaurant, mais en jouxte plusieurs. Il possède son parking gratuit, et surtout 26 chambres spacieuses, raffinées et confortables. Minibar, climatisation, wifi, ascenseur… : l'essentiel en services est là et le cadre est vraiment délicieux, alliant un environnement calme à la chaleur d'un cœur de la ville. L'équipe en place vous réservera un accueil tout à fait charmant.

BOURG-SAINT-ANDÉOL ★

Ouvrant sur la partie la plus méridionale du département, le paysage est ici marqué par la viticulture. Bourg-Saint-Andéol, localité de 7 800 habitants, arbore de beaux hôtels particuliers. Parmi les incontournables : l'hôtel Nicolay (XVe et XVIe siècles), l'ancien couvent des Récollet (XVe siècle), devenu l'hôpital de la ville, l'église Saint-Andéol (XIe siècle) et le joyau : le palais des Evêques. A quelques kilomètres, taillé dans la roche qui surplombe les fontaines des Gouls de Tourne, ne manquez pas le bas-relief romain consacré au dieu Mithra. Sachez aussi que Bourg-Saint-Andéol abrite le Pôle national des arts du cirque.

PALAIS DES ÉVÊQUES ★

16, rue Poterne
✆ 04 75 54 41 76
www.palais-des-eveques.fr

Ouvert du 15 juillet au 15 septembre. Toute l'année sur rendez-vous pour les groupes. Gratuit -12 ans. Adulte 10 €.

Surnommé le « palais aux Cent Pièces », il s'agit de la très ancienne résidence des évêques de Viviers, les seigneurs de Bourg-Saint-Andéol dès le XIIIe siècle. C'est au début du XVIe siècle que Claude de Tournon fera embellir le palais, alors qu'au siècle suivant, c'est un autre évêque, Monseigneur de la Baume de la Suze, qui le parera de toutes ses richesses, notamment cette chambre où Mazarin séjourna en 1642. Le palais devint par la suite séminaire, puis école religieuse. La chapelle néogothique abrite le musée du peintre René Margotton (1915-2009).

LE CLOS DES OLIVIERS** €€

Place du Champ-de-Mars
✆ 04 75 54 50 12
www.hotel-ardeche-sud.com

32 chambres (et gîtes). Double 55-75 €. Petit déj 8-9 €. Garage 7 €. Wifi gratuit. Menus 11,50, 13, 26 €.

Au cœur de Bourg-Saint-Andéol, proche de l'office de tourisme, le Clos des Oliviers offre une belle escale à proximité des richesses de la région. La porte franchie, vous découvrez une cour fleurie au cœur de la cité et… des oliviers. Les chambres sont propres, calmes et confortables. Elles se déclinent en chambres de catégories économique, standard ou supérieure. Seules les deux dernières catégories bénéficient de la climatisation. En terrasse, dans la cour, ou bien en salle, vous apprécierez une bonne cuisine de terroir.

PONT-SAINT-ESPRIT

Trait d'union entre les régions Occitanie, Provence-Alpes-Côte-d'Azur et Auvergne-Rhône-Alpes, Pont-Saint-Esprit est la cité gardoise ainsi nommée pour la démesure de son pont. Une construction gigantesque, vingt arches sur 919 mètres, qui selon la légende, n'aurait pas abouti sans l'aide du Saint-Esprit. Située sur la rive droite du Rhône, la ville se mire dans les eaux vives du fleuve. Le charme du centre piétonnier ainsi que son riche patrimoine historique imposent de faire une étape à Pont-Saint-Esprit, sans oublier de s'arrêter sur le point de vue panoramique, l'élégante silhouette de la ville, le puissant Rhône à ses pieds et le pont dantesque.

ALÈS ★★

Alès, 2e ville du département après Nîmes, est la capitale des Cévennes. La ville et ses alentours gardent d'importantes traces de son épopée minière qui s'est étalé du XVIIIe au XXe siècle, avec un développement important à partir de 1840 et l'ouverture de la ligne ferroviaire Alais-Beaucaire –La Grand-Combe. Aujourd'hui, alors que l'industrie du charbon n'est plus qu'un souvenir, tourisme, développement durable, PME et sports mécaniques dynamisent la ville en pleine reconversion. A voir lors de votre séjour : la Mine Témoin, la cathédrale, le Fort Vauban, le Pôle Mécanique Alès Cévennes, le musée du Scribe à Saint-Christol.

BAGNOLS-SUR-CÈZE ★

Cité industrielle sur la route du Rhône, Bagnols-sur-Cèze est située sur le fameux couloir rhodanien, au nord-est du département, entre Cévennes et Provence. Le riche passé de Bagnols-sur-Cèze a forgé au fil des siècles un patrimoine architectural remarquable comme l'ancienne place du marché ou la tour de l'horologe ; le musée Albert-André vaut vraiment le détour ainsi que le périmètre des bons vignobles régionaux (Lirac, Chusclun, Laudun, Saint-Gervais). Ne manquez pas de découvrir, au hasard des ruelles historiques de la cité, quelques curiosités inattendues La ville est aujourd'hui pourvue de nombreux équipements culturels qui font son dynamisme..

CATHÉDRALE SAINT-JEAN-BAPTISTE ✝ ★

Place Saint-Jean
✆ 04 66 52 21 06
Accès libre.

Édifiée à partir du XIIe siècle, puis détruite au Moyen Âge, la cathédrale Saint-Jean-Baptiste d'Alès est un édifice roman reconstruit au XVIIe siècle pour mieux lutter contre les protestants, lors des affrontements entre le pouvoir royal de Louis XIV et les Huguenots. Classée monument historique, elle offre un panel stylistique alliant des langages architecturaux de style roman, gothique et néoclassique, traces des différents travaux et restaurations dont elle a fait l'objet.

CLÉMENTINE €€

12, place Auguste-Mallet
✆ 04 66 89 42 26
Du lundi au vendredi. Formule à 11 € entrée et plat + verre de vin ou dessert du jour. Salades et crêpes à 8,90 €.

En quelques mois, Laetitia Marcano s'est déjà taillée une bonne réputation avec ses grandes assiettes originales dans lesquelles on y trouve une entrée et un plat accompagnés de légumes, féculent, viande ou poisson. Les produits sont frais, retour de marché et cuisinés le jour même sur place. L'après-midi, Clémentine propose un salon de thé avec des crêpes, des glaces à consommer sur place ou à emporter. Un limonadier rappelle nostalgiquement l'enfance. De plus, ces mets succulents et gourmands sont servis par une équipe jeune et dynamique !

CIRCUIT DU PÔLE MÉCANIQUE ALÈS CÉVENNES

Vallon Fontanes
SAINT-MARTIN-DE-VALGALGUES
✆ 04 66 30 31 85
www.pole-mecanique.fr
Tarif en fonction de l'activité choisie.

Une envie de roulage sur circuit et de sensations fortes ? Ce centre créé en 1995 regroupe des activités liées à la mécanique sportive, devrait vous convenir avec ses 90 ha dédiés à l'apprentissage du pilotage, ses virages lents et rapides, épingles en dévers, en montée, en descente, sa ligne d'accélération de 600 m. S'ajoutent un circuit kart homologué, une route d'essai rallye de 4 km, une plateforme d'espace trial, un parcours 4 x 4 et un circuit vitesse automobile et moto.

CITADELLE D'ALÈS - FORT VAUBAN

Boulevard Vauban
✆ 04 66 52 32 15
www.ales.fr

Visites guidées avec l'office du tourisme d'Alès toute l'année.

Construit au XVIIe siècle sous l'ordre de Louis XIV, le fort Vauban d'Alès est un témoignage de l'architecture défensive du royaume de France sous la monarchie absolue, c'est aussi le symbole du conflit entre catholiques et protestants. En 1688, après deux ans seulement de travaux, le fort est inauguré. Découvrez ce monument qui fut un temps une prison pour les protestants, et arpentez les jardins du Bosquet, qui furent aménagés dans ses environs au XVIIIe siècle.

MINE TÉMOIN

Chemin de la Cité Sainte-Marie
✆ 04 66 30 45 15
www.ales.fr

Du mardi-dimanche 9h30-12h30/14h-18h, dernière visite 16h30. Haute saison : tlj 10h-19h, dernière visite 17h. 10 €.

La Mine Témoin d'Alès permet de rejoindre l'univers des « gueules noires » et de devenir témoin de l'activité minière, industrielle et sociale qui anima la région aux siècles derniers. 700 mètres de galeries (le plus grand réseau naturel ouvert à la visite de France) sont à parcourir, accompagné d'un guide intarissable sur les anecdotes à raconter. Ces galeries ont été creusées en 1945 sur le quartier de la Rochebelle afin de créer une école de formation pour les apprentis mineurs. En été, des visites animées nocturnes sont organisées.

MUSÉE DU SCRIBE ★

42, rue du Clocher
SAINT-CHRISTOL-LÈS-ALÈS
✆ 04 66 60 88 10
www.museeduscribe.com

Ouvert toute l'année. Horaires variables en fonction des périodes. Adulte : 6 €.

Au cœur du village de Saint-Christol, à 400 mètres de l'obélisque - symbolisant la route vers Montpellier et la mer au sud et la route vers Alès et les Cévennes au nord -, c'est une partie des anciennes dépendances du château central datant du XVIIe siècle qui a été rénovée pour créer ce musée de l'écriture. On pourra y observer des pièces authentiques, qu'il s'agisse des supports écrits à travers les âges ou des instruments d'écriture utilisés depuis 5 000 ans. Un guide audio français-anglais permet d'effectuer la visite des sept salles.

LE RICHE** €€

42, place Pierre-Sémard
✆ 04 66 52 30 87
www.leriche.fr

Chambre double de 64 € à 75 €. Demi-pension. Petit déjeuner buffet : 10 €. Restauration : menus de 24 € à 57 €.

Dans un immeuble du début du XXe siècle, en face de la gare, les chambres de ce bel hôtel traditionnel ont peu d'équivalent à Alès. Elles sont élégantes, classiques et d'un beau volume. Chacune d'entre elles bénéficie de tout le confort nécessaire pour un séjour agréable. Toute la décoration intérieure et l'équipement ont été modernisés au cours des dernières années. Quant au restaurant, sa carte est légère et gourmande, axée sur les produits de saison et du terroir. Il est ouvert tous les jours sauf la semaine de Noël et les trois premières semaines d'août.

LA CUISINE €€

15, boulevard Louis-Blanc
✆ 04 30 38 16 71

Ouvert du mardi au samedi le midi et le soir. Menu unique à 24,90 €. Formule du midi : 12,90 € Plat du jour à 9,90 €.

Cet établissement traditionnel du centre-ville d'Alès a ouvert ses portes en 2017. Issu du milieu gastronomique, le patron met toute son expérience au service de sa carte qui change régulièrement pour s'adapter à la saisonnalité des produits. Avec le choix d'une simple formule du midi, en entrée, tentez la crème brûlée au chèvre, très originale et étonnante. Pour la suite, laissez-vous séduire par les travers de porc marinés au miel. Enfin, au dessert, vous serez définitivement conquis après avoir goûté la panna cotta vanille-basilic et son coulis de fraise.

VILLEFORT

Villefort doit son développement à la présence du chemin de Régordane, trait d'union entre Auvergne et le Languedoc et axe commercial important. Dotée d'une belle infrastructure touristique, la petite ville profite de la présence au nord du lac du même nom où l'on peut se baigner et pratiquer différents sports nautiques. La ville elle-même conserve un certain cachet grâce à quelques maisons anciennes, principalement situées dans la rue de l'Église et la rue de la Bourgade. A deux kilomètres au nord de Villefort, sur les hauteurs du lac, la chapelle Saint-Loup, construite en l'honneur d'un ermite, reste depuis des siècles un centre de pèlerinage.

VALLON-PONT-D'ARC ★

Gros bourg de 2 500 habitants situé à l'entrée des gorges, Vallon-Pont-d'Arc est très fréquenté en été. On y trouve essentiellement des prestations touristiques : canoë, VTT, randonnées, mais aussi boutiques en tout genre, restaurants et hébergements. Tout un ensemble de services qui disparaissent une fois la saison terminée, laissant le village retrouver son calme. De nombreuses curiosités géologiques sont à proximité, notamment la grotte Chauvet-2 (une réplique de l'originale classée au Patrimoine Mondial de l'UNESCO et découverte en 1994 sur le territoire de la commune) et le pont d'Arc (D290), une arche de 54 mètres de haut surplombant l'Ardèche.

GROTTE CHAUVET 2 ARDÈCHE ★★★★

Plateau du Razal ✆ 04 75 94 39 40
www.grottechauvet2ardeche.com
Ouvert tous les jours. Consulter les horaires sur le site web. Gratuit jusqu'à 10 ans. Adulte : 17 €. Enfant : 8,50 €.

En première partie, vous découvrirez la monumentale réplique de la grotte Chauvet (située dans les gorges mais préservée et interdite au public) avec mise en lumière et effets spéciaux olfactifs. C'est l'occasion d'une plongée dans les merveilles de l'art pariétal et de faire connaissance avec un bestiaire préhistorique exceptionnel. Dans un deuxième temps, la galerie de l'Aurignacien vous invite à découvrir le quotidien et l'environnement de nos ancêtres ardéchois, avec un film immersif, des bornes tactiles et des reproductions grandeur nature.

AVEN MARZAL ★★

Route des Gorges - **SAINT-REMÈZE**
✆ 04 75 04 12 45
www.aven-marzal.com
Fermé de novembre à mars. Musée gratuit. Grotte : 10 €, enfant : 7 €. Zoo des dinos : 9 €, enfant : 7 €, 3-5 ans : 5 €.

Le site offre plusieurs attractions. Une grotte tout d'abord : l'aven Marzal, exploré en 1892 par E.-A. Martel, premier spéléologue français de réputation mondiale. Cet aven se décline tout en colonnes « romaines » et « diamants » aux couleurs scintillantes. Deuxième site : le musée de la Spéléologie (accès gratuit) monté grâce aux dons des plus prestigieux spéléologues depuis 1892. Enfin, le zoo des Dinos présente sur 2 ha, le long d'un parcours naturel et ombragé de 800 m, des reconstitutions grandeur nature d'animaux préhistoriques ayant peuplé la région.

GROTTE DE LA MADELEINE ★★

Route touristique des gorges - **SAINT-REMÈZE**
✆ 04 75 04 22 20
www.grottemadeleine.com
D'avril à début novembre. Tous les jours basse saison : 10h-17h/18h, haute saison : 10h-19h. Adulte 11 €.

Située sur la route touristique des gorges, à une vingtaine de kilomètres au sud-est de Vallon-Pont-d'Arc, la grotte de la Madeleine se décline en 25 salles. Découverte en 1887, son entrée surplombe une paroi de 170 m sur les gorges de l'Ardèche. La visite, longue de 1 km, dure une heure et débute par l'entrée d'une autre cavité, la grotte Lescure. Le point d'orgue du parcours est le spectacle son et lumière qui met en valeur les draperies suspendues aux parois de la grotte. À l'extérieur, la maison de la réserve naturelle vous initie aux problèmes écologiques.

GRAND SITE DE L'AVEN D'ORGNAC ★★★★

Place Robert-de-Joly - **ORGNAC-L'AVEN**
✆ 04 75 38 65 10
www.orgnac.com
Fermé du 15/11 au 1/02 sauf Noël et Nouvel An. Selon la saison 9h30/10h-18h/19h. Adulte 14,50 €. Visite guidée.

A 15 km au sud de Vallon-Pont-d'Arc, en détour à itinéraire. Classé Grand Site de France, Orgnac, avec sa grotte et son musée, est un incontournable de l'Ardèche. La visite vous emmène au cœur de la Terre (700 marches de descente, température entre 11 et 13 °C, taux d'humidité de 100 %), dans trois salles toutes plus belles les unes que les autres. La Cité de la Préhistoire présente le quotidien de nos ancêtres depuis le Paléolithique moyen jusqu'au premier âge du fer.

GROTTE DE SAINT-MARCEL-D'ARDÈCHE

Route des Gorges - **SAINT-MARCEL-D'ARDÈCHE**
✆ 04 75 04 38 07
www.grotte-ardeche.com
Ouvert de fin février à mi-novembre. Adulte : 11 €. Enfant : 6,50 € (ado : 8,50 €). Visite spéléo à partir de 29 €.

Située sur la route touristique des gorges, à une trentaine de kilomètres au sud-est de Vallon-Pont-d'Arc, il s'agit de la dernière grotte sur votre route avant de quitter la Réserve nationale des Gorges de l'Ardèche. Redécouverte en 1835 par un chasseur d'Aiguèze, cette belle cavité naturelle possède une entrée en forme d'abri-sous-roche, comprenant des gisements de vestiges préhistoriques. Un spectacle son et lumière permet de raconter l'histoire du site.

GROTTE DES HUGUENOTS ★

Route des Gorges
✆ 04 28 91 24 10
www.pontdarc-ardeche.fr
Renseignements auprès de l'office de tourisme de Vallon-Pont-d'Arc.

Située sur la route touristique des gorges, à trois kilomètres au sud-est de Vallon-Pont-d'Arc. Son nom vient d'une légende selon laquelle des huguenots y auraient trouvé refuge pendant les guerres de religion. Un porche ogival, de 30 mètres, abrite une exposition de vestiges archéologiques, de maquettes géologiques et des différentes techniques de spéléologie. La visite se complète par un livret-guide, disponible en cinq langues, et un montage audiovisuel d'une durée de 20 minutes. Des randonnées et des activités spéléologiques sont également possibles.

GROTTE DES TUNNELS ★

Route des Gorges
✆ 06 15 84 89 48
cesame.ardeche.free.fr
Visites en juillet-août sur demande. Visite guidée. Restauration.

Située sur la route touristique des gorges, à une moins de trois kilomètres au sud-est de Vallon-Pont-d'Arc. On peut y pénétrer par deux ouvertures artificielles. Découverte en 1937, elle abritait une bergerie au début du XXe siècle. Aujourd'hui aménagée, elle renferme des concrétions d'une grande pureté, ainsi qu'une rivière souterraine qui communique avec la rivière Ardèche. Les visites de la cavité sont organisées par l'association CESAME en juillet et août. Renseignez-vous auprès d'eux dès que vous aurez envie de vous faire une petite descente !

PONT D'ARC

Route touristique des gorges

C'est en vous rendant sur les berges de l'Ardèche, à environ 5 km au sud-est de Vallon-Pont-d'Arc, que vous pouvez admirer cette merveille de la nature. Cette arche de 54 m de hauteur et de 60 m de long a été creusée par la rivière il y a au moins 50 000 ans. Surnommé la « porte d'entrée naturelle » des gorges de l'Ardèche, c'est l'un des sites les plus visités du département. Deux plages (l'une avant et l'autre après le pont) permettent de profiter de toute la beauté de ce site exceptionnel, le temps d'une pause, d'une baignade ou d'un pique-nique.

LE MANOIR DU RAVEYRON €€

140, rue Henri-Barbusse
✆ 04 75 88 03 59
www.manoir-du-raveyron.com
Fermé de fin octobre jusqu'aux Rameaux. Chambre simple dès 65 €, double dès 95 €. Petit déjeuner inclus.

Un véritable manoir de pierres apparentes du XVIe siècle en plein cœur de Vallon-Pont-d'Arc, des chambres superbes où l'on savoure le calme d'un jardin ombragé par de magnifiques marronniers et acacias, non vous ne rêvez pas ! Ce havre de paix existe bel et bien et l'on peut encore venir s'y attabler pour savourer une cuisine gastronomique à la hauteur des bons produits du terroir. Les chambres, qui ne se ressemblent pas, sont très cosy et elles offrent un charme rustique plein de raffinement. L'accueil est particulièrement courtois.

LE CHELSEA €€

48, boulevard Peschaire-Alizon
✆ 04 75 88 01 40
www.lechelsea.com
Jeudi-mardi midi et soir. Hors saison fermé mercredi. Menus 22-31 €.

Voici l'une des valeurs gourmandes de Vallon qui anime le cœur de la ville à l'année et au quotidien. En salle avec son côté rétro bistrot, dans la cour intérieure ou en terrasse, on se régale et on apprécie un service efficace et toujours attentif. Dans les assiettes, de belles et grandes salades estivales d'une fraîcheur irréprochable, des plats ardéchois ou avec fromages de montagne (vacherin, berthoud) généreux qui évoluent au rythme des saisons, et même des huîtres le jeudi. La devise de la maison : *take it easy* ! Une adresse de référence.

SAINT-MARTIN-D'ARDÈCHE

Situé à la limite des départements du Rhône, de l'Ardèche et du Gard, le village marque la fin des gorges et du parcours sur la rivière pour les nombreux canoéistes en provenance de Vallon-Pont-d'Arc. Malgré l'inévitable animation estivale, Saint-Martin demeure un charmant petit bourg, sensiblement plus calme que Vallon-Pont d'Arc. A un peu plus de 8 kilomètres avant votre arrivée dans le village par la D290 (et à 30 km de votre départ de Vallon-Pont d'Arc), arrêtez-vous pour visiter la grotte de Saint-Marcel d'Ardèche. Outre la visite guidée d'un monde souterrain de toute beauté, les amateurs pourront suivre une visite œnologique avec dégustation.

TARASCON, GORGES DU GARDON ET BAS-LANGUEDOC

PARCOURS GPX

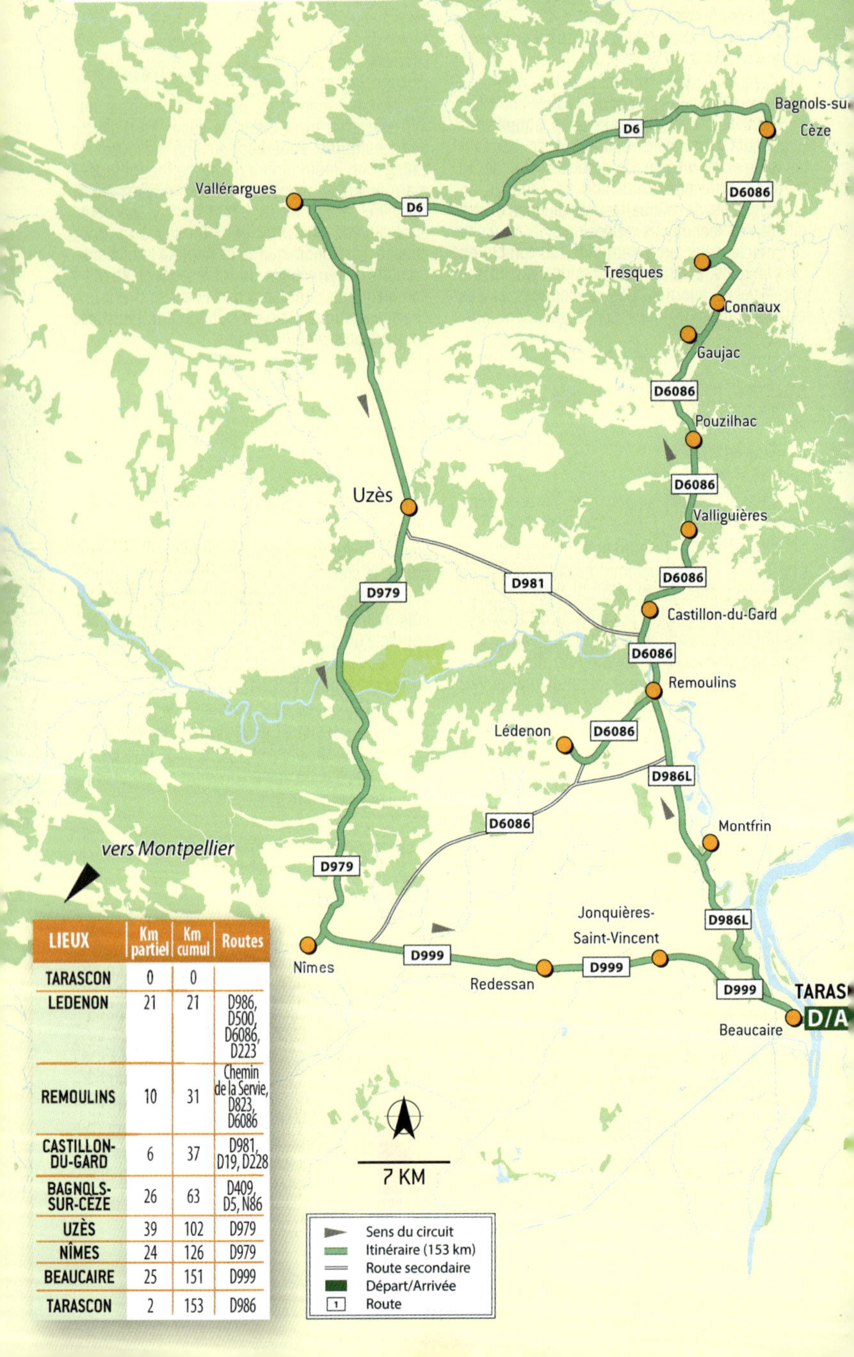

LIEUX	Km partiel	Km cumul	Routes
TARASCON	0	0	
LEDENON	21	21	D986, D500, D6086, D223
REMOULINS	10	31	Chemin de la Servie, D823, D6086
CASTILLON-DU-GARD	6	37	D981, D19, D228
BAGNOLS-SUR-CÈZE	26	63	D409, D5, N86
UZÈS	39	102	D979
NÎMES	24	126	D979
BEAUCAIRE	25	151	D999
TARASCON	2	153	D986

TARASCON ★★

Tarascon a inspiré les écrivains tels qu'Alphonse Daudet avec son célèbre héros Tartarin, ou encore Marcel Pagnol. Outre les nombreux restaurants, la ville offre aux visiteurs une large palette de visites comme le château, édifié par les princes d'Anjou au XVe siècle qui est l'une des plus belles forteresses d'Europe. Mais également, la collégiale royale Sainte Marthe, érigée aux XIe et XIIe siècles, et le théâtre, avec sa façade baroque, le cloître des cordeliers, l'hôtel de ville ou encore le musée Souleïado. La Tarasque, un monstre mythologique qui serait à l'origine du nom de la ville, est célébrée chaque année au cours de fêtes très populaires.

CHÂTEAU DU ROI RENÉ ★★

Boulevard du Roi-René
✆ 04 90 91 01 93
chateau.tarascon.fr
Tarif adulte 7,50 €.

C'est l'une des plus belles forteresses de France, l'une des plus impressionnantes aussi. Du haut de ses tours crénelées, le château du roi René, bâti dans la première moitié du XVe siècle, domine le Rhône. Avec sa silhouette massive, imposante, écrasante presque, l'édifice ne renie pas ses origines militaires et même policières, puisqu'il fut, dès ses origines, un lieu de détention pour des prisonniers civils et militaires, puis maison d'arrêt et de correction. Sous la Révolution, les partisans de Robespierre y furent exécutés.

COLLÉGIALE ROYALE SAINTE MARTHE

Place de la Concorde
✆ 04 90 91 09 50
paroisse-de-tarascon.fr
Ouvert de 8h à 18h30.

Il serait dommage de passer par Tarascon sans visiter cette collégiale dont les flèches sont ornées d'inquiétantes gargouilles. Classée monument historique depuis 1840, elle est dédiée à sainte Marthe, dont les reliques sont conservées dans la crypte. A l'intérieur de l'église, on peut découvrir une impressionnante collection de tableaux, ainsi qu'un orgue monumental classé. Enfin, tournez aussi le regard vers les magnifiques vitraux qui ornent le chœur.

SOULEIADO - MUSÉE DU TISSU PROVENCAL ★

39, rue Charles-Demery
✆ 04 90 91 08 80
souleiado-lemusee.com
Ouvert toute l'année, du lundi au samedi de 10h à 19h30 (19h en basse saison). Adulte : 7 €.

Un accueil sympathique, un lieu hors du temps, le musée Souleiado est établi dans un superbe hôtel particulier. Il présente d'authentiques tissus provençaux (également appelés indiennes), mis en scène dans une belle atmosphère élégante et raffinée. La visite, particulièrement intéressante, plonge les visiteurs dans le monde de l'entreprise Souleiado dont l'histoire débute à la fin du XVIe siècle. Un véritable voyage dans le temps et un véritable plaisir pour les yeux.

HÔTEL DE PROVENCE** €€

7, boulevard Victor-Hugo
✆ 04 90 91 06 43
www.hotel-provence-tarascon.com
Accueil 24h/24. 11 chambres. Chambre double à partir de 79 €.

Dans l'ancien hôtel particulier de charme du Marquis de Vlagny, venez trouver repos et confort en plein centre-ville de Tarascon. Construite sur les anciens remparts de la ville, cette belle bâtisse du XVIIIe siècle offre aujourd'hui un service à la hauteur de ses deux étoiles tout en conservant l'esprit cordial d'une maison d'hôte. Les chambres sont simples, mais spacieuses et toutes climatisées. On appréciera le calme et la tranquillité des lieux, notamment avec la terrasse verdoyante où l'on ne manquera pas de prendre un petit déjeuner convivial.

BISTRO LA CASETA €

45, rue des Halles
✆ 04 90 91 07 81
Ouvert toute l'année. Horaires variables en fonction de la saison. Compter 25 €.

Une excellente adresse pour déguster une collation préparée par Mélanie et Franck, les propriétaires. La cuisine est incontestablement d'inspiration méditerranéenne, mais n'hésite pas à faire quelques entorses à la règle en affichant à la carte des plats plus exotiques d'inspiration antillaise ou même asiatique. Les portions sont conséquentes et les produits utilisés sont toujours de première fraîcheur. Récemment, l'établissement a été agrandi et la déco totalement refaite. On ne saurait trop vous inviter à tester par vous-même.

LEDENON

Lédenon est une commune dont l'existence, et le nom, remonte à l'Antiquité gallo-romaine. En effet, le nom de la localité viendrait de « Letinno », une divinité gauloise locale. La ville et ses alentours possèdent encore des vestiges de cette époque, comme l'aqueduc, mais également un château médiéval. Petite curiosité d'architecture : la villa solaire Gosselin, une maison construite en 1976 inscrite aux monuments historiques. Enfin, la ville est aussi connue pour son circuit de vitesse créé en 1970. C'est l'un des circuits les plus techniques de France avec la particularité d'être parcouru dans le sens inverse des aiguilles d'une montre.

REMOULINS ★

À quelques kilomètres du Pont du Gard, Remoulins, est une commune dynamique bien décidée à perdre sa réputation de bourg transit, entre Nîmes et Avignon. Le récent aménagement des berges au niveau du Pont-Neuf et la baignade dans le Gardon désormais tolérée attirent les touristes hors de la très commerçante Grand-Rue. Il faut sortir de cette artère pour visiter le village historique au fort cachet gardois. À voir, l'église du XIIe siècle, son impressionnant clocher peigne, l'ancien presbytère, le moulin à huile de 1631, et les hôtels particuliers. Quelques adresses pour bien manger et séjourner donnent envie de faire halte ici.

CIRCUIT DE LÉDENON

Au nord de Lédenon.
✆ 04 66 37 11 37
www.ledenon.com

Circuit privé de 3 156 m de longueur et de 9 à 13 m de largeur. L'autodrome de Lédenon, à 15 km de Nîmes, est ouvert aux essais libres de moto un week-end tous les deux mois en moyenne, le samedi et le dimanche, de 9h à 12h30 et de 14h à 17h30. Les équipements de compétition doivent être homologués et le niveau sonore de l'échappement pour les motos ne doit pas dépasser les 99 dB au régime maximal. Les pièces exigées pour la moto sont la licence FFM ou une assurance RC piste. Le casque, les gants et la combinaison en cuir sont obligatoires.

PONT DU GARD ★★★★

400, route du Pont-du-Gard - **VERS-PONT-DU-GARD**
✆ 04 66 37 50 99
www.pontdugard.fr

Ouvert toute l'année. Horaires variables en fonction des saisons. Musée fermé lundi matin. Adulte 9,50 €, réduit 7 €.

Inscrit depuis 1985 au Patrimoine Mondial de l'Unesco, le Pont du Gard est un site d'exception. L'aqueduc, construit vers l'an 50, est l'ouvrage de l'empire romain le plus audacieux que l'on connaisse à ce jour. Il transportait l'eau des sources d'Uzès jusqu'à Nîmes. Aujourd'hui, l'ouvrage majestueux enjambe le Gardon et culmine à plus de 48 m. Les plages invitent à la baignade l'été et des sentiers de promenade offrent une vue panoramique sur la garrigue. Le musée propose un parcours ludique sur la construction du pont. Un incontournable !

Le pont du Gard.

CASTILLON-DU-GARD

Situé à l'extrémité sud des Gorges du Gardon, à quelques minutes du Pont du Gard, le village de Castillon-du-Gard se dresse fièrement sur sa butte de grès calcaire. Chargé d'histoire, ce village a traversé les guerres de religion dévastatrices mais quelques monuments sont encore visibles. Ne manquez pas de découvrir la léproserie du Puits neuf et de l'Articoyse, les chapelles médiévales Saint-Christophe et Saint-Caprais, le château de Belle Vue et le site de la Villa de la Gramière. Une fois la balade dans ces ruelles empierrées terminée, rendez-vous au Belvédère pour une vue sur la vallée du Gardon et sur la majestueuse silhouette du Pont du Gard.

CATHÉDRALE SAINT-THÉODORIT ✝ ★

Place de l'Evêché

Accès libre toute l'année. Visite en dehors des offices.

Construite dès 1090 la cathédrale fut malmenée lors de la croisade contre les Albigeois en 1177. Subissant les soubresauts des Guerres de Religion au XVIIe siècle, elle fut détruite en 1621. Seule la tour Fenestrelle resta debout. Sous le règne de Louis XIV, elle est reconstruite dès 1642. La dernière restauration de la façade date de 1873. L'orgue, encadré de volets peints en gris et or, date du XVIIe siècle : c'est une des rares pièces qui n'a jamais été démolie ou dérobée.

BAGNOLS-SUR-CÈZE ★

Cité industrielle sur la route du Rhône, Bagnols-sur-Cèze est située sur le fameux couloir rhodanien, au nord-est du département, entre Cévennes et Provence. Le riche passé de Bagnols-sur-Cèze a forgé au fil des siècles un patrimoine architectural remarquable comme l'ancienne place du marché ou la tour de l'horologe ; le musée Albert-André vaut vraiment le détour ainsi que le périmètre des bons vignobles régionaux (Lirac, Chusclun, Laudun, Saint-Gervais). Ne manquez pas de découvrir, au hasard des ruelles historiques de la cité, quelques curiosités inattendues La ville est aujourd'hui pourvue de nombreux équipements culturels qui font son dynamisme..

NÎMES ★★★

L'ancienne cité gallo-romaine a su conserver de remarquables édifices. Il suffit pour cela de rejoindre le centre-ville pour en être convaincu. Circulez des allées Feuchères à l'Esplanade, jusqu'aux Arènes. Puis rejoignez le parvis de l'antique Maison Carrée. Arrêtez-vous au canal des Jardins de la Fontaine, créés au XVIIIe siècle. C'est ici que l'on établit le temple de Diane et les thermes. Visitez la vieille ville, pénétrez l'Écusson avec son vaste domaine piétonnier et ses ruelles du Moyen Âge. A ne pas rater non plus, l'Hôtel de ville, les musées archéologique et du Vieux Nîmes, l'ancien collège des jésuites ni la cathédrale.

UZÈS ★★★

Uzès séduit de nombreux touristes, ne seraitce que par le charme de ses ruelles médiévales et la découverte de l'Uzège, son arrière-pays pittoresque. Durement éprouvée par les guerres de Religion, la cathédrale d'Uzès accueille aujourd'hui des concerts de musique classique. Un passé mélomane que l'on sait faire revivre ici, grâce au festival de musique ancienne des Nuits musicales d'Uzès, qui se place comme l'un des plus vieux rendez-vous musical du département. Des traditions culturelles languedociennes et provençales que l'on vous invite à découvrir aussi au travers du terroir, de ses produits d'exception et de ses richesses naturelles.

ARÈNES DE NÎMES 📷 ★★★★

Boulevard des Arènes

✆ 04 66 21 82 56

www.arenes-nimes.com

Ouvert toute l'année. Sauf durant les férias et les spectacles. Adulte 10 €. Pass Nîmes 13 €. Gratuit moins de 7 ans.

Cet incontournable vestige de l'histoire antique de la fin du Ier siècle est l'emblème de Nîmes. C'est l'un des amphithéâtres romains les mieux conservés au monde. Son architecture complexe impose encore aujourd'hui ses incroyables dimensions et ses façades à la symétrie parfaite. Classées au titre des monuments historiques, les Arènes sont un haut lieu de concerts en plein air, accueillant aussi un fabuleux spectacle de son et lumière. On y perpétue la tradition des tauromachies comme le rappelle la statue du plus grand matador français, El Nimeño II.

Les Arènes de Nîmes.

CATHÉDRALE NOTRE DAME ET SAINT-CASTOR

Place aux Herbes

Ouvert toute l'année. Accès libre. Visite guidée (circuit à thème, organisé par l'office de tourisme).

Première cathédrale de Nîmes consacrée par le pape Urbain II en 1096, et bâtie sur les fondations d'une église mérovingienne par R. de Saint-Gilles (comte de Toulouse). Elle fut détruite durant les guerres de religion. Catholiques et protestants participèrent communément à un impôt pour la rebâtir en 1646. Elle possède une frise romane semblable à celles de la Maison Carrée. Son orgue du XVIIe côtoie des tableaux de maîtres et des sarcophages gallo-romains.

JARDINS DE LA FONTAINE - TEMPLE DE DIANE

26, quai de la Fontaine

✆ 04 66 58 38 00

www.nimes-tourisme.com

Ouvert toute l'année, horaires variables en fonction des saisons. Accès libre et gratuit.

Véritable poumon verdoyant de la cité, les Jardins de la Fontaine étendent leurs 106 309 m² au pied du mont Cavalier et de la tour Magne. Très bel exemple de jardins à la française, ces espaces sont centrés sur la source de Nemausa. Déjà aménagés par les Romains dès le Ier siècle avant J.-C., Louis XV redonna de la grandeur à ces jardins. Les essences méditerranéennes côtoient les nombreuses statues de marbre, et le Temple de Diane en fait l'endroit le plus romantique de Nîmes.

MAISON CARRÉE ★★★

Place de la Maison-Carrée

www.maisoncarree.eu

Ouvert toute l'année. Horaires variables en fonction des saisons. Projection de film 6 €. Tarif réduit 5 €.

Le superbe temple romain à l'incroyable conservation fut édifié au début du Ier siècle, et est dédié aux petits-fils et fils adoptifs de l'empereur Auguste. Sa forme de « carré long » lui prédestine son nom actuel de Maison Carrée. Tour à tour centre d'une maison consulaire, maison d'habitation, écurie, ou encore église, ce monument abrita la préfecture à l'époque révolutionnaire. C'est en 1824 que ce temple se transforma en lieu d'exposition d'objets antiques. En son sein, vous assisterez à la projection du film *Nemausus, la naissance de Nîmes*.

MUSÉE DE LA ROMANITÉ ★★★

16, boulevard des Arènes

✆ 04 48 21 02 10

museedelaromanite.fr

Ouvert tous les jours de novembre à mars, 10h-18h, et d'avril à octobre, 10h-19h. Adulte 8 € - 7/17 ans 3€.

Installé au cœur de la cité, face aux célèbres Arènes, le Musée de la Romanité est consacré aux incroyables collections archéologiques de la ville. Le visiteur est ainsi plongé dans l'époque gallo-romaine et découvre des pièces rares au sein d'une scénographie innovante. Un jardin archéologique et méditerranéen offre une pause fraîcheur, et le toit-terrasse végétalisé dispense un panorama sur la ville. Enfin, terminez votre visite à la Table du 2, tenu par le chef étoilé Franck Putelat, pour une revisite de la gastronomie locale. Un incontournable de la cité !

MUSÉE DU VIEUX NÎMES ★

Place aux Herbes
✆ 04 66 76 73 70
Ouvert du mardi au dimanche de 10h à 18h. Adulte 5 €, réduit 3 €. Gratuit pour les moins de 18 ans.

Situé dans l'ancien palais épiscopal, le Musée du Vieux Nîmes constitue la mémoire de nos ancêtres. Trente mille pièces témoignent ainsi de la vie nîmoise depuis le haut Moyen Âge. Les collections de textiles issus des fabricants négociants du XVIIIe siècle, avec les fameux châles de Nîmes, les fonds de l'Ecole de fabrication de Nîmes, les meubles typiques nîmois et cévenols, les poteries régionales sont organisés en salles thématiques. L'une d'entre elles est consacrée à la toile de Nîmes et à la teinture bleue qui donna le jean Denim et le blue-jean.

HÔTEL DE L'AMPHITHÉÂTRE*** €€

4, rue des Arènes
✆ 04 66 67 28 51
www.hoteldelamphitheatre.com
Chambre simple 65 € ; chambre double 85 € ; suite 100 €. Petit déjeuner : 10 €. Wifi gratuit. Tv satellite, Canal +.

A deux pas des arènes, l'hôtel de l'Amphithéâtre est situé dans une petite rue calme, dans un bâtiment issus de la réunion de deux anciens hôtels particuliers des XVIIe et XVIIIe siècle. Ses tarifs restent corrects tout au long de l'année et en font un endroit très convoité surtout en période de feria (revers de la médaille, le bruit de l'Écusson en folie peut déranger). Les chambres sont spacieuses et bien équipées et vous assurent un séjour agréable.

LE CHAPON FIN €€

3, rue du Château-Fadaise
✆ 04 66 67 34 73
www.chaponfin-restaurant-nimes.com
Formules à partir de 15 €. Menus à partir de 26,50 €.

Le Chapon Fin est l'un des incontournables nîmois. Christophe et Sandra Ciantar sont les propriétaires depuis 15 ans. Le chef revisite les plats classiques du terroir avec un coup de patte artistique admirable. Les plats varient en fonction du marché, des saisons et de l'inspiration du chef. Pour notre plus grand plaisir, il développe une cuisine raffinée et créative, et rend hommage à l'ancienne propriétaire des lieux, Angélique l'Alsacienne, en proposant à la carte pas moins de 4 choucroutes, dont la Royale pour laquelle le jarret est d'un fondant incomparable !

BEAUCAIRE ★

Beaucaire respire la Provence et ses senteurs diverses et fait face à son ancienne rivale, la cité de Tarascon. A l'extrémité est du Gard, la ville se trouve léchée par les eaux du Rhône qui fait office de frontière avec les Bouches-du-Rhône. Le château sur son promontoire dominant le fleuve ajoute indéniablement du charme à la cité, au carrefour des civilisations dans une région marquée au fer rouge par les vestiges gallo-romains et les guerres de religion. Beaucaire est aussi une terre de fêtes : des courses camarguaises au défilé de la Madeleine, du Salon des Métiers d'Art au concours de fleurissement, la cité provençale est pétillante et dynamique !

© GKUNA - ISTOCKPHOTO

Vue sur les toits de Beaucaire.

NOS CIRCUITS

ABBAYE DE SAINT-ROMAN ★★

Chemin de l'Abbaye de Saint-Roman
✆ 07 81 56 44 51
www.abbaye-saint-roman.com
Ouvert toute l'année. Adulte 5,50 €. Gratuit pour les moins de 18 ans.

A 5 kilomètres au nord de Beaucaire, cet ancien monastère troglodytique, creusé dans la roche calcaire par des ermites puis par des moines bénédictins, a gardé son dédale de tunnels desservant chapelle, cellules, pressoir et nécropoles rupestres. Perché sur une colline qui domine le Rhône, au milieu des garrigues, le site archéologique, classé aux Monuments historiques, donne l'occasion d'une petite marche facile offrant un superbe panorama. Saint-Roman se visite seul ou avec un guide. Par temps dégagé, la vue à 360 degrés plonge sur la vallée du fleuve.

ARLES ET LA CAMARGUE

LIEUX	Km partiel	Km cumul	Routes
ARLES	0	0	
SALIN-DE-GIRAUD	38	38	D36
SAINTES-MARIES-DE-LA-MER	59	97	D570
AIGUES-MORTES	30	127	D38, D58, D46
SAINT-LAURENT-D'AIGOUZE	8	135	D46
AIMARGUES	7	142	D979
VAUVERT	5	147	D6572
SAINT-GILLES	27	174	D179
ARLES	26	200	D71

ARLES ★★★★

Arles, la plus grande commune de France, est la ville qui compte le plus de monuments romains – après Rome. Elle se trouve au milieu d'espaces naturels exceptionnels : les rives du Rhône, la plaine de la Crau, la Camargue et les Alpilles. Si vous ne faites qu'un bref passage, rejoignez l'amphithéâtre, (les Arènes). Faites-en le tour, ainsi que celui du théâtre antique (ou théâtre romain), situé juste en face, et, avant de quitter la ville, arrêtez-vous à l'une des terrasses ombragées du boulevard des Lices. Avec un peu plus de temps, ajoutez à votre visite l'Hôtel de Ville, l'obélisque, et l'église Saint-Trophime : ils sont dans le même périmètre.

ARÈNES D'ARLES (AMPHITHÉÂTRE) ★★★★

Rond-point des Arènes
✆ 04 90 18 41 20
www.arenes-arles.com
Haute saison : tous les jours de 9h à 19h. Horaires intermédiaires en mi-saison. Adulte : 9 €.

Inspirées du Colisée de Rome, dont elles sont légèrement postérieures, les arènes ont fait la fierté d'Arles pendant quatre siècles. Ce temple des jeux pouvait accueillir jusqu'à 25 000 personnes se pressant pour admirer les combats des gladiateurs ou des reconstitutions de scènes de chasse. A la chute de l'Empire, les arènes se transforment en forteresse avec la construction de 4 tours, près de 200 habitations et 2 chapelles. Le site est classé monument historique en 1840.

CENTRE D'INFORMATION - LA CAPELIÈRE

Mas de la Capelière
✆ 04 90 97 00 97
www.snpn.com/reservedecamargue
Basse saison : du mercredi au lundi. Haute saison : tous les jours. Horaires : de 9h30 à 13h et de 14h à 17h30.

La réserve naturelle de Camargue est la plus ancienne et l'une des plus grandes de France. La faune et la flore y sont d'une richesse inestimable et s'y développent librement sur un espace de plus de 1 200 hectares. La Capelière est un ancien mas camarguais qui accueille le centre d'information de la réserve. Vous pourrez vous y renseigner sur les balades, les activités culturelles, les expositions et toutes les activités proposées dans la réserve.

ÉGLISE ET CLOÎTRE SAINT-TROPHIME ✝ ★★★

Place de la République
✆ 04 90 18 41 20
www.arlestourisme.com
Ouvert toute l'année, la visite de l'église est gratuite.

Saint-Trophime constitue, avec son cloître, l'ensemble roman le plus remarquable de Provence. L'église carolingienne d'origine est transformée entre 1078 et 1152. Érigée en plusieurs phases depuis l'ère paléochrétienne, l'édifice, tel que nous le voyons de nos jours, naît au XIIe siècle. Outre d'innombrables trésors architecturaux, le portail possède une statuaire admirable de finesse. Le cloître comprend deux galeries romanes ornées de sculptures d'une qualité exceptionnelle.

HÔTEL DE VILLE ★

Place de la République
www.ville-arles.fr
Vestibule ouvert au public en journée. Salle d'honneur accessible lors de certaines manifestations de la vie publique.

Achevé en 1676, il marque le triomphe de l'architecture classique, inspirée notamment par Jules Hardouin-Mansart, nommé la même année architecte de Louis XIV. Il remplace une ancienne maison commune que les édiles voulurent conserver. L'édifice est particulièrement admirable par la richesse de son décor, sculpté en grande partie par l'Arlésien Jean Dedieu, et par la voûte en berceau de son vestibule. Il est pour l'essentiel classé Monument historique, et n'en demeure pas moins le siège des élus et d'une partie de l'administration municipale.

MUSÉE DE LA CAMARGUE ★

Mas du Pont-de-Rousty
✆ 04 90 97 10 82
www.museedelacamargue.com
Plein tarif : 7 €, tarif réduit : 4 €.

Aménagé dans une ancienne bergerie, cet écomusée, également point d'information pour les visiteurs, vous plonge dans la vie d'un mas au XIXe siècle. Il permet de découvrir, à travers de nombreux objets usuels, le quotidien des anciens, mais également les multiples activités économiques s'étant développées lors du siècle dernier. Plusieurs panneaux explicatifs et outils pédagogiques complètent ce tableau enrichissant. Depuis 2019 : le musée s'est agrandi et propose désormais des expositions temporaires tout au long de l'année.

Lever du soleil sur Arles.

THÉÂTRE ANTIQUE ★★★

Rue de la Calade
✆ 04 90 18 41 20
www.arlestourisme.com
Haute saison : tous les jours de 9h à 19h. Tarif adulte : 9 €, enfant : 7 €.

© LAWRENCE BANAHAN - AUTHOR'S IMAGE

Situé face à l'amphithéâtre, il date du Ier siècle av. J.-C. Il se déploie sur plus de 102 m de diamètre, et comportait 33 rangs de gradins dont une grande partie a disparu. Son enceinte extérieure possédait trois rangs d'arcades richement décorées de statues monumentales. Fortifié au Moyen Âge, il voit se développer dans son enceinte des maisons parasites ainsi que le collège des jésuites et un couvent des sœurs de la Miséricorde. Pillé pour ses matériaux, il n'est redécouvert qu'au XVIIe siècle, mais les véritables fouilles ne commencent qu'en 1828.

LE CLOÎTRE*** €€

18, rue du Cloître
✆ 04 65 88 30 30
www.hotelducloitre.com
Chambres à partir de 75 €.

Avec des chambres spacieuses, tout comme les salles de bains, cet hôtel de style contemporain est idéalement placé pour découvrir la ville et ses trésors. En effet, l'hôtel du Cloître est à deux minutes à pied des monuments d'Arles. La décoration est soignée et originale, on s'y sent bien, que ce soit pour une nuit ou un séjour vacances. D'ailleurs, le personnel fait tout pour vous mettre à l'aise. N'hésitez pas à monter sur la terrasse pour y prendre l'apéritif, la vue sur les toits de la ville est géniale. Attention, les chambres ne sont pas climatisées.

HÔTEL DE L'AMPHITHÉÂTRE** €€

5-7, rue Diderot ✆ 04 90 96 10 30
www.hotelamphitheatre.fr
Basse saison, chambre double à partir de 75 €. Haute saison, chambre à partir de 95€. PDJ 10/12 €. Parking 12 €

A deux pas des Arènes, cet hôtel redonne vie à un hôtel particulier du XVIIe siècle parfaitement restauré. Les chambres sont décorées de façon traditionnelle avec des murs colorés dans des tons chauds et des boutis en guise de couvre-lit. Les chambres (individuelle, double, tripe ou quadruple) disposent de tout le confort moderne. C'est un havre de paix où vous pourriez vous reposer après une longue journée de découverte d'Arles et ses architectures romaines et romanes.

L'APOSTROPHE €

7, place du Forum
✆ 04 69 00 12 34
Menu enfant : 8,50 €. Plat du jour : 12 €. Formules à 14,90 € et 16,90 €. Grandes salades à 14 € et 15 €.

Avec une terrasse agréable, un personnel dynamique et souriant et un menu qui comblera les attentes des estomacs les plus difficiles, ce restaurant est sans conteste un bon plan. Il y a tout d'abord les grandes salades qui font l'unanimité puis les grillades qui sont également une bonne option pour les amateurs de viande. Les plus jeunes peuvent opter pour un des nombreux burgers. Sans oublier les poissons (seiches ou rougets à la plancha). Sachez enfin que *L'Apostrophe*, c'est aussi un plat du jour efficace à l'excellent rapport qualité-prix.

LE CRIQUET €€

21, rue Porte-de-Laure
✆ 04 90 96 80 51
Ouvert du mercredi au dimanche le midi et le soir. Menus de 24 € à 28 €. Vin au verre.

Derrière cette charmante devanture en bois vieilli se niche un petit restaurant qui respire l'authenticité. Poutres apparentes, murs de pierre, décoration typique, vous vous sentirez tout de suite à l'aise. La carte, évidemment, est dans le même esprit que le décor : farouchement provençale et camarguaise. Les mets sont évidemment cuisinés à base de produits frais, achetés chez les producteurs locaux. Le service est sans fausses notes et l'ambiance vraiment conviviale. Un bon moment en perspective dans cet établissement que l'on ne peut que vous recommander.

CHEZ MÈRE-GRAND

14, rue du Président-Wilson

✆ 04 90 96 16 95

Ouvert du mardi au samedi de 7h45 à 13h et de 15h à 19h15.

On trouve, dans cette boutique, de l'excellente viande, de la charcuterie fine et des petits plats cuisinés si bien préparés que vous pourrez épater votre tablée. Le bœuf du Limousin, le veau gascon ou l'agneau de Sisteron sont garantis d'origine contrôlée. Plus local, le taureau est proposé en saucissette, en filet ou pour cuisiner la fameuse daube. Goûtez absolument les caillettes maison vraiment délicieuses et, pendant les fêtes, les terrines de cerf, chevreuil et sanglier. Sans oublier l'exceptionnelle terrine de pot-au-feu et de blanc de poulet.

SALIN-DE-GIRAUD

La naissance du village de Salin-de-Giraud est particulièrement récente. Créé à la fin du XIXe siècle pour loger les employés des usines Solvay et Pechiney, il dispose d'une architecture caractéristique des cités ouvrières et en particulier des corons (alignement et disposition géométriques des blocs d'habitation, briquettes rouges...). Les deux sociétés ont bâti la cité et ses infrastructures en faisant appel à une importante main-d'œuvre étrangère d'origine italienne, arménienne et grecque, comme en témoigne la présence de l'église orthodoxe.

SALIN DE GIRAUD (SALINS DU MIDI) ★★

Boulevard de la Camargue ✆ 04 90 58 81 40

www.visitesalindegiraud.com/

Tous les jours, horaires variables. A pied : 10 €, enfant (5-13 ans) 8,50 €. En vélo : 12 €, enfant (5-13 ans) 10 €.

Le salin de 10 800 ha abrite quelque 278 espèces végétales et 200 espèces d'oiseaux (dont 157 protégées). Deux types de visites du salin de Giraud sont possibles toute l'année : la visite à pied, avec accès en voiture jusqu'au parking du Sémaphore, et la visite en empruntant votre propre vélo sur un parcours dédié au coeur d'une faune typiquement camarguaise et de paysages extraordinaires. En été, des visites guidées d'1h15 sont organisées sur réservation.

SAINTES-MARIES-DE-LA-MER ★★

La ville construite autour de son église forteresse des XIe et XIIe siècles et longtemps enserrée dans une enceinte conserve encore aujourd'hui la trace de ce passé historique. Les Saintes-Maries c'est aussi le mythique pèlerinage des gitans qui se tient chaque année et anime la petite cité. C'est sans doute la ville la plus représentative d'un mode de vie en voie de disparition. N'hésitez pas à vous éloigner pour découvrir l'étang de Vaccarès, vous balader au bord de la mer ou encore découvrir la magnifique Camargue sauvage avec ses envols de flamants roses, ses troupeaux de taureaux et ses chevaux blancs s'ébrouant tranquillement en toute liberté.

ÉGLISE DES SAINTES-MARIES-DE-LA-MER ★

Place de l'Église

✆ 04 90 97 87 60

www.saintesmaries.com

Accès libre et gratuit. Classée aux monuments historiques depuis 1840.

Dans un style roman, l'église domine le village et est visible à 10 km depuis l'intérieur des terres. Elle est formée par une nef unique et droite, sans ornement et haute de 15 m. Construite près de l'embouchure du Petit Rhône, elle occupait une position stratégique importante. En effet, au moment de son édification (IXe et XIe siècles), les pirates sévissaient sur la côte et les invasions sarrasines étaient fréquentes. Dans la crypte, on trouve la statue de Sarah.

PARC ORNITHOLOGIQUE DE PONT-DE-GAU ★

Route d'Arles ✆ 04 90 97 82 62

www.parcornithologique.com

Haute saison ouvert tous les jours et jours fériés de 9h à 19h. Adulte : 7,50 €. Enfant de 4 à 12 ans : 5 €.

Situé sur la route d'Arles, à 4 kilomètres au nord des Saintes-Maries, ce parc ornithologique est né en 1949 avec l'installation des premières volières par André Lamouroux. Aujourd'hui, le site couvre soixante hectares. Dans cet espace naturel, deux promenades à travers les étangs et les marais sont proposées pour s'approcher au plus près des oiseaux, sans les déranger. Entre les deux sentiers, une succession de volières accueille des oiseaux de grande taille, blessés ou handicapés.

CHEZ BOISSET €€

Place des Gitans
✆ 04 90 97 84 77
Ouvert du mercredi au lundi. Comptez moins de 20 €.

Les Saintois et les Saintoises aiment se retrouver dans ce lieu authentique et bien à eux. L'accueil est chaleureux, la vaste terrasse qui permet de voir défiler toute la vie du village est bien agréable l'été et les glaces sont excellentes. Ce sont d'ailleurs elles qui ont fait la réputation de l'établissement. Cela dit, prêtez bien attention à la carte qui vous réservera quelques bonnes surprises. Les plats sont simples, mais savoureux et à base de produits frais. N'hésitez pas, si vous êtes amateur, à déguster leurs coquillages, ils sont délicieux.

AIGUES-MORTES ★★

Aigues-Mortes, dont le nom latin signifie « eaux mortes », affiche un prestigieux patrimoine. Celle que l'on surnomme parfois « la petite Carcassonne », a été érigée en cinquante ans, au XIIIe siècle, à l'instigation du roi Louis IX qui entendait créer sur la Méditerranée une ville doublée d'un port duquel les croisés pourraient embarquer pour la Terre Sainte. Plus de 700 années plus tard, cette cité fortifiée a conservé en très bon état ses remparts et sa tour de Constance. Elle est reliée au Grau-du-Roi et à la pleine mer par un canal de 6 km. La ville organise les fêtes médiévales de la Saint-Louis le troisième week-end du mois d'août.

GRAND SITE DE FRANCE - CAMARGUE GARDOISE

Route du Môle ✆ 04 66 77 24 72
www.camarguegardoise.com
Ouvert du mardi au dimanche, horaires variables en fonction des saisons. Fermé d'octobre à janvier.

En devenant le 14e Grand Site de France, la Camargue gardoise intègre le cercle très prestigieux des paysages les plus fréquentés, mais aussi les mieux valorisés de France. La Maison du Grand Site, ouverte en 2014, invite à aborder de façon sensible le rôle des Hommes dans la fabrication et le maintien des paysages de Camargue gardoise. Au travers d'un sentier de découverte, d'une exposition, et de nombreuses animations, redécouvrez ce territoire et ses traditions sous un jour nouveau.

SALIN D'AIGUES MORTES [SALINS DU MIDI] ★★

Route du Grau-du-Roi
✆ 04 66 73 40 24
www.visitesalinsdecamargue.com
Fermé de novembre à mars. Plusieurs possibilités de visites, tarifs complets en ligne.

Au bord des remparts d'Aigues-Mortes, sur 9 000 hectares, les salins offrent un paysage magique où flamants roses, hérons et goélands se partagent la vedette. Un petit train vous mènera à travers les tables salantes où vous découvrirez le travail du saunier, les secrets de la cristallisation du sel. Les salins se découvrent aussi en VTT, à pied en compagnie d'une guide naturaliste et en 4x4. Un espace d'exposition et une boutique sont à la disposition des visiteurs.

TOURS ET REMPARTS D'AIGUES-MORTES ★★★

✆ 04 66 53 61 55
www.aigues-mortes-monument.fr
Ouvert toute l'année. Fermé le 1er janvier, 1er mai, 1er novembre, 11 novembre, 25 décembre. Adulte 8 €, enfant 6,50 €.

© LAWRENCE BANAHAN - AUTHOR'S IMAGE

Classée aux Monuments historiques, l'enceinte longue de plus de 1 634 m et flanquée de 20 tours offre de splendides points de vue sur la ville. Architecture militaire du XIIIe siècle, le chemin de ronde permet aujourd'hui encore de parcourir des yeux les salins et la plaine camarguaise. Les tours abritent des expositions permanentes sur Saint-Louis et la Méditerranée, l'architecture et les décors, l'histoire protestante. Une véritable plongée dans le temps !

LE MINOS €€

7, place Saint-Louis
✆ 04 66 53 83 24

Tous les jours le midi et le soir. Basse saison : du jeudi au mardi le soir. Menus 16 € à 29 €. Plat du jour 12,90 €.

Qu'il est bon de déjeuner sur la place dès que le soleil pointe son nez. Les tables joliment nappées vous invitent à y prendre votre temps. Goûtez à la soupe de poisson avec sa rouille et ses croûtons, à la salade campagnarde, à la rouille de poulpe à l'aigues-mortaise ou encore au filet de loup de mer à la provençale. Comme le dit le Chef, la mer n'étant pas un jardin, son humeur, celle des marins et celle des poissons déterminent l'approvisionnement. Si vous préférez la viande, laissez-vous tenter par la gardiane de taureau.

AIMARGUES

Charmant village que l'on aperçoit de la route conduisant à la mer. Du fond de l'horizon, pointe d'abord le clocher de son église, puis ses constructions adjacentes, entre pins et cyprès, quand émerge une envie de s'arrêter pour une pause/pose photo, souvenir des villages pittoresques du Midi que l'on aime à regarder. Aimargues est un passage obligé donc, sur la route des vacances. Le centre du village est lui d'une grande tranquillité, typique des villages de Petite Camargue, avec ses ruelles ombragées. Tranquillité qui s'atténue quelque peu à l'approche de la célèbre fête votive de l'été, où musique et taureaux se mêlent dans un délire coloré.

SAINT-LAURENT-D'AIGOUZE

Entre Aimargues et Aigues Mortes, entre des terres cultivées au Nord, et de grands espaces naturels au Sud composés d'étangs et de marais. Les paysages sont grandioses, et l'été le soleil joue avec les reflets des étangs. Haut lieu de la course camarguaise, (30 par an), c'est au mois d'août, le week-end suivant le 15, que commence l'une des fêtes votives les plus réputées de la région. Le berceau des traditions camarguaises,(Courses, abrivados, bandidos, ferrades, manifestations folkloriques..) c'est bien ici à Saint-Laurent-d'Aigouze. Mais il ne faut pas oublier les amateurs de vélos, ou de marche qui peuvent utiliser la «voie verte».

VAUVERT ★

Sises entre la Petite Camargue et les marais, Vauvert possède un coté sauvage très attirant. Ce coin de verdure offre une parenthèse de calme propice aux vacanciers qui souhaitent découvrir la Camargue à leur rythme. La ville connut son heure de gloire au Moyen-Age grâce à un sanctuaire dédié à Notre-Dame. De nos jours, c'est à Saint-Mamet, coopérative de fruits en conserve bien connue, que Vauvert doit sa renommée économique, ainsi qu'à son vin des Costières. Soulignons l'importance des traditions taurines et la richesse de la Réserve Naturelle du Scamandre, formidable témoin de la biodiversité camarguaise. Une jolie étape gardoise !

TOUR CARBONNIÈRE ★

Ancienne route d'Aigues-Mortes

Accessible toute l'année. Gratuit.

Construite sur un ancien cours du Vistre, cette tour de forme carrée était, depuis le XIIIe siècle, la gardienne d'Aigues-Mortes. Majestueuse et solitaire, elle s'élève au milieu des marais et rappelle au promeneur qu'au Moyen Âge, elle constituait le point de passage obligé (et le péage) pour tous visiteurs qui se rendaient à Aigues-Mortes, en même temps qu'un utile avant-poste défensif tenue par une garnison et quatre pièces d'artillerie. Du haut de la terrasse, une vision à 360 degrés sur la Petite Camargue, ses étangs et ses canaux s'offre à vous.

CENTRE DE DÉCOUVERTE DU SCAMANDRE ★

Route des Iscles ✆ 04 66 73 52 05
www.camarguegardoise.com

Mardi au samedi 9h-18h. Point info fermé entre 12h30/13h30. Visites guidées 6€ - enfant 3€. Label Tourisme & handicap.

Bordée par l'étang du Scamandre, la réserve naturelle régionale du même nom s'étend sur 215 ha. Vous aurez l'occasion d'observer les divers milieux naturels camarguais : étangs, roselières, prairies humides, lagunes, sansouïres et massifs dunaires, mais aussi tous les oiseaux protégés qui vivent là. Plusieurs parcours sont aménagés de manière à vous faire découvrir cette nature fragile. Des expositions permanentes permettent de mieux comprendre la richesse et la diversité de ce site.

SAINT-GILLES ★

Saint-Gilles doit son nom à l'abbé Gilles l'Ermite (VIIe siècle), dont elle garde le tombeau. Ce lieu fut l'un des plus importants sanctuaires de pèlerinage de la chrétienté du XIIe siècle. Toutefois, la présence de plusieurs ports élargissant les échanges commerciaux avec l'Europe et la protection des comtes de Toulouse influèrent également sur le rayonnement de la cité. Si la ville perdit au fil du temps de son aura, elle demeure aujourd'hui connue comme l'aboutissement du chemin de Régordane (ou chemin de Saint-Gilles), qui relie en 242 km le Puy-en-Velay à Saint-Gilles. A voir : l'abbatiale du XIIe, la crypte et le tombeau de saint Gilles.

DOMAINE SAINTE-COLOMBE €€

9001, route de Générac ✆ 04 66 81 81 81
www.domaine-sainte-colombe.com
Demi-pension : 36 €. Petit déjeuner 15 €. Les cabanes-lodges de 1 200 à 1 760 €/semaine. Mas de 3 900 à 6 900 €.

C'est au plus près de la nature sur 120 hectares que cette maison atypique se dresse. Le Domaine de Sainte Colombe a traversé les siècles pour devenir aujourd'hui un havre de tranquillité pour le plus grand bonheur de ses visiteurs qui peuvent dormir dans une ancienne bergerie rénové en mas, dans une villa contemporaine, dans un ancien presbytère composé de 5 belles chambres ou encore dans de superbes cabanons de toile. Piscine à débordement, minibar, randonnée à dos d'un des chevaux de Camargue du domaine, bref, un paradis bercé par le chant des cigales.

LE JARDIN SECRET €€

16, avenue François-Grifeuille
✆ 04 66 87 42 96
Ouvert du mardi au dimanche le midi et le soir. Réservation recommandée. Menu : 14 €. Carte : 35 € environ. Terrasse.

A l'ombre des platanes, on passe devant en flânant sur l'avenue Grifeuille ou parce qu'on connaît le lieu et sa réputation. Christian Ciuro vous accueille dans une salle agréablement décorée ou sur la terrasse. Vous pourrez goûter le nem de magret et foie gras aux cèpes, le duo de gambas et noix de Saint-Jacques à la crème d'ail ou le filet de bœuf aux cèpes. Christian excelle dans les desserts avec sa crème brûlée lavande et sorbet violette ou son macaron tarte au citron meringuée. Le Jardin secret est un militant du goût et cela se sent.

ABBATIALE DE SAINT-GILLES ★★

Place de la République
✆ 04 34 03 57 90
www.openimestourisme.com
Visite guidée à partir de 22 €/2 pers, sur réservation.

Il s'agit d'un chef-d'œuvre de l'art médiéval. Outre l'abbaye proprement dite (église haute), la superbe crypte (église basse), considérée comme la plus grande de France, et les ruines de l'ancien chœur, vous pourrez découvrir l'escalier à vis de Saint-Gilles, une œuvre architecturale unique pour son époque. Cette abbatiale a été classée au Patrimoine mondial de l'Humanité par l'Unesco et figure sur le chemin de Saint-Jacques-de-Compostelle comme un haut lieu de la chrétienté.

© ABBATIALE DE SAINT-GILLES

© ABBATIALE DE SAINT-GILLES

NOS CIRCUITS

LE LUBERON, AIX-EN-PROVENCE ET LES ALPILLES

PARCOURS GPX

LIEUX	Km partiel	Km cumul	Routes
APT	0	0	
LOURMARIN	19	19	D943
AIX-EN-PROVENCE	36	55	D17
LES MILLES	5	60	A51, D9
BERRE-L'ETANG	26	86	D9, D65, D10, D20, D55, D20, D21
FONTVIEILLE	53	139	D17
ARLES	10	149	D17
TARASCON	19	168	D113, D15
LES BAUX-DE-PROVENCE	17	185	D33, D17, D78
SAINT-REMY-DE-PROVENCE	9	194	D27, VC17, C17, D31
CAVAILLON	20	214	D99, D938
APT	35	249	D104, C3, D145, D900

APT ★

Apt fut longtemps une ville austère avec ses industries comme les ocres, les faïences ou les fruits confits, et où l'on se rendait surtout pour le marché. Aujourd'hui, les maisons se sont parées de vives couleurs autour des placettes pleines de charme et des musées. Il y a toujours eu une importante vie religieuse au sein de la cité qui a compté jusqu'à quinze ordres religieux et l'on peut toujours voir dans la vieille ville de nombreuses chapelles et hôtels particuliers. Aujourd'hui, Apt, reconnue « Capitale Mondiale du Fruit Confit », est labellisée Site Remarquable du Goût et son grand marché provençal est classé « Marché d'exception ».

CATHÉDRALE SAINTE-ANNE ★

Rue des Marchands
✆ 04 90 04 61 71
www.apt.fr/Cathedrale-Sainte-Anne.html
Visite guidée sur rendez-vous.

Cette cathédrale-basilique est l'une des plus anciennes de Provence. Depuis l'édification de l'église primitive sur des cryptes mérovingiennes, son architecture a été modifiée à diverses reprises. Au XVIIe siècle, on construisit la chapelle royale en l'honneur d'Anne d'Autriche venue en pèlerinage pour remercier sa sainte patronne pour la naissance de Louis XIV. La basilique abrite aussi des reliques et le trésor de sainte Anne, dont deux pièces exceptionnelles : le célèbre « berceau » de sainte Anne et un tissu arabe de l'époque fatimide (XIe siècle).

MUSÉE-BOUTIQUE DE LA MAISON DU FRUIT CONFIT

538, Quartier Salignan
✆ 04 90 76 31 66
www.lesfleurons-apt.com/fr
Lundi au samedi (dimanche en décembre). Gratuit. Visite audio-guide + dégustation 3 €.

Au pays du fruit confit, il serait donc dommage de faire l'impasse sur une visite gourmande à la Maison du fruit confit, où un espace muséographique et multimédia de près de 100 m² a été installé afin de transporter le visiteur dans le temps, de l'Antiquité à nos jours. Un parcours olfactif est proposé tout au long de la visite, grâce à des diffuseurs d'odeur en bois qu'il s'agira de trouver. Marrons glacés, pâtes de fruits, cerises, melon jaune, clémentine, angélique, figue…

MUSÉE DE L'AVENTURE INDUSTRIELLE ★

14, place du Postel
✆ 04 90 74 95 30
www.apt.fr/Le-Musee-de-l-Aventure.html
Fermé en janvier. Du mardi au samedi 10h-12h/14h-17h30. Juillet et août du lundi au samedi 10h-12h et 14h-18h30. 5 €.

Le musée est installé dans l'ancienne usine de fruits confits Marliagues, très importante au XIXe siècle. Le musée raconte l'histoire de l'ocre, de la faïence et du fruit confit. Les collections de faïence fines d'Apt sont magnifiques. Un atelier de potier-faïencier est reconstitué et montre le précieux savoir-faire des artisans. Plus pragmatique, une partie du musée est dédiée à la poterie architecturale où sont exposées les briques et surtout les tuiles moulées sur la cuisse.

PALAIS CONSULAIRE COLIN D'ALBERTAS

153, rue de la République
✆ 04 90 74 02 40
Visites sur rendez-vous.

L'hôtel Colin d'Albertas, parfaitement conservé, est situé sur cette petite place ombragée, à proximité de la cathédrale Sainte-Anne. Construit à la demande du consul d'Albertas au milieu du XVIIe siècle, ce palais, joyau de l'art baroque provençal, est contemporain de la venue d'Anne d'Autriche en pèlerinage à Apt. Cette demeure privée est un monument historique d'exception : décors baroques intérieurs avec l'opulence des gypseries, somptuosité des fresques et plafonds peints.

LE COUVENT €€€

36, rue Louis-Rousset
✆ 04 90 04 55 36
www.loucouvent.com
Ouvert toute l'année. 5 chambres. Chambre double de 99 € à 140 €. Petit déjeuner inclus. Parking (sur demande).

Cet ancien couvent du XVIIe siècle campe au cœur de la vieille ville et sa réhabilitation est plus que réussie. Elle s'est appuyée sur l'austérité des bâtiments qui impose toujours le respect et a installé une atmosphère chaleureuse avec des couleurs et des matériaux nobles. Les chambres sont grandes et équipées de baies vitrées, et toutes parfaitement équipées (TV, salle de bains). Le petit jardin de curé est à croquer avec la piscine et les grands murs protecteurs. Aucune fausse note et l'accueil ne fait qu'accentuer la réussite.

L'INTRAMUROS €€

120, rue de la République
✆ 04 90 06 18 87

Du mardi au samedi le midi et le soir. Aussi le lundi de mai à début septembre. Carte : 35 € environ. Formule : 20 €.

L'Intramuros a des allures de bistrot-brocante avec sa cohorte d'objets des années 40 et 50. René-Marc Robert et son fils Eliot nous régalent avec une cuisine bistronomique méridionale. On apprécie les antipasti de légumes grillés et l'on revient toujours pour les spécialités du chef : le lapin confit à l'huile d'olive, la joue de bœuf en cocotte, les pieds-paquets et le foie gras poêlé toute l'année. Le Pot au chocolat biscuité nappé de caramel au lait, éclats de noisettes caramélisées est un incontournable dessert. Le service est irréprochable.

LOURMARIN ★★★

Reconnu comme l'un des Plus Beaux Villages de France, il est le lieu de prédilection de nombreux artistes. Albert Camus (1913-1960) et Henri Bosco (1888-1976) reposent dans le petit cimetière du village. Au gré de la promenade, à travers les ruelles qui convergent vers la butte du castella (le château primitif dont il ne reste que les fondations), on remarque en passant la maison de l'écrivain. Entre le village et le château, se dresse sobrement l'un des plus importants temples protestants de la région. Le village est d'ailleurs appelé « le village des trois clochers » (celui du temple, celui de l'église catholique et celui du beffroi).

CHÂTEAU DE LOURMARIN ★★

24, avenue Laurent-Vibert
✆ 04 90 68 15 23
www.chateau-de-lourmarin.com/accueil

Ouvert toute l'année. Consultez les horaires sur le site.

Ce château fait partie des trois résidences majeures du Luberon, avec celles d'Ansouis et de la Tour d'Aigues. Trois châteaux édifiés par les familles puissantes des Comtes de Forcalquier et aux allures éprouvées par les siècles. Au lendemain de la Première Guerre mondiale, il est sur le point d'être exploité comme carrière de pierres quand Robert Laurent-Vibert décide de le racheter en 1920 puis de le restaurer. Son testament indiquera sa volonté de mettre l'édifice à disposition de l'Académie des sciences, arts et belles-lettres d'Aix-en-Provence.

AIX-EN-PROVENCE ★★★★

Les thermes d'Aix sont connus dès le Ier siècle av. J.-C. La douceur de vivre provençale se retrouve dans les ruelles, placettes et les nombreuses fontaines de la ville. Long de presque 500 m, Le cours Mirabeau est le trait d'union entre le quartier Mazarin, au sud, et la vieille ville commerçante, au nord. Appréciez ses terrasses ombragées, les façades de ses maisons et ses quatre fontaines. Parcourez les rues piétonnes autour des places Richelme et de l'Hôtel de Ville. A voir également : la cathédrale Saint-Sauveur, les hôtels particuliers de la rue Gaston-de-Sapora. En dehors de la ville, allez voir l'atelier de Cézanne et le camp des Milles.

ATELIER PAUL-CEZANNE, DIT ATELIER DES LAUVES ★★

9, avenue Paul-Cézanne ✆ 04 42 21 06 53
www.atelier-cezanne.com

Tous les jours de 10h à 18h en haute saison. Adulte : 6,5 €. Tarif réduit : 3,5 €. City Pass : gratuit. Visites guidées.

Une étagère sur le mur, une table, un chevalet… C'est dans cette petite maison au mobilier dépouillé que Paul Cézanne s'enfermait lorsque le temps l'obligeait à s'écarter des pentes de Sainte Victoire, ou des bords de l'Arc. Durant les dernières années de sa vie, le peintre y a créé des œuvres majeures, aujourd'hui dispersées dans le monde entier. Les « Grandes Baigneuses » ou le « Jardinier Vallier » sortent de cet atelier. Venez découvrir ce lieu hors du temps.

CATHÉDRALE SAINT-SAUVEUR ★★★

34, place des Martyrs-de-la-Résistance
✆ 04 42 23 45 65
www.paroisses-aixarles.fr

Tous les jours de 8h à 19h.

La cathédrale Saint-Sauveur serait bâtie à l'emplacement d'un temple antique dédié à Apollon. La tradition chrétienne rapporte que saint Maximin y édifia une modeste chapelle en hommage à saint Sauveur. Mais sa construction a tout de même duré près de 2 000 ans, offrant une diversité architecturale remarquable. Plusieurs trésors… Son clocher à 64 m de hauteur, le baptistère du Ve siècle, ses niches murales, le cloître restauré. Ce lieu sert aussi d'écrin magnifique à de nombreuses formations musicales et à la tenue de concerts réguliers.

Fontaine de la Rotonde dans la continuité du cours Mirabeau.

COURS MIRABEAU

Né au XVIIIe siècle par la volonté de l'archevêque Michel Mazarin, frère du célèbre cardinal, et de bourgeois de la ville, le cours fut dessiné à l'emplacement des anciens remparts. On y trouve de superbes hôtels particuliers, tels : au 4, l'hôtel de Villars ; au 10, l'hôtel Isoard de Vauvenargues ; au 19, l'hôtel d'Arbaud-Jouques ; au 20, l'hôtel de Forbin ; au 38, l'hôtel Maurel-de-Pontevés et au 55, la maison d'enfance de Paul Cézanne. Quatre superbes fontaines (de la Rotonde, des Neufs Canons, d'Eau Chaude – dite Moussue et du Roi René) agrémentent le Cours.

SITE MÉMORIAL DU CAMP DES MILLES ★★★

40, chemin de la Badesse
✆ 04 42 39 17 11
www.campdesmilles.org

Ouvert tous les jours de 10h à 19h. Durée de visite : environ 2h30. Gratuit jusqu'à 9 ans.

Seul grand camp français d'internement et de déportation, le camp des Milles est depuis 2012 un musée d'Histoire et des Sciences de l'Homme innovant et unique en France, un lieu d'histoire et de mémoire. Un patrimoine historique à double titre (également sur le plan architectural) puisque avant de devenir un camp d'internement, ce fut une tuilerie en 1882 qui participa à l'essor industriel régional et dont l'activité reprit après-guerre, en 1947, pour cesser en 2006.

LES QUATRE DAUPHINS** €€

54, rue Alphéran-Roux ✆ 04 42 38 16 39
www.hotel-aix-lesquatredauphins.fr

13 chambres. Chambre simple de 69 à 89 € ; chambre double de 79 à 120 €. Petit déjeuner : 9 € (12 € en plein été).

L'Hôtel des Quatre Dauphins est un établissement de charme, notre coup de cœur pour se loger à deux pas du musée Granet et du centre d'art Caumont. Les chambres se répartissent sur trois étages desservis par un bel escalier, des chambres raffinées où le confort est partout présent : souci du détail, déco, éclairage tamisé, jolies tentures, parquet en bois, salles de bains contemporaines. Certaines sont plus intimes, notamment les chambres mansardées qui font de petits nids romantiques avec vue sur les toits d'Aix. L'accueil est chaleureux. Belle adresse.

CHEZ JO €€

59, rue Espariat
✆ 04 42 26 12 47
www.pizzeriachezjo.com

Ouvert tous les jours. Ouvert à midi et tard le soir. Plat du jour : 13,50 €. Plats autour de 20 €.

La petite place des Augustins au charme fou partage son ancienneté avec une des adresses les plus mythiques d'Aix-en-Provence. Son ancienneté et la régularité de sa cuisine en ont fait une véritable institution. Cette brasserie à la décoration Belle Époque garantit une ambiance chaleureuse. Les murs couverts de photos de célébrités ou de politiques vous rappellent à quel point l'endroit est apprécié de longue date. La cuisine simple et populaire sort tout droit du four au milieu du restaurant. Incontournable, donc réservation conseillée.

LES NAVETTES DE SYLVAIN

30, avenue Charles de Gaulle
PEYROLLES-EN-PROVENCE
✆ 06 51 76 00 80

Ouvert du mercredi au dimanche.

Candidat marseillais du *Meilleur pâtissier* 2017 sur M6, Sylvain Bourletsis qui a ouvert sa biscuiterie artisanale en 2019. revisite les douceurs provençales, navette, macaron, croquant aux amandes… et aussi amaretti, canistrelli, montecao, madeleine, financier… Il met également les mains dans la pâte à brioche, y rajoute des zestes d'orange ou de citron confit, la façonne en colombe à Pâques. Sa pompe à huile est l'incontournable des 13 desserts à Noël. Un anniversaire, un dessert dominical, Sylvain fabrique à la demande. Et on a craqué aussi pour ses confitures.

BERRE-L'ETANG

La ville peut se visiter en suivant la balade « à fleur d'étang », un parcours ponctué de tables de lectures permettant de découvrir les monuments et points d'intérêt sur 5,5 km, soit environ 1h30 de balade à pied. Couvent des salins, église, vestiges des remparts, fontaine, port, parcs, chapelle… rien ne pourra échapper à la curiosité du visiteur. En ce qui concerne l'étang, il s'agit du second plus grand étang salé d'Europe et le premier en France. Il se déploie sur 20 kilomètres de long, et entre 16,5 et 9,5 kilomètres de large. Ses alentours abritent 250 espèces d'oiseaux et plusieurs observatoires y sont judicieusement répartis.

MIRAMAS ★

Miramas le vieux, village médiéval perché, offre un magnifique panorama sur la Provence. Mais il faudra y monter à pied. Authentique, riche de monuments et curiosités, sa chapelle Saint-Julien, classée aux monuments historiques ; son moulin à huile des Pourchiers, sa placette, le pin centenaire proche de la Porte Notre-Dame, les vestiges du château du XIIe... pour ne mentionner que quelques-unes de ses pépites, sont autant de découvertes à faire. Avec davantage de temps, vous pourrez rejoindre le parc de la Poudrerie de Saint-Chamas, site d'une ancienne manufacture militaire en bordure de l'étang de Berre, devenu un grand espace naturel.

ARLES ★★★★

Arles, la plus grande commune de France, est la ville qui compte le plus de monuments romains – après Rome. Elle se trouve au milieu d'espaces naturels exceptionnels : les rives du Rhône, la plaine de la Crau, la Camargue et les Alpilles. Si vous ne faites qu'un bref passage, rejoignez l'amphithéâtre, (les Arènes). Faites-en le tour, ainsi que celui du théâtre antique (ou théâtre romain), situé juste en face, et, avant de quitter la ville, arrêtez-vous à l'une des terrasses ombragées du boulevard des Lices. Avec un peu plus de temps, ajoutez à votre visite l'Hôtel de Ville, l'obélisque, et l'église Saint-Trophime : ils sont dans le même périmètre.

FONTVIEILLE ★★

Si l'histoire de Fontvieille remonte à la Préhistoire, le village doit une partie de sa célébrité au célèbre auteur, Alphonse Daudet. Par son caractère authentique avec ses maisons à tonnelles, ses vieux puits, ses rues anciennes, le village impose son charme par ses atouts historiques, patrimoniaux et culturels. Inévitable, le célèbre moulin de Daudet est un passage obligé pour tout visiteur de passage à Fontvieille. D'ailleurs, l'été, les files de visiteurs s'étirent sous le soleil provençal pour découvrir cet édifice mais aussi quelques autres qui sont un peu l'image de marque de Fontvieille. Mais le village recèle également d'autres pépites.

ABBAYE DE MONTMAJOUR ✝ ★★

Route de Fontvieille
✆ 04 90 54 64 17
montmajour.monuments-nationaux.fr
Ouvert tous les jours, sauf le lundi.

Cette abbaye bénédictine, destinée à abriter 50 à 80 moines, témoigne de huit siècles d'histoire et d'architecture, de 949 à 1761. Le site se compose de la nécropole (XIe-XIVe siècles), de l'ermitage Saint-Pierre (XIe siècle), de l'abbaye Notre-Dame (XIIe-XIIIe siècles), de la chapelle Sainte-Croix (XIIe siècle), d'un cloître (XIIe, XIVe et XVIIIe siècles), de la tour Pont de l'Orme (XIVe-XVe siècles) et du monastère Saint-Maur (XVIIIe siècle). Rachetée par la ville au XIXe siècle, cette abbaye est aujourd'hui classée au patrimoine mondial de l'Unesco.

INTERMARCHÉ CONTACT

14, cours Alphonse-Daudet
✆ 04 90 54 65 00
Ouvert du lundi au samedi de 8h30 à 19h30 ; le dimanche de 8h30 à 12h30.

Une petite structure familiale et accueillante, des produits frais et bien exposés, un rayon boucherie à la hauteur... cet Intermarché Contact est à recommander. On y trouve aussi un rayon bio bien garni. Sur les étals, les produits du terroir, préférentiellement achetés à de producteurs locaux, sont mis en valeur. Le personnel est agréable et toujours à la disposition des clients. Bref, ce magasin, impliqué dans la vie du village, propose un véritable service de proximité. On peut ajouter à cela que l'attente aux caisses est réduite à son strict minimum.

ARÈNES D'ARLES (AMPHITHÉÂTRE) ★★★★

Rond-point des Arènes
✆ 04 90 18 41 20
www.arenes-arles.com
Haute saison : tous les jours de 9h à 19h. Horaires intermédiaires en mi-saison. Adulte : 9 €.

Inspirées du Colisée de Rome, dont elles sont légèrement postérieures, les arènes ont fait la fierté d'Arles pendant quatre siècles. Ce temple des jeux pouvait accueillir jusqu'à 25 000 personnes se pressant pour admirer les combats des gladiateurs ou des reconstitutions de scènes de chasse. A la chute de l'Empire, les arènes se transforment en forteresse avec la construction de 4 tours, près de 200 habitations et 2 chapelles. Le site est classé monument historique en 1840.

ÉGLISE ET CLOÎTRE SAINT-TROPHIME ✝ ★★★

Place de la République
✆ 04 90 18 41 20
www.arlestourisme.com
Ouvert toute l'année, la visite de l'église est gratuite.

Saint-Trophime constitue, avec son cloître, l'ensemble roman le plus remarquable de Provence. L'église carolingienne d'origine est transformée entre 1078 et 1152. Érigée en plusieurs phases depuis l'ère paléochrétienne, l'édifice, tel que nous le voyons de nos jours, naît au XIIe siècle. Outre d'innombrables trésors architecturaux, le portail possède une statuaire admirable de finesse. Le cloître comprend deux galeries romanes ornées de sculptures d'une qualité exceptionnelle.

HÔTEL DE VILLE ★

Place Georges-Clémenceau - **BEAUCAIRE**

L'hôtel de ville de Beaucaire est un élégant édifice, de style classique, fut érigé sur l'ordre du Conseil d'État de Louis XIV. Autrefois siège de la conservation des privilèges de la foire de la Madeleine, l'Hôtel de ville abrite aujourd'hui les bureaux de l'administration contemporaine de la municipalité. C'est ainsi que la corvée des papiers d'identité qu'il faut renouveler se transforme en agréable visite architecturale. A la découverte de l'impressionnant patrimoine beaucairois, on peut commencer par cet imposant bâtiment.

MUSÉE DÉPARTEMENTAL DE L'ARLES ANTIQUE ★★

Presqu'île du Cirque-Romain
✆ 04 13 31 51 03
www.arles-antique.cg13.fr
Plein tarif : 9 €, tarif réduit : 5 €.

Inauguré en 1995, ce bâtiment moderne, conçu par l'architecte Henri Ciriani, abrite les collections archéologiques pré et post-romaines de la ville. Les différents thèmes y sont abordés dans des espaces individualisés et couvrent la période allant de la Préhistoire à l'Antiquité tardive (du IVe au VIe siècle), en passant par la Protohistoire et le Haut-Empire. C'est également ici que vous pourrez voir le fameux buste de César retrouvé lors de fouilles dans le Rhône.

THÉÂTRE ANTIQUE ★★★

Rue de la Calade
✆ 04 90 18 41 20
www.arlestourisme.com
Haute saison : tous les jours de 9h à 19h.
Tarif adulte : 9 €, enfant : 7 €.

Situé face à l'amphithéâtre, il date du Ier siècle av. J.-C. Il se déploie sur plus de 102 m de diamètre, et comportait 33 rangs de gradins dont une grande partie a disparu. Son enceinte extérieure possédait trois rangs d'arcades richement décorées de statues monumentales. Fortifié au Moyen Âge, il voit se développer dans son enceinte des maisons parasites ainsi que le collège des jésuites et un couvent des sœurs de la Miséricorde. Pillé pour ses matériaux, il n'est redécouvert qu'au XVIIe siècle, mais les véritables fouilles ne commencent qu'en 1828.

HÔTEL DE L'AMPHITHÉÂTRE** €€

5-7, rue Diderot ✆ 04 90 96 10 30
www.hotelamphitheatre.fr
Basse saison, chambre double à partir de 75 €. Haute saison, chambre à partir de 95€. PDJ 10/12 €. Parking 12 €

A deux pas des Arènes, cet hôtel redonne vie à un hôtel particulier du XVIIe siècle parfaitement restauré. Les chambres sont décorées de façon traditionnelle avec des murs colorés dans des tons chauds et des boutis en guise de couvre-lit. Les chambres (individuelle, double, tripe ou quadruple) disposent de tout le confort moderne. C'est un havre de paix où vous pourriez vous reposer après une longue journée de découverte d'Arles et ses architectures romaines et romanes.

L'APOSTROPHE €

7, place du Forum
✆ 04 69 00 12 34
Menu enfant : 8,50 €. Plat du jour : 12 €. Formules à 14,90 € et 16,90 €. Grandes salades à 14 € et 15 €.

Avec une terrasse agréable, un personnel dynamique et souriant et un menu qui comblera les attentes des estomacs les plus difficiles, ce restaurant est sans conteste un bon plan. Il y a tout d'abord les grandes salades qui font l'unanimité puis les grillades qui sont également une bonne option pour les amateurs de viande. Les plus jeunes peuvent opter pour un des nombreux burgers. Sans oublier les poissons (seiches ou rougets à la plancha). Sachez enfin que *L'Apostrophe*, c'est aussi un plat du jour efficace à l'excellent rapport qualité-prix.

CHEZ MÈRE-GRAND

14, rue du Président-Wilson
✆ 04 90 96 16 95
Ouvert du mardi au samedi de 7h45 à 13h et de 15h à 19h15.

On trouve, dans cette boutique, de l'excellente viande, de la charcuterie fine et des petits plats cuisinés si bien préparés que vous pourrez épater votre tablée. Le bœuf du Limousin, le veau gascon ou l'agneau de Sisteron sont garantis d'origine contrôlée. Plus local, le taureau est proposé en saucissette, en filet ou pour cuisiner la fameuse daube. Goûtez absolument les caillettes maison vraiment délicieuses et, pendant les fêtes, les terrines de cerf, chevreuil et sanglier. Sans oublier l'exceptionnelle terrine de pot-au-feu et de blanc de poulet.

TARASCON ★★

Tarascon a inspiré les écrivains tels qu'Alphonse Daudet avec son célèbre héros Tartarin, ou encore Marcel Pagnol. Outre les nombreux restaurants, la ville offre aux visiteurs une large palette de visites comme le château, édifié par les princes d'Anjou au XVe siècle qui est l'une des plus belles forteresses d'Europe. Mais également, la collégiale royale Sainte Marthe, érigée aux XIe et XIIe siècles, et le théâtre, avec sa façade baroque, le cloître des cordeliers, l'hôtel de ville ou encore le musée Souleïado. La Tarasque, un monstre mythologique qui serait à l'origine du nom de la ville, est célébrée chaque année au cours de fêtes très populaires.

BEAUCAIRE ★

Beaucaire respire la Provence et ses senteurs diverses et fait face à son ancienne rivale, la cité de Tarascon. A l'extrémité est du Gard, la ville se trouve léchée par les eaux du Rhône qui fait office de frontière avec les Bouches-du-Rhône. Le château sur son promontoire dominant le fleuve ajoute indéniablement du charme à la cité, au carrefour des civilisations dans une région marquée au fer rouge par les vestiges gallo-romains et les guerres de religion. Beaucaire est aussi une terre de fêtes : des courses camarguaises au défilé de la Madeleine, du Salon des Métiers d'Art au concours de fleurissement, la cité provençale est pétillante et dynamique !

CHÂTEAU DU ROI RENÉ ★★

Boulevard du Roi-René
✆ 04 90 91 01 93
chateau.tarascon.fr
Tarif adulte 7,50 €.

C'est l'une des plus belles forteresses de France, l'une des plus impressionnantes aussi. Du haut de ses tours crénelées, le château du roi René, bâti dans la première moitié du XVe siècle, domine le Rhône. Avec sa silhouette massive, imposante, écrasante presque, l'édifice ne renie pas ses origines militaires et même policières, puisqu'il fut, dès ses origines, un lieu de détention pour des prisonniers civils et militaires, puis maison d'arrêt et de correction. Sous la Révolution, les partisans de Robespierre y furent exécutés.

HÔTEL DE VILLE ★

Place Georges-Clémenceau

L'hôtel de ville de Beaucaire est un élégant édifice, de style classique, fut érigé sur l'ordre du Conseil d'Etat de Louis XIV. Autrefois siège de la conservation des privilèges de la foire de la Madeleine, l'Hôtel de ville abrite aujourd'hui les bureaux de l'administration contemporaine de la municipalité. C'est ainsi que la corvée des papiers d'identité qu'il faut renouveler se transforme en agréable visite architecturale. A la découverte de l'impressionnant patrimoine beaucairois, on peut commencer par cet imposant bâtiment.

COLLÉGIALE ROYALE SAINTE MARTHE

Place de la Concorde
✆ 04 90 91 09 50
paroisse-de-tarascon.fr
Ouvert de 8h à 18h30.

Il serait dommage de passer par Tarascon sans visiter cette collégiale dont les flèches sont ornées d'inquiétantes gargouilles. Classée monument historique depuis 1840, elle est dédiée à sainte Marthe, dont les reliques sont conservées dans la crypte. A l'intérieur de l'église, on peut découvrir une impressionnante collection de tableaux, ainsi qu'un orgue monumental classé. Enfin, tournez aussi le regard vers les magnifiques vitraux qui ornent le chœur.

SOULEIADO - MUSÉE DU TISSU PROVENCAL ★

39, rue Charles-Demery
✆ 04 90 91 08 80
souleiado-lemusee.com
Ouvert toute l'année, du lundi au samedi de 10h à 19h30 (19h en basse saison). Adulte : 7 €.

Un accueil sympathique, un lieu hors du temps, le musée Souleiado est établi dans un superbe hôtel particulier. Il présente d'authentiques tissus provençaux (également appelés indiennes), mis en scène dans une belle atmosphère élégante et raffinée. La visite, particulièrement intéressante, plonge les visiteurs dans le monde de l'entreprise Souleiado dont l'histoire débute à la fin du XVIe siècle. Un véritable voyage dans le temps et un véritable plaisir pour les yeux.

BISTRO LA CASETA €

45, rue des Halles
✆ 04 90 91 07 81
Ouvert toute l'année. Horaires variables en fonction de la saison. Compter 25 €.

Une excellente adresse pour déguster une collation préparée par Mélanie et Franck, les propriétaires. La cuisine est incontestablement d'inspiration méditerranéenne, mais n'hésite pas à faire quelques entorses à la règle en affichant à la carte des plats plus exotiques d'inspiration antillaise ou même asiatique. Les portions sont conséquentes et les produits utilisés sont toujours de première fraîcheur. Récemment, l'établissement a été agrandi et la déco totalement refaite. On ne saurait trop vous inviter à tester par vous-même.

LES BAUX-DE-PROVENCE ★★★★

Situés au cœur des Alpilles sur un plateau rocheux, Les Baux dominent Arles et la Camargue et offrent un panorama exceptionnel. Restauré patiemment, le village possède un patrimoine historique hors du commun avec pas moins de vingt-deux pièces architecturales classées monuments historiques. Église, château, hôtel de ville, hôpital ou chapelles sont autant de chefs-d'œuvre à découvrir. Les Baux se transforment en une ruche touristique dès le retour des beaux jours. La visite se fait exclusivement à pied au milieu des maisons anciennes aux belles façades Renaissance et des hôtels particuliers accueillant de riches galeries d'art et des musées.

CARRIÈRES DE LUMIÈRES ★★★

Route de Maillane
✆ 04 90 49 20 03
carrieres-lumieres.com/fr
Fermé en février. Entrée tarif normal : 14 €

Des spectacles multimédias uniques au monde dans un cadre féerique ! Bienvenue aux Carrières de Lumières des Baux de Provence, au cœur des Alpilles. Sur d'immenses parois de 14 mètres de haut, des piliers impressionnants et des sols entièrement recouverts d'images, est projeté chaque année un spectacle inédit mettant en avant les plus grands noms de l'histoire de l'art. Attention une petite laine est nécessaire, même en été. A noter également la possibilité de billetterie en ligne sur : www.carrières-lumières.com, ou sur les réseaux Fnac et autres.

Village des Baux-de-Provence.

CHÂTEAU DES BAUX-DE-PROVENCE ★★★

Grand-Rue
✆ 04 90 49 20 02
www.chateau-baux-provence.com
Ouvert toute l'année. Les horaires sont variables en fonction de la saison.

Ce château fut édifié et habité dès l'Age du bronze. Il se développa à l'époque médiévale, avec son village abrité dans une forteresse et dirigé par les seigneurs des Baux. Il fut démantelé sous Richelieu. Dominés par les tours, les vestiges de la cité laissent imaginer la vie qui fut la sienne au Moyen Age : maisons, colombiers, hôpital, grottes... Au pied des vestiges, plusieurs gigantesques machines médiévales témoignent de la violence des insurrections passées.

AU PORTE MAGES €€

Rue Porte-Mages
✆ 04 90 54 40 48
Ouvert tous les jours de 11h30 à 21h30. Menus de 23 € à 28 €. Plat du jour : 16 €. Chèque Vacances, Chèque Restaurant.

Le restaurant a ouvert ses portes suite à une envie d'Adrien et Carine de recevoir et servir une cuisine gourmande et efficace. La salle voûtée du XVIe siècle est particulièrement agréable, été comme hiver, et la terrasse, qui s'ouvre sur un jardin à degrés, reste un lieu paisible, même les jours de grande affluence. Côté cuisine, les salades sont copieuses et gourmandes, les crêpes savoureuses, et les grillades appréciables. Les prix sont plutôt abordables. Des menus sont proposés que ce soit pour les adultes ou les enfants.

LE MAS DE LA DAME

CD 5
✆ 04 90 54 32 24
www.masdeladame.com
Fermé le dimanche en janvier et février.

Au mas de la dame, on produit du vin et des huiles d'olive de grande qualité depuis quatre générations. Outre le fait que l'endroit est magnifique : une superbe bâtisse au beau milieu des vignes, les produits proposés sont vraiment excellents. La boutique est bien agencée, lumineuse et l'accueil professionnel. N'hésitez pas à demander conseil, le personnel se fera une joie de vous orienter dans vos choix. Côté tarifs, que ce soit pour les vins, en blancs, rouges, rosés ou pour les huiles, vous trouverez une large gamme de prix, adaptée à toutes les bourses.

SAINT-RÉMY-DE-PROVENCE ★★★

On dit de Saint-Rémy-de-Provence qu'elle est la petite capitale des Alpilles. La ville est animée tout au long de l'année, que ce soit par le marché hebdomadaire, les courses de taureaux ou encore les nombreuses expositions. On y vient pour les grands hommes qui y ont laissé leur empreinte : Frédéric Mistral, Vincent van Gogh, Charles Gounod, Albert Gleizes,Joseph Roumanille ou encore Nostradamus, dont vous pourrez voir la maison natale... Mais aussi pour ses fontaines à la croisée des ruelles. A la sortie de la ville, ne manquez pas le monastère Saint-Paul-de-Mausole ni les Antiques (IIIe siècle), à l'entrée du site archéologique de Glanum.

LES ANTIQUES ★★

Route des Baux-de-Provence - D 5
✆ 04 90 92 05 22
www.saintremy-de-provence.com
Ouvert toute l'année. Gratuit. Parking à proximité.

Les Antiques sont deux monuments qui marquaient l'entrée de la ville, dans l'Antiquité. Il s'agit d'un arc de triomphe et d'un autre monument, improprement baptisé « mausolée », mais qui n'abrita probablement jamais de dépouilles. Cet édifice est constitué d'un socle orné de bas reliefs, surmonté d'un arc quadrifrons et d'une tholos (temple rond). Cette particularité architecturale le rend unique. L'Arc de Triomphe évoque, quant à lui, la conquête de la Gaule par César. Ces deux monuments ont été restaurés et ont retrouvé tout leur éclat.

CENTRE CULTUREL SAINT-PAUL DE MAUSOLE ★

Chemin Saint-Paul
✆ 04 90 92 77 00
www.saintpauldemausole.fr
Basse saison : tous les jours de 10h15 à 12h et de 13h à 17h15. Adulte : 6,50 €, réduit 4,50 €.

De mai 1889 à mai 1890, Vincent Van Gogh est interné à l'asile de Saint-Paul, installé dans l'ancien monastère. C'est ici qu'il peignit une grande partie de ses toiles, 150 parmi les plus célèbres. Aujourd'hui divisé en plusieurs secteurs, le site comprend notamment un centre culturel. Ce dernier abrite : le cloître roman classé, la reconstitution de la chambre d'hospitalisation de Van Gogh, le champ Van Gogh, la galerie d'Art Valetudo, l'historique des sœurs de l'institut.

NOS CIRCUITS

COLLÉGIALE SAINT-MARTIN ★

Boulevard Marceau

La collégiale Saint-Martin a remplacé une église plus ancienne dont une partie s'est effondrée en 1818. Le bâtiment fut reconstruit en 1821. Elle se démarque alors par son style architectural : l'architecte Michel-Robert Penchaud lui donne un style de temple grec. Inspirée par la Maison carrée de Nîmes, la façade se dresse au-dessus d'un podium. A l'intérieur, le Grand Orgue constitue un chef-d'œuvre, reconstruit en 1983 par Pascal Quorin. C'est sur cet instrument que se déroule le festival Organa, en juillet, août et septembre.

GRAND CAFÉ RICHE €

27, boulevard Marceau

✆ 04 90 92 45 26

27, boulevard Marceau04 90 26 70 21Ouvert tous les jours.

Plats raffinés, service rapide et superbe ambiance en rouge et or, on aime vraiment cet établissement où le temps semble s'être figé. Les produits dans les assiettes sont, de toute évidence, de première fraîcheur et les préparations sont originales. Ajoutez à cela que le personnel est compétent et très attentif aux désirs de la clientèle et vous obtenez une excellente table. Un petit plus supplémentaire pour la présentation des assiettes, toujours joliment décorées. Quant aux prix, ils sont tout à fait corrects. Une très bonne expérience assurée.

SITE ARCHÉOLOGIQUE DE GLANUM ★★

Route des Baux-de-Provence - D 5

✆ 04 90 92 23 79

www.site-glanum.fr

Ouvert toute l'année. Fermé le lundi en basse saison. Adulte 8 €.

Fouillé dès 1921, le site de Glanum, qui se trouve à l'entrée sud de Saint-Rémy, a permis de découvrir les nombreux vestiges qui jalonnent son histoire depuis l'Antiquité. Son urbanisme exemplaire se caractérise par de nombreux monuments religieux et civils. Un habitat protégé par des fortifications datant de l'âge du fer révèle l'occupation du site dès le premier millénaire avant notre ère. Poursuivez la visite en allant découvrir les collections exposées à l'Hôtel de Sade.

LA MAISON DE LINE €€€

60, avenue Albert-Schweitzer

✆ 04 90 24 92 66

www.lamaisondeline.fr/accueil

5 gîtes et 2 chambres. Chambre double à partir de 115 € ; studio / appartement à partir de 120 €.

Une belle propriété, très confortable, dans un environnement sympathique, La Maison de Line est un établissement d'un charme incontestable. Les cinq gîtes et les deux chambres proposés sont bien décorés et dotés de tout le confort. En été, la belle piscine sera un havre de fraîcheur, tandis que les espaces dédiés au bien-être (yoga, soins du corps…) permettront de se ressourcer pour terminer ses vacances en pleine forme. L'art sera au cœur de votre séjour avec de nombreux ateliers proposés et des découvertes d'artistes locaux sympathiques.

CAVAILLON ★

Manosque, à la pointe extrême du Luberon, est pour tous les Provençaux le pays de Giono. Au n°14 de la rue Grande, artère principale de la ville, vous pouvez apercevoir la maison natale du grand écrivain.La porte Saunerie, construite en 1382 et où l'on payait jadis la gabelle, accueille le visiteur. A voir aussi, la belle église Saint-Sauveur, de style roman provençal, dont les nefs présentent des éléments de décoration gothiques. Il vous est possible de quitter la vieille ville par la majestueuse porte Soubeyran, la plus haute de la ville. Le samedi matin, les rues et placettes sont animées par un marché haut en couleur et aux senteurs enivrantes.

CATHÉDRALE SAINT-VERAN ET SON CLOÎTRE ★

Place Voltaire

www.cavaillon.fr

Fermé du 1er octobre au 1er mai. Ouvert du lundi au samedi 9h-12h et 14h-18h, 17h le samedi. Gratuit.

L'édifice primitif de la fin du XIe siècle fut agrandi au siècle suivant pour atteindre les dimensions actuelles. Difficile d'apprécier le bâtiment de l'extérieur, tant la cathédrale est engoncée dans la ville. La meilleure vue reste sur la colline Saint-Jacques. L'intérieur est haut en couleur avec une décoration toute en dorures et polychromies. Tout brille, les couleurs éclatent au moindre petit rayon de soleil ! Faites un petit tour par le petit cloître.

MONTÉLIMAR ET LES PORTES DE LA PROVENCE

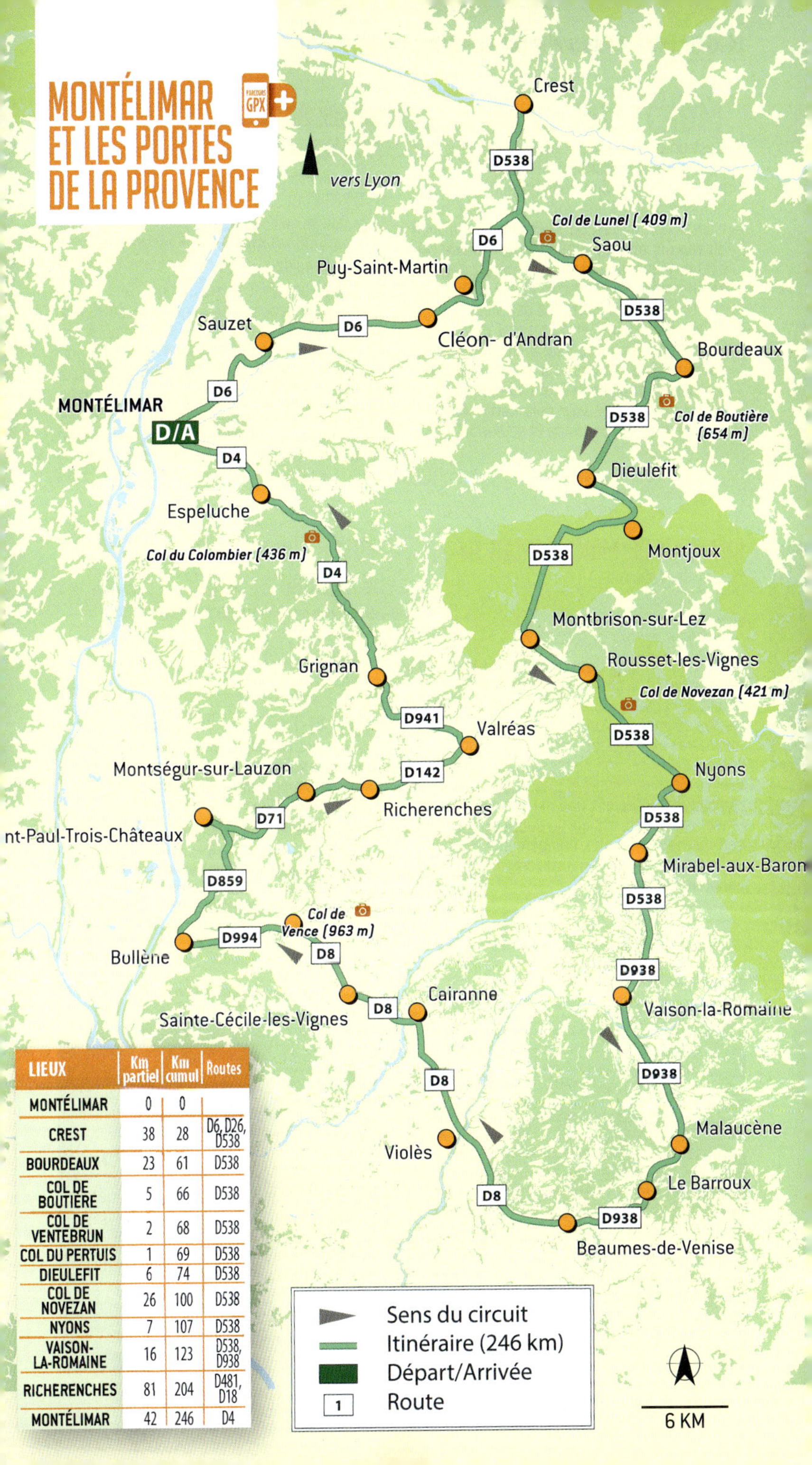

LIEUX	Km partiel	Km cumul	Routes
MONTÉLIMAR	0	0	
CREST	38	28	D6, D26, D538
BOURDEAUX	23	61	D538
COL DE BOUTIÈRE	5	66	D538
COL DE VENTEBRUN	2	68	D538
COL DU PERTUIS	1	69	D538
DIEULEFIT	6	74	D538
COL DE NOVEZAN	26	100	D538
NYONS	7	107	D538
VAISON-LA-ROMAINE	16	123	D538, D938
RICHERENCHES	81	204	D481, D18
MONTÉLIMAR	42	246	D4

MONTÉLIMAR ★★

C'est un double cliché, bien sûr, mais on ne peut parler de Montélimar sans évoquer le nougat et la N7. Son implantation sur la voie romaine Via Agrippa remonte à cinq millénaires. Aux portes de la Provence, au pied du Vercors et à proximité des gorges de l'Ardèche, Montélimar est une cité stratégique et un camp de base parfait pour rayonner alentour tout en profitant des commodités et attraits urbains, et d'un beau patrimoine. C'est aujourd'hui une jolie petite ville à taille humaine de 37 000 habitants, structurée par les Allées provençales qui encerclent son centre ancien. Une ville déjà nettement provençale où il fait bon vivre et séjourner.

MUSÉE DU NOUGAT ARNAUD SOUBEYRAN

22, avenue du Gournier
✆ 04 75 51 01 35
www.nougatsoubeyran.com
Du lundi au samedi de 9h à 18h30. Musée 4 € avec audioguide.

Si la maison, dont la réputation n'est plus à faire, existe depuis 1837, le musée du Nougat de la maison Arnaud Soubeyran s'est récemment réinventé. Venez avec vos écouteurs pour découvrir la ruche sonore ! La mise en scène se dévoile participative avec des animations, expositions... Ici, on se laisse conquérir par le nougat et l'histoire des familles Arnaud et Soubeyran. Également, une gamme de confiseries provençales : calissons, guimauves, biscuits, fruits secs au chocolat...

CHÂTEAU DE MONTÉLIMAR ★

Plateau de Narbonne
✆ 04 75 00 62 30
www.chateaux-ladrome.fr
Ouvert toute l'année. Entrée 5 €. Visite guidée 6 €.

Niché dans un écrin de verdure sur les hauteurs de Montélimar, le château médiéval édifié par la famille Adhémar au XIIe siècle est composé du logis des seigneurs, d'une chapelle romane, d'une tour carrée et d'une enceinte fortifiée dotée d'un chemin de ronde. Son histoire retrace différents usages : palais, citadelle, prison et aujourd'hui lieu culturel. Toutefois, une partie seulement de l'ensemble est accessible au public et il ne reste rien du mobilier et des équipements d'époque. Le lieu abrite des expositions temporaires. Beau panorama sur la ville.

MUSÉE EUROPÉEN DE L'AVIATION DE CHASSE ★

Aérodrome de Montélimar-Ancône
✆ 04 75 53 79 49
www.meacmtl.com
Horaires variables selon les saisons. Adulte 7,50 €.

Tanguy et Laverdure, ça vous dit quelque chose ? Les nostalgiques de la série aimeront ce musée qui présente 66 avions de chasse européens, américains ou soviétiques, MIG23, Bronco OV10, Mirage III... On peut embarquer dans la Caravelle, y prendre place, et découvrir un véritable cockpit de DC7. Sous l'un des hangars aménagés : maquettes, missiles, munitions, moteurs, réacteurs, sièges éjectables..... et documents photographiques. Et dans la boutique, 400 références de souvenirs !

Vue d'ensemble de Montélimar.

PALAIS DES BONBONS, DU NOUGAT ET DES SOUVENIRS ★

100, route de Valence ✆ 04 75 50 62 66
palais-bonbons.com
Boutique : 10h-12h30/14h-18h30, fermée lundi matin. Vac. scolaires zone A 10h-18h30 non-stop. Musée adulte 10,50 €.

Sur 2 600 m² de visite, on visionne des documentaires, on admire les sculptures en sucre ou en chocolat, on s'étonne devant le plus gros nougat du monde et le nougat qui se fabrique sous nos yeux. A voir notamment la Maison des Jouets et ses 100 ans de jeux, le village provençal, le Monde des Poupées et Poupons, l'École d'autrefois, la collection d'automates ainsi que l'Ere N7, véritable musée de la Nationale 7 où toute l'histoire de la mythique Route Bleue vous est racontée.

HÔTEL DU PARC €€

27, boulevard du Général-de-Gaulle
✆ 04 75 01 00 73
www.hotelduparc-montelimar.com
Chambre double dès 56 €.

Cette maison provençale du XIXe siècle et de bon goût est située le long des Allées provençales, à l'orée de la vieille ville et d'un parc. Une adresse idéale pour une étape ou un séjour de charme. Les chambres varient en catégorie de simples à confortables, voire, pour certaines, luxueuses. Vous êtes accueilli avec beaucoup de gentillesse – et le sourire ! – par le patron Ludovic. La décoration est sobre, raffinée et apaisante… Pas de restaurant, mais Montélimar n'en manque pas ! Possibilité toutefois de plateau-repas et de pique-nique.

CAFÉ DES ALLÉES €

33, boulevard Marre-Desmarais
✆ 04 75 52 32 59
le-cafe-des-allees.business.site
Ouvert du mercredi au lundi de 7h à 24h. Le dimanche ouverture à 8h30. Menus de 12,90 à 24 €.

Par le décor, les menus et l'accueil, chaleureux et souriant, un véritable «esprit brasserie», celle où s'arrêtaient, jadis, les usagers de la Nationale 7 désireux de se restaurer. On bénéficie d'une terrasse aux beaux jours, on s'attable, à l'intérieur, sur les banquettes, quand on a beaucoup moins chaud, afin de déguster la paella par exemple. Également de très belles salades pleines de fraîcheur et des carpaccios colorés. Les desserts ne sont pas en reste, du café très gourmand aux coupes de glace avec petites fleurs, parapluies et vrais nougats à l'intérieur.

CREST ★

Baignée par la Drôme, Crest est une petite ville coquette et commerçante, connue pour sa Tour médiévale, la plus haute d'Europe avec ses 52 m de haut. On rejoint cette Tour emblématique en grimpant à travers les ruelles en calade et les escaliers pour découvrir un panorama toujours plus beau sur les toits de la ville et la vallée de la Drôme et garder des forces pour finalement gravir les marches qui mènent au sommet de la tour. Sportif, mais cela vaut le coup d'œil ! Crest c'est aussi deux marchés de producteurs locaux, le samedi matin et, dans une moindre mesure, le mardi matin. C'est aussi, en été, une fête médiévale et un festival de jazz vocal.

TOUR DE CREST ★

Chemin du Donjon
✆ 04 75 25 32 53
www.tourdecrest.fr
Ouvert toute l'année. Adulte : 8,50 €. Enfants de 6 à 9 ans : 2,50 €, de 10 à 17 ans : 5,50 €.

Elle marque le paysage de la région et donne une grande partie de son charme au bourg. Point de repère, étendard lorsqu'en été pendent des bannières colorées le long de ses murs, tour de guet d'où l'on bénéficie d'une vue époustouflante, c'est l'un des bijoux du département. On la surnomma la Bastille du sud, en opposition à celle de Paris. Plus haut donjon de France, 52 m, seul vestige d'une forteresse du XIIe siècle démantelée en 1633, la tour de Crest abrita une prison jusqu'en 1851. D'innombrables graffitis, poèmes, dessins y sont à découvrir.

BOURDEAUX

Le pays de Bourdeaux est au coeur de la Drôme des Préalpes. Ce pays perché et méconnu regroupe neuf communes et s'étend le long de la vallée du Roubion, une belle vallée bordée par les montagnes d'Angèle, de Couspeau, de Méliandre ou encore de Saint-Maurice. Une région très verdoyante et préservée de moyenne montagne, particulièrement ensoleillée, qui invite au repos et à l'observation de la nature. Le village (600 habitants) abrite les ruines de deux châteaux médiévaux (celui des évêques de Die et celui des comtes de Poitiers) ainsi qu'un beffroi carré et le temple (XIXe s.), imposant. Chaque année, le 15 août, a lieu une grande fête médiévale.

DIEULEFIT

C'est l'un des fleurons touristiques de la région. Ce magnifique village provençal remarquablement préservé avec sa place ombragée de platanes, sa belle église Saint-Roch et un dédale de ruelles charmantes que l'on découvre à pied est un incontournable. Dieulefit compte 3 100 habitants, regroupe de nombreux artisans d'art, potiers et céramistes, et désigne une appellation fromagère. La méthode dite de Dieulefit permet d'obtenir un picodon à la saveur très prononcée et particulière. Le centre du village est vraiment délicieux, particulièrement la rue piétonne qui le traverse en alignant les adresses gourmandes et les boutiques d'artisanat.

MAISON DE LA CÉRAMIQUE ★

Rue des Reymonds ✆ 04 75 50 20 98
www.maisondelaceramique.fr

Ouvert avr-déc. Basse saison : mer-dim 14h-18h. Haute saison : tous les jours 10h-13h/14h-18h. Adulte 4 €.

La Maison de la céramique vous ouvre les portes d'un artisanat local qui marque la région depuis des siècles. Vous y découvrirez l'histoire de la poterie locale et les différentes techniques utilisées. Plus de 200 pièces exposées illustrent la richesse du passé potier du Pays de Dieulefit depuis l'époque gallo-romaine avec les premières traces d'ateliers jusqu'au XXe siècle. Cette approche chronologique retrace l'évolution des productions tant au niveau des formes que des décors. A l'exposition permanente s'ajoutent chaque année plusieurs expositions temporaires.

LA DRÔME DES COULEURS €€

Rue Malautière
✆ 04 75 54 45 20

Horaires variables selon les saisons. Plats dès 14 €.

Une excellente adresse gourmande qui anime le cœur de Dieulefit, jadis épicerie fine de terroir proposant toute une gamme de produits de la Drôme. Désormais uniquement un restaurant et un bar à vins avec beaucoup de convivialité et diverses formules du jour sympathiques mariant produits régionaux et épices exotiques. Entre autres, le foie gras. Avec Avec un décor moderne créant une ambiance chaleureuse donnant envie de déguster toutes sortes de crus. Et côté vins, c'est pas moins de 120 références qui vous attendent, du local, du naturel...

NYONS ★★

Les dieux semblent s'être penchés sur le berceau de cette petite ville de 6 700 habitants dont les principales richesses sont issues de l'olivier qui pousse ici partout : les olives et l'huile qui en est tirée. Sur ce site, agrémenté d'un microclimat privilégié, les Romains fondèrent Novio Magus (nouveau marché). C'est justement le jeudi, jour de marché, que Nyons est la plus séduisante. Les étals offrent tout ce que la Provence produit de saveurs et d'artisanat. Flânez dans le vieux centre joliment réhabilité et le long de l'Eygues avant de choisir parmi ces petits restaurants de Nyons qui rivalisent pour magnifier les produits du terroir.

INSTITUT DU MONDE DE L'OLIVIER

40, place de la Libération
✆ 04 75 26 90 90
huiles-et-olives.fr

Lun-ven 9h-12h30 et 13h30-17h. Entrée libre à l'exposition. Dégustation libre autour de 5 huiles d'olive 2 €.

Cet institut créé en 1996 offre un lieu unique autour de cet arbre millénaire riche en huile. Au 1er étage, l'exposition « L'olivier joyau de la terre, l'olive perle de nos terroirs » est consacrée à l'olivier et aux principales variétés d'olives françaises. Vente d'ouvrages sur l'olive et l'olivier, sa vie, sa culture, son huile, ses bienfaits... Recettes de cuisine et astuces de beauté aussi, l'olive et son huile n'auront plus de secrets pour vous !

LA FARIGOULE €€

23, rue des Déportés
✆ 04 75 26 07 01
www.restaurant-nyons.com

Ouvert de mi-avril à sept. Mardi-samedi midi et soir, dimanche midi. Menus 22-26 €.

Une farigoule qui met en valeur l'olive de Nyons, le thym (l'enseigne) et les autres, lavande, truffe, picodon... Ici on vous sert avec le sourire : croustillant de chèvre frais, foie gras à la pomme rôtie, caillette poêlée forestière, gratin gourmand de ravioles du Dauphiné aux queues d'écrevisses et asperges vertes de Provence, joue de porc aux côtes-du-rhône, cuisse de lapin à la moutarde ancienne, mijoté de veau aux marrons... Les fromages et desserts maison sont à choisir sur l'ardoise. A noter la belle sélection de vins naturels et bio.

VIGNOLIS, COOPÉRATIVE DU NYONSAIS

Place Olivier-de-Serres ✆ 04 75 26 95 09
http://www.vignolis.fr
Du lundi au samedi de 9h à 12h15 et de 14h à 18h30. Haute saison : du lundi au samedi de 9h à 12h30 et de 14h à 19h.

L'Espace Vignolis abrite la boutique dédiée à la vente de sa production avec son comptoir de dégustation (huile, tartinables et vins) ainsi que d'autres produits du terroir en AOP ou/et bio, un musée de l'olivier (visite libre) et une galerie d'exposition. Vous découvrirez autour de la meule en pierre et différentes presses à olives, les instruments anciennement utilisés pour l'extraction de l'huile et sa conservation et de nombreuses informations. Une escale gourmande et passionnante.

VAISON-LA-ROMAINE ★★

Pur joyau de la Provence romaine, labellisée Plus Beaux Détours de France, Vaison possède un patrimoine architectural d'une richesse et d'une diversité exceptionnelles. En effet, outre les innombrables vestiges de l'antique Vasio Vocontiorum, la Cité, avec sa ville Haute, son château et ses églises médiévales vient compléter le panorama de cette ville hors du commun. Tous les trois ans, la ville accueille les Choralies, un événement où les chefs de chorales se donnent rendez-vous pour « faire chanter la terre » pendant huit jours. Un grand marché provençal à lieu chaque mardi matin, toute l'année. D'autres foires et marchés ont également lieu l'été.

CATHÉDRALE NOTRE-DAME-DE-NAZARETH ★

Rue Alphonse Daudet
✆ 04 90 36 05 65
Accès gratuit. Pour les visites guidées, se renseigner auprès de l'office de tourisme.

© TRABANTOS - SHUTTERSTOCK.COM

Bel exemple d'architecture romane provençale que la cathédrale Notre-Dame de Nazareth (XIe et XIIe siècles). A l'intérieur, on retrouve cet emprunt à l'antique renforcé par les tons blancs ou gris des colonnes de marbre et de l'autel. Sa nef est éclairée de fenêtres percées à la base des berceaux, et la belle coupole octogonale a été édifiée lors des travaux du XIIe siècle. Le magnifique cloître qui s'élève au nord de l'édifice abritait les chanoines.

NOS CIRCUITS

CATHÉDRALE SAINTE-MARIE DE L'ASSOMPTION

Rue des Comtes de Blégier
Se rapprocher des services de l'Office de Tourisme.

L'église de la cité médiévale Notre Dame de l'Assomption (classée aux M.H) surplombe la rivière l'Ouvèze et la ville basse. Aux XIIe et XIIIe siècles, les comtes de Toulouse et les évêques de Vaison, rivaux déclenchent un mouvement de population qui va abandonner la ville basse, naîtra l'église de la Haute-Ville. Grâce au mécène suisse Leonard Gianadda, 19 vitraux artistiques contemporains réalisés par le père coréen Kim En Joong décorent les baies.

CHAPELLE SAINT-QUENIN

Avenue de Saint-Quentin
✆ 04 90 36 02 11
www.vaison-la-romaine.com
Visites sur demande auprès du service patrimoine.

Implantée au nord de la ville sur une vaste zone sépulcrale, cette chapelle qui porte le nom du saint patron de la cité, évêque très estimé de Vaison au VIe siècle, a été édifiée au XIIe. Vous pourrez admirer son abside triangulaire. Son décor d'inspiration antique induisit en erreur, pendant longtemps, les historiens qui voyaient là un édifice romain. Les bâtiments qui le jouxtaient étaient occupés par les chanoines de la cathédrale Notre-Dame de Nazareth. A partir de la chapelle Saint-Quenin, un chemin champêtre et une calade agréable mènent à la cathédrale.

CHÂTEAU DES COMTES DE TOULOUSE

Montée du château
www.vaison-la-romaine.com
Accès libre.

Les vestiges du château féodal érigés sur un éperon rocheux sont visibles de toutes les directions. Il fut édifié au XIIe siècle par les comtes de Toulouse. Au XIIIe siècle, les bâtiments s'organisèrent autour de son haut donjon, mesurant vingt mètres de haut, aux pierres magnifiquement appareillées. Il faut être bien chaussé et crapahuter le rocher si l'on veut gagner l'ancien chemin de ronde sur la» terrasse supérieure» pour admirer la campagne environnante.

MUSÉE ARCHÉOLOGIQUE THÉO DESPLANS

Rue Bernard Noël
✆ 04 90 36 50 48
www.vaison-la-romaine.com
Horaires modulés suivant la saison. Billet Pass : adulte 9 €, enfant (de 10 à 17 ans) 4 €.

En complément de la partie de vestiges antiques qui se visite en plein air sur le site de Puymin, le musée archéologique Théo Desplans vient compléter la découverte avec ses collections, un document audiovisuel et un espace dédié à la préhistoire et à la protohistoire. Les objets sont mis en situation dans leur contexte d'utilisation dans chaque espace. Les visiteurs peuvent alors imaginer les gestes et retracer la vie quotidienne de nos ancêtres.

SITES ARCHÉOLOGIQUES GALLO-ROMAINS

✆ 04 90 36 50 48
www.vaison-la-romaine.com/
Horaires variables. Billet Pass adulte 9 €, jeune 4 €. Gratuit jusqu'à 9 ans.

- **Le site de la Villasse,** quartier des commerçants et ensemble thermal. La rue des Boutiques, qui constitue l'un des exemples les plus marquants de l'urbanisme d'alors, la Maison du Buste en Argen, la Maison au Dauphin.
- **Le site de Puymin**, avec la maison à l'Apollon lauré, la Maison à la Tonnelle, le sanctuaire à portiques, le théâtre antique, le musée archéologique Théo Desplans.
- **Le pont romain**, qui fait la jonction entre la ville basse et la ville haute.

HÔTEL LE BEFFROI*** €€€

2, rue de l'Evêché
✆ 04 90 36 04 71
www.le-beffroi.com
Fermé fév et mars. 22 chambres 76 à 175 €. Petit déjeuner buffet. Garage. Parking. Garage vélo/motos. Salle de réunion.

Au cœur de la ville médiévale, au pied du beffroi, cette demeure de caractère du XVIe siècle, avec annexe du XVIIe respire l'histoire. Escaliers à vis, chambres spacieuses, personnalisées et confortables décorées avec des meubles de style et de grand tapis douillets, équipées d'un minibar. D'agréables salons, salles de bains récentes. Certaines chambres ont la vue sur les magnifiques jardins en terrasse. Le petit déjeuner est servi en terrasse de laquelle vous profitez de la vue panoramique sur la ville basse mais peut aussi l'être en chambre.

LE BISTROQUET €

33, Cours Taulignan
✆ 04 90 36 04 26
Ouvert toute l'année. Fermé le dimanche. Menus de 20 € à 22 €. Terrasse. Accueil des groupes (max 20 sur réservation).

Très tôt le matin, c'est le passage ballet des entreprises, le mardi matin, jour de marché, le passage des camelots. C'est un petit bistrot dans lequel on a envie de se retrouver entre copains ou assis en terrasse afin d'apprécier l'ambiance vaisonnaise. Sylvia et Patrick vous accueillent mais c'est Patrick qui est aux fourneaux. Il propose une cuisine provençale, traditionnelle française toujours de qualité réalisée avec des produits frais et de saison et saura vous conseiller le vin local qui accompagnera votre repas. On réserve.

RICHERENCHES ★

Ce tout petit village médiéval vaut vraiment le détour tellement il est charmant. Richerenches constituait la commanderie générale de Provence, fondée en 1136 par Arnaud de Bedos. Le village a gardé ses allures de forteresse avec ses quatre tours et ses remparts. La commanderie est l'une des mieux conservées de France. On y trouve encore le logis du commandeur et de ses chevaliers, le puits et l'église à nef étroite achevée par une abside en cul-de-four. Les samedis matin de novembre à mars, le marché aux truffes rappelle que Richerenches est un important centre de production. Le pays est également au cœur du vignoble des côtes-du-rhône.

LE VENTOUX ET LES BARONNIES PROVENÇALES

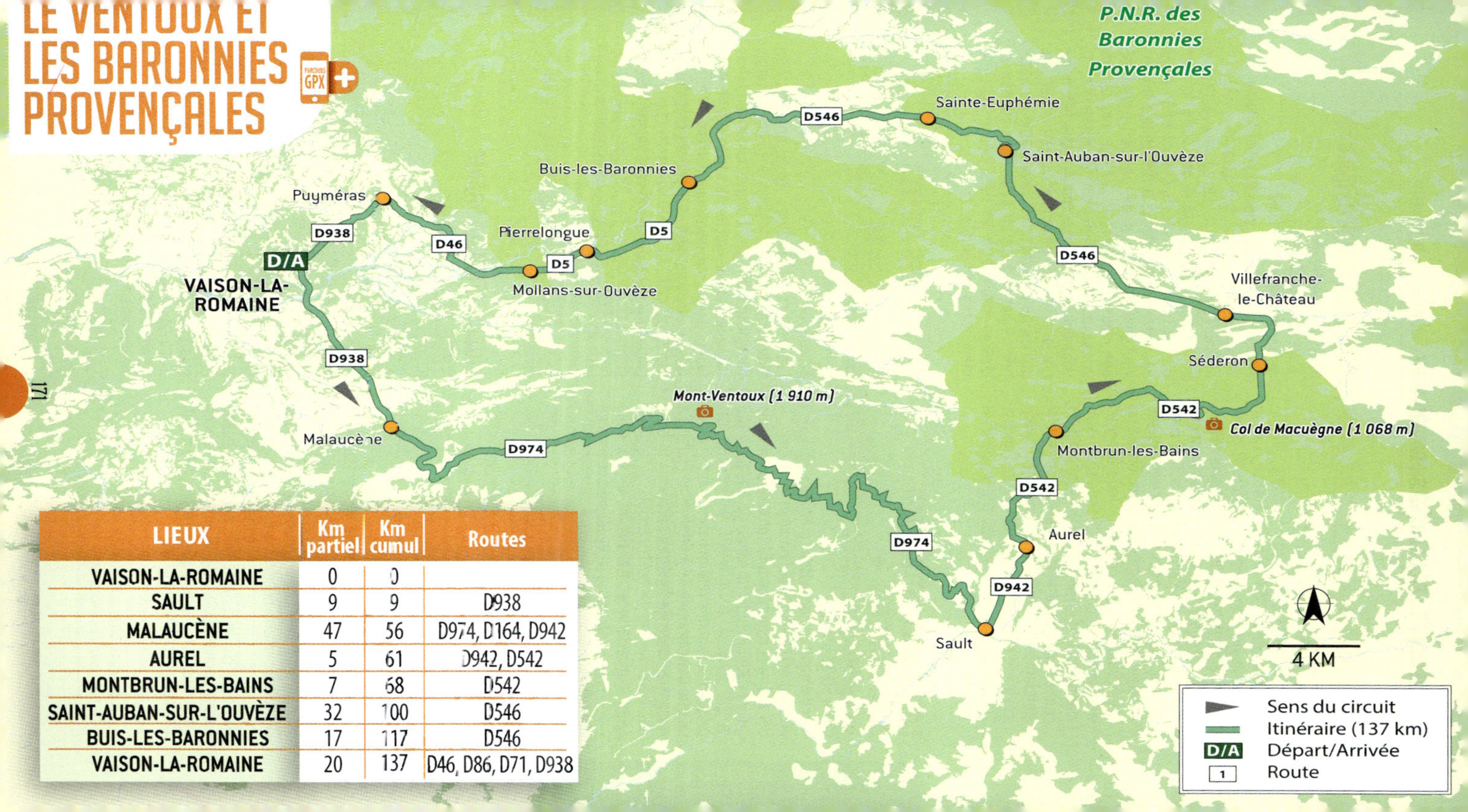

LIEUX	Km partiel	Km cumul	Routes
VAISON-LA-ROMAINE	0	0	
SAULT	9	9	D938
MALAUCÈNE	47	56	D974, D164, D942
AUREL	5	61	D942, D542
MONTBRUN-LES-BAINS	7	68	D542
SAINT-AUBAN-SUR-L'OUVÈZE	32	100	D546
BUIS-LES-BARONNIES	17	117	D546
VAISON-LA-ROMAINE	20	137	D46, D86, D71, D938

VAISON-LA-ROMAINE ★★

Pur joyau de la Provence romaine, labellisée Plus Beaux Détours de France, Vaison possède un patrimoine architectural d'une richesse et d'une diversité exceptionnelles. En effet, outre les innombrables vestiges de l'antique Vasio Vocontiorum, la Cité, avec sa ville Haute, son château et ses églises médiévales vient compléter le panorama de cette ville hors du commun. Tous les trois ans, la ville accueille les Choralies, un événement où les chefs de chorales se donnent rendez-vous pour « faire chanter la terre » pendant huit jours. Un grand marché provençal à lieu chaque mardi matin, toute l'année. D'autres foires et marchés ont également lieu l'été.

CHAPELLE SAINT-QUENIN ✝

Avenue de Saint-Quentin
✆ 04 90 36 02 11
www.vaison-la-romaine.com
Visites sur demande auprès du service patrimoine.

Implantée au nord de la ville sur une vaste zone sépulcrale, cette chapelle qui porte le nom du saint patron de la cité, évêque très estimé de Vaison au VIe siècle, a été édifiée au XIIe. Vous pourrez admirer son abside triangulaire. Son décor d'inspiration antique induisit en erreur, pendant longtemps, les historiens qui voyaient là un édifice romain. Les bâtiments qui le jouxtaient étaient occupés par les chanoines de la cathédrale Notre-Dame de Nazareth. A partir de la chapelle Saint-Quenin, un chemin champêtre et une calade agréable mènent à la cathédrale.

CATHÉDRALE NOTRE-DAME-DE-NAZARETH ✝ ★

Rue Alphonse Daudet
✆ 04 90 36 05 65
Accès gratuit. Pour les visites guidées, se renseigner auprès de l'office de tourisme.

Bel exemple d'architecture romane provençale que la cathédrale Notre-Dame de Nazareth (XIe et XIIe siècles). A l'intérieur, on retrouve cet emprunt à l'antique renforcé par les tons blancs ou gris des colonnes de marbre et de l'autel. Sa nef est éclairée de fenêtres percées à la base des berceaux, et la belle coupole octogonale a été édifiée lors des travaux du XIIe siècle. Le magnifique cloître qui s'élève au nord de l'édifice abritait les chanoines.

CHÂTEAU DES COMTES DE TOULOUSE

Montée du château
www.vaison-la-romaine.com
Accès libre.

Les vestiges du château féodal érigés sur un éperon rocheux sont visibles de toutes les directions. Il fut édifié au XIIe siècle par les comtes de Toulouse. Au XIIIe siècle, les bâtiments s'organisèrent autour de son haut donjon, mesurant vingt mètres de haut, aux pierres magnifiquement appareillées. Il faut être bien chaussé et crapahuter le rocher si l'on veut gagner l'ancien chemin de ronde sur la» terrasse supérieure» pour admirer la campagne environnante.

CATHÉDRALE SAINTE-MARIE DE L'ASSOMPTION ✝

Rue des Comtes de Blégier
Se rapprocher des services de l'Office de Tourisme.

L'église de la cité médiévale Notre Dame de l'Assomption (classée aux M.H) surplombe la rivière l'Ouvèze et la ville basse. Aux XIIe et XIIIe siècles, les comtes de Toulouse et les évêques de Vaison, rivaux déclenchent un mouvement de population qui va abandonner la ville basse, naîtra l'église de la Haute-Ville. Grâce au mécène suisse Leonard Gianadda, 19 vitraux artistiques contemporains réalisés par le père coréen Kim En Joong décorent les baies.

MUSÉE ARCHÉOLOGIQUE THÉO DESPLANS 🏛

Rue Bernard Noël
✆ 04 90 36 50 48
www.vaison-la-romaine.com
Horaires modulés suivant la saison. Billet Pass : adulte 9 €, enfant (de 10 à 17 ans) 4 €.

En complément de la partie de vestiges antiques qui se visite en plein air sur le site de Puymin, le musée archéologique Théo Desplans vient compléter la découverte avec ses collections, un document audiovisuel et un espace dédié à la préhistoire et à la protohistoire. Les objets sont mis en situation dans leur contexte d'utilisation dans chaque espace. Les visiteurs peuvent alors imaginer les gestes et retracer la vie quotidienne de nos ancêtres.

La vieille ville de Vaison-la-Romaine de nuit.

SITES ARCHÉOLOGIQUES GALLO-ROMAINS

✆ 04 90 36 50 48
www.vaison-la-romaine.com/
Horaires variables. Billet Pass adulte 9 €, jeune 4 €. Gratuit jusqu'à 9 ans.

- **Le site de la Villasse,** quartier des commerçants et ensemble thermal. La rue des Boutiques, qui constitue l'un des exemples les plus marquants de l'urbanisme d'alors, la Maison du Buste en Argen, la Maison au Dauphin.
- **Le site de Puymin**, avec la maison à l'Apollon lauré, la Maison à la Tonnelle, le sanctuaire à portiques, le théâtre antique, le musée archéologique Théo Desplans.
- **Le pont romain**, qui fait la jonction entre la ville basse et la ville haute.

HÔTEL LE BEFFROI*** €€€

2, rue de l'Evêché
✆ 04 90 36 04 71
www.le-beffroi.com
Fermé fév et mars. 22 chambres 76 à 175 €. Petit déjeuner buffet. Garage. Parking. Garage vélo/motos. Salle de réunion.

Au cœur de la ville médiévale, au pied du beffroi, cette demeure de caractère du XVIe siècle, avec annexe du XVIIe respire l'histoire. Escaliers à vis, chambres spacieuses, personnalisées et confortables décorées avec des meubles de style et de grand tapis douillets, équipées d'un minibar. D'agréables salons, salles de bains récentes. Certaines chambres ont la vue sur les magnifiques jardins en terrasse. Le petit déjeuner est servi en terrasse de laquelle vous profitez de la vue panoramique sur la ville basse mais peut aussi l'être en chambre.

LE BISTROQUET €

33, Cours Taulignan
✆ 04 90 36 04 26
Ouvert toute l'année. Fermé le dimanche. Menus de 20 € à 22 €. Terrasse. Accueil des groupes (max 20 sur réservation).

Très tôt le matin, c'est le passage ballet des entreprises, le mardi matin, jour de marché, le passage des camelots. C'est un petit bistrot dans lequel on a envie de se retrouver entre copains ou assis en terrasse afin d'apprécier l'ambiance vaisonnaise. Sylvia et Patrick vous accueillent mais c'est Patrick qui est aux fourneaux. Il propose une cuisine provençale, traditionnelle française toujours de qualité réalisée avec des produits frais et de saison et saura vous conseiller le vin local qui accompagnera votre repas. On réserve.

MALAUCÈNE ★

Blotti à l'intérieur de ses remparts, Malaucène prend forme autour de son ancien fort qui se situe sur le point culminant du village. La vieille ville est en partie entourée d'un remarquable cours planté d'immenses platanes centenaires. Malaucène n'a conservé de son enceinte fortifiée que quelques portes dont la porte Soubeyran qui paraît-il faisait jadis office de gibet pour la pendaison publique des criminels. Dans la première moitié du XIVe siècle, Malaucène abritait la résidence d'été du pape Clément V, qui marqua la ville de son empreinte à travers l'église Saint-Michel-et-Saint-Pierre qu'il fit ériger en 1309 sur l'emplacement d'un ancien temple.

MONT VENTOUX ★★★★

D947
Habituellement fermé de mi-novembre à avril-mai.

© VINCENT FORMICA

912 m, 25 km de long et 15 de large ! Cette majestueuse pyramide, fouettée par les vents les deux tiers de l'année, est arpentée chaque année par des centaines de cyclistes qui partent à l'assaut de ses pentes, tentant de rééditer les exploits des grimpeurs du Tour de France. Une fois au sommet, leurs efforts sont largement récompensés : par temps dégagé, le « mont chauve » permet d'embrasser la Provence du regard, des Alpes à la Méditerranée, jusqu'au Massif central et aux Cévennes. La neige se maintient en moyenne 140 jours par an au sommet.

SAULT ★

La ville commence son ascension le 22 avril 1561 quand Charles IX réunit à la Baronnie de Sault, tous les fiefs possédés par le Seigneur d'Agoult et érigea cet ensemble en Comté. En 1613, à la mort de Chrétienne d'Aguerre veuve de François d'Agoult, le Comté de Sault passa de la famille d'Agoult à celle de Créquy-Lesdiguières. Par la suite, le Comté échu à Louis Nicolas de Neufville, duc de Villeroy, en 1703. Le 25 juin 1793, la convention créa le département de Vaucluse, formé d'Avignon, du Comtat Venaissin, de la Principauté d'Orange, de la Viguerie d'Apt et du Comté de Sault en Provence. Aujourd'hui, Sault est une Station Verte de Vacances.

HÔTEL-RESTAURANT LE LOUVRE** €€

Place du Marché
✆ 04 90 64 08 88
www.louvre-provence.com

15 chambres. Chambre double à partir de 83 €. Parking ouvert (garage à vélos et motos fermé).

Cet hôtel-restaurant, l'un des meilleurs rapport qualité prix des environs, accueille entre autres clients de passage et randonneurs de tous poils. Lits «king size», sanitaires privatifs équipés de sèche-cheveux, tissus ensoleillés, vous serez charmé par l'accueil et le cadre simple et propret. Des soirées «motards» sont organisées au printemps. Nous vous recommandons de prendre la demi-pension, le chef a du talent et plein d'idées pour varier les menus, vous ne serez pas déçus !

AUREL

Village perché à proximité du Mont Ventoux, ses petites rues tortueuses et étroites, bordées de maisons aux encadrements en pierre offrent un décor charmant pour cheminer jusqu'au château, ou ce qu'il en reste. Car seules une tour carrée et des murailles percées de meurtrières se dressent encore. À proximité se trouve l'église fortifiée du XIIe siècle dont le clocher, habillé de tuiles vernissées est atypique. Village d'artistes, ateliers de céramistes ou de peintres agrémentent la visite. À noter que dans le hameau voisin des Crottes, on peut parcourir le sentier botanique en comptant environ 1 heure et le sentier « Haut » pour la même durée.

MONTBRUN-LES-BAINS ★★

C'est l'un des 153 Plus Beaux Villages de France réputé pour son ensoleillement, son air pur et sec. L'arrivée à Montbrun, depuis l'un des cols environnants, est un enchantement. Ce village adossé à ces contreforts de roc arbore les ruines du château qui fut la propriété de Charles Dupuy-Montbrun – un catholique converti à la Réforme qui sema la terreur dans les Baronnies et qui fut décapité à Grenoble. Aujourd'hui, l'économie de Montbrun-les-Bains s'articule autour du thermalisme - ses eaux sulfurées sont réputées bénéfiques en cas de troubles des voies respiratoires -, du tourisme vert et de la production de lavande et de tilleul.

Vue sur le village de Sault.

SAINT-AUBAN-SUR-L'OUVÈZE

A 13 km de Buis-les-Baronnies, ce village perché de moins de 200 habitants est très pittoresque. Cet ancien village fortifié, fief des Montauban, possession des Adhémar au XIVe siècle, qui accordèrent une charte des libertés, en garde des vestiges. La colline avoisinante est colonisée par les châtaigniers. On prendra plaisir à découvrir l'église datant de 1870, les ruines du château, la fontaine à « tête de cygnes », les ruelles en calade, en sillonnant dans ce village paisible qui ne manque pas de charme et invite à y séjourner pour profiter des activités nature alentour : randonnées pédestres, équestres, parapente, deltaplane, escalade, baignade.

GÎTE DE LA GALANE €€

Loché

✆ 04 75 28 62 37

www.lagalane.com

A partir de 54 €. Accès internet gratuit. Piscine privée disponible à partir de mi-juin jusqu'à début septembre.

La Galane, chambres et table d'hôtes en Baronnies provençales, est une belle adresse à retenir. Un petit coin de paradis, niché dans un joli petit hameau. Ici, l'ensoleillement est exceptionnel. Bruna se met en quatre pour que l'on se sente comme chez soi. Dans ce petit coin de pays où les gens prennent soin de leur terre, apprécient tout ce que la nature offre, le soleil et le chant des cigales… tout sent bon la Provence et d'autant plus quand la lavande est en fleur. Pour une belle parenthèse au calme, c'est l'adresse idéale.

RESTAURANT LE BOUGALOU €€

Sarre Neuve

✆ 04 75 28 63 33

www.lebougalou.fr

Ouvert tous les jours sauf le mardi soir et le mercredi jusque fin juin. En juillet et août, ouvert tous les jours.

Ambiance à la bonne franquette, cuisine simple et d'un bon rapport qualité-prix, c'est dans un cadre fleuri au bord de l'eau que Le Bougalou propose aux visiteurs de faire une halte pour se restaurer. La terrasse ombragée et les paillotes s'apprécient aux beaux jours. Pizzas, grillades, plat du jour… Rendez-vous sur la route de la Lavande, face au village de Saint-Auban-sur-Ouvèze. Il n'est pas rare d'ailleurs que les dîners soient animés d'une soirée moules-frites, d'un match de football… L'endroit est également un gîte d'étape équestre et loue des mobil-homes.

BUIS-LES-BARONNIES ★★

Dans son écrin de falaises, Buis, petite ville de charme baptisée Buis-les-Baronnies en 1928, est auréolée d'oliviers plantés en terrasses. Au Moyen Age, le Buis est la capitale administrative des barons de Mévouillon, grande famille des Baronnies. La cité est alors réputée pour ses vins et ses draps. Après la grande peste du XIVe siècle, Louis XI fait venir des Suisses alémaniques pour repeupler la région. On leur doit la magnifique place des Arcades de style bernois. Le vignoble laisse peu à peu place aux oliveraies. Avec l'arrivée du chemin de fer en 1907, le commerce du tilleul connaît un grand essor et Buis en devient la capitale mondiale.

SOUS L'OLIVIER*** €€

70, chemin du Menon

✆ 04 75 28 01 04

www.hotel-buislesbaronnies.com

Ouvert de début mars à mi-novembre. Chambre double à partir de 80 € ; chambre triple à partir de 95 €.

Au milieu des lavandes, cet hôtel trois étoiles, de style résidence hôtelière, est un havre de paix à moins de dix minutes à pied du centre du Buis. Climatisées, les chambres sont exposées plein sud et la majorité d'entre elles dotées de terrasses privées ouvrant sur la nature. L'établissement propose une panoplie de loisirs : piscine, jeux d'enfants, baby-foot, ping-pong, jeux vidéo, billard, terrain de boules, salon de télévision. Au printemps, vous pourrez déguster une cuisine traditionnelle et régionale, accompagnée de vins de qualité, région oblige.

LA FOURCHETTE €€

9, place du Marché

✆ 04 75 28 03 31

Basse saison : ouvert du mardi au samedi ; le dimanche midi. Haute saison : tous les jours. Menus de 28 à 40 €.

L'adresse gourmande de Buis. Sous les arcades basses du vieux bourg, la Fourchette offre un espace lumineux dans une harmonie de couleurs qui convient fort bien au généreux plateau de produits du terroir. Un service efficace et souriant pour une cuisine traditionnelle mettant à l'honneur les spécialités régionales : agneau des Baronnies, filet de bœuf, foie gras de canard mi-cuit maison… En été, une belle variété de salades vient agrémenter la carte. Le nougat glacé ou une poire au vin rouge concluront agréablement un repas aux saveurs provençales.

LE VENTOUX ET LES ALPILLES

LIEUX	Km partiel	Km cumul	Routes
AVIGNON	0	0	
CARPENTRAS	26	26	D225, D942
MALAUCÈNE	27	53	D19, D938
SAULT	46	99	D974, D164
MONIEUX	7	106	D942
GORDES	66	172	D15
CAVAILLON	17	189	D15
LES BAUX-DE-PROVENCE	38	227	D27
SAINT-RÉMY-DE-PROVENCE	11	238	D5
AVIGNON	21	259	D57, N570

AVIGNON ★★★★

Avignon abrite aujourd'hui le plus grand et le plus bel ensemble gothique d'Europe. Au XIIe siècle, c'est déjà une ville importante. Au XIVe siècle, elle sera le centre du monde chrétien, et demeurera terre pontificale jusqu'à la Révolution. Outre le Palais des Papes, le pont d'Avignon et les remparts intacts qui ceignent la ville, Avignon recèle nombre de trésors. Quatre promenades balisées (des Doms, Joseph Vernet, des Teinturiers et de la Carreterie) vous permettront de découvrir tous les attraits de la ville, les églises, les chapelles, les vieilles rues et les hôtels particuliers. La ville est également célèbre grâce à son festival annuel.

REMPARTS D'AVIGNON ★★★

Avignon est l'une des rares villes françaises à avoir conservé l'intégralité de ses anciens remparts (classés monuments historiques). Dès lors, difficile de dissocier la ville des témoins de son Histoire. Entre quatre et cinq kilomètres de dentelle de pierre datant du XIVe siècle ceinturent la vieille ville. Ils sont flanqués de trente-neuf tours et percés de sept portes principales : la porte de l'Oulle, la porte Dominique, la porte Saint-Roch, la porte de la République, la porte Saint-Michel, la porte Limbert et la porte Saint-Charles.

NOS CIRCUITS

PALAIS DES PAPES ★★★★

✆ 04 90 27 50 00

www.palais-des-papes.com

Ouvert tous les jours, toute l'année. Horaires variables suivant la saison. Adulte : 12 €.

Avec plus de 650 000 visiteurs par an, le palais des Papes fait partie des dix monuments les plus visités en France. Véritable symbole du rayonnement de l'Eglise sur l'Occident chrétien au XIVe siècle, ce chef-d'œuvre de plus de 6 400 m² est la plus grande forteresse du Moyen Âge. Edifié à partir de 1335, il est classé au patrimoine mondial de l'Unesco. Une bonne heure est nécessaire pour le découvrir. La grande chapelle est consacrée, en période estivale, aux expositions d'art. Les représentations du festival d'Avignon se tiennent dans la cour d'honneur.

PONT D'AVIGNON (PONT SAINT-BÉNEZET) ★★

Boulevard de la Ligne ✆ 04 32 74 32 74

www.avignon-pont.com

Du 1er septembre au 1er novembre de 9h à 19h ; du 2 novembre à fin février de 9h30 à 17h45 ; en mars de 9h à 18h30.

Classé au Patrimoine mondial de l'Unesco, le pont d'Avignon, ou pont Saint-Bénezet, fut construit au XIIe siècle. Il représentait l'unique passage sur le Rhône, frontière naturelle entre la France et le Saint Empire romain germanique. Les crues du Rhône ne l'épargnèrent point. C'est au XVIIe siècle qu'il sera abandonné, avec seulement quatre arches et une magnifique chapelle romane dédiée à son saint protecteur. *Sur le pont d'Avignon* est une chanson connue qui remonte au XVe siècle

HÔTEL DE GARLANDE €€

20, rue Galante ✆ 04 90 80 08 85

www.hoteldegarlande.com

Ouvert toute l'année. 12 chambres, chambre double à partir de 55 €. Haute saison : chambre double à partir de 100 €.

Au cœur des ruelles pavées du centre avignonnais, tout près de la stratégique place de l'Horloge et du palais des papes, un hôtel de bon standing qui allie charme et fraîcheur. Il vient d'être repris par un couple qui s'emploie avec bonheur à y distiller un esprit « chambre d'hôtes », notamment avec les agréments de petits déjeuners riches de gâteaux, de confitures et de yaourts maison. Les chambres, remises au goût du jour, calmes, soignées et confortables avec douche ou bain, téléphone en accès direct, possèdent chacune une décoration personnalisée.

LA COUR D'HONNEUR €€

58, rue Joseph-Vernet

✆ 04 90 86 64 53

www.cour-honneur.com

Ouvert toute l'année. D'avril à novembre ouvert 7j/7. Accueil des groupes. Terrasse.

Allez-y, poussez la porte de cet ancien hôtel particulier du XVIIIe siècle. Il en vaut le détour pour sa terrasse en plein cœur de la ville agréable et calme, à l'abri du Mistral, bien ombragée l'été avec ses deux platanes, un grand pin et une pergola végétale. On s'installe dès les premiers frimas sous une grande véranda donnant sur l'extérieur arboré. La cuisine est traditionnelle, les plats sont bien présentés, sur la carte vous pourrez vous régaler d'une souris d'agneau confite ou d'un filet de bar rôti. Les menus sont d'un très bon rapport qualité/prix....

Lumière de fin d'après-midi sur la Cité des Papes

CARPENTRAS ★★

Au fil des siècles, la ville a su se forger une identité forte et originale qui se retrouve à travers son patrimoine : de beaux hôtels particuliers, de nombreux monuments publics et religieux inspirés d'une architecture italienne, témoins du mécénat artistique et intellectuel des prélats, et un patrimoine de la culture juive unique en France. Cet héritage confère à Carpentras son caractère de Ville d'Art et d'Histoire. Parmi les principaux points d'intérêt : la cathédrale Saint-Sieffrein (1404-1519) et l'arc romain (vers 16 av. J.C.), ou encore la synagogue (1367), la plus ancienne de France et dont seule la salle de prière se visite.

SYNAGOGUE DE CARPENTRAS ✡ ★★

Place Maurice-Charretier ✆ 04 90 63 39 97
www.synagoguedecarpentras.fr
Se renseigner à l'office de tourisme. Possibilité de visites commentées.

C'est la plus ancienne synagogue de France en activité et l'une des plus anciennes d'Europe, classée aux Monuments historiques en 1924. Elle est l'une des rares à présenter son état d'origine. Depuis l'époque romaine, il y a toujours eu une communauté juive à Carpentras. Chassés au XIIIe siècle, les juifs de France trouvèrent refuge en terre papale. Derrière la modeste façade datant de 1909, la synagogue construite en 1367 cache un véritable trésor. Au rez-de-chaussée et en sous-sol, le mikvé, ainsi que la boulangerie et les fours.

ARC ROMAIN

Place d'Inguimbert

Adossé au flanc nord de la cathédrale Saint-Siffrein, se trouve le seul vestige de la période romaine, l'arc romain. La cité comtadine, avant d'échoir aux papes, passa successivement aux mains des Celtes - sous le nom de Carpentorate Meminorum et des Romains - Forum Neronis. De ces temps lointains, subsiste un édifice du Ier siècle de notre ère, érigé pour commémorer la victoire de Rome sur les Barbares. Percé d'une seul arche, il offre un magnifique détail sculpté : deux prisonniers enchaînés à un trophée. L'arc romain est vu librement.

MALAUCÈNE ★

Blotti à l'intérieur de ses remparts, Malaucène prend forme autour de son ancien fort qui se situe sur le point culminant du village. La vieille ville est en partie entourée d'un remarquable cours planté d'immenses platanes centenaires. Malaucène n'a conservé de son enceinte fortifiée que quelques portes dont la porte Soubeyran qui paraît-il faisait jadis office de gibet pour la pendaison publique des criminels. Dans la première moitié du XIVe siècle, Malaucène abritait la résidence d'été du pape Clément V, qui marqua la ville de son empreinte à travers l'église Saint-Michel-et-Saint-Pierre qu'il fit ériger en 1309 sur l'emplacement d'un ancien temple.

CATHÉDRALE SAINT-SIFFREIN ✝ ★★

3, place Saint-Siffrein
✆ 04 90 63 08 33
Ouverte tous les jours sauf dimanche. Vérifier les horaires auprès de l'office de tourisme.

Ce bel édifice tire son nom du saint patron de la ville, évêque du VIIe siècle. Construite au XVIe, la cathédrale est tout en contraste. L'extérieur soigne la simplicité des lignes et la blondeur de la pierre tandis qu'à l'intérieur, de riches décors baroques se laissent deviner dans la pénombre des chapelles, des tableaux de Mignard, Parrocel, Duplessis, un primitif de l'école d'Avignon et surtout, un ensemble de statues dorées, dû au génie du sculpteur comtadin Jacques Bernus.

MONT VENTOUX ★★★★

D947
Habituellement fermé de mi-novembre à avril-mai.

912 m, 25 km de long et 15 de large ! Cette majestueuse pyramide, fouettée par les vents les deux tiers de l'année, est arpentée chaque année par des centaines de cyclistes qui partent à l'assaut de ses pentes, tentant de rééditer les exploits des grimpeurs du Tour de France. Une fois au sommet, leurs efforts sont largement récompensés : par temps dégagé, le « mont chauve » permet d'embrasser la Provence du regard, des Alpes à la Méditerranée, jusqu'au Massif central et aux Cévennes. La neige se maintient en moyenne 140 jours par an au sommet.

SAULT ★

La ville commence son ascension le 22 avril 1561 quand Charles IX réunit à la Baronnie de Sault, tous les fiefs possédés par le Seigneur d'Agoult et érigea cet ensemble en Comté. En 1613, à la mort de Chrétienne d'Aguerre veuve de François d'Agoult, le Comté de Sault passa de la famille d'Agoult à celle de Créquy-Lesdiguières. Par la suite, le Comté échu à Louis Nicolas de Neufville, duc de Villeroy, en 1703. Le 25 juin 1793, la convention créa le département de Vaucluse, formé d'Avignon, du Comtat Venaissin, de la Principauté d'Orange, de la Viguerie d'Apt et du Comté de Sault en Provence. Aujourd'hui, Sault est une Station Verte de Vacances.

HÔTEL-RESTAURANT LE LOUVRE €€

Place du Marché
✆ 04 90 64 08 88
www.louvre-provence.com

Qualité Tourisme. Ouvert d'avril à novembre. Fermé dimanche soir et lundi. Garage sécurisé. Formules à partir de 17€

Antoine Scibona aime sa région et ses produits, et ses recettes de terroir en sont le reflet. Viandes, légumes et fruits, fromages proviennent des environs. Testez les terrines de foie gras ou de lapereau faites maison ou la souris d'agneau confite. Une riche carte de côtes-du-ventoux est proposée. L'humeur toujours au beau fixe, Myriam, Antoine et leur petite équipe en cuisine et en salle sont adorables. Passez-y de notre part ! L'accueil est toujours souriant.

GORGES DE LA NESQUE ★★

D942

© SIMONPRBENSON - SHUTTERSTOCK.COM

Après les gorges du Verdon, les gorges de la Nesque sont les plus spectaculaires de Provence, l'une des plus belles percées hydrogéologiques du Midi. Un canyon grandiose et sauvage, où se dressent de fantastiques falaises percées de grottes, que l'on découvre depuis la route en encorbellement sur le précipice jalonnée de tunnels et de belvédères dont celui du Castelleras face à l'imposant rocher du Cire. En aval, après des infiltrations dans le lit calcaire fissuré, les eaux de la Nesque contribuent à alimenter la résurgence de Fontaine-de-Vaucluse.

MONIEUX

A 650 m d'altitude, accroché au flanc sud-est du Ventoux, Monieux se trouve aux portes des gorges de la Nesque que suit la D942. Dominé par les vestiges d'une tour de guet d'époque médiévale et de la chapelle Saint-André auxquelles on peut encore accéder par un sentier, ce village médiéval est certainement le doyen du Pays de Sault. Baigné de lavandes et de céréales, il reste un lieu privilégié pour tous les passionnés de nature préservée. Ruelles et calades pittoresques bordées de maisons datant des XIIe, XVIIe et XVIIIe siècles, vous laissent deviner son histoire. A voir, les nombreux ateliers d'artistes et le Musée de la truffe du Ventoux.

MUSÉE DE LA TRUFFE

Place Jean Gabert
✆ 04 90 64 14 14

Lundi à vendredi de 9h à 12h et de 14h à 17h. Gratuit.

Dans la région du Ventoux se trouvent de nombreuses « rabassières » ou truffières dans lesquelles est récolté le diamant noir, la rabasse. Le musée lui est dédié. Tout au long de la visite, vous découvrez derrière les vitrines les outils indispensables au cavage, des notes explicatives, un endroit consacré aux odeurs, comme si vous y étiez. Le musée propose en période de récolte de la truffe noire, des sorties cavages, uniquement sur réservation, pour les groupes à partir de 10 personnes. Technique qui n'aura plus de secret pour vous.

NOS CIRCUITS

GORDES ★★★★

Gordes, classé parmi les *Plus Beaux villages de France*, est sans doute la perle la plus délicate du Luberon. Dés votre arrivée au village, vous êtes happés par une carte postale à vous couper le souffle : des maisons en pierre sèche, disposées en restanque, dominées par un imposant château Renaissance. A l'intérieur du village, des ruelles caladées, qui se faufilent à travers les demeures où l'on découvre des voûtes, des caves, des portes anciennes et des jardins. Gordes était une place-forte des Vordenses, une tribu celto-ligure qui lui a donné son nom, avec cette coutume de transformer le V initial en G (Gordenses) à l'époque gallo-romaine.

© SAMOT - SHUTTERSTOCK.COM

Gordes est classé parmi les plus beaux villages de France.

ABBAYE NOTRE-DAME DE SÉNANQUE ✝ ★★★★

Route de Sénanque
✆ 04 90 72 17 92
www.senanque.fr

Ouvert tous les jours sauf en janvier, le Vendredi saint, Noël et le dimanche matin. Visite guidée. Tenue correcte.

Construite au XIIe siècle, Sénanque est l'une des trois abbayes cisterciennes de Provence. Dans le creux de la vallée, elle est un des plus purs témoins de l'architecture cistercienne primitive. Pour apprécier l'église dans son ensemble, il faut se rendre dans le fond de la nef. Construite en forme de croix, seule la lumière module l'espace. Le visiteur remarque l'absence de grand portail, ce qui est très rare. En sortant de l'église, le cloître. Six moines y vivent encore !

CHÂTEAU DE GORDES ★

✆ 04 90 72 98 64
www.gordes-village.com

Ouvert d'avril à la Toussaint, tous les jours de 10h à 17h30. Adulte : 5 €. Enfant : 4 €. Lieu d'expositions.

La grandeur du château peut surprendre le visiteur. Dominant le village, il protégeait par le passé les habitants. Le château reconstruit en 1525 existait déjà en 1031. Bien conservé, il lie l'architecture de la période troublée du Moyen Âge au nouvel art de vivre de la Renaissance. Défendu par des tours rondes dont la couronne de mâchicoulis supporte une terrasse pour l'artillerie, des hauts murs sont percés sur trois étages de fenêtre Renaissance. La façade sud s'ouvre face au vieux Gordes. Des expositions sont régulièrement présentées dans l'enceinte.

VILLAGE DES BORIES ★★★

✆ 04 90 72 03 48
www.levillagedesbories.com

Ouvert toute l'année. Tous les jours. Gratuit -12 ans. Juillet-août : deux visites commentées les mardis et jeudis.

A 3 km de Gordes, ce hameau dit « Les Cabanes », avant de le renommer le village des Bories, est formé de maisons de pierres sèches (lauzes, calcaires). Construites probablement au XVIIe siècle, ces bories, aux formes souvent arrondies, caractérisent le paysage de la région, au point de devenir l'emblème du Parc naturel du Luberon. Plus de 3 000 de ces cabanes en pierre ont été recensées dans le Vaucluse et le Luberon, dont 350 pour les seuls environs de Gordes. Les principaux bâtisseurs sont de modestes paysans qui ont construit avec la pierre locale.

LA FARIGOULE €€

2446, avenue Justin Bonfils Les Imberts
✆ 04 90 76 92 76

Fermé de novembre à février. Ouvert de jeudi à mardi, le midi de 12h à 14h30. Menus de 20 € à 25 €. Plat du jour 15 €.

C'est un petit restaurant aux allures de relais de poste qui est à la sortie du hameau des Imberts sur la route de Gordes. On ne peut pas louper sa silhouette un peu massive. Mais si vous avez envie d'une ambiance familiale, d'une cuisine provençale et d'assiettes bien garnies, c'est l'étape qu'il vous faut. Pour les périodes hivernales, une grande salle et sa cheminée qui va réchauffer vos papilles et vos yeux. En période estivale, une terrasse ombragée pour profiter du beau temps. Un parking gratuit devant le restaurant est mis à disposition.

CAVAILLON ★

Manosque, à la pointe extrême du Luberon, est pour tous les Provençaux le pays de Giono. Au n°14 de la rue Grande, artère principale de la ville, vous pouvez apercevoir la maison natale du grand écrivain.La porte Saunerie, construite en 1382 et où l'on payait jadis la gabelle, accueille le visiteur. A voir aussi, la belle église Saint-Sauveur, de style roman provençal, dont les nefs présentent des éléments de décoration gothiques. Il vous est possible de quitter la vieille ville par la majestueuse porte Soubeyran, la plus haute de la ville. Le samedi matin, les rues et placettes sont animées par un marché haut en couleur et aux senteurs enivrantes.

Cavaillon, chapelle St Jacques.

CATHÉDRALE SAINT-VERAN ET SON CLOÎTRE ✝ ★

Place Voltaire
www.cavaillon.fr
Fermé du 1er octobre au 1er mai. Ouvert du lundi au samedi 9h-12h et 14h-18h, 17h le samedi. Gratuit.

L'édifice primitif de la fin du XIe siècle fut agrandi au siècle suivant pour atteindre les dimensions actuelles. Difficile d'apprécier le bâtiment de l'extérieur, tant la cathédrale est engoncée dans la ville. La meilleure vue reste sur la colline Saint-Jacques. L'intérieur est haut en couleur avec une décoration toute en dorures et polychromies. Tout brille, les couleurs éclatent au moindre petit rayon de soleil ! Faites un petit tour par le petit cloître.

SYNAGOGUE - MUSÉE JUIF COMTADIN

Rue Hébraïque ✆ 04 90 76 00 34
www.provenceguide.com
Ouverte toute l'année sauf mardi et dimanche. Accès gratuit. Pour les heures d'ouverture voir le site Internet.

Au cœur du centre ancien, la synagogue du XVIIIe est un chef-d'œuvre de l'art comtadin baroque unique au monde. La richesse de ses dorures et les couleurs utilisées (jaune, bleu et rose) surprennent. Le fauteuil du prophète Elie juché sur son petit nuage, au-dessus du fauteuil de la circoncision est lui aussi unique. A la fois lieu de prière, d'école et d'assemblée de la communauté, on y apprend que faute de place, les femmes devaient écouter la lecture de la Torah depuis le sous-sol.

HOTEL THE ORIGINALS DU PARC CAVAILLON*** €€

183, place François-Tourel ✆ 04 90 71 57 78
www.hotelduparccavaillon.com
Ouvert toute l'année. 40 chambres à partir de 82 €. Petit déjeuner buffet. Parking fermé (gratuit pour motos et vélos).

L'hôtel au cœur de ville, au pied de la colline Saint-Jacques, est une ancienne maison de maître nichée tout contre un parc tranquille. La façade en impose, dès l'entrée l'accueil est chaleureux, intime et le cadre est une invitation à la détente. On aime le patio arboré où coule une fontaine et la véranda jouxtant le bar, à l'heure de l'apéritif. Les chambres sont confortables. Toutes les commodités pour l'accueil des groupes, avec emplacements pour autobus ont été pensées.

CÔTÉ JARDIN €€

49, rue Lamartine
✆ 04 90 71 33 58
www.cotcjardin-cavaillon.fr
Ouvert toute l'année. Haute saison : du mardi au samedi. Réservation recommandée. Menus de 15 à 25 €. Terrasse.

Ce restaurant abrite un jardin de ville avec une jolie terrasse intérieure où murmure une fontaine. C'est une bonne adresse pour trouver le calme et la fraîcheur au cœur de la ville. La décoration fait peau neuve avec une façade verte éclatante et un intérieur plus posé en gris. On aime la cuisine simple et élégante. Le chef, James Manning, a d'abord fait une escapade dans le monde du cinéma avant d'apprendre le métier de cuisinier chez un Meilleur Ouvrier de France. Il ne sélectionne que des produits frais et de saison pour réaliser sa cuisine méditerranéenne.

LES BAUX-DE-PROVENCE ★★★★

Situés au cœur des Alpilles sur un plateau rocheux, Les Baux dominent Arles et la Camargue et offrent un panorama exceptionnel. Restauré patiemment, le village possède un patrimoine historique hors du commun avec pas moins de vingt-deux pièces architecturales classées monuments historiques. Église, château, hôtel de ville, hôpital ou chapelles sont autant de chefs-d'œuvre à découvrir. Les Baux se transforment en une ruche touristique dès le retour des beaux jours. La visite se fait exclusivement à pied au milieu des maisons anciennes aux belles façades Renaissance et des hôtels particuliers accueillant de riches galeries d'art et des musées.

CARRIÈRES DE LUMIÈRES ★★★

Route de Maillane
✆ 04 90 49 20 03
carrieres-lumieres.com/fr
Fermé en février. Entrée tarif normal : 14 €

Des spectacles multimédias uniques au monde dans un cadre féerique ! Bienvenue aux Carrières de Lumières des Baux de Provence, au cœur des Alpilles. Sur d'immenses parois de 14 mètres de haut, des piliers impressionnants et des sols entièrement recouverts d'images, est projeté chaque année un spectacle inédit mettant en avant les plus grands noms de l'histoire de l'art. Attention une petite laine est nécessaire, même en été. A noter également la possibilité de billetterie en ligne sur : www.carrières-lumières.com, ou sur les réseaux Fnac et autres.

CHÂTEAU DES BAUX-DE-PROVENCE ★★★

Grand-Rue
✆ 04 90 49 20 02
www.chateau-baux-provence.com
Ouvert toute l'année. Les horaires sont variables en fonction de la saison.

Ce château fut édifié et habité dès l'Age du bronze. Il se développa à l'époque médiévale, avec son village abrité dans une forteresse et dirigé par les seigneurs des Baux. Il fut démantelé sous Richelieu. Dominés par les tours, les vestiges de la cité laissent imaginer la vie qui fut la sienne au Moyen Age : maisons, colombiers, hôpital, grottes... Au pied des vestiges, plusieurs gigantesques machines médiévales témoignent de la violence des insurrections passées.

AU PORTE MAGES €€

Rue Porte-Mages ✆ 04 90 54 40 48
Ouvert tous les jours de 11h30 à 21h30. Menus de 23 € à 28 €. Plat du jour : 16 €. Chèque Vacances, Chèque Restaurant.

Le restaurant a ouvert ses portes suite à une envie d'Adrien et Carine de recevoir et servir une cuisine gourmande et efficace. La salle voûtée du XVIe siècle est particulièrement agréable, été comme hiver, et la terrasse, qui s'ouvre sur un jardin à degrés, reste un lieu paisible, même les jours de grande affluence. Côté cuisine, les salades sont copieuses et gourmandes, les crêpes savoureuses, et les grillades appréciables. Les prix sont plutôt abordables. Des menus sont proposés que ce soit pour les adultes ou les enfants.

SAINT-RÉMY-DE-PROVENCE ★★★

On dit de Saint-Rémy-de-Provence qu'elle est la petite capitale des Alpilles. La ville est animée tout au long de l'année, que ce soit par le marché hebdomadaire, les courses de taureaux ou encore les nombreuses expositions. On y vient pour les grands hommes qui y ont laissé leur empreinte : Frédéric Mistral, Vincent van Gogh, Charles Gounod, Albert Gleizes,Joseph Roumanille ou encore Nostradamus, dont vous pourrez voir la maison natale... Mais aussi pour ses fontaines à la croisée des ruelles. A la sortie de la ville, ne manquez pas le monastère Saint-Paul-de-Mausole ni les Antiques (IIIe siècle), à l'entrée du site archéologique de Glanum.

Saint-Rémy-de-Provence.

LES ANTIQUES ★★

Route des Baux-de-Provence - D 5
✆ 04 90 92 05 22
www.saintremy-de-provence.com
Ouvert toute l'année. Gratuit. Parking à proximité.

Les Antiques sont deux monuments qui marquaient l'entrée de la ville, dans l'Antiquité. Il s'agit d'un arc de triomphe et d'un autre monument, improprement baptisé « mausolée », mais qui n'abrita probablement jamais de dépouilles. Cet édifice est constitué d'un socle orné de bas reliefs, surmonté d'un arc quadrifrons et d'une tholos (temple rond). Cette particularité architecturale le rend unique. L'Arc de Triomphe évoque, quant à lui, la conquête de la Gaule par César. Ces deux monuments ont été restaurés et ont retrouvé tout leur éclat.

CENTRE CULTUREL SAINT-PAUL DE MAUSOLE ★

Chemin Saint-Paul
✆ 04 90 92 77 00
www.saintpauldemausole.fr
Basse saison : tous les jours de 10h15 à 12h et de 13h à 17h15. Adulte : 6,50 €, réduit 4,50 €.

De mai 1889 à mai 1890, Vincent Van Gogh est interné à l'asile de Saint-Paul, installé dans l'ancien monastère. C'est ici qu'il peignit une grande partie de ses toiles, 150 parmi les plus célèbres. Aujourd'hui divisé en plusieurs secteurs, le site comprend notamment un centre culturel. Ce dernier abrite : le cloître roman classé, la reconstitution de la chambre d'hospitalisation de Van Gogh, le champ Van Gogh, la galerie d'Art Valetudo, l'historique des sœurs de l'institut.

COLLÉGIALE SAINT-MARTIN ★

Boulevard Marceau

La collégiale Saint-Martin a remplacé une église plus ancienne dont une partie s'est effondrée en 1818. Le bâtiment fut reconstruit en 1821. Elle se démarque alors par son style architectural : l'architecte Michel-Robert Penchaud lui donne un style de temple grec. Inspirée par la Maison carrée de Nîmes, la façade se dresse au-dessus d'un podium. A l'intérieur, le Grand Orgue constitue un chef-d'œuvre, reconstruit en 1983 par Pascal Quorin. C'est sur cet instrument que se déroule le festival Organa, en juillet, août et septembre.

SITE ARCHÉOLOGIQUE DE GLANUM ★★

Route des Baux-de-Provence - D 5
✆ 04 90 92 23 79
www.site-glanum.fr
Ouvert toute l'année. Fermé le lundi en basse saison. Adulte 8 €.

Fouillé dès 1921, le site de Glanum, qui se trouve à l'entrée sud de Saint-Rémy, a permis de découvrir les nombreux vestiges qui jalonnent son histoire depuis l'Antiquité. Son urbanisme exemplaire se caractérise par de nombreux monuments religieux et civils. Un habitat protégé par des fortifications datant de l'âge du fer révèle l'occupation du site dès le premier millénaire avant notre ère. Poursuivez la visite en allant découvrir les collections exposées à l'Hôtel de Sade.

LA MAISON DE LINE €€€

60, avenue Albert-Schweitzer
✆ 04 90 24 92 66
www.lamaisondeline.fr/accueil
5 gîtes et 2 chambres. Chambre double à partir de 115 € ; studio / appartement à partir de 120 €.

Une belle propriété, très confortable, dans un environnement sympathique, La Maison de Line est un établissement d'un charme incontestable. Les cinq gîtes et les deux chambres proposés sont bien décorés et dotés de tout le confort. En été, la belle piscine sera un havre de fraîcheur, tandis que les espaces dédiés au bien-être (yoga, soins du corps…) permettront de se ressourcer pour terminer ses vacances en pleine forme. L'art sera au cœur de votre séjour avec de nombreux ateliers proposés et des découvertes d'artistes locaux sympathiques.

GRAND CAFÉ RICHE €

27, boulevard Marceau
✆ 04 90 92 45 26
27, boulevard Marceau04 90 26 70 21Ouvert tous les jours.

Plats raffinés, service rapide et superbe ambiance en rouge et or, on aime vraiment cet établissement où le temps semble s'être figé. Les produits dans les assiettes sont, de toute évidence, de première fraîcheur et les préparations sont originales. Ajoutez à cela que le personnel est compétent et très attentif aux désirs de la clientèle et vous obtenez une excellente table. Un petit plus supplémentaire pour la présentation des assiettes, toujours joliment décorées. Quant aux prix, ils sont tout à fait corrects. Une très bonne expérience assurée.

AU CŒUR DU LUBERON

LIEUX	Km partiel	Km cumul	Routes
MANOSQUE	0	0	
SAINT-MICHEL-L'OBSERVATOIRE	18	18	D5
RUSTREL	34	52	D112, D22, D30
ROUSSILLON	23	75	D83, D104, D105
GORDES	21	96	D15
FONTAINE-DE-VAUCLUSE	13	109	D100, D24
CAVAILLON	14	123	D24, D900, D24
SALON-DE-PROVENCE	35	158	D16
LOURMARIN	25	183	D67
LA ROQUE-D'ANTHERON	40	223	D56
APT	19	242	D943
MANOSQUE	59	301	D907

MANOSQUE ★★★

Manosque, à la pointe extrême du Luberon, est pour tous les Provençaux le pays de Giono. Au n°14 de la rue Grande, artère principale de la ville, vous pouvez apercevoir la maison natale du grand écrivain.La porte Saunerie, construite en 1382 et où l'on payait jadis la gabelle, accueille le visiteur. À voir aussi, la belle église Saint-Sauveur, de style roman provençal, dont les nefs présentent des éléments de décoration gothiques. Il vous est possible de quitter la vieille ville par la majestueuse porte Soubeyran, la plus haute de la ville. Le samedi matin, les rues et placettes sont animées par un marché haut en couleur et aux senteurs enivrantes.

SAINT-MICHEL-L'OBSERVATOIRE ★

En se promenant dans les petites rues de Saint Michel, on découvre de belles façades du XVIIe siècle, une église basse surmontée du traditionnel campanile, et l'église Saint-Pierre des XIVe et XVe siècles. Plus loin, sur la droite, le « chemin des étoiles » conduit à un magnifique point de vue, tout en narrant l'histoire de l'astronomie. C'est en 1938 que s'est implanté l'Observatoire astronomique de Haute-Provence, l'un des plus importants d'Europe, et accolant ainsi ce mot au nom originel de la commune. En 1998 s'est ouvert sur place le Centre d'astronomie, qui organise des veillées d'observation et reçoit des stagiaires durant l'année.

ÉCOMUSÉE L'OLIVIER ★★★★

Ancienne route de Forcalquier - D13 - **VOLX**
✆ 04 86 68 53 15
www.mb-1830.com/fr/ecomusee-olivier
Fermeture annuelle janvier et début février. L'été ouvert 7j/7 de 10h à 13h et de 14h à 18h30. Visite libre. Restaurant.

Pour tout savoir sur l'histoire et la culture de l'olivier dans ce terroir et la fabrication son huile. Géré par le Parc naturel régional du Luberon, cet écomusée, ancien lieu où l'on transformait le calcaire en chaux vive, est depuis 2015 dédié à la culture vivante de l'olivier. Grâce à une scénographie étudiée qui mêle des vidéos, des vitrines présentant des objets rares et insolites et l'exposition de vieilles machines, vous découvrirez la civilisation de l'oivier en Provence et en Méditerranée. Boutique et restaurant complètent la visite.

LA TABLE DU PRÉ SAINT-MICHEL €€€

435, montée de la Mort-d'Imbert
✆ 04 92 72 12 79
www.latabledupresaintmichel.com
Fermé début janvier. Lundi-samedi midi et soir. Réservation recommandée. Menus de 25 à 42 €. Menu enfant 12 €. Terrasse.

Ce restaurant de qualité à la décoration chic et chaleureuse, situé sur les hauteurs de Manosque, propose une cuisine traditionnelle du Sud élaborée à partir de produits frais et exclusivement faite maison. Au choix, différentes formules et 2 menus. Quelques exemples à savourer selon les saisons : noix de saint-jacques avec son risotto ; filet de loup au beurre salé sur un lit de ratatouille ; filet de bœuf Rossini ; parmentier de cuisses de confit de canard...

CENTRE D'ASTRONOMIE

Plateau du Moulin-à-Vent ✆ 04 92 76 69 69
www.centre-astro.fr
Ouvert toute l'année. Calendrier des animations en ligne ou auprès de l'Office de Tourisme. Soirée découverte : 13 €.

Ce centre d'astronomie ne doit pas être confondu avec l'Observatoire de Haute-Provence du CNRS installé à quelques kilomètres de là. Le centre assure une mission de diffusion de la culture scientifique pour tous publics, et propose à ce titre des animations thématiques ainsi que des séances à la journée. Des conférences sont ainsi proposées, ainsi que des soirées d'observation dans des télescopes de grands diamètres, des observations du Soleil, des week-ends spécifiques, stages d'astronomie, ateliers, expositions... Le champ des possibles est très large !

OBSERVATOIRE DE HAUTE-PROVENCE

A 4 km au nord de Saint-Michel-l'Observatoire.
✆ 04 92 70 65 40 - www.obs-hp.fr
Ouvert tous les mercredis d'avril à septembre. L'été ouvert mardi, mercredi et jeudi. Adulte : 5,50 €.

En 1936, le CNRS établit un grand observatoire sur le site de Saint-Michel. 13 coupoles abritent des instruments astronomiques parmi les plus grands d'Europe, dont un télescope de 1,93 m. Les études menées couvrent comètes et planètes du système solaire, étoiles et matières interstellaires dans la Voie lactée et, au-delà, les autres galaxies et les quasars. Il s'agit de l'un des rares observatoires en activité dont on peut visiter les installations. S'adresser à l'office de tourisme

RUSTREL ★★

Le village est après Apt et on sent que la montagne commence à changer le paysage. Et ici, il est assez exceptionnel avec le « Colorado provençal » aux mille couleurs d'ocres. En le parcourant, vous êtes sur un site qui doit sa beauté au travail réalisé par quatre générations d'ocriers et de paysans. Utilisant au mieux les richesses naturelles, minerais, sols fertiles et l'eau, ces hommes ont créé un équilibre entre jardins maraîchers des vallons et chantiers d'ocre des collines. Depuis l'arrêt des exploitations, cet équilibre est fragile. A découvrir, le prieuré Saint-Julien et le moulin à huile du XVIIIe, et le sentier des charbonniers.

ROUSSILLON ★★★

C'est sans doute le plus inclassable des joyaux du Luberon : perché au cœur de gisements d'ocres maintenant en sommeil et de ce fait, c'est un village de couleur. Cette terre a quelque chose de magique : les jaune, rouge, marron éclatent contre le vert de la pinède et le bleu du ciel, les falaises ont des formes étonnantes, façonnées par l'homme et le temps. Des artistes Jean Cocteau, Buffet, Carzou et bien d'autres se sont laissés prendre par cette palette d'authenticité. Côté village, le charme parle de lui-même : ruelles et placettes pittoresque, ici règne le bien-être. De nombreuses galeries d'art animent les ruelles très fréquentées en été.

COLORADO PROVENÇAL ★★

D22

✆ 04 90 04 96 07

www.coloradoprovencal.fr

Ouvert toute l'année, tous les jours. Pour les horaires, consultez le site. Parking payant.

Roussillon n'est pas le seul village à posséder son Colorado provençal. Le Colorado de Rustrel est sans conteste un site majeur. Classée au titre des monuments historiques, cette ancienne carrière d'ocres, qui a fermé en 1993, est un témoin privilégié de l'histoire géologique de la région, mais aussi de son histoire industrielle. Ouverte en 1871, cette carrière a fait vivre de nombreuses familles, jusqu'à ce que, au début du XXe siècle, l'apparition des colorants industriels et la crise de 1929 provoquent son déclin et mettent un point final à l'aventure.

SENTIER DES OCRES ★★★

Hameau des Ocres

✆ 04 90 05 60 25

Fermé de janvier à février. Ouvert tous les jours. Gratuit jusqu'à 10 ans. Adulte : 3 €.

Dépaysement total assuré, avec cette balade dans ces anciennes carrières d'ocre de Roussillon où l'homme et la nature se sont alliés pour façonner un paysage totalement irréel. Vous découvrez, au départ de ce village deux parcours, l'un faisable en 30 min et l'autre en 1h qui vous conduiront, entre collines et vallons, dans un univers qui se décline en un camaïeu de couleurs allant du jaune clair au rouge vif. Vous n'en ressortirez d'ailleurs pas avec votre couleur d'origine, prévoyez des vêtements de rechange. Vous découvrirez en outre, des pupitres explicatifs.

Les Ocres, le colorado provençal.

LES SABLES D'OCRE*** €€

Quartier Les Sablières
✆ 04 90 05 55 55
www.sablesdocre.com
Fermé de mi-novembre à mi-mars. 22 chambres. Petit déjeuner buffet. Piscine.

A 500 m du centre de Roussillon, l'hôtel ressemble à une maison d'ici avec sa façade en ocre rouge. Le parc est immense et mixe pinède et pelouse. La piscine est tout près de la terrasse. Les chambres dotées d'une décoration provençale, sont confortables, équipées de la climatisation. C'est que l'esprit pension de famille garde ses adeptes. Les petits-déjeuners sucrés et salés élaborés à base de produits locaux et de saison, sont servis en terrasse, quand le temps le permet ! En journée ou en soirée, profitez du magnifique jardin pour vous relaxer.

GORDES ★★★★

Gordes, classé parmi les *Plus Beaux villages de France,* est sans doute la perle la plus délicate du Luberon. Dès votre arrivée au village, vous êtes happés par une carte postale à vous couper le souffle : des maisons en pierre sèche, disposées en restanque, dominées par un imposant château Renaissance. A l'intérieur du village, des ruelles caladées, qui se faufilent à travers les demeures où l'on découvre des voûtes, des caves, des portes anciennes et des jardins. Gordes était une place-forte des Vordenses, une tribu celto-ligure qui lui a donné son nom, avec cette coutume de transformer le V initial en G (Gordenses) à l'époque gallo-romaine.

ABBAYE NOTRE-DAME DE SÉNANQUE ★★★★

Route de Sénanque
✆ 04 90 72 17 92
www.senanque.fr
Ouvert tous les jours sauf en janvier, le Vendredi saint, Noël et le dimanche matin. Visite guidée. Tenue correcte.

© HUGO CANABI - ICONOTEC

Construite au XIIe siècle, Sénanque est l'une des trois abbayes cisterciennes de Provence. Dans le creux de la vallée, elle est un des plus purs témoins de l'architecture cistercienne primitive. Pour apprécier l'église dans son ensemble, il faut se rendre dans le fond de la nef. Construite en forme de croix, seule la lumière module l'espace. Le visiteur remarque l'absence de grand portail, ce qui est très rare. En sortant de l'église, le cloître. Six moines y vivent encore !

NOS CIRCUITS

CHÂTEAU DE GORDES ★

✆ 04 90 72 98 64
www.gordes-village.com
Ouvert d'avril à la Toussaint, tous les jours de 10h à 17h30. Adulte : 5 €. Enfant : 4 €. Lieu d'expositions.

La grandeur du château peut surprendre le visiteur. Dominant le village, il protégeait par le passé les habitants. Le château reconstruit en 1525 existait déjà en 1031. Bien conservé, il lie l'architecture de la période troublée du Moyen Âge au nouvel art de vivre de la Renaissance. Défendu par des tours rondes dont la couronne de mâchicoulis supporte une terrasse pour l'artillerie, des hauts murs sont percés sur trois étages de fenêtre Renaissance. La façade sud s'ouvre face au vieux Gordes. Des expositions sont régulièrement présentées dans l'enceinte.

VILLAGE DES BORIES ★★★

✆ 04 90 72 03 48
www.levillagedesbories.com
Ouvert toute l'année. Tous les jours. Gratuit -12 ans. Juillet-août : deux visites commentées les mardis et jeudis.

A 3 km de Gordes, ce hameau dit « Les Cabanes », avant de le renommer le village des Bories, est formé de maisons de pierres sèches (lauzes, calcaires). Construites probablement au XVIIe siècle, ces bories, aux formes souvent arrondies, caractérisent le paysage de la région, au point de devenir l'emblème du Parc naturel du Luberon. Plus de 3 000 de ces cabanes en pierre ont été recensées dans le Vaucluse et le Luberon, dont 350 pour les seuls environs de Gordes. Les principaux bâtisseurs sont de modestes paysans qui ont construit avec la pierre locale.

LA FARIGOULE €€

2446, avenue Justin Bonfils Les Imberts
✆ 04 90 76 92 76
Fermé de novembre à février. Ouvert de jeudi à mardi, le midi de 12h à 14h30. Menus de 20 € à 25 €. Plat du jour 15 €.

C'est un petit restaurant aux allures de relais de poste qui est à la sortie du hameau des Imberts sur la route de Gordes. On ne peut pas louper sa silhouette un peu massive. Mais si vous avez envie d'une ambiance familiale, d'une cuisine provençale et d'assiettes bien garnies, c'est l'étape qu'il vous faut. Pour les périodes hivernales, une grande salle et sa cheminée qui va réchauffer vos papilles et vos yeux. En période estivale, une terrasse ombragée pour profiter du beau temps. Un parking gratuit devant le restaurant est mis à disposition.

FONTAINE-DE-VAUCLUSE ★

Le site de « Vallis Clausa » inspira le nom actuel de ce village et détermina celui du département. Il est parmi les sites naturels, un des plus fréquentés du Vaucluse. Ce succès tient à cette extraordinaire source jaillissant au pied d'une falaise de 230 m de haut. Cette source, qu'on appelle ici fontaine, est la plus puissante de France et la cinquième au niveau mondial, avec un débit d'eau annuel de plus de 600 millions de mètres cubes ! C'est aussi grâce à cette source et à la Sorgue que s'établirent au XVe siècle, les premiers moulins à papier qui suscitèrent une véritable vocation industrielle assurant d'excellents profits à la ville.

AUBERGE DE LA FIGUIÈRE €€

3, Chemin de la Grangette
✆ 04 90 20 37 41
www.lafiguiere-provence.fr
Fermé décembre et janvier. 3 chambres. Chambre double 74 €, chambre triple à partir de 86 €. Petit déjeuner inclus.

La vieille bastide provençale est à deux pas des sites touristiques avec l'avantage d'être au calme. Elle est pleine de charme avec ses vieilles pierres, les grands pots de fleurs et le mobilier en fer forgé. Les trois chambres de plus de 20 m² à la décoration provençale sont toutes personnalisées et dotées d'une entrée indépendante, d'une salle de bain et WC privatifs, d'une TV. Elles assurent confort et tranquillité. On s'attarde volontiers sous les arbres de la terrasse près de la vieille fontaine. Côté assiette, rien que de la fraîcheur et des couleurs !

CAVAILLON ★

Manosque, à la pointe extrême du Luberon, est pour tous les Provençaux le pays de Giono. Au n°14 de la rue Grande, artère principale de la ville, vous pouvez apercevoir la maison natale du grand écrivain.La porte Saunerie, construite en 1382 et où l'on payait jadis la gabelle, accueille le visiteur. A voir aussi, la belle église Saint-Sauveur, de style roman provençal, dont les nefs présentent des éléments de décoration gothiques. Il vous est possible de quitter la vieille ville par la majestueuse porte Soubeyran, la plus haute de la ville. Le samedi matin, les rues et placettes sont animées par un marché haut en couleur et aux senteurs enivrantes.

© HOCQUEL ALAIN - COLL. CDT VAUCLUSE

Cavaillon, chapelle St Jacques.

CATHÉDRALE SAINT-VERAN ET SON CLOÎTRE ★

Place Voltaire
www.cavaillon.fr
Fermé du 1er octobre au 1er mai. Ouvert du lundi au samedi 9h-12h et 14h-18h, 17h le samedi. Gratuit.

L'édifice primitif de la fin du XIe siècle fut agrandi au siècle suivant pour atteindre les dimensions actuelles. Difficile d'apprécier le bâtiment de l'extérieur, tant la cathédrale est engoncée dans la ville. La meilleure vue reste sur la colline Saint-Jacques. L'intérieur est haut en couleur avec une décoration toute en dorures et polychromies. Tout brille, les couleurs éclatent au moindre petit rayon de soleil ! Faites un petit tour par le petit cloître.

SYNAGOGUE - MUSÉE JUIF COMTADIN

Rue Hébraïque ✆ 04 90 76 00 34
www.provenceguide.com
Ouverte toute l'année sauf mardi et dimanche. Accès gratuit. Pour les heures d'ouverture voir le site Internet.

Au cœur du centre ancien, la synagogue du XVIIIe est un chef-d'œuvre de l'art comtadin baroque unique au monde. La richesse de ses dorures et les couleurs utilisées (jaune, bleu et rose) surprennent. Le fauteuil du prophète Elie juché sur son petit nuage, au-dessus du fauteuil de la circoncision est lui aussi unique. A la fois lieu de prière, d'école et d'assemblée de la communauté, on y apprend que faute de place, les femmes devaient écouter la lecture de la Torah depuis le sous-sol.

HOTEL THE ORIGINALS DU PARC CAVAILLON*** €€

183, place François-Tourel ✆ 04 90 71 57 78
www.hotelduparccavaillon.com
Ouvert toute l'année. 40 chambres à partir de 82 €. Petit déjeuner buffet. Parking fermé (gratuit pour motos et vélos).

L'hôtel au cœur de ville, au pied de la colline Saint-Jacques, est une ancienne maison de maître nichée tout contre un parc tranquille. La façade en impose, dès l'entrée l'accueil est chaleureux, intime et le cadre est une invitation à la détente. On aime le patio arboré où coule une fontaine et la véranda jouxtant le bar, à l'heure de l'apéritif. Les chambres sont confortables. Toutes les commodités pour l'accueil des groupes, avec emplacements pour autobus ont été pensées.

CÔTÉ JARDIN €€

49, rue Lamartine
✆ 04 90 71 33 58
www.cotejardin-cavaillon.fr
Ouvert toute l'année. Haute saison : du mardi au samedi. Réservation recommandée. Menus de 15 à 25 €. Terrasse.

Ce restaurant abrite un jardin de ville avec une jolie terrasse intérieure où murmure une fontaine. C'est une bonne adresse pour trouver le calme et la fraîcheur au cœur de la ville. La décoration fait peau neuve avec une façade verte éclatante et un intérieur plus posé en gris. On aime la cuisine simple et élégante. Le chef, James Manning, a d'abord fait une escapade dans le monde du cinéma avant d'apprendre le métier de cuisinier chez un Meilleur Ouvrier de France. Il ne sélectionne que des produits frais et de saison pour réaliser sa cuisine méditerranéenne.

SALON-DE-PROVENCE ★

A mi-distance entre Cavaillon et Aix-en-Provence. Voici une ville provençale où l'on aime se promener de ruelles en places ombragées à la découverte de belles bâtisses, pleine de charme avec sa fontaine moussue, sa Tour de l'Horloge et autres monuments médiévaux. C'est aussi une ville qui abrite des entités nationalement connues et aussi variées comme la PAF (Patrouille acrobatique de France), l'Instiut Musical de Formation Professionnelle (IMFP) et une école de bergers (centre du Merle). Salon invite aussi à la visite de musées tels le musée d'Art et d'Histoire militaire (château de l'Emperi) ou le musée du savon de Marseille Maurice Fabre.

CHÂTEAU DE L'EMPÉRI ★★

Montée du Puech
✆ 04 90 44 72 80
Du mardi au dimanche et les jours fériés. Adulte : 5,50 €, réduit : 3,50 €.

Édifié dès la fin du Xe siècle, le château de l'Empéri est un immense vaisseau de pierre qui a traversé le temps. C'est le plus ancien château fort de Provence encore debout, et l'un des trois plus grands avec le Palais des Papes et le château du roi René. Il fut longtemps la résidence préférée des archevêques d'Arles. De nombreux personnages importants y séjournèrent : le roi René, bien entendu, mais aussi François 1er, Catherine de Médicis, Henri IV, Mazarin et même Louis XIV. Le site accueille le musée des Armées et le musée de Salon et de la Crau.

MUSÉE DU SAVON DE MARSEILLE MARIUS FABRE

148, avenue Paul-Bourret
✆ 04 90 53 24 77
www.marius-fabre.com/fr
Autre adresse : 33, place de l'Hôtel de ville, 13300 Salon-de-Provence.

Depuis 120 ans, au cœur de Salon-de-Provence, la savonnerie Marius Fabre perpétue la fabrication artisanale du savon de Marseille. La visite guidée de la savonnerie vous plongera dans les coulisses d'un savoir-faire transmis de génération en génération dans la famille Fabre. Complétez votre visite par la découverte du Musée du savon de Marseille. La boutique d'usine vous permettra de découvrir tous les produits Marius Fabre. Un véritable moment de partage pour petits et grands !

NOS CIRCUITS

LA ROQUE-D'ANTHÉRON ★

Ce gros village au bord de la Durance, tranquille hors saison, est le cadre d'un événement international qui, chaque été, rassemble les puristes du piano venus du monde entier. En effet, c'est dans le parc du château de Florens que se tient tous les ans en juillet et août le très réputé Festival International de Piano de la Roque. Si vous êtes mélomane et que l'occasion vous est donnée de séjourner ici, réservez à l'avance vos places pour aller écouter (et voir aussi) un concert. C'est magique pour ce cadre unique et pour le plaisir jusqu'à tard dans la nuit d'entendre la musique et le bruit des cigales en contrepoint s'il fait encore chaud.

LOURMARIN ★★★

Reconnu comme l'un des Plus Beaux Villages de France, il est le lieu de prédilection de nombreux artistes. Albert Camus (1913-1960) et Henri Bosco (1888-1976) reposent dans le petit cimetière du village. Au gré de la promenade, à travers les ruelles qui convergent vers la butte du castella (le château primitif dont il ne reste que les fondations), on remarque en passant la maison de l'écrivain. Entre le village et le château, se dresse sobrement l'un des plus importants temples protestants de la région. Le village est d'ailleurs appelé « le village des trois clochers » (celui du temple, celui de l'église catholique et celui du beffroi).

ABBAYE DE SILVACANE ✝ ★★★

RD561

✆ 04 42 50 41 69

www.abbaye-silvacane.com

Tarif 7,50 €. Réduit 6 €. Gratuit pour les -12 ans. Été, 7j/7 de 10h à 18h. Hiver sauf lundi : 10h-13h et 14h-17h.

Cette abbaye cistercienne fut édifiée par Bertrand des Baux à la fin du XIIe siècle. L'abbaye connaît rapidement un important épanouissement, avant son déclin à la fin du XIIIe siècle. Devenu bien national à la Révolution, l'édifice est transformé en exploitation agricole. En 1945, l'État acquiert l'ensemble du site qui sera classé à l'inventaire des monuments historiques. Aujourd'hui propriété de la commune, l'abbaye est un lieu culturel important du Pays d'Aix qui accueille expositions, rencontres et concerts, notamment le festival international de piano.

© OLIVIER TUFFÉ - FOTOLIA

Champ de coquelicots au pied du village de Lourmarin

LE BOCAGE 🍴 €€

34, rue de l'Église

✆ 04 42 59 47 88

www.lebocage.fr

Ouvert tous les jours sauf lundi soir, mardi toute la journée et samedi midi. 7/7 pendant le festival.

Le Bocage est une maison de famille, Gilles Serrus, enfant du pays, l'a transformée en restaurant il y a déjà quelques années. Le cadre est épuré, les tables joliment dressées, l'ambiance conviviale, c'est chic mais pas guindé… Gilles fait une cuisine méditerranéenne avec quelques notes exotiques ici et là, coriandre, curry, lait de coco qui viennent relever les produits du marché. La carte change régulièrement. Les vins de la région font l'accord avec votre assiette. L'été, jolie terrasse-jardin à l'abri de la rue mais là il faut réserver sa place.

CHÂTEAU DE LOURMARIN ★★

24, avenue Laurent-Vibert

✆ 04 90 68 15 23

www.chateau-de-lourmarin.com/accueil

Ouvert toute l'année. Consultez les horaires sur le site.

Ce château fait partie des trois résidences majeures du Luberon, avec celles d'Ansouis et de la Tour d'Aigues. Trois châteaux édifiés par les familles puissantes des Comtes de Forcalquier et aux allures éprouvées par les siècles. Au lendemain de la Première Guerre mondiale, il est sur le point d'être exploité comme carrière de pierres quand Robert Laurent-Vibert décide de le racheter en 1920 puis de le restaurer. Son testament indiquera sa volonté de mettre l'édifice à disposition de l'Académie des sciences, arts et belles-lettres d'Aix-en-Provence.

APT ★

Apt fut longtemps une ville austère avec ses industries comme les ocres, les faïences ou les fruits confits, et où l'on se rendait surtout pour le marché. Aujourd'hui, les maisons se sont parées de vives couleurs autour des placettes pleines de charme et des musées. Il y a toujours eu une importante vie religieuse au sein de la cité qui a compté jusqu'à quinze ordres religieux et l'on peut toujours voir dans la vieille ville de nombreuses chapelles et hôtels particuliers. Aujourd'hui, Apt, reconnue « Capitale Mondiale du Fruit Confit », est labellisée Site Remarquable du Goût et son grand marché provençal est classé « Marché d'exception ».

CATHÉDRALE SAINTE-ANNE ★

Rue des Marchands
✆ 04 90 04 61 71
www.apt.fr/Cathedrale-Sainte-Anne.html
Visite guidée sur rendez-vous.

Cette cathédrale-basilique est l'une des plus anciennes de Provence. Depuis l'édification de l'église primitive sur des cryptes mérovingiennes, son architecture a été modifiée à diverses reprises. Au XVIIe siècle, on construisit la chapelle royale en l'honneur d'Anne d'Autriche venue en pèlerinage pour remercier sa sainte patronne pour la naissance de Louis XIV. La basilique abrite aussi des reliques et le trésor de sainte Anne, dont deux pièces exceptionnelles : le célèbre « berceau » de sainte Anne et un tissu arabe de l'époque fatimide (XIe siècle).

MUSÉE-BOUTIQUE DE LA MAISON DU FRUIT CONFIT

538, Quartier Salignan
✆ 04 90 76 31 66
www.lesfleurons-apt.com/fr
Lundi au samedi (dimanche en décembre). Gratuit. Visite audio-guide + dégustation 3 €.

Au pays du fruit confit, il serait donc dommage de faire l'impasse sur une visite gourmande à la Maison du fruit confit, où un espace muséographique et multimédia de près de 100 m^{2} a été installé afin de transporter le visiteur dans le temps, de l'Antiquité à nos jours. Un parcours olfactif est proposé tout au long de la visite, grâce à des diffuseurs d'odeur en bois qu'il s'agira de trouver. Marrons glacés, pâtes de fruits, cerises, melon jaune, clémentine, angélique, figue…

MUSÉE DE L'AVENTURE INDUSTRIELLE ★

14, place du Postel
✆ 04 90 74 95 30
www.apt.fr/Le-Musee-de-l-Aventure.html
Fermé en janvier. Du mardi au samedi 10h-12h/14h-17h30. Juillet et août du lundi au samedi 10h-12h et 14h-18h30. 5 €.

Le musée est installé dans l'ancienne usine de fruits confits Marliagues, très importante au XIXe siècle. Le musée raconte l'histoire de l'ocre, de la faïence et du fruit confit. Les collections de faïence fines d'Apt sont magnifiques. Un atelier de potier-faïencier est reconstitué et montre le précieux savoir-faire des artisans. Plus pragmatique, une partie du musée est dédiée à la poterie architecturale où sont exposées les briques et surtout les tuiles moulées sur la cuisse.

PALAIS CONSULAIRE COLIN D'ALBERTAS

153, rue de la République
✆ 04 90 74 02 40
Visites sur rendez-vous.

L'hôtel Colin d'Albertas, parfaitement conservé, est situé sur cette petite place ombragée, à proximité de la cathédrale Sainte-Anne. Construit à la demande du consul d'Albertas au milieu du XVIIe siècle, ce palais, joyau de l'art baroque provençal, est contemporain de la venue d'Anne d'Autriche en pèlerinage à Apt. Cette demeure privée est un monument historique d'exception : décors baroques intérieurs avec l'opulence des gypseries, somptuosité des fresques et plafonds peints.

LE COUVENT €€€

36, rue Louis-Rousset
✆ 04 90 04 55 36
www.loucouvent.com
Ouvert toute l'année. 5 chambres. Chambre double de 99 € à 140 €. Petit déjeuner inclus. Parking (sur demande).

Cet ancien couvent du XVIIe siècle campe au cœur de la vieille ville et sa réhabilitation est plus que réussie. Elle s'est appuyée sur l'austérité des bâtiments qui impose toujours le respect et a installé une atmosphère chaleureuse avec des couleurs et des matériaux nobles. Les chambres sont grandes et équipées de baies vitrées, et toutes parfaitement équipées (TV, salle de bains). Le petit jardin de curé est à croquer avec la piscine et les grands murs protecteurs. Aucune fausse note et l'accueil ne fait qu'accentuer la réussite.

DIGNE-LES-BAINS ET LA MONTAGNE DE LURE

LIEUX	Km partiel	Km cumul	Routes
DIGNE-LES-BAINS	0	0	
ORAISON	49	49	D4
FORCALQUIER	14	64	D4, D4100
SAULT	53	117	D950
MONTBRUN-LES-BAINS	12	129	D942, D542
SISTERON	51	180	D946, D53
FORCALQUIER	43	223	D12
CHÂTEAU-ARNOUX-SAINT-AUBAN	30	253	D4096
DIGNE-LES-BAINS	25	278	N85 (Route Napoléon)

DIGNE-LES-BAINS ★★★

Elle sent bon la lavande, cette ville, située en bordure des Préalpes de Digne. Non seulement elle célèbre la lavande, symbole de sa région à travers son Corso qui lui est dédié le premier week-end d'août, mais elle a créé un musée retraçant l'histoire de la lavande en pays Dignois de 1900 à nos jours. Digne-les-Bains est une terre de bien-être où les hommes se sont établis dès la Préhistoire. Ses eaux thermales lui ont très vite donné de l'importance. De son histoire riche et ancienne, elle garde de nombreux vestiges patrimoniaux. Édifices religieux, vestiges de fortifications militaires, monuments industriels… musées et festivités…

DALLE AUX AMMONITES

Réserve Géologique de Haute-Provence

Ouvert toute l'année. Gratuit.

Après avoir visité le musée-promenade, faites un kilomètre en direction des clues de Barles. Vous pourrez apercevoir cette dalle de 320 m² qui abrite plus de 1 550 fossiles d'ammonites. Les plus grosses font 70 cm de diamètre, preuve que la mer couvrait la région de Digne il y a environ 200 millions d'années. Continuez sur la route, vous découvrirez le squelette de l'ichtyosaure de la Robine, des empreintes de pas d'oiseaux âgées de plus de 20 millions d'années, des paysages exceptionnels et des trous d'eau pour vous rafraîchir. Incontournable et exceptionnel !

CATHÉDRALE SAINT-JERÔME

15, rue Tour des Pirsons

✆ 04 92 32 06 48

Ouverte du 15 juin au 30 septembre de 14h à 18h tous les jours (sous réserve).

Alors que les habitants de Digne abandonnent peu à peu la cathédrale Notre-Dame-du-Bourg lors des guerres de religion, l'évêque Antoine de Guiramand fit bâtir en 1490 cette église entre son château (à l'emplacement de l'actuelle prison) et la Tour de l'Horloge qui se dressait ici depuis 1412. Agrandie et embellie, elle est érigée en co-cathédrale en 1962. Datant du XVe siècle, ce monument a connu de nombreux aménagements au cours des siècles jusqu'à son aspect actuel, témoignage du style néo-gothique du XIXe siècle. Un bel escalier permet l'accès à son parvis.

MUSÉE DE LA LAVANDE

32, boulevard Gassendi

✆ 04 92 31 14 90

www.nicolosi-creations.fr

Musée ouvert toute l'année : en été (juillet, août) de 10h à 18h, 7j/7. Adulte : 5,50 €.

Ce très beau musée est situé en plein centre-ville. On y accède à partir de la boutique en rez-de-chaussée Les Lavandières en Provence. Le musée de la lavande propose des spectacles son et lumière relatant l'histoire du travail de la lavande dans les alentours de Digne-les-Bains, des années 1900 à nos jours, avec projection d'un film. Également très prisées, des démonstrations gratuites de distillation de lavandin en juillet et août, dans une cour intérieure ombragée, grâce à un ancien alambic des années 1900. Les séances durent environ une demi-heure.

CRYPTE ARCHÉOLOGIQUE DE NOTRE-DAME DU BOURG

Rue du Prevôt

✆ 04 92 61 09 73

www.dignelesbains.fr

Crypte : du 1er avril au 31 octobre, du mardi au samedi de 14h30 à 18h/19h. Adulte 6 €. Gratuit le 1er samedi du mois.

Issue de trois campagnes de fouilles dont la première a débuté en 1987, cette crypte révèle sur 870 m² des traces de constructions à l'emplacement des origines de la ville. Ces traces s'échelonnent sur près de 2 000 ans, à partir du Ier siècle ap. J.-C. Les vestiges sont en excellent état, notamment la mosaïque polychrome (Ve siècle) et l'autel-cippe (Ve-VIe siècles). La visite peut s'effectuer librement grâce à 23 panneaux explicatifs. Audioguide en français et en anglais.

MUSÉE PROMENADE GÉOPARC

10, montée Bernard-Dellacasagrande

✆ 04 92 36 70 70

www.geoparchauteprovence.com

Ouvert d'avril à fin novembre 7j/7 de 9h à 12h et de 14h à 17h30 (jusqu'à 19h l'été). Adulte : 8 €.

Le Géoparc de Haute-Provence est le premier géoparc créé par l'Unesco en 2000. Pour le parcourir dans sa globalité, prévoyez un certain temps : 1 989 km² et plus de 80 zones ouvertes au public à partir de routes thématiques sont accessibles. Il unit les rives du lac de Sainte-Croix aux sommets enneigés de Dormillouse et comprend une diversité unique de paysages où se côtoient caractères alpins et provençaux. Dalle aux ammonites, squelette de l'ichtyosaure ou empreintes de petits pas d'oiseaux… Vous en prendrez plein les yeux !

LE BLEU CERISE €

14, place du Général-de-Gaulle
✆ 04 92 32 31 24
www.restaurant-lebleucerise-digne.fr

Ouvert toute l'année. Menus de 23 à 29 €. Carte : 18 € environ. Terrasse. Plats à emporter.

Donnant sur la place du Général-De-Gaulle, face à la mairie, le Bleu Cerise vous accueille dans un cadre chaleureux pour déguster une cuisine raffinée, au gré des saisons, grâce à son chef Anthony Bonsignori. C'est sur une belle terrasse ombragée en été, ou dans une charmante salle voûtée en pierre le reste de l'année, que vous pourrez savourer des plats traditionnels ou végétariens, changeant au rythme du marché et réalisés à base de produits frais. Les vins sont de la région et le café gourmand à tomber pour une addition guère salée.

LE GRAND PARIS €€€

19, boulevard Thiers
✆ 04 92 31 11 15
www.hotel-grand-paris.com

Ouvert d'avril à novembre. Le soir de 19h à 21h30 ; du vendredi au dimanche le midi de 12h à 14h. Menus de 38 à 75 €.

Institution à Digne-les-Bains depuis 1930, l'hôtel-restaurant du Grand Paris vous propose des chambres, des appartements, ainsi que des salons particuliers pour toutes réunions et repas d'affaires ou repas de famille festifs. Sans oublier son sauna, sa salle de sport et son garage fermé... Son restaurant renommé vous accueille aux beaux jours sur sa terrasse ombragée et fleurie. La cuisine gourmande du chef Noémie Ricaud sait régaler ses convives, et le menu Découverte tient ses toutes promesses. Une étape incontournable pour les papilles.

ORAISON ★

Oraison est un gros bourg de tradition agricole grâce aux riches terres de la vallée de la Durance et à leur irrigation. Un canal qui serpente tout le long de la Durance depuis Serre-Ponçon, et alimente plusieurs centrales hydroélectriques, dont une souterraine située dans les « poudingues » du plateau surplombant le bourg, le traverse d'est en ouest. Situé au pied de la colline du Tholonet, il abrite également de nombreuses traces archéologiques d'occupation romaine sur l'ensemble de son territoire. Son église présente un exemple rare de la pénétration gothique dans la région. Enfin, c'est un petit centre administratif pour les communes environnantes.

FORCALQUIER ★★

Forcalquier, surnommée cité des quatre reines, domine le paysage. On y retrouve les traditions d'une culture authentique, dans des paysages à l'harmonie sublime. Au tout début du Moyen Age, pour certains la ville s'appelait Font Calquier ce qui voudrait dire « la fontaine du rocher » en occitan, et pour d'autres Four Cauquié signifiant « le four à chaux » en langue Mistralienne. Il est vrai qu'une source, aujourd'hui presque entièrement tarie, coulait autrefois sous les rochers de la citadelle. Ses principaux édifices historiques sont la cathédrale Notre-Dame du Bourget, le couvent des Cordeliers et la chapelle Notre-Dame de Provence.

CATHÉDRALE NOTRE-DAME DU BOURGUET ✝

10, place du Bourguet
✆ 04 92 75 02 01

Accès libre et gratuit durant la journée. Respecter les horaires d'offices ou de concerts.

Positionné face à l'une des entrées de la vieille ville, ce monument majeur de Forcalquier impressionne par sa masse et l'atmosphère qui s'en dégage. Doté d'une nef centrale en berceau brisé, d'un chœur, d'un transept roman et d'un clocher qui datent du début du XIIIe siècle, il est considéré comme un premier témoignage d'art gothique. Les nefs latérales et le campanile datent eux du XVIIe siècle. Vous remarquerez un orgue magnifique dont les premiers tuyaux datent de 1629.

DOMAINE DU BAS CHALUS €

Route de la Brillanne, Chemin des Cerfs
✆ 06 86 91 68 49
www.baschalus.fr

Chambre double de 54 à 66 € ; chambre triple de 78 à 86 €. Petit déjeuner inclus. Parking inclus.

Cathy et Henri ont repris le flambeau de ce magnifique domaine où les familles sont reines. Un environnement agricole avec plus d'une centaine d'animaux, vous plongera dans le quotidien d'agriculteurs authentiques. Chambres d'hôtes, gîtes, camping, piscines sont à votre disposition pour un séjour réussi. Séparés d'une centaine de mètres, les deux bâtisses, la ferme et le moulin vous accueillent. Les chambres sont équipées de salles d'eau et WC indépendants dans une ambiance rustique. Vous profiterez ici d'une véritable immersion qui ravira petits et grands.

SAINT-ETIENNE-LES-ORGUES

Autrefois capitale d'un comté florissant, Saint-Etienne-les-Orgues a été fondé au XIe siècle. Ce sont les plantes médicinales de la montagne de Lure qui contribuèrent à l'essor du village. Sur la route qui mène à la station de Lure, on peut aller visiter l'abbaye de Notre-Dame-de-Lure, fondée initialement au VIe siècle par saint Donat, puis reconstruite et agrandie du XIIe au XVIIe siècle. Son parc, planté de tilleuls, de hêtres et d'un noyer plusieurs fois centenaires, abrite une source permanente. Elle se trouve à 1 200 m d'altitude, à une dizaine de kilomètres du village. Ce dernier, malgré son charme, n'offre que peu d'attrait touristique.

HÔTEL-RESTAURANT LE LOUVRE** €€

Place du Marché
✆ 04 90 64 08 88
www.louvre-provence.com
15 chambres. Chambre double à partir de 83 €. Parking ouvert (garage à vélos et motos fermé).

Cet hôtel-restaurant, l'un des meilleurs rapport qualité prix des environs, accueille entre autres clients de passage et randonneurs de tous poils. Lits «king size», sanitaires privatifs équipés de sèche-cheveux, tissus ensoleillés, vous serez charmé par l'accueil et le cadre simple et propret. Des soirées «motards» sont organisées au printemps. Nous vous recommandons de prendre la demi-pension, le chef a du talent et plein d'idées pour varier les menus, vous ne serez pas déçus !

SAULT ★

La ville commence son ascension le 22 avril 1561 quand Charles IX réunit à la Baronnie de Sault, tous les fiefs possédés par le Seigneur d'Agoult et érigea cet ensemble en Comté. En 1613, à la mort de Chrétienne d'Aguerre veuve de François d'Agoult, le Comté de Sault passa de la famille d'Agoult à celle de Créquy-Lesdiguières. Par la suite, le Comté échu à Louis Nicolas de Neufville, duc de Villeroy, en 1703. Le 25 juin 1793, la convention créa le département de Vaucluse, formé d'Avignon, du Comtat Venaissin, de la Principauté d'Orange, de la Viguerie d'Apt et du Comté de Sault en Provence. Aujourd'hui, Sault est une Station Verte de Vacances.

HÔTEL D'ALBION €

Avenue de l'Oratoire
✆ 04 90 64 06 22
www.hotel-sault-ventoux.com
11 chambres doubles de 65 € à 109 € ; chambre triple à partir de 80 €. Petit déj buffet. Possibilité de demi-pension.

Un petit hôtel deux étoiles sans prétention situé à 200 m du centre de vie du village. Il dispose de 11 chambres sobres et lumineuses, nouvellement redécorées et équipées de tout le nécessaire : une TV écran plat, une douche et des toilettes privatives, fenêtre double vitrage. Le matin, un solide petit déjeuner vous sera servi. Son bon emplacement permet de rejoindre rapidement les curiosités de la ville et, qu'elles soient à moto, pédestres, cyclistes ou même équestres, les départs de randonnées vers les champs de lavande tout proches.

MONTBRUN-LES-BAINS ★★

C'est l'un des 153 Plus Beaux Villages de France réputé pour son ensoleillement, son air pur et sec. L'arrivée à Montbrun, depuis l'un des cols environnants, est un enchantement. Ce village adossé à ces contreforts de roc arbore les ruines du château qui fut la propriété de Charles Dupuy-Montbrun – un catholique converti à la Réforme qui sema la terreur dans les Baronnies et qui fut décapité à Grenoble. Aujourd'hui, l'économie de Montbrun-les-Bains s'articule autour du thermalisme - ses eaux sulfurées sont réputées bénéfiques en cas de troubles des voies respiratoires -, du tourisme vert et de la production de lavande et de tilleul.

THERMES DE MONTBRUN-LES-BAINS

Route de Ferrassières ✆ 04 75 28 80 75
www.valvital.fr
Ouvert du mi-mars au mi-novembre. Espace remise en forme ouvert toutes les après-midi. Nombreuses formules.

On vient à Montbrun, à 600 m d'altitude, pour soigner affections respiratoires, rhumatismes, sinusite, troubles asthmatiques, arthrose, séquelles de chirurgie traumatique… Mais aussi pour la vue sur le mont Ventoux et le bourg médiéval de Montbrun. Il n'est pas nécessaire d'être curiste pour bénéficier des soins ou pour accéder à l'espace détente avec piscine thermale, hammam, sauna, terrasse panoramique avec bain à remous et solarium, cours de fitness, relaxation ou aquagym…

SISTERON ★★

Véritable tableau idyllique, la Provence semble s'arrêter à cette cluse impressionnante où la Durance se glisse entre les fortifications et le prodigieux Rocher de la Baume dont les strates paraissent jaillir à la verticale de la rivière. Evêché au VIe siècle, place forte des comtes de Forcalquier au XIe siècle puis propriété des comtes de Provence, elle rejoint le royaume de France en 1483. Couronnée par sa citadelle et ses affleurements géologiques hors du commun, elle vous attend pour vous livrer toute son histoire. Découvrez la vieille ville, avec ses nombreuses petites rues étroites en escalier, sa cathédrale et sa formidable citadelle.

© CLODIO - ISTOCKPHOTO

Sisteron.

CITADELLE DE SISTERON

Montée de la Citadelle
✆ 04 92 61 27 57
www.citadelledesisteron.fr

Fermé de mi-novembre à fin mars. Le reste de l'année, ouvert 7j/7. Adulte : 6,70 €.

Perchée sur un éperon rocheux à 500 mètres d'altitude, la citadelle surplombe la ville et la Durance, et marque la frontière entre Dauphiné et Provence. Le site fut dès l'Antiquité doté de fortifications qui se sont succédé au fil de destructions, reconstructions, améliorations. En 1692, Vauban conçoit un nouveau plan de défenses ambitieux pour améliorer l'ensemble déjà conséquent, suite à l'invasion menée par le duc de Savoie Victor-Amédée II. Au final, seule une partie de son projet sera réalisé. Aujourd'hui, c'est un ensemble qui s'étend sur 10 hectares.

MUSÉE DU SCOUTISME BADEN-POWELL

6, rue de la Mission
✆ 06 75 71 94 21
www.sisteron-buech.fr

Ouvert en juillet et août : mardi, jeudi et samedi de 9h30 à 12h30 et 14h30 à 18h. Gratuit.

Lord Robert Baden-Powell (1857-1941) a fondé le scoutisme mondial en 1907. Ouvert en 1994, par Mr Lorenzi alors président de l'association Scout Appel, ce musée en est la mémoire vivante. Trois salles pour vous permettre de découvrir près d'un siècle d'histoire du scoutisme. Le musée est aussi un lieu de rencontre et d'étude sur le sujet. Il n'est ouvert au public qu'en juillet et août, mais il est possible de le visiter sur rendez-vous tout le reste de l'année.

MUSÉE GALLO-ROMAIN

8, rue Saunerie
✆ 04 92 61 58 40

Ouvert toute l'année. L'été, tous les jours de 14h30 à 19h. Gratuit. Visites guidées à partir de 10 personnes.

Ce musée d'Histoire et d'Archéologie gallo-romain est labellisé Musée de France et vaut le détour. L'exposition permanente décrit les pratiques funéraires de l'époque le long d'un parcours thématique fléché. Le culte des morts chez les gallo-romains est illustré pour le public par l'exposition de nombreux objets lapidaires, en métal, en verre, en céramique, ainsi que par des pièces de monnaie. Les expositions temporaires dédiées à diverses formes d'art sont à découvrir dans une belle salle de 100 m². Une boutique librairie complète cette offre culturelle.

CHÂTEAU-ARNOUX-SAINT-AUBAN

Sa position favorable sur les rives de la Durance et sur une route fréquentée motive l'implantation d'un château, nommé d'après l'un de ses premiers châtelains. Avec plus de 5 000 habitants, l'agglomération formée par le regroupement de Château-Arnoux et de Saint-Auban constitue la 4e ville des Alpes-de-Haute-Provence. Centre international de vol à voile, elle est riche en événements culturels. Ne pas manquer, entre autres, son festival de jazz ! Aujourd'hui, son château Renaissance abrite la mairie. Construit au début du XVIe siècle par Pierre de Glandevès, il est flanqué de quatre tours. Son parc, aménagé en arboretum, est magnifique.

DE DIGNE AUX ÉCRINS ET AU MERCANTOUR

PARCOURS GPX

LIEUX	Km partiel	Km cumul	Routes
DIGNE-LES-BAINS	0	0	
SEYNE	41	41	D900
SAINT-VINCENT-LES-FORTS	14	55	D900
LA BRÉOLE	11	66	D900
CHORGES	23	89	D900, D3
LE LAUZET-UBAYE	33	122	D954, D7, 954
BARCELONNETTE	20	142	D900
GUILLAUMES	61	203	D2202
SAINT-ANDRÉ-LES-ALPES	50	253	N202
DIGNE-LES-BAINS	42	295	N85 (Route Napoléon)

DIGNE-LES-BAINS ★★★

Elle sent bon la lavande, cette ville, située en bordure des Préalpes de Digne. Non seulement elle célèbre la lavande, symbole de sa région à travers son Corso qui lui est dédié le premier week-end d'août, mais elle a créé un musée retraçant l'histoire de la lavande en pays Dignois de 1900 à nos jours. Digne-les-Bains est une terre de bien-être où les hommes se sont établis dès la Préhistoire. Ses eaux thermales lui ont très vite donné de l'importance. De son histoire riche et ancienne, elle garde de nombreux vestiges patrimoniaux. Édifices religieux, vestiges de fortifications militaires, monuments industriels… musées et festivités…

DALLE AUX AMMONITES

Réserve Géologique de Haute-Provence

Ouvert toute l'année. Gratuit.

Après avoir visité le musée-promenade, faites un kilomètre en direction des clues de Barles. Vous pourrez apercevoir cette dalle de 320 m² qui abrite plus de 1 550 fossiles d'ammonites. Les plus grosses font 70 cm de diamètre, preuve que la mer couvrait la région de Digne il y a environ 200 millions d'années. Continuez sur la route, vous découvrirez le squelette de l'ichtyosaure de la Robine, des empreintes de pas d'oiseaux âgées de plus de 20 millions d'années, des paysages exceptionnels et des trous d'eau pour vous rafraîchir. Incontournable et exceptionnel !

CATHÉDRALE SAINT-JERÔME

15, rue Tour des Pirsons

✆ 04 92 32 06 48

Ouverte du 15 juin au 30 septembre de 14h à 18h tous les jours (sous réserve).

Alors que les habitants de Digne abandonnent peu à peu la cathédrale Notre-Dame-du-Bourg lors des guerres de religion, l'évêque Antoine de Guiramand fit bâtir en 1490 cette église entre son château (à l'emplacement de l'actuelle prison) et la Tour de l'Horloge qui se dressait ici depuis 1412. Agrandie et embellie, elle est érigée en co-cathédrale en 1962. Datant du XVe siècle, ce monument a connu de nombreux aménagements au cours des siècles jusqu'à son aspect actuel, témoignage du style néo-gothique du XIXe siècle. Un bel escalier permet l'accès à son parvis.

MUSÉE DE LA LAVANDE

32, boulevard Gassendi

✆ 04 92 31 14 90

www.nicolosi-creations.fr

Musée ouvert toute l'année : en été (juillet, août) de 10h à 18h, 7j/7. Adulte : 5,50 €.

Ce très beau musée est situé en plein centre-ville. On y accède à partir de la boutique en rez-de-chaussée Les Lavandières en Provence. Le musée de la lavande propose des spectacles son et lumière relatant l'histoire du travail de la lavande dans les alentours de Digne-les-Bains, des années 1900 à nos jours, avec projection d'un film. Également très prisées, des démonstrations gratuites de distillation de lavandin en juillet et août, dans une cour intérieure ombragée, grâce à un ancien alambic des années 1900. Les séances durent environ une demi-heure.

CRYPTE ARCHÉOLOGIQUE DE NOTRE-DAME DU BOURG

Rue du Prevôt

✆ 04 92 61 09 73

www.dignelesbains.fr

Crypte : du 1er avril au 31 octobre, du mardi au samedi de 14h30 à 18h/19h. Adulte 6 €. Gratuit le 1er samedi du mois.

Issue de trois campagnes de fouilles dont la première a débuté en 1987, cette crypte révèle sur 870 m² des traces de constructions à l'emplacement des origines de la ville. Ces traces s'échelonnent sur près de 2 000 ans, à partir du Ier siècle ap. J.-C. Les vestiges sont en excellent état, notamment la mosaïque polychrome (Ve siècle) et l'autel-cippe (Ve-VIe siècles). La visite peut s'effectuer librement grâce à 23 panneaux explicatifs. Audioguide en français et en anglais.

MUSÉE PROMENADE GÉOPARC

10, montée Bernard-Dellacasagrande

✆ 04 92 36 70 70

www.geoparchauteprovence.com

Ouvert d'avril à fin novembre 7j/7 de 9h à 12h et de 14h à 17h30 (jusqu'à 19h l'été). Adulte : 8 €.

Le Géoparc de Haute-Provence est le premier géoparc créé par l'Unesco en 2000. Pour le parcourir dans sa globalité, prévoyez un certain temps : 1 989 km² et plus de 80 zones ouvertes au public à partir de routes thématiques sont accessibles. Il unit les rives du lac de Sainte-Croix aux sommets enneigés de Dormillouse et comprend une diversité unique de paysages où se côtoient caractères alpins et provençaux. Dalle aux ammonites, squelette de l'ichtyosaure ou empreintes de petits pas d'oiseaux… Vous en prendrez plein les yeux !

LE BLEU CERISE €

14, place du Général-de-Gaulle
✆ 04 92 32 31 24
www.restaurant-lebleucerise-digne.fr
Ouvert toute l'année. Menus de 23 à 29 €. Carte : 18 € environ. Terrasse. Plats à emporter.

Donnant sur la place du Général-De-Gaulle, face à la mairie, le Bleu Cerise vous accueille dans un cadre chaleureux pour déguster une cuisine raffinée, au gré des saisons, grâce à son chef Anthony Bonsignori. C'est sur une belle terrasse ombragée en été, ou dans une charmante salle voûtée en pierre le reste de l'année, que vous pourrez savourer des plats traditionnels ou végétariens, changeant au rythme du marché et réalisés à base de produits frais. Les vins sont de la région et le café gourmand à tomber pour une addition guère salée.

LE GRAND PARIS €€€

19, boulevard Thiers
✆ 04 92 31 11 15
www.hotel-grand-paris.com
Ouvert d'avril à novembre. Le soir de 19h à 21h30 ; du vendredi au dimanche le midi de 12h à 14h. Menus de 38 à 75 €.

Institution à Digne-les-Bains depuis 1930, l'hôtel-restaurant du Grand Paris vous propose des chambres, des appartements, ainsi que des salons particuliers pour toutes réunions et repas d'affaires ou repas de famille festifs. Sans oublier son sauna, sa salle de sport et son garage fermé... Son restaurant renommé vous accueille aux beaux jours sur sa terrasse ombragée et fleurie. La cuisine gourmande du chef Noémie Ricaud sait régaler ses convives, et le menu Découverte tient ses toutes promesses. Une étape incontournable pour les papilles.

SEYNE

Seyne-les-Alpes est connu pour ses élevages de mulets qui dominèrent le marché du XVIIIe siècle aux années mille neuf cent trente. C'est durant les guerres de Religions que Vauban, sur les ordres de Louis XIV, décida de renforcer les fortifications par la construction de nouveaux remparts flanqués de bastions, formant une imposante citadelle de pierre grise. Ce sont eux, dominant encore le village blotti au pied des enceintes, qui attirent le regard en arrivant à Seyne et que vous pourrez parcourir en déambulant dans les vieilles rues qui abritent passages couverts et maisons à colombages, ainsi que nombre de monuments du Moyen Âge.

RESTAURANT L'INSOLENT €€

Quartier des Auches ✆ 04 92 35 00 04
www.vieux-tilleul.fr/restaurant
Ouvert du mercredi au dimanche le midi et le soir. Et tous les jours en saison. Formule du midi en semaine à 17,90 €.

Dans son restaurant semi-gastronomique, le jeune chef Matthieu Bonnoure vous propose une carte originale de mets composés principalement de produits locaux, bio si possible, et soigneusement sélectionnés sur le marché local. Le résultat en est une cuisine de qualité moderne, équilibrée et savoureuse. La carte suit les saisons et l'inspiration du moment du chef avec un menu du jour changeant. La salle de restaurant s'ouvre sur une magnifique terrasse panoramique baignée de soleil, à la vue imprenable sur les montagnes de L'Aiguillette et de Rocheclose.

SAINT-VINCENT-LES-FORTS

Depuis 2017, le village a fusionné avec La Bréole et fait partie de la commune nouvelle d'Ubaye-Serre-Ponçon. Il occupe un promontoire dominant la rive sud-est du lac de Serre-Ponçon, à 1 300 m d'altitude. Outre ses églises et chapelles, Saint-Vincent-les-Forts se distingue par ses installations militaires qui forment un ensemble défensif imposant. Les principaux éléments, construits en majorité entre le XVIIe et le XIXe siècles, sont le fort de Saint-Vincent, le fort Joubert, la redoute de Chaudon, la tour Vauban à mâchicoulis, la batterie du Châtelard , la batterie du Colbas et la caserne Courtigis, au Chaudon, où logeaient les troupes.

LA BRÉOLE

Suite à sa fusion en 2017 avec la commune de Saint-Vincent-les-Forts, La Bréole fait partie de la commune nouvelle d'Ubaye-Serre-Ponçon. Le village est situé à 998 m d'altitude et domine la rive sud du lac de Serre-Ponçon. La commune est limitée à l'ouest par les gorges de la Blanche, qui délimitent la frontière avec les Hautes-Alpes. Avant la conquête romaine, la Bréole est une ville des Édénates. Dans son histoire, une tombe de l'Âge du Fer, contenant une épée, a été découverte au XIXe siècle. Un peu à l'écart du centre du village, au hameau des Masses, on trouve plusieurs vieilles maisons, dont une possède un pigeonnier assez atypique.

L'ARNICA - GÎTE ET CHAMBRES D'HÔTES €€

Route Du Col Des Fillys
✆ 09 74 56 60 15
www.chambrearnica.com

Ouvert toute l'année. 4 chambres. Chambre double de 69 € à 89 €. Petit déjeuner inclus. Gîte à partir de 550 €.

Joanne et Michel ont installé quatre magnifiques chambres d'hôtes, dont une suite familiale, spacieuses et lumineuses, où pierres et mélèzes se conjuguent avec élégance et harmonie. Les motards sont particulièrement chouchoutés (garage moto, atelier, service dépannage...). Au petit déjeuner, vous goûterez aux produits du terroir. L'hiver, le petit apéritif servi devant le poêle à bois est convivial. Depuis les chambres ou le gîte, la vue est sublime !

LE LAUZET-UBAYE ★

Un village qui s'est agrandi avec la construction du barrage de Serre-Ponçon à la fin des années 50 et l'engloutissement de la commune d'Ubaye. Surtout connu pour son charmant petit lac et son pont romain qui date du XIIIe siècle, un magnifique ouvrage suspendu au-dessus de l'Ubaye, le Lauzet s'anime l'été avec le début de la pratique des sports d'eaux vives. Le Lauzet est connu des randonneurs pour offrir, après environ 3h d'effort, un petit coin de paradis avec le site de Dormillouse. On y admire ses trois lacs de montagne. Depuis le plateau à près de 3 000 m, on peut jouir d'une belle vue sur le lac de Serre-Ponçon et la vallée de l'Ubaye.

CHORGES

La commune de Chorges est baignée par les eaux du lac de Serre-Ponçon avec un relief plutôt accidenté. Plusieurs monuments à découvrir ici, à commencer par l'église paroissiale classée, l'église Saint-Victor. Porte des Souchons, la seule ayant résisté aux vicissitudes du temps, le Pierre de Néron sur le parvis de l'église, les vestiges du château de Chorges, la fontaine en marbre rose, mais surtout le viaduc ferroviaire de Chanteloube qui ne vit jamais passer de train et se noie dans les eaux de la retenue de Serre-Ponçon. Un pont totalement submergé lors des 3 semaines de maximum de cote du lac, mais partiellement praticable le reste de l'année.

BARCELONNETTE ★

Barcelonnette est sans doute la ville la plus « inattendue » des Alpes pour qui ne connaît pas son histoire. Son centre historique regorge de superbes maisons : les villas des Mexicains. Celles-ci ont pour la plupart été construites entre 1880 et 1930 par des fils du pays ayant réussi dans le commerce du textile après avoir émigré outre-Atlantique. Elles sont à l'origine d'un véritable nouvel urbanisme, s'approchant de celui des villes d'eaux. Les Barcelonnettes les plus riches ont rivalisé, surtout au tournant du siècle, pour construire des villas toujours plus grandes et plus belles. Elles sont, pour la plupart, dans la partie est de la ville.

Barcelonnette et les Alpes françaises.

MUSÉE DE LA VALLÉE - LA SAPINIÈRE

10, avenue de la Libération
✆ 04 92 81 27 15
www.museedelavallee.fr

Ouvert toute l'année, sauf de mi-novembre à mi-décembre. L'été 7j/7 de 10h à 12h et de 14h30 à 18h30. Adulte : 4 €.

La belle villa La Sapinière (1878) abrite depuis 1988 le musée de la Vallée. Pour mieux comprendre les liens qui relient Barcelonnette au Mexique depuis l'installation des frères Arnaud en 1804 et ceux qui se sont tissés au fil de l'histoire, un détour par ce musée n'est pas superflu. D'autant que l'on peut y admirer des collections de beaux-arts et des expositions photographiques, ainsi que des objets d'art précolombien et d'art populaire du Mexique.

LE CHEVAL BLANC** €€

12, rue Grenette ✆ 04 92 81 00 19
www.chevalblancbarcelonnette.com

Ouvert toute l'année. Chambre double à partir de 65 €. Petit déjeuner buffet : 10 €. Restauration. Relais motards.

Cet authentique relais de diligence est géré depuis 1910 par la même famille. Aujourd'hui, c'est Christophe Barneaud et son équipe qui vous accueillent dans un confort moderne, tout en ayant su conserver le charme du passé. Les chambres sont décorées dans un style classique et champêtre. La réception d'origine, toute en bois, est magnifique. L'hôtel dispose de deux salles de restaurant qui offrent un service attentif et chaleureux. La cuisine traditionnelle de Christophe, maître restaurateur, est préparée avec des produits du terroir selon les recettes maison.

LE GÉNÉPY €€

2, rue Manuel ✆ 04 92 81 50 31
www.restaurant-le-genepy.com

Du vendredi au mercredi. Tous les jours lors des vacances scolaires. Menus de 17 à 24 €. Suggestion du jour : 11 €.

On vient chez André d'abord pour ses crêpes, car il nous régale depuis longtemps de ses spécialités au sarrasin, salées, sucrées ou glacées au froment... Mais ce n'est pas son seul talent, car André est aussi doué aux fourneaux pour mitonner une cuisine à l'ancienne faite de gratins de légumes, gratin de ravioles, gigot rôti... des brochettes mixtes de poissons parfumés... On peut déguster toutes les recettes montagnardes comme tartiflettes ou fondues, et de délicieuses enchiladas mexicaines maison... Tout est excellent, le service rapide, le personnel souriant.

GUILLAUMES

Au cours des siècles, le village de Guillaumes a changé souvent de souverains. Il a été maintes fois conquis, pillé, incendié, démantelé, rançonné. Ce n'est que depuis 1860 que le village a retrouvé une paix durable et une relative prospérité. Baladez-vous dans le centre ancien, principalement dans la rue Bérenger avec ses trois portes et dans la rue du Viguier où l'on trouve la maison du Roy, lieu de résidence du gouverneur militaire, un ancien moulin à huile de noix, la maison Barety. L'église Saint-Étienne, d'origine lombarde, construite au XIIe siècle, fortifiée et massive avec des fenêtres très étroites, a été appelée à jouer un rôle défensif.

SAINT-ANDRÉ-LES-ALPES

Saint-André-les-Alpes est une des portes d'entrée des gorges du Verdon et du parc naturel régional du Verdon. Ce petit village de caractère, qui fleure bon les Alpes, est entouré par la montagne de Maurel et la barre blanche des crêtes de Serres et de Chamatte. En été, on apprécie les rives du lac de Castillon où les amateurs pratiquent à loisir voile et canotage. Tout autour du plan d'eau, de multiples lieux de baignade sont accessibles par le biais de plages sauvages et agréables. Des bateaux à pédales ou à moteurs électriques et des planches à voile sont mis à la disposition de tous par les nombreux loueurs installés sur les différentes plages.

L'ARDOISE €€

Place Charles-Bron
✆ 06 22 51 88 02

Ouvert toute l'année. Du lundi au dimanche de 11h30 à 15h et 18h30 à 23h (varie suivant la saison). Menu de 12 € à 29 €.

Cette sympathique adresse se situe en plein cœur du village de Saint-André-les-Alpes, à l'extrémité nord du lac de Castillon. « Gourmet ou gourmand, vous apprécierez notre cuisine simple et raffinée », voici comment les nouvelles chefs Emilie et Joanna aiment présenter l'esprit des lieux. L'ardoise propose une carte de cuisine traditionnelle mettant à l'honneur des produits frais et du terroir pour de belles suggestions, toutes présentées avec goût. En fin de repas, les bons desserts finiront de vous convaincre de la qualité des lieux.

NOS CIRCUITS

GORGES DE DALUIS ★★

D2202

Le long de la D2202, la route offre un superbe point de vue vertigineux sur le fleuve Var qui gronde comme un torrent au fond de la gorge. La route en encorbellement taillée dans le roc est coupée de nombreux tunnels et permet d'apprécier de nombreux points de vue impressionnants. Quelques parkings facilitent les haltes sans couper la circulation et méritent des arrêts pour profiter des points de vue impressionnants. Pour des envies d'aventure et de baignade, vous pouvez même emprunter certains sentiers et vous rendre directement dans le lit du Var.

BARCELONNETTE, DU MERCANTOUR À LA VALLÉE DE L'UBAYE

LIEUX	Km partiel	Km cumul	Routes
BARCELONNETTE	0	0	
JAUSIERS	9	9	D900
SAINT-ÉTIENNE-DE-TINÉE	49	58	M2205
ISOLA	15	72	M2205
SAINT-SAUVEUR-SUR-TINÉE	15	87	M2205
BEUIL	24	110	M30, D30
VALBERG	5	115	D28
GUILLAUMES	15	130	D28
SAINT-MARTIN-D'ENTRAUNES	12	142	D2202
BARCELONNETTE	49	191	D902

BARCELONNETTE ★

Barcelonnette est sans doute la ville la plus « inattendue » des Alpes pour qui ne connaît pas son histoire. Son centre historique regorge de superbes maisons : les villas des Mexicains. Celles-ci ont pour la plupart été construites entre 1880 et 1930 par des fils du pays ayant réussi dans le commerce du textile après avoir émigré outre-Atlantique. Elles sont à l'origine d'un véritable nouvel urbanisme, s'approchant de celui des villes d'eaux. Les Barcelonnettes les plus riches ont rivalisé, surtout au tournant du siècle, pour construire des villas toujours plus grandes et plus belles. Elles sont, pour la plupart, dans la partie est de la ville.

MUSÉE DE LA VALLÉE - LA SAPINIÈRE

10, avenue de la Libération
✆ 04 92 81 27 15
www.museedelavallee.fr

Ouvert toute l'année, sauf de mi-novembre à mi-décembre. L'été 7j/7 de 10h à 12h et de 14h30 à 18h30. Adulte : 4 €.

La belle villa La Sapinière (1878) abrite depuis 1988 le musée de la Vallée. Pour mieux comprendre les liens qui relient Barcelonnette au Mexique depuis l'installation des frères Arnaud en 1804 et ceux qui se sont tissés au fil de l'histoire, un détour par ce musée n'est pas superflu. D'autant que l'on peut y admirer des collections de beaux-arts et des expositions photographiques, ainsi que des objets d'art précolombien et d'art populaire du Mexique.

LE CHEVAL BLANC** €€

12, rue Grenette ✆ 04 92 81 00 19
www.chevalblancbarcelonnette.com

Ouvert toute l'année. Chambre double à partir de 65 €. Petit déjeuner buffet : 10 €. Restauration. Relais motards.

Cet authentique relais de diligence est géré depuis 1910 par la même famille. Aujourd'hui, c'est Christophe Barneaud et son équipe qui vous accueillent dans un confort moderne, tout en ayant su conserver le charme du passé. Les chambres sont décorées dans un style classique et champêtre. La réception d'origine, toute en bois, est magnifique. L'hôtel dispose de deux salles de restaurant qui offrent un service attentif et chaleureux. La cuisine traditionnelle de Christophe, maître restaurateur, est préparée avec des produits du terroir selon les recettes maison.

LE GÉNÉPY €€

2, rue Manuel ✆ 04 92 81 50 31
www.restaurant-le-genepy.com

Du vendredi au mercredi. Tous les jours lors des vacances scolaires. Menus de 17 à 24 €. Suggestion du jour : 11 €.

On vient chez André d'abord pour ses crêpes, car il nous régale depuis longtemps de ses spécialités au sarrasin, salées, sucrées ou glacées au froment… Mais ce n'est pas son seul talent, car André est aussi doué aux fourneaux pour mitonner une cuisine à l'ancienne faite de gratins de légumes, gratin de ravioles, gigot rôti… des brochettes mixtes de poissons parfumés… On peut déguster toutes les recettes montagnardes comme tartiflettes ou fondues, et de délicieuses enchiladas mexicaines maison… Tout est excellent, le service rapide, le personnel souriant.

JAUSIERS ★

Jausiers est perchée à 1 250 m d'altitude au croisement des routes venant d'Italie, du Dauphiné et de Nice. La commune abrite un hameau d'altitude, Lans-en-Ubaye, perché à 1 400 mètres, au pied de la Pointe Fine. Jausiers est traversé par l'Ubaye, qui prend sa source au col du Longet. Le moulin à eau des Abriès, reconstitué et en état de marche, peut se visiter en été. Sur la route de Saint-Paul-sur-Ubaye, se trouve une ancienne filature de soie. Ce qui surprend ici, c'est qu'à l'instar de Barcelonnette, de grandes et majestueuses villas se dressent, témoignant de la réussite des Jausiérois partis au Mexique pour faire fortune et revenus riches.

CHÂTEAU DES MAGNANS

189, route des Magnans
✆ 04 92 33 99 27
www.chateaudesmagnans-jausiers.com

Ouvert uniquement à la clientèle de l'établissement.

C'est là l'un des vestiges les plus remarquables liés à la réussite des Mexicains de la région de Bercelonnette. Grand manoir gothique fantaisie, inspiré du château allemand de Neuschwanstein, édifié entre 1903 et 1913, il est orné d'un dessus-de-porte en bas-relief de Clodion, représentant un cortège de bacchantes, et d'un vitrail de Louis Balmet. Classé monument historique, c'est aujourd'hui un établissement hôtelier de luxe. Le cadre, aux portes du Mercantour et au cœur de la vallée de l'Ubaye, est absolument incroyable. Les cols alentour sont fermés en hiver.

MOULIN D'ABRIÈS

550, route du Moulin
© 04 92 81 11 42
Tous les mercredis, du 10 juillet environ à fin août, visite à 16h. Adulte : 7 €. Se renseigner avant de se déplacer.

C'est le torrent d'Abriès qui a donné son nom au moulin situé dans le hameau des Gueyniers. Il fut autorisé à fonctionner par le duc de Savoie dès 1713. On recensait à l'époque environ 70 petits moulins dans la vallée de l'Ubaye. Celui-ci ferma en 1972. C'est à la patience et à la détermination de Robert Martin, un des derniers meuniers ubayens qu'on doit sa réouverture en 2001. Il vous reçoit pour vous faire découvrir cet artisanat d'autrefois, et vous faire partager sa passion. Sur place, également vente de farine lorsqu'il y en a et de cartes postales.

LE RÉGALIVOU €€

8, boulevard d'Auron
© 04 93 02 49 00
leregalivou.free.fr
Ouvert toute l'année. Suggestion du jour à partir de 10 €. Chambre à partir de 45 € la nuit. Demi-pension possible.

Avec son ambiance conviviale, le restaurant est l'endroit idéal où bien manger à Saint-Étienne-de-Tinée après une belle virée dans la région. Le chef propose une cuisine généreuse et savoureuse. Pizzas, grillades et traditionnels plats de montagne pourront ainsi être dégustés sur la terrasse ou dans l'agréable salle intérieure dans une ambiance familiale. En fonction de votre heure d'arrivée, vous pourrez faire étape pour la nuit et prolonger le plaisir et la découverte en prenant une confortable chambre à la décoration typiquement montagnarde.

SAINT-ETIENNE-DE-TINÉE ★★★

Sans doute habitée depuis la préhistoire, nommée Daeliae Insula par les Romains, puis Sancti Stephani Tinænsis au début de l'ère chrétienne, le village a bien une histoire. Rattaché à la France en 1860, on y vivait replié, en raison des liaisons difficiles avec les vallées voisines et avec le littoral. À partir de 1900, l'élargissement des routes et l'avènement de l'automobile permirent au village de se développer, mais un dramatique incendie le ravagea en 1929. La moitié de la commune fut détruite et elle ne dut sa renaissance qu'à une souscription lancée à toutes les communes qui fut à l'origine du lancement de la station d'Auron.

ISOLA ★★★

Le village est implanté à 870 mètres d'altitude, au confluent de la Tinée et de la Guercha. Dans les années 1930, du fait des revendications territoriales de l'Italie, l'état français décida de mettre en œuvre la « ligne Maginot des Alpes » afin de faire face à toute attaque. C'est ainsi qu'en 1935, au lieu-dit « Gratuse », sur la rive sud de la Tinée et face au village, est achevé le « petit ouvrage » d'avant poste d'Isola. Ce dernier faisait partie du sous-secteur de Mounier et du secteur des Alpes-Maritimes. A une quinzaine de kilomètres à l'est via la M97 en direction de l'Italie, se trouve la station d'Isola 2000, inaugurée en 1971.

CHAPELLE DES TRINITAIRES ★★

Ouvert toute l'année. Un guide du patrimoine religieux est en vente dans les OT d'Auron et Saint-Étienne-de-Tinée.

Il s'agit de la chapelle du couvent désaffectée des Trinitaires datant de la fin du XVIIe siècle, cet ordre religieux avait pour mission l'évangélisation des barbaresques d'Afrique du Nord et le rachat des captifs. À l'intérieur se trouvent de magnifiques fresques dédiées à Notre-Dame-du-Bon-Remède de 1685 et d'autres représentant le combat naval de Lépante du 12 octobre 1571 lors duquel la flotte chrétienne envoya par le fond la flotte turque. Pour la petite anecdote, c'est lors de ce conflit que Cervantès perdit sa main droite.

LE COLLET FACTORY €€

45, rue de la Liberté
© 06 15 91 01 48
Ouvert lundi, mardi et du jeudi au samedi midi et soir. Pizzas à partir de 8 €. Plats à partir de 12 €.

Le Collet Factory se trouve dans la rue principale (mais très peu large) qui traverse Isola. Pour compenser le peu de place en façade, l'établissement installe en été une terrasse à quelques mètres, là où la voie s'élargit sur la place Saint-Roch. A l'intérieur, la salle de restaurant abrite une belle cheminée qui participe volontiers à l'ambiance conviviale durant les frimas de l'hiver. On trouve au menu pizzas, burgers et plats du jour pour un très bon rapport qualité-prix. Un endroit tranquille qui permet de goûter à la quiétude du village.

SAINT-SAUVEUR-SUR-TINÉE ★

Saint-Sauveur se trouve l'intersection de la M2205 et de la M30. Bâties en pierre locale, les maisons rouge sombre du village ancien méritent un détour. L'église Saint-Michel-Archange, construite au XVIIe siècle, a été plusieurs fois restaurée et remaniée. Son clocher est pyramidal. A l'intérieur, on peut admirer plusieurs retables mais aussi un reliquaire de saint Blaise et plusieurs objets de culte qui contribuent à la richesse des lieux. Sur la route en direction de Nice (M2205), le Fort de la Frassinéa et l'ouvrage Rimplas (ou ouvrage de la Madeleine) sont deux vestiges imposant de la ligne Maginot des Alpes proches de la Tiné.

BEUIL

Dominant le Haut Cians et les gorges du même nom, Beuil est une cité médiévale qui présente une architecture remarquable avec ses maisons en pierre sèche aux toits en bardeaux de mélèze qui formaient une enceinte contre les brigands et les loups. Les Seigneurs de Grimaldi y régnèrent pendant trois siècles. En suivant le sentier de l'histoire, on admire au détour des ruelles un patrimoine préservé : le lavoir en trois parties voûtées, le four à pain communal, les granges traditionnelles, l'arcade de la reine Jeanne d'où partaient les passages secrets menant au château, ainsi que la chapelle des pénitents blancs, proche de la place de l'église.

FORT DE LA FRASSINÉA ★

M2205
RIMPLAS
✆ 06 32 16 30 10
www.frassinea.asso.fr
Fort ouvert de mai à septembre inclus, samedi après-midide 14h30 à 18h. Entrée libre.

Des visites commentées d'une trentaine de minutes permettent de découvrir cette construction militaire dont l'objectif était de faire barrage à l'intrusion des chars italiens pendant la Seconde Guerre mondiale. Vous apprendrez comment s'organisait la vie dans le bunker avec la découverte des parties techniques et celle des casernements. Des expositions thématiques renseignent aussi sur le contexte historique. Cet ouvrage dépend du fort de Rimplas, qui culmine à 1 000 m d'altitude sur un pic rocheux. La construction de l'ensemble a duré 11 ans.

GORGES DU CIANS ★★

D28

Parcourues par le Cians, un petit affluent du Var, ces gorges impressionnantes par leurs formes et par leur couleur sont des merveilles géologiques qui s'apparentent à un petit Colorado des Alpes-Maritimes. On circule dans un univers grandiose datant de l'ère primaire et taillé dans les roches schisteuses rouges, avec de nombreuses fissures, clues, déversoirs, cascades… Les randonneurs peuvent réjouirent quelques sommets par des sentiers de GR : le mont Raton (2 066 m), les Cluots (2 105 m), la Tête du Giarons (2 025 m) et la cime de Courbaissa (2 065 m).

FORT DE RIMPLAS

Route de la Madeleine - **RIMPLAS**
✆ 06 76 51 56 66
www.ville-rimplas.fr
Sur réservation uniquement. Visites guidées (maximum 20 pers) uniquement le samedi de 14h à 17h. Adulte : 2 €.

Ce fort, appelé également fort de la Madeline, est l'une des constructions les plus imposantes de la ligne Maginot, une ligne construite entre les deux guerres et qui s'étendra de Menton jusqu'aux Ardennes. Après onze années de travaux, débutés en 1928, l'ouvrage sera doté des derniers équipements modernes. Le fort dispose également d'un hôpital avec un bloc opératoire, de réserves d'eau potable avec analyse systématique de l'eau, d'un téléphérique l'alimentant en vivres et munitions depuis le fond de la vallée. Plus de 300 hommes y ont vécu à partir de 1935.

L'ESCAPADE €€

15, boulevard Colonel-Marcel
✆ 04 93 02 31 27
www.hrlescapade.fr
Ouvert toute l'année. Restaurant ouvert midi et soir. Chambre à partir de 65 € la nuit. Carte : environ 25 €.

Aux beaux jours, on est tout de suite attiré par la très jolie terrasse fleurie qui s'étend devant les murs en pierre de l'hôtel. En basse saison, on lui préférera la grande salle rustique avec son ambiance chaleureuse, son plafond et ses murs couverts d'antiquités et d'objets culinaires et agricoles d'antan. La cuisine a des accents régionaux et tout est fait maison, de l'entrée au dessert. Une excellente adresse à retenir. Pour ceux qui veulent rester quelques jours dans ce cadre magnifique, pas de problème : votre chambre vous attend.

ROURE ★★★

Ce village à 1132 m d'altitude au-dessus d'un à-pic impressionnant dominant la rivière Vionène est un paradis des amoureux de la nature. La flore dans les environs est abondante. On y observe facilement des lièvres, des gypaètes, des sangliers, des chevreuils, des marmottes et évidemment des chamois. Au village, les trois superbes granges préservées témoignent de l'architecture agropastorale tandis que les maisons de pierres rouges aux toits de bardeaux ou de lauze violette datent pour la plupart des XVIIe et XVIIIe siècles. L'arboretum Marcel Kroenlein s'étend sur 6 hectares et permet d'observer une flore de l'étage montagnard.

ARBORETUM MARCEL KROENLEIN

1017, avenue Bellevue ✆ 04 93 35 00 50

www.arboretum-roure.org

Ouvert toute l'année. De 10h à 18h, en hiver fermeture à 16h. Entrée : 5 €. Ateliers Enfants : 3 €. Boutique.

Cet arboretum a été créé en 1988 pour permettre d'observer l'étage montagnard dans ce lieu hors du temps. Surplombant la vallée de la Tinée et implanté sur 17 hectares, de 1 280 à 1 722 mètres au-dessus du niveau de la mer, le site rassemble conifères, feuillus, fruitiers anciens mais aussi un potager expérimental en permaculture et une réserve de patrimoine des rosiers botaniques des Alpes maritimes… Toute l'année sont proposés des animations et ateliers.

VALBERG

Située à la lisière sud du parc de Mercantour, entre les communes de Péone (patrie des Clary, dont l'un des membres, Désirée, fut la fiancée de Napoléon Ier), Guillaumes et Beuil, Valberg est une station touristique particulièrement active en hiver, qui développe également de nombreuses activités d'été sous l'étiquette de station verte d'altitude. ici, randonnées (pédestres, VTT, Buggy), pêche, escalade, luge d'été sont au programme dès les premiers beaux jours de l'année. Pour le motard qui ne serait que de passage, son intérêt principal réside dans les différents services qu'elle propose (essence, alimentation et restaurants, hôtellerie, etc.).

LA VALLÉE BLANCHE** €€

1, chemin du Ciai

✆ 04 93 02 64 28

www.hotel-lavalleeblanche.com

Ouvert toute l'année. Chambre double à partir de 90 €. Demi-pension à partir de 39 € par adulte.

Si vous souhaitez vous ressourcer et profiter de l'air de la montagne tout en disposant d'un service de qualité et d'un confort exemplaire, n'hésitez pas à passer quelques jours à la Vallée Blanche. L'hôtel se démarque par l'originalité de ses prestations et son ambiance intérieure scandinave, façon arty chic contemporain, originale et authentique. Ne manquez pas l'initiation au bain nordique et le sauna finlandais ! Côté hébergement, l'établissement possède 10 chambres confortables et douillettes avec balcon et de taille moyenne, toutes louées en demi-pension.

GUILLAUMES

Au cours des siècles, le village de Guillaumes a changé souvent de souverains. Il a été maintes fois conquis, pillé, incendié, démantelé, rançonné. Ce n'est que depuis 1860 que le village a retrouvé une paix durable et une relative prospérité. Baladez-vous dans le centre ancien, principalement dans la rue Bérenger avec ses trois portes et dans la rue du Viguier où l'on trouve la maison du Roy, lieu de résidence du gouverneur militaire, un ancien moulin à huile de noix, la maison Barety. L'église Saint-Étienne, d'origine lombarde, construite au XIIe siècle, fortifiée et massive avec des fenêtres très étroites, a été appelée à jouer un rôle défensif.

SAINT-MARTIN-D'ENTRAUNES

Petit village d'altitude situé à 6 km en aval d'Entraunes, le long du Var. Ce village est très typique avec ses maisons aux bardages de bois, aux toitures largement débordantes pour protéger les balcons et les abords des maisons des chutes de neige. La principale curiosité intra-muros est l'église Saint-Martin, de style roman provençal du XIIIe siècle. Elle a été fortifiée, sans doute pour abriter les villageois et leur offrir une protection avec leurs troupeaux, dans les temps troublés. Le clocher roman est séparé du corps de l'église, ce qui permet de supposer qu'il est le vestige d'un château fort, d'un donjon ou d'une tour de guet du Moyen Âge.

LES GORGES DU CIANS ET DE DALUIS

LIEUX	Km partiel	Km cumul	Routes
SAINT-ANDRÉ-LES-ALPES	0	0	
SAINT-JULIEN-DU-VERDON	7	7	N202
PUGET-THENIERS	67	74	D2211
BEUIL	29	103	D28
VALBERG	6	109	D28
PEONE	9	118	D29
GUILLAUMES	6	124	D29
ANNOT	28	152	D2202, D110, D908
THORAME-HAUTE	26	178	D908
SAINT-ANDRÉ-LES-ALPES	18	196	D52, D955

SAINT-ANDRÉ-LES-ALPES

Saint-André-les-Alpes est une des portes d'entrée des gorges du Verdon et du parc naturel régional du Verdon. Ce petit village de caractère, qui fleure bon les Alpes, est entouré par la montagne de Maurel et la barre blanche des crêtes de Serres et de Chamatte. En été, on apprécie les rives du lac de Castillon où les amateurs pratiquent à loisir voile et canotage. Tout autour du plan d'eau, de multiples lieux de baignade sont accessibles par le biais de plages sauvages et agréables. Des bateaux à pédales ou à moteurs électriques et des planches à voile sont mis à la disposition de tous par les nombreux loueurs installés sur les différentes plages.

Le Verdon près de Saint-André-les-Alpes.

LE BARRAGE ET SON CADRAN SOLAIRE

✆ 04 92 89 02 39
www.castellane-verdontourisme.com
Accès libre.

Un barrage hydroélectrique impressionnant qui offre une vue superbe. Une véritable barrière de contrastes entre le paisible lac et la tortueuse rivière qui jaillit une centaine de mètres en dessous de vos pieds. Surtout, le barrage est célèbre depuis 2009 et la mise en place du plus grand cadran solaire du monde. Encore mieux, c'est aussi un cadran de conception originale : l'heure solaire est connue lorsque l'ombre du parapet tangente l'une des lignes horaires.

HÔTEL LAC ET FORÊT*** €€

Route de Nice
✆ 04 92 89 07 38
www.lacforet.com
Ouvert de mi-avril au mi-novembre. 20 chambres. Chambre double de 72 € à 130 €. Restaurant 7j/ 7 midi et soir en saison.

L'hôtel Lac et Forêt est une vaste demeure au charme certain à l'écart du village et au calme. Installé sur les bords du lac de Castillon, il offre une vue panoramique à couper le souffle. La terrasse vous permettra de suivre et d'admirer les parapentistes dans leurs évolutions. Côté restauration, le chef Nicolas Brencz vous propose une cuisine variée comprenant des mets raffinés respectant le rythme des saisons avec des produits du marché. Au programme de votre séjour : nature, baignades, randonnées, activités multiples, repos, gourmandise et air pur.

L'ARDOISE €€

Place Charles-Bron
✆ 06 22 51 88 02
Ouvert toute l'année. Du lundi au dimanche de 11h30 à 15h et 18h30 à 23h (varie suivant la saison). Menu de 12 € à 29 €.

Cette sympathique adresse se situe en plein cœur du village de Saint-André-les-Alpes, à l'extrémité nord du lac de Castillon. « Gourmet ou gourmand, vous apprécierez notre cuisine simple et raffinée », voici comment les nouvelles chefs Emilie et Joanna aiment présenter l'esprit des lieux. L'ardoise propose une carte de cuisine traditionnelle mettant à l'honneur des produits frais et du terroir pour de belles suggestions, toutes présentées avec goût. En fin de repas, les bons desserts finiront de vous convaincre de la qualité des lieux.

SAINT-JULIEN-DU-VERDON

Ce village était perché sur un promontoire impressionnant avant 1947, date de la construction du barrage de Castillon qui recouvrit une grande partie du territoire de la commune. Le village est aujourd'hui posé sur une presqu'île en bordure de la retenue, sur le flanc d'un coteau, et offre une vue étendue sur les eaux calmes et claires. Les sports nautiques y sont évidement à l'honneur, en complément des nombreuses balades possibles dans la région. A voir : la Chapelle Notre Dame et la chapelle Saint Roch du XVIIe. Saint-Julien fait partie des communes du parc naturel régional du Verdon et ne se trouve qu'à 13 kilomètres de Castellane via la D955.

NOS CIRCUITS

PUGET-THÉNIERS

Ancienne sous-préfecture des Alpes-Maritimes aux confluents de la Roudoule et du Var, Puget-Théniers fait figure de petite capitale régionale. Au XIXe siècle, de nombreuses fabriques faisaient vivre la ville : tanneries, mégisseries, tissages de draps, moulins à huile et à farine. Après un déclin inexorable, l'ouverture de la route et de la voie ferrée ont redonné un deuxième souffle à Puget-Théniers qui mise davantage sur le tourisme et les nombreuses activités outdoor (rando, via ferrata, eaux vives) et son complexe sportif que sur l'industrie pour assurer son avenir. La vieille ville se trouve sur la rive droite de la Roudoule.

GORGES DU CIANS ★★

D28 - **BEUIL**

Parcourues par le Cians, un petit affluent du Var, ces gorges impressionnantes par leurs formes et par leur couleur sont des merveilles géologiques qui s'apparentent à un petit Colorado des Alpes-Maritimes. On circule dans un univers grandiose datant de l'ère primaire et taillé dans les roches schisteuses rouges, avec de nombreuses fissures, clues, déversoirs, cascades… Les randonneurs peuvent réjouirent quelques sommets par des sentiers de GR : le mont Raton (2 066 m), les Cluots (2 105 m), la Tête du Giarons (2 025 m) et la cime de Courbaissa (2 065 m).

LES ALIZÉS €€

11, rue Alexandre-Baréty
✆ 04 93 05 06 20
www.hotellesalizes.com

Ouvert toute l'année. 16 chambres. Chambre double à partir de 68 €. Parking inclus. Wifi gratuit.

L'hôtel Les Alizés est un hôtel familial établi au cœur de Thorame-Puget. Les chambres, douillettes et confortables, promettent un séjour agréable. Celles-ci se répartissent en chambres triple, double et twin. Toutes sont équipées de toilettes et d'une salle de bains privative, du wifi, d'une TV écran plat et d'accessoires de confort (bouilloire, sèche cheveux…). La piscine et son espace solarium, ouverts à partir du mois d'avril, sont particulièrement appréciés en complément de l'offre général de l'établissement et de la qualité de l'accueil.

BEUIL

Dominant le Haut Cians et les gorges du même nom, Beuil est une cité médiévale qui présente une architecture remarquable avec ses maisons en pierre sèche aux toits en bardeaux de mélèze qui formaient une enceinte contre les brigands et les loups. Les Seigneurs de Grimaldi y régnèrent pendant trois siècles. En suivant le sentier de l'histoire, on admire au détour des ruelles un patrimoine préservé : le lavoir en trois parties voûtées, le four à pain communal, les granges traditionnelles, l'arcade de la reine Jeanne d'où partaient les passages secrets menant au château, ainsi que la chapelle des pénitents blancs, proche de la place de l'église.

VALBERG

Située à la lisière sud du parc de Mercantour, entre les communes de Péone (patrie des Clary, dont l'un des membres, Désirée, fut la fiancée de Napoléon Ier), Guillaumes et Beuil, Valberg est une station touristique particulièrement active en hiver, qui développe également de nombreuses activités d'été sous l'étiquette de station verte d'altitude. ici, randonnées (pédestres, VTT, Buggy), pèche, escalade, luge d'été sont au programme dès les premiers beaux jours de l'année. Pour le motard qui ne serait que de passage, son intérêt principal réside dans les différents services qu'elle propose (essence, alimentation et restaurants, hôtellerie, etc.).

HÔTEL-RESTAURANT L'ADRECH DE LAGAS*** €€

63, avenue de Valberg
✆ 04 93 02 51 64
www.adrech-hotel.fr

Fermé en octobre/novembre et en avril/mai. Haute saison : chambre double de 115 à 233 €.

Ce bel établissement est situé au niveau du départ des pistes et bénéficie d'une exposition plein sud. Les chambres se répartissent en plusieurs catégories, certaines avec mezzanine ou balnéo. Côté restauration, l'établissement bénéficie d'une excellente réputation. Si la formule du midi séduit, le soir, on aime s'y retrouver à l'apéro pour ensuite y savourer les spécialités de la montagne. Sur place, on trouve également une salle de jeu avec billard, un espace fitness et deux saunas.

LA TABLE D'EMILY €€

Place du Cluot de la Mule

✆ 06 77 03 22 16

Ouvert midi et soir. Carte : 35 € environ. Mont d'or et sa charcuterie corse : 23 €. Terrasse.

Amateurs de spécialités corses, voici une adresse que vous allez particulièrement apprécier. Avec la maman en cuisine et la fille en salle, ce petit restaurant familial des plus accueillant, situé au cœur de la station, propose des menus du midi copieux, élaborés avec des produits frais pour un tarif tout à fait correct. Les grands classiques montagnards (raclette, Mont d'Or) sont évidemment à la carte mais revus et corrigés façon corse, évidemment ! Le service est très convivial, les patronnes sont heureuses de vous servir la Corse à Valberg et cela fait plaisir.

LA CROIX SAINT-JEAN €€

38, rue Saint-Jean

✆ 04 93 05 45 52

www.lacroix-valberg.com

4 chambres + 1 appartement meublé. Haute saison : chambre double 89 €. Petit déjeuner inclus.

Construit en 1987, ce chalet de style savoyard qui était initialement une maison familiale a été réaménagé en chambres d'hôtes par un couple sympathique. Lucie et Christophe vous accueilleront avec grand plaisir dans ce charmant chalet. Ici, on se sent de suite à l'aide et chouchouté ! Situé à 1 720 m d'altitude, exposé plein sud et à flanc de colline, le chalet permet de bénéficier d'un sublime panorama qui domine la station de Valberg. Été comme hiver, de nombreuses activités permettent de profiter de ce magnifique cadre naturel du Parc national du Mercantour.

PÉONE

Péone est une petite commune de moins de 800 habitants située à égale distance de Valberg et Guillaumes. Le bourg est traversé par le Tuébi. Il possède une architecture médiévale montagnarde typique de la région, avec de hautes maisons à colombages aux balcons en fer forgé, des passages voûtés, des escaliers anciens et les inévitables cadrans solaires en guise de décoration sur les façades. Son église date du XVIIIe siècle. Ses minuscules ruelles vous mèneront jusqu'au pied des Pénitents, de magnifiques reliefs ruiniformes de cargneule sculptés par l'érosion en surplomb du village, et que l'on peut facilement admirer à partir de la route de Valberg.

GUILLAUMES

Au cours des siècles, le village de Guillaumes a changé souvent de souverains. Il a été maintes fois conquis, pillé, incendié, démantelé, rançonné. Ce n'est que depuis 1860 que le village a retrouvé une paix durable et une relative prospérité. Baladez-vous dans le centre ancien, principalement dans la rue Bérenger avec ses trois portes et dans la rue du Viguier où l'on trouve la maison du Roy, lieu de résidence du gouverneur militaire, un ancien moulin à huile de noix, la maison Barety. L'église Saint-Étienne, d'origine lombarde, construite au XIIe siècle, fortifiée et massive avec des fenêtres très étroites, a été appelée à jouer un rôle défensif.

Péone.

GORGES DE DALUIS ★★

D2202

Le long de la D2202, la route offre un superbe point de vue vertigineux sur le fleuve Var qui gronde comme un torrent au fond de la gorge. La route en encorbellement taillée dans le roc est coupée de nombreux tunnels et permet d'apprécier de nombreux points de vue impressionnants. Quelques parkings facilitent les haltes sans couper la circulation et méritent des arrêts pour profiter des points de vue impressionnants. Pour des envies d'aventure et de baignade, vous pouvez même emprunter certains sentiers et vous rendre directement dans le lit du Var.

ANNOT

Au bord de la Vaïre, à 700 m d'altitude environ, ce charmant bourg est entouré par de belles formations de grès qui font le bonheur des grimpeurs sur blocs et les amateurs d'escalade traditionnelle. Ces groupements de rochers inattendus et sculptés par l'érosion, chaotiques, désordonnés, arcs entiers ou coupés, permettent également de belles randonnées, telles celles qui mènent à la « Chambre du roi », à la « Dent du diable » ou aux « abris sous roches ». L'idéal étant de profiter des services d'un guide. Dans le village, au départ de l'office de tourisme, on se promène dans la Grand Rue avant de rejoindre l'église Saint-Jean-Baptiste.

THORAME-HAUTE

Ce petit village montagnard de 200 habitants est situé au pied du massif de Chamatte, dans la vallée du Haut Verdon, à 1 150 m d'altitude. Certes, le village a été très impacté par les guerres de religions mais, en flânant dans ses rues, on y croise une église de style gothique et roman fin XVIe siècle, des maisons au toit en tuiles et balcons en bois, de vieux cadrans solaires. Plusieurs commerces, hôtels et restaurants dans le village et les alentours permettent d'en faire une bonne base de départ, ou d'arrivée, pour une longue et belle virée dans la région, qu'il s'agisse d'aller découvrir le parc national du Mercantour ou celui du Verdon.

NOS CIRCUITS

HÔTEL DE L'AVENUE*** €€

Avenue de la Gare
✆ 04 92 83 22 07
www.hotel-annot.fr
Fermé de décembre à fin février. 9 chambres. Chambre double de 70 € à 110 €. Demi-pension.

Entre lacs et montagne dans une nature luxuriante, cet hôtel de charme est venu se lover au cœur du village. Eve, la maitresse des lieux, vous réserve non seulement un accueil chaleureux mais elle a aussi rénové toutes ses chambres dans une ambiance cocooning, entre modernité et authenticité. Le petit déjeuner est à base de produits frais. Côté détente, vous profiterez du salon de l'hôtel dans un esprit comme à la maison pour lire, jouer aux cartes, ou même prendre l'apéro. L'établissement est au départ des plus belles randonnées dans les célèbres grès d'Annot.

PIZZERIA LE CÉSAR €€

Place du Revelly
✆ 04 92 83 31 50
Ouvert midi et soir sauf dimanche soir et lundi. En juillet-août, fermé le lundi midi seulement. Carte : 20 € environ.

Cette pizzeria existe depuis 40 ans à Annot et Olivier, le chef et pizzaïolo y officie depuis 20 ans. Il est aidé au service par des jeunes du pays. Bien située sur une place avec une grande terrasse ombragée sous des platanes, elle dispose à l'intérieur d'une salle décorée sur le thème de la scénographie de Pagnol avec un petit coin musée. À la carte, outre une vingtaine de pizzeria au choix, dont la César délicieuse, Olivier propose une cuisine simple traditionnelle et régionale. Un lieu agréable avec un bon accueil et un excellent rapport qualité/prix.

GÎTE DE LA COLLE SAINT MICHEL €

Col de La Colle Saint-Michel
✆ 04 92 83 30 78
www.gite-haut-verdon.com
Chambre double de 47 € à 58 €. Demi-pension. Petit déjeuner inclus.

Au calme, en pleine nature ce gîte-auberge dispose de 2 chambres pour 2 personnes et de dortoirs (ou chambres familiales pour de 4 à 8 personnes). Certaines chambres et dortoirs disposent de douches et sanitaires privés. Pour les autres, les douches et sanitaires sont dans les parties communes. Un sauna est à votre disposition en soirée pour une vraie détente. Les repas se font selon vos envies, régimes et restrictions alimentaires mais sont toujours de qualité.

AU BON ACCUEIL €€

le Village
✆ 04 92 83 90 79
www.bistrotdepays.com/au-bon-accueil
Ouvert toute l'année.Repas : compter 25 €. Chambres de 50 à 65 €.

Thorame-Haute n'a que peu de commerces. C'est donc une grande chance que d'avoir un établissement de cette qualité au sein du petit bourg. A cette adresse, on fait honneur depuis trois générations aux grands classiques provençaux avec savoir-faire et toujours un zest d'inventivité. La spécialité de Monique, propriétaire des lieux : le fromage de chèvre dans tous ses états ! Omelette, tourton, brochette et même glace ! Sans oublier l'authentique aïoli et l'anchoïade. Simple, efficace et authentique. Un repas à déguster en salle ou en terrasse.

LES GORGES DU VERDON

PARCOURS GPX

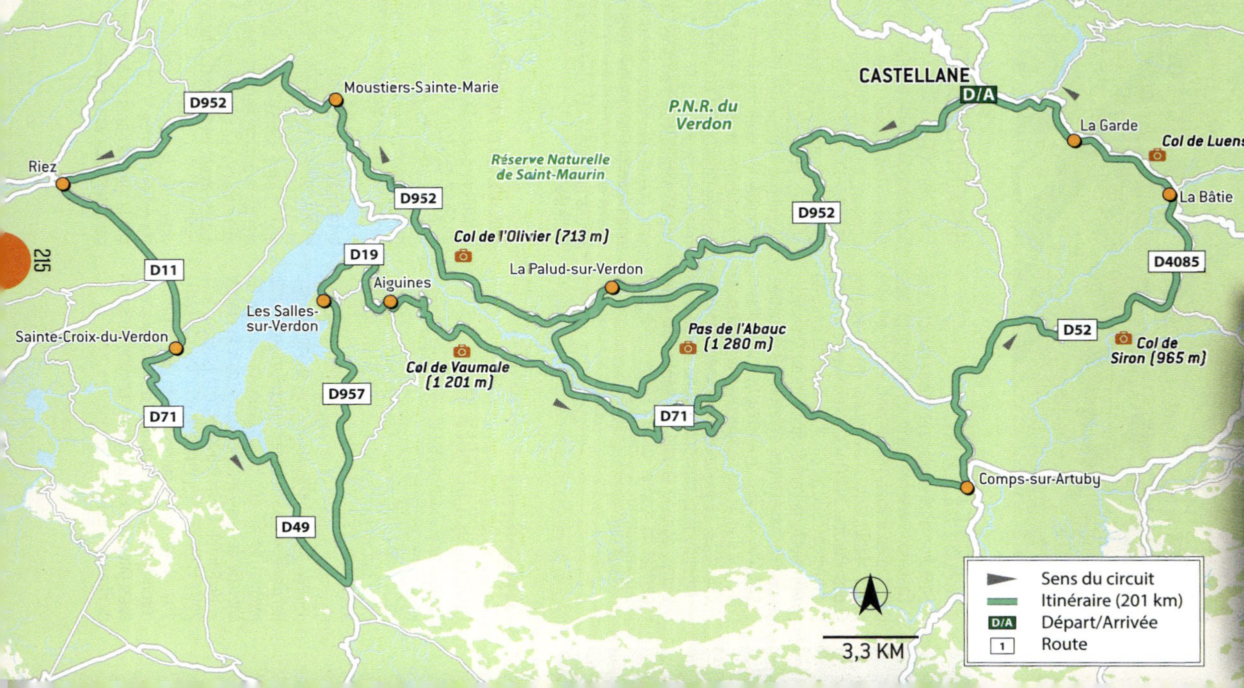

LIEUX	Km partiel	Km cumul	Routes
CASTELLANE	0	0	
LA PALUD-SUR-VERDON	25	25	D952
LA PALUD-SUR-VERDON	23	48	D23
MOUSTIERS-SAINTE-MARIE	20	68	D952
RIEZ	14	82	D952
SAINTE-CROIX-DU-VERDON	9	91	D11
LES SALLES-SUR-VERDON	29	120	D111, D71, D249, D957
AIGUINES	9	129	D957, D19
COMPS-SUR-ARTUBY	38	167	D71
CASTELLANE	34	201	D4085

© BALKIE - ISTOCKPHOTO.COM

Castellane.

NOS CIRCUITS

CASTELLANE ★★

Sous son label « village et cité de caractère », Castellane réserve quelques jolies surprises. Son plus ancien monument, inscrit au titre des Monuments historiques, est le dolmen des Pierres Blanches, probablement daté d'environ 2500 av. J.-C. Il abrite un château du XVIIe siècle, le Pont du Roc daté du XVe siècle, son Roc si spécifique s'élevant à 930 mètres, soit plus de 200 m au-dessus du Verdon et autour duquel de nombreuses légendes circulent. Sur ce promontoire, la chapelle Notre-Dame du Roc, surmontée d'une statue de la Vierge, domine la ville. Un sentier de 4 km permet de monter jusqu'à l'édifice avec une vue imprenable sur la vallée.

CITROMUSEUM - MUSÉE DES CITROËN

Route de la Palud ✆ 04 92 83 76 09
www.citromuseum.com

Du 14 avril au 12 octobre. Ouvert tous les jours de 14h à 18h. En juillet et août, de 10h à 18h. Adulte 8 €. Enfant 4 €.

C'est un musée privé consacré aux Citroën d'après-guerre (120 voitures) en état exceptionnel d'origine et à très faible kilométrage. Il est le résultat de 40 ans de passion, voués à la recherche de ces véhicules dans toute la France et en Europe. On y trouve toute la gamme, de la 2CV à la CX dans un état plus proche de la sortie d'usine, avec entre autres la DS la plus ancienne commercialisée, la célèbre n° 32, mise en scène dans une corbeille tournante comme au salon de Paris de 1955.

GRAND HÔTEL DU LEVANT** €€

Place Marcel-Sauvaire ✆ 04 92 83 60 05
www.hoteldulevant-castellane.com/fr

Ouvert d'avril à début novembre. 26 chambres. Chambre double de 55 à 130 €. Demi-pension. Petit déjeuner : 8,50 €.

Cet hôtel-restaurant réserve toujours à sa clientèle un accueil chaleureux. Les vingt-six chambres, récemment rénovées, aux couleurs chatoyantes, sont douillettes et confortables. La majorité de celles-ci donnent sur la place animée du village et sur Notre-Dame-du-Roc. Le restaurant vous accueille tout au long de la journée du petit déjeuner au dîner. Aux beaux jours, vous pourrez prendre place sur la belle terrasse ombragée qui se déploie sous les arcades. À moins que vous ne préfériez la belle salle intérieure, qui révèle un charme d'antan de style Belle Époque.

MA PETITE AUBERGE €€

8, boulevard de la République
✆ 04 92 83 62 32
www.mapetiteauberge.com

Fermé de décembre à avril. Chambre double de 55 à 95 €. Restauration : menu à 27 € environ. Jardin. Terrasse.

L'établissement est situé dans la rue principale, face à la place du marché. En été, vous mangez en terrasse, à l'ombre d'un tilleul centenaire, une cuisine simple mais alléchante : chèvre chaud avantageusement présenté en aumônière ou pressé de foie gras et sa compote de figues, avant un tournedos façon Rossini ou un cabillaud à la bahianaise. Pour accompagner votre plat, la maison conseille la « réserve de Ma petite Auberge ». Le riz au lait (un dessert que la mode a remis au goût du jour) ou le moka concluent bien votre repas.

LA PALUD-SUR-VERDON

La Palud est un village touristique à 928 m d'altitude, connu principalement pour ses belvédères sur les gorges du Verdon. En son sein, le château de La Palud, reconstruit et remanié à la fin du XVIIIe siècle, abrite la Maison des Gorges du Verdon, une structure d'information touristique à la fois centre de documentation, d'exposition et d'animation sur l'environnement et l'histoire de la région. À visiter, l'écomusée du grand canyon, au 1er étage, est particulièrement intéressant. La Palud est également le point de départ ou d'arrivée de la route des Crêtes, qui permet d'admirer les gorges par le haut, et d'aller y faire des randonnées.

MOUSTIERS-SAINTE-MARIE ★★★

Moustiers-Sainte-Marie est classé comme l'un des plus beaux villages de France. C'est également un centre de production de faïence réputée. Confiné entre deux escarpements rocheux, ce qui attire l'attention est tout d'abord cette étoile qui surplombe ce village aux allure de crèche. D'après Frédéric Mistral, elle aurait été accrochée par un chevalier croisé emporté par les Sarrasins qui avait promis de suspendre une étoile en hommage à Marie s'il parvenait à rentrer au village. Lors de vos pérégrinations, ne ratez pas l'église paroissiale et son clocher lombard du XIIe siècle ou encore la chapelle Notre-Dame-de-Beauvoir et les remparts.

MUSÉE DE LA FAÏENCE ★★

Rue du Seigneur-de-la-Clue
✆ 04 92 74 61 64
www.moustiers.fr
Fermé en janvier. Juillet et août de 10h à 12h30 et de 14h à 19h. Fermeture hebdomadaire mardi. Adulte : 3 €.

Ce musée, créé en 1929 à l'initiative de Marcel Provence, retrace les époques successives et les différents styles de la faïencerie de Moustiers, depuis le « bleu et blanc », de la fin du XVIIe siècle, jusqu'aux derniers motifs de la fin du XIXe siècle, en passant par les somptueux décors à la Bérain, d'armoiries, de guirlandes, de scènes mythologiques, de « grotesques d'Orélys », de fleurs, d'animaux et de drapeaux. Le XIXe siècle est représenté par les décors de porcelaine, bleuets et guirlandes. On peut y admirer de nombreuses pièces prestigieuses.

HÔTEL CLOS DES IRIS** €

Chemin de Quinson
✆ 04 92 74 63 46
www.closdesiris.fr
Fermé de mi-novembre au 1er week-end de mars. 9 chambres. Chambre double de 76 à 92 €. Vente de produits.

Bien qu'il ne soit classé que 2-étoiles, cet établissement dégage beaucoup de charme au beau milieu d'un parc arboré et fleuri. Il exprime un art de vivre authentique ! Toutes les chambres sont décorées avec goût et personnalisées. Régulièrement rénovées, confortables, elles sont situées en rez-de-jardin avec pour chacune une terrasse privative où l'on peut déguster paisiblement, au choix, un petit-déjeuner à la française ou bien continental. L'accueil d'Alexia et de sa maman est chaleureux et de bon conseil. Une halte à recommander !

NOS CIRCUITS

Moustiers-Sainte-Marie.

LA TREILLE MUSCATE €€

Place de l'Église
✆ 04 92 74 64 31
www.restaurant-latreillemuscate.fr
Restaurant fermé le mercredi soir et le jeudi hors saison. Menus de 29 à 39 €. 2 chambres en location de 95 à 115 €.

La presse en parle et en reparle, tellement cette adresse est cotée et référencée. Mireille, la maitresse des lieux, vous réserve le meilleur accueil, chaleureux et convivial depuis 1999, sous un platane centenaire sur la place de l'église. L'intérieur cosy tout en pierre est agrémenté de faïences et de tableaux. La belle terrasse mérite aussi qu'on s'y attable. Le chef propose une cuisine spontanée entre terre et mer, et ce toujours à base de produits frais rigoureusement sélectionnés. Les deux chambres sont confortables et joliment décorées par Mireille.

LE COMPTOIR €€

Le Village ✆ 04 92 73 74 62
www.lecomptoir04.com
Ouvert de Pâques à octobre. 7j/7 le midi et le soir de 9h à 23h. Hors saison fermé le lundi. Menu à 28 €.

Idéalement situé à proximité du lac avec une vue imprenable en terrasse, le Comptoir propose une belle carte appétissante, avec des plats de Provence faits maison ou des viandes et poissons. Crêpes et glaces sont proposées toute la saison, et en service non stop à partir de mai. Vous pouvez aussi déguster d'excellents cocktails avec ou sans alcool et de délicieux smoothies aux fruits frais. En été, la terrasse s'anime souvent le vendredi soir. Le comptoir propose également 3 chambres confortables, situées au calme, avec un copieux petit déjeuner servi en terrasse.

RIEZ

Au cœur du Plateau de Valensole, Riez est bâti au flanc de la colline Saint-Maxime, qui offre un magnifique panorama en surplombant le confluent de trois vallées. La vieille ville s'ouvre sur de vieilles rues pittoresques jalonnées de splendides demeures. La Grand-Rue est aussi imprégnée d'une ambiance médiévale authentique à vocation marchande, aujourd'hui pérennisée par de nombreux artisans d'art, des faïenciers, des potiers. Le XIVe siècle a légué les vestiges d'une belle architecture militaire, dont il subsiste des pans de murs, la tour de l'Horloge, les portes Sanson et Ayguière. Les visites guidées proposées sont riches d'enseignement.

LES SALLES-SUR-VERDON ★

Peu de vieilles pierres à découvrir dans ce village, ceci est dû en grande partie à un épisode dramatique de son histoire. En effet, le village a été sacrifié lors de la mise en eau de la retenue du lac de Sainte-Croix. Le village neuf, moderne, aéré, fleuri, a été reconstruit en promontoire sur le lac. Aujourd'hui, c'est une destination agréable pour la pratique des loisirs aquatiques grâce au plan d'eau des 2 200 hectares du lac et à l'attrait de sa belle eau turquoise. En plein cœur du parc naturel du Verdon, la commune est idéalement située pour rayonner et pour découvrir la nature environnante par le réseau des sentiers de randonnée.

SAINTE-CROIX-DU-VERDON ★

Historiquement, le village a été créé sur un point de passage du Verdon. Mais Sainte-Croix-du-Verdon a surtout vu son destin basculer en 1973, lors de la mise en eau du lac qui porte son nom. Jusque-là isolé sur son promontoire rocheux, il a depuis vu le tourisme prendre le pas sur les autres formes d'activités. En très grande partie restauré dans la tradition provençale, ce joli village construit à flanc de colline est à présent un centre de villégiature relativement fréquenté qui propose essentiellement des activités nautiques. La vue générale sur tout le lac depuis le village est tout simplement sublime et mérite le détour à elle seule.

Les-Salles-sur-Verdon côté Lac à l'heure du coucher.

AIGUINES ★

Petit village perché à plus de 800 mètres d'altitude, Aiguines surplombe le lac de Sainte-Croix.Au sommet du village, à côté de la chapelle Saint-Pierre, une table d'orientation permet d'admirer le superbe panorama aux alentours du village. L'église paroissiale Saint-Jean, avec son beau clocher à baies, date du XIIIe siècle. Le château et ses caractéristiques, quatre hautes tourelles aux toits en poivrières recouvertes de tuiles vernissées polychromes, a été restauré en 1606 par Balthazar de Gauthier, avant d'être transformé et ses jardins aménagés, vers 1720, puis 1750. Racheté et rénové en 1989, il est devenu une résidence privée.

COMPS-SUR-ARTUBY ★

Ancien village fortifié, initialement construit sur un rocher, Comps a conservé de nombreux vestiges de l'époque des Templiers, notamment la chapelle fortifiée Saint-André. Une plongée dans le passé médiéval du village est réalisable en parcourant le circuit des chapelles. Non loin du village se trouve également le lac de Sainte-Croix, point d'eau parfait pour se rafraîchir en plein été. En résumé, un lieu qui allie patrimoine et nature, idéal pour les amateurs de vieilles pierres et de virées nature. Insolite. A voir, la fresque représentant Fernandel sur le mur de la boulangerie. Un clin d'œil au film de Pagnol « La femme du boulanger ».

MUSÉE DES TOURNEURS SUR BOIS ★

Place de la Résistance ✆ 04 94 70 99 17
www.museedestourneurssurbois.com
Juillet-août, 10h30-18h30. Juin, septembre, mai 10-18h sauf le samedi. Tarif 3,50 €. Groupe 15 pers/réservation, 3 €.

A Aiguines, la tournerie sur bois est mentionnée dès la fin du XVIe siècle. C'est la présence d'un espace forestier rare qui l'a rendu possible. De tels villages de tourneurs ont existé et existent encore. Mais dans tout le sud-est, Aiguines fait figure d'exception. Le musée vous propose de découvrir son histoire à travers ses collections, qui représentent un patrimoine rare, témoignage d'un savoir-faire unique et où se côtoient le savoir-faire d'hier et la création contemporaine.

LE PRADON €

Hameau de Jabron
✆ 06 83 22 22 13
www.chambredhote-pradon.com
Chambre simple 64 € ; chambre double 69 €. Petit déjeuner inclus. Lit supplémentaire : 23 €.

Corinne et Michel vous reçoivent dans leur bastide rénovée du XIXe siècle, située à proximité des gorges du Verdon et de ses nombreuses activités pédestres et nautiques. Les chambres sont assez simples mais confortables, avec une décoration sobre. L'un d'elles peut accueillir quatre personnes. Après une journée bien remplie, une table d'hôtes vous attend, le soir, sur demande, où vous pourrez apprécier une cuisine maison, simple, régionale et familiale, réalisée avec des produits frais locaux. Le petit déjeuner est de la même veine, excellent.

NOS CIRCUITS

© VINCENT FORMICA

Aiguines et le lac de Sainte-Croix.

DRACÉNIE ET GORGES DU VERDON PAR LE PONT DE L'ARTUBY

LIEUX	Km partiel	Km cumul	Routes
CASTELLANE	0	0	
BARGEMON	45	45	D25
CALLAS	6	51	D25
DRAGUIGNAN	15	66	D25, D225, D562
FLAYOSC	8	74	D557
COTIGNAC	38	112	D13
SILLANS-LA-CASCADE	8	120	D22
AUPS	13	133	D31
AIGUINES	21	154	D957, D619
CASTELLANE	64	218	D952

CASTELLANE ★★

Sous son label « village et cité de caractère », Castellane réserve quelques jolies surprises. Son plus ancien monument, inscrit au titre des Monuments historiques, est le dolmen des Pierres Blanches, probablement daté d'environ 2500 av. J-C. Il abrite un château du XVIIe siècle, le Pont du Roc daté du XVe siècle, son Roc si spécifique s'élevant à 930 mètres, soit plus de 200 m au-dessus du Verdon et autour duquel de nombreuses légendes circulent. Sur ce promontoire, la chapelle Notre-Dame du Roc, surmontée d'une statue de la Vierge, domine la ville. Un sentier de 4 km permet de monter jusqu'à l'édifice avec une vue imprenable sur la vallée.

MA PETITE AUBERGE €€

8, boulevard de la République
© 04 92 83 62 32
www.mapetiteauberge.com
Fermé de décembre à avril. Chambre double de 55 à 95 €. Restauration : menu à 27 € environ. Jardin. Terrasse.

L'établissement est situé dans la rue principale, face à la place du marché. En été, vous mangez en terrasse, à l'ombre d'un tilleul centenaire, une cuisine simple mais alléchante : chèvre chaud avantageusement présenté en aumônière ou pressé de foie gras et sa compote de figues, avant un tournedos façon Rossini ou un cabillaud à la bahianaise. Pour accompagner votre plat, la maison conseille la « réserve de Ma petite Auberge ». Le riz au lait (un dessert que la mode a remis au goût du jour) ou le moka concluent bien votre repas.

CITROMUSEUM - MUSÉE DES CITROËN

Route de la Palud © 04 92 83 76 09
www.citromuseum.com
Du 14 avril au 12 octobre. Ouvert tous les jours de 14h à 18h. En juillet et août, de 10h à 18h. Adulte 8 €. Enfant 4 €.

C'est un musée privé consacré aux Citroën d'après-guerre (120 voitures) en état exceptionnel d'origine et à très faible kilométrage. Il est le résultat de 40 ans de passion, voués à la recherche de ces véhicules dans toute la France et en Europe. On y trouve toute la gamme, de la 2CV à la CX dans un état plus proche de la sortie d'usine, avec entre autres la DS la plus ancienne commercialisée, la célèbre n° 32, mise en scène dans une corbeille tournante comme au salon de Paris de 1955.

GRAND HÔTEL DU LEVANT** €€

Place Marcel-Sauvaire © 04 92 83 60 05
www.hoteldulevant-castellane.com/fr
Ouvert d'avril à début novembre. 26 chambres. Chambre double de 55 à 130 €. Demi-pension. Petit déjeuner : 8,50 €.

Cet hôtel-restaurant réserve toujours à sa clientèle un accueil chaleureux. Les vingt-six chambres, récemment rénovées, aux couleurs chatoyantes, sont douillettes et confortables. La majorité de celles-ci donnent sur la place animée du village et sur Notre-Dame-du-Roc. Le restaurant vous accueille tout au long de la journée du petit déjeuner au dîner. Aux beaux jours, vous pourrez prendre place sur la belle terrasse ombragée qui se déploie sous les arcades. À moins que vous ne préfériez la belle salle intérieure, qui révèle un charme d'antan de style Belle Époque.

BARGEMON ★

Sur ce site d'une altitude de 480 mètres s'élevaient de nombreuses villas romaines, sans doute attirées par les sources. Le charme de Bargemon, cerné au nord par les barres de Blaque-Mayenne et le col du Bel-Homme et au sud-est par la colline de Sainte-Anne, tient en grande partie à ses ruelles tortueuses, aux placettes insolites, à ses petits jardins, à ses maisons de village étroites et hautes – dites maisons en chandelle – et surtout à ses lavoirs et ses multiples fontaines, dont l'eau dispense en permanence un bruissement significatif et où les troupeaux venaient boire autrefois, à l'heure du coucher du soleil…

Vue aérienne de Bargemon.

NOS CIRCUITS

CALLAS ★★

Ce petit village d'allure médiévale a connu un passé tumultueux. Il ne reste du château incendié en 1579 qu'un pan du donjon et l'abside de la chapelle. On apprécie les ruelles agrémentées de calades, les passages couverts, le moulin en activité et l'ancien moulin communal restauré, l'église Notre-Dame-de-l'Assomption qui abrite des retables et tableaux de l'école de Bréa, et les multiples chapelles : la chapelle de la Trinité, du XIe siècle, la chapelle romane Saint-Auxile et la chapelle Notre-Dame-de-Pennafort, vestige d'une ancienne communauté médiévale. En contrebas de cette dernière, la route suit partiellement les superbes gorges de Pennafort.

CIMETIÈRE AMÉRICAIN

553, boulevard John Kennedy
✆ 04 94 68 03 62
www.abmc.gov/Rhone
Ouvert tous les jours de 9h à 17h. Gratuit.

Le cimetière américain de Draguignan (Rhone American Cemetery and Memorial) est l'unique nécropole américaine dans le Sud de la France. Il a été créé par le Docteur Angelin German, grand résistant varois, lors de la Libération de Draguignan par le 551e Bataillon américain. Il honore le débarquement allié du 15 août 1944 appelé « opération Anvil Dragoon », relaté sur une impressionnante carte de bronze en relief, réalisée par Bruno Béarzi. Y sont rassemblées les sépultures de 861 soldats américains, dont 62 inconnus, morts durant les combats de 1944.

GORGES DE PENNAFORT

Pennafort

Ce site remarquable, au paysage sauvage et tourmenté, présente un grand intérêt géologique. Un sentier permet d'atteindre une jolie cascade tombant entre 2 falaises. Par un petit chemin, on atteint également la chapelle Notre-Dame de Pennafort située sur son éperon, au confluent de 2 vallons. Elle est coiffée d'un dôme édifié en 1855 sur les restes d'une chapelle plus ancienne. La vierge honorée dans cette chapelle fait toujours l'objet d'une vénération des callassiens perpétuant la tradition pieuse des pèlerinages, en l'occurrence celui du dimanche de Pentecôte.

DOLMEN DE LA PIERRE DE LA FÉE

Route de Montferrat
✆ 04 98 10 51 05
www.tourisme-dracenie.com
Accès libre.

Classé au titre des monuments historiques depuis 1889, l'édifice n'est qu'une partie de ce qu'il était à l'origine. Deux pierres dressées qui mesurent de 2,20 m à 2,40 m de haut et la dalle de chevet sont en calcaire local. La monumentale table de couverture fait : 6 m de long, 4,70 m de large pour 0,58 m d'épaisseur, soit environ 60 tonnes. Ce mégalithe, est une sépulture collective que l'on estime dater de la fin du néolithique (2500 à 2000 avant J.-C).

DRAGUIGNAN ★★

La ville porte le nom du riche Romain Draconius à l'époque où Draguignan constituait un nœud routier important, au croisement de deux voies reliant Fréjus à Riez, et Aix à Grasse. Une importante garnison militaire y contrôlait toute la contrée. Autour de la cité comtale, la ville s'est développée en étoile avec ses chemins menant aux remparts et aux portes de la ville. En 1797, Draguignan obtient la préfecture du Var, refusée à Toulon pour s'être livrée aux Anglais en 1793. Cela lui valut la construction d'un grand théâtre, du palais de justice, d'une prison. Avec le camp militaire de Canjuers, Draguignan est la plus grande garnison de France.

MUSÉE DE L'ARTILLERIE ★

Avenue de la Grande-Armée
✆ 04 83 08 13 85
www.musee.artillerie.asso.fr
Ouvert du dimanche au mercredi de 9h à 12h et de 13h30 à 17h30. Ouvert le jeudi exclusivement pour les groupes. Gratuit.

Situé dans l'école d'artillerie, ce musée militaire présente de façon très riche et complète l'histoire de l'artillerie française du XVe siècle à nos jours. Classé musée de France, il montre l'évolution des techniques de ce type d'armes à travers les âges. On y découvre une importante collection de canons anciens du XVe au XXe siècle, d'armes diverses, d'uniformes et d'œuvres d'art sur le sujet. Des expositions temporaires renouvellent tous les six mois le quotidien du musée. Des pièces provenant du Japon, des Etats-Unis et de Russie complètent les collections.

Draguignan.

TOUR DE L'HORLOGE ★

Montée de l'Horloge
✆ 04 98 10 51 05
Visite du 1er juin au 30 septembre. Gratuit.

Cette magnifique tour impossible à rater tant elle est imposante a été érigée pour remplacer en 1662 le donjon du XVe siècle, rasé sur l'ordre de Mazarin. Ce beffroi massif et haut de 18 mètres, construit sur un éperon rocheux, comporte quatre échauguettes d'angle et supporte un campanile de fer forgé du XVIIe siècle. Elle fait partie des principaux monuments historiques de la ville. À ses pieds, le très agréable théâtre de verdure accueille en saison estivale, des festivals et concerts dans un cadre bucolique et historique à la fois.

FLAYOSC ★

Bâti en escargot, Flayosc est un joli village situé aux portes du parc naturel du Verdon. En empruntant la rue des Fainéants on découvre la très jolie place de la Reinesse avec son vieux lavoir, sa fontaine, sa porte médiévale, les façades préservées des maisons anciennes qui la bordent et ses platanes plusieurs fois centenaire. On peut aussi descendre la rue «Rompe cul» pour rejoindre la place centrale très animée l'été avec ses terrasses de café et restaurants. Enfin, en suivant le circuit de l'eau on longe le canal avec ses fontaines et lavoirs, avant de cheminer en pleine nature en une agréable balade.

HÔTEL DU PARC & RESTAURANT Ô PETIT PARC** €

21, boulevard de la Liberté ✆ 04 98 10 14 50
www.hotel-duparc.fr
Ouvert toute l'année. Accueil jusqu'à 21h. 18 chambres. Chambre double de 71 € à 85 € ; chambre triple de 83 € à 99 €.

Idéalement situé, cet hôtel restaurant abrite des chambres confortables à la décoration sobre et aux beaux volumes. Au rez-de-chaussée, le restaurant offre un cadre moderne proposant une cuisine traditionnelle, dont un plat du jour quotidien préparé avec des produits frais de saison. L'œuf cocotte au foie gras et à la truffe est un incontournable de la maison. La terrasse sous l'ombre des grands platanes est une oasis de fraîcheur où déjeuner et se détendre à votre retour de balade.

LA VILLA AUX OLIVIERS €€

489, chemin du Ginesté ✆ 06 28 78 49 89
www.lavillaauxoliviers.fr
Chambre double de 90 à 133 €. Petit déjeuner inclus. Pas d'enfants de moins de 16 ans. Wifi gratuit. Restauration.

Fabien et Valérie Vallée vous accueillent dans cette jolie villa où tout a été conçu pour le confort et la tranquillité de ses hôtes. Les 3 grandes chambres de 24 m² ont une terrasse et un accès indépendant. Les chambres ont un accès direct à la piscine privative joliment paysagée, au patio, au boulodrome, et aux espaces de repos sous les oliviers. Une salle de petit-déjeuner est prévue lorsque le temps ne permet pas de déguster dehors, les confitures maison accompagnant ce premier repas. Idéalement situé entre mer et Verdon, une étape chaleureuse à découvrir.

RESTAURANT CAPPELLO €€

3, boulevard Gabriel-Péri ✆ 04 94 47 26 75
www.restaurant-cappello.fr
Ouvert du mardi au samedi le midi ; le mardi et du jeudi au samedi le soir. Formule : 17 € (« Cappello express »).

Installé depuis 1989 dans le centre de Draguignan, ce restaurant propose une cuisine traditionnelle méditerranéenne ensoleillée et italienne maison, mitonnée avec des produits frais transformés sur place par Henri Billeton, sommelier de formation et chef de cuisine. Si vous êtes pressés, optez pour la formule rapide composée de la planche de saumon ou de la grillade de bœuf, plats accompagnés d'une salade mixte. Sinon, dégustez une pizza au feu de bois, des lasagnes, des scampis grillés, une saltimbocca à la Romana, le tout accompagné de vins de la région.

LE TROIS 2 €€

480, Chemin de Coulombe
✆ 06 63 81 83 90
Du lundi au jeudi de 10h à 15h ; le vendredi et le samedi de 10h à 15h et de 18h à 0h. Menu unique à 14,50 €. Terrasse.

Situé au Flayosquet, c'est le restaurant du tennis club local. Cuisine simple et bonne, plats du jours gourmands préparés sur place : bavette de taureau purée maison, ballotine de volaille sauce chorizo avec gratin dauphinois, cabillaud sauce vierge et spécialités de burger très demandées avec une dizaine de déclinaisons, dont des burgers à la truffe, au foie gras ou Corse au figatelli. Côté desserts tiramisu, panna cotta et crème caramel. Ici le service est souriant et amical, et les soirées festives. Une adresse où il fait bon déjeuner à l'ombre de la pergola.

COTIGNAC ★★

Aux portes du parc naturel régional du Verdon, le village de Cotignac se trouve lové au pied d'une falaise de tuf de 80 m de hauteur et de 400 m de largeur. D'avril à septembre, son ascension est ouverte au public. En déambulant dans le village et ses ruelles ornées de fontaines, les amateurs de vieilles pierres pourront apprécier les deux tours médiévales, les vestiges de l'ancien château des Castellane, la chapelle Saint-Martin du IXe siècle, l'église Saint-Pierre du XIIe, la tour de l'Horloge et la maison du prince de Condé, toutes deux bâties au XVe siècle, ou encore la porte de la Puade, l'unique porte conservée des remparts du XVIe siècle.

SANCTUAIRE NOTRE-DAME-DE-GRÂCES ★

1785, chemin de Notre-Dame
www.nd-de-graces.com
Ouvert tous les jours de 7h30 à 19h.

Au sud-ouest de Cotignac, sur le mont Verdaille, cette chapelle, construite en 1519 siècle pour commémorer l'apparition de la Vierge et qui fut plus tard le siège de l'oratoire, renferme notamment un ex-voto de marbre en souvenir du voyage d'action de grâce d'Anne d'Autriche et de Louis XIV. C'est également le théâtre d'importants pèlerinages, dont celui du 8 septembre, qui commémore la nativité de la Vierge Marie. Une boutique est à votre disposition.

CASCADE DU GOUFFRE ★

Baignade interdite.

Si l'on ne s'y baigne pas, cette belle cascade d'une dizaine de mètres de hauteur sur la Cassole constitue un agréable lieu de balade très facile d'accès, très agréable et ombragée. On y accède à pied, environ une quinzaine de minutes, au départ de l'office de tourisme, en empruntant le pont enjambant la rivière, puis en suivant les indications « Vallon Gai » le long du cours d'eau. Pour la petite histoire, cette cascade est née d'une déviation vers l'ouest au Moyen Âge, pour profiter des cavités et de la roche facile à creuser.

SILLANS-LA-CASCADE ★★

L'ancien château des comtes de Castellane – XVIIIe siècle – abrite de nos jours la mairie et des salles d'expositions. Les remparts ont conservé leurs belles tours crénelées du XIe siècle. Mais ce qui fait le principal intérêt du village, une curiosité naturelle, est sa très belle cascade de 42 mètres de hauteur sur le cours de la Bresque, qui termine sa chute dans un petit lac de couleur turquoise. En amont de la cascade, juste à côté du village, un site de baignade est ouvert au public : « La Plagette ». Et pour les amoureux des deux roues, L'EV8, circuit de la Méditerranée à vélo n°8, passe par le village. Fête du Safran le 3° dimanche de Juillet.

LE ROCHER ★★

Fermé d´octobre à mars. Visite 2 €, gratuit pour les -10 ans.

Véritable symbole, la falaise de tuf de Cotignac, que tout le monde appelle *Le Rocher*, haute de 80 mètres et longue de 400 mètres, surplombe le village. Son ascension permet de découvrir, dans les jardins du rocher, un ancien hospice de 1314, désaffecté depuis 1653, qui sert aujourd'hui d'accueil aux visiteurs. Un escalier en rampe vous conduit au « balcon » où se trouve une terrasse aménagée en table d'orientation, et vers un habitat troglodyte que l'on peut encore visiter ! Attention, le sentier est étroit : pas de poussette donc...

CASCADE DE SILLANS

Accès libre. Parking payant.

Propriété du conseil départemental du Var, cette chute d'eau de 42 mètres est la visite incontournable à Sillans-la-Cascade et l'un des plus beaux sites naturels de la région. Au terme d'une petite marche assez facile depuis le parking, un belvédère permet de contempler ce paysage unique et grandiose, digne d'un décor tropical. La plagette, en amont, offre un joli site de baignade ouvert au public. La baignade est interdite dans le bassin de la cascade. En saison, il y a beaucoup de visiteurs et photographes de tout poil. Privilégiez une balade hors saison.

AUPS ★★

Porte sud des gorges du Verdon, l'histoire de ce village de caractère remonte au VIe siècle avant notre ère, avec l'implantation sur le plateau Saint-Marc, à proximité des grottes, d'une peuplade celto-ligure, les Verrucini. Aujourd'hui, le village est surtout connu pour son marché aux truffes, ouvert chaque année le dernier jeudi du mois de novembre par le président du syndicat des trufficulteurs du Var, et où les amateurs se donnent rendez-vous tous les jeudis matin de fin novembre à début mars, de 9h30 à 12h sur la place Mistral, pour constater l'évolution du cours et de la qualité de la truffe noire.

HÔTEL RESTAURANT LE PROVENÇAL €

Place Martin-Bidouré ✆ 04 94 70 00 24

www.hotelrestaurantleprovencal.fr

Chambre double de 60 € à 74 €. Pension complète : 61 € (par jour et par personne). Restaurant : menus 12,50 € à 50 €.

Depuis plus de 20 ans, cet hôtel, situé au centre du village, vous propose des chambres simples, douillettes et confortables. L'été, profitez de la terrasse ombragée par un mûrier bicentenaire, de la véranda entièrement rénovée, pour apprécier une bonne cuisine essentiellement provençale : salade de chèvre chaud au miel et pignons, terrine maison, tarte au citron meringuée... Aux premiers frimas, régalez-vous des spécialités de gibier et de truffes, brouillade de truffes par exemple.

MAISON DE LA TRUFFE D'AUPS ET DU VERDON

Place Martin-Bidouré

✆ 04 94 84 00 69

www.maisondelatruffe-verdon.fr

Haute saison : du lundi au samedi de 9h à 12h30 et de 14h30 à 18h30.

Une plongée souterraine au cœur de l'un des secrets les mieux gardés de la gastronomie française... Située sur la route des gorges du Verdon, cette maison-musée inaugurée à l'occasion du premier marché aux truffes de la saison 2015, vous accueille, au cœur du village d'Aups, dans un ancien hospice du XVIIe siècle. Elle propose pour les experts, ou néophytes, une plongée ludique dans l'atmosphère souterraine et mystérieuse du diamant noir, autour de la visite de plusieurs espaces.

MUSÉE SIMON-SEGAL ★

Avenue Albert-Ier

✆ 04 94 70 01 95

Ouverture du 1er juin au troisième dimanche de septembre. Fermé le mardi. Ouvert de 11h à 13h et de 16h à 19h. Gratuit.

Installé dans l'ancienne chapelle des Ursulines, construite par le duc de Blacas en 1629, ce musée présente une collection de peintures contemporaines – école toulonnaise, école de Paris, école de Bourges. Une grande partie des peintures, gouaches, aquarelles et dessins, est due à la donation faite à la ville par Bruno Bassano, en reconnaissance à la France qui lui avait accordé le droit d'asile en 1923.

A noter que le gisant qui repose au-dessus de la belle porte d'entrée d'époque en bois, représente Sainte-Thérèse de Lisieux.

AIGUINES ★

Petit village perché à plus de 800 mètres d'altitude, Aiguines surplombe le lac de Sainte-Croix.Au sommet du village, à côté de la chapelle Saint-Pierre, une table d'orientation permet d'admirer le superbe panorama aux alentours du village. L'église paroissiale Saint-Jean, avec son beau clocher à baies, date du XIIIe siècle. Le château et ses caractéristiques, quatre hautes tourelles aux toits en poivrières recouvertes de tuiles vernissées polychromes, a été restauré en 1606 par Balthazar de Gauthier, avant d'être transformé et ses jardins aménagés, vers 1720, puis 1750. Racheté et rénové en 1989, il est devenu une résidence privée.

MUSÉE DES TOURNEURS SUR BOIS ★

Place de la Résistance ✆ 04 94 70 99 17

www.museedestourneurssurbois.com

Juillet-août, 10h30-18h30. Juin, septembre, mai 10-18h sauf le samedi. Tarif 3,50 €. Groupe 15 pers/réservation, 3 €.

A Aiguines, la tournerie sur bois est mentionnée dès la fin du XVIe siècle. C'est la présence d'un espace forestier rare qui l'a rendu possible. De tels villages de tourneurs ont existé et existent encore. Mais dans tout le sud-est, Aiguines fait figure d'exception. Le musée vous propose de découvrir son histoire à travers ses collections, qui représentent un patrimoine rare, témoignage d'un savoir-faire unique et où se côtoient le savoir-faire d'hier et la création contemporaine.

SAINTE-BAUME ET SAINTE-VICTOIRE

LIEUX	Km partiel	Km cumul	Routes
MARSEILLE	0	0	
CASSIS	39	39	D559
LA CIOTAT	13	52	D141
SAINT-CYR-SUR-MER	6	59	D559
LA CADIÈRE-D'AZUR	8	67	D66
LE CASTELLET	4	71	D628
SAINT-MAXIMIN-LA-SAINTE-BAUME	92	163	D205,DN7
VAUVENARGUES	33	196	D10
AIX-EN-PROVENCE	15	211	D10
MARSEILLE	83	294	D908, D4

MARSEILLE ★★★★

Marseille, deuxième ville de France par sa population et également la plus vieille ville de l'Hexagone. Elle fut fondée au VIe siècle av. J.C. par des marins grecs sous le nom de Massalia. Bien que naturellement orientée vers la mer, c'est aussi une cité culturelle très riche. Ainsi, tout au bout de la célèbre Canebière, son Vieux Port a fait l'objet d'une importante restructuration et est devenu semi piétonnier. A voir en particulier lors d'un court séjour : la basilique Notre Dame de la Garde, construite sur la colline du même nom ; la cathédrale Sainte Marie Majeure, dite de la Major (1852 et 1893) dans le quartier de la Joliette ; l'abbaye Saint Victor, sur le Vieux Port, et dont les parties les plus anciennes datent du XIe siècle ; le fort Saint Jean, dont la tour carrée fut construite dès le XVe siècle et qui abrite notamment le Musée des civilisations de l'Europe et de la Méditerranée (MUCEM) ; le Musée d'Histoire de Marseille ; le palais Longchamp (1862), où se trouvent le Muséum d'histoire naturelle et le Musée des Beaux Arts ; le Musée des docks romains ; le château Borély, qui accueille le Musée des Arts décoratifs, de la Faïence et de la Mode ; la Corniche, qui longe la mer au sud du Vieux Port, bordée à l'est de villas du XIXe, et où on trouve le marégraphe (1883)... Si vous avez le temps, allez jusqu'au château d'If, cette forteresse érigée par François Ier entre 1527 et 1529, restée célèbre grâce au roman d'Alexandre Dumas, *Le Comte de Monte Cristo*, au centre de la rade de Marseille. Avant de quitter la ville, n'omettez pas de passer par les calanques de Marseille.

BASILIQUE NOTRE-DAME-DE-LA-GARDE ★★★★

Rue Fort-du-Sanctuaire (7e)
© 04 91 13 40 80
www.notredamedelagarde.com
Ouvert toute l'année. Basse saison : de 7h à 18h15. Haute saison : de 7h à 19h15. Gratuit. Restauration. Boutique.

© LAWRENCE BANAHAN - AUTHOR'S IMAGE

Cette basilique souvent surnommée « la Bonne Mère » date du XIXe siècle. Elle est dédiée à Notre-Dame de la Garde, protectrice de Marseille avec saint Victor. Édifiée au sommet de la colline du même nom, elle domine la ville et la mer. De style romano-byzantin, l'édifice se compose d'une église basse, d'une crypte voûtée qui abrite un crucifix polychrome (XVIe siècle) et d'une mater dolorosa du sculpteur Carpeaux. L'église haute, nommée le sanctuaire, est consacrée à la Vierge.

ABBAYE SAINT-VICTOR ✞ ★

3, rue de l'Abbaye (7e)
© 04 96 11 22 60
www.saintvictor.net
Ouvert tous les jours de 9h à 19h. Gratuit sauf crypte (2 €). Visite interdite pendant les offices religieux.

Un des vestiges les plus anciens de la ville. C'est au Ve siècle que le monastère est fondé et qu'une chapelle est créée sur l'emplacement même des tombeaux de plusieurs martyrs dont Saint-Victor, qui donnera son nom à l'édifice religieux. L'abbaye rayonna au cours de son histoire sur tout le sud de la France et un de ses abbés fut nommé pape en 1362. Aujourd'hui, une visite des lieux permet de prendre la mesure de plus de 1 500 ans d'histoire et de découvrir la crypte, lieu envoûtant contenant des témoignages archéologiques précieux.

CALANQUE DE CALLELONGUE ★★

(8e)

Ici s'achève la route dans le sud de la ville, ici s'achève également le monde connu selon les Marseillais. Callelongue est le point de départ du sentier de randonnée GR51 qui mène à la découverte des calanques de Marseilleveyre, Morgiou ou Sormiou, jusqu'à Cassis. Son nom vient de *calo longo* qui signifie en provençal petite crique étroite et longue. Pas de plage ici, mais un joli petit port, quelques cabanons et un restaurant. On y trouve un parking, mais l'été, la route est réservée aux riverains, il faudra vous garer aux Goudes.

Marseille.

CALANQUE DE MORGIOU ★★★

(8e)

Accés à pied toute l'année à partir de Luminy (conseillé, environ 50 minutes) ou des Baumettes (environ 1 heure).

Située entre Sormiou et Sugiton, cette calanque est l'une des seules accessibles en véhicule (hors-saison uniquement, sauf pour les riverains), elle dispose d'infrastructures appréciables avec un bar-restaurant. Elle est profonde et enclavée par endroits. On y trouve un chemin sur la droite menant au cap de Morgiou. Sur la gauche, on découvre la petite plage et le sentier menant à la calanque de Sugiton. Les marches du port furent baptisées « escalier Louis XIII », car le roi y assista en 1622 à une pêche à la madrague pour capturer les thons. Le cadre est royal.

CALANQUE DE SORMIOU ★★★★

(8e)

Parking sécurisé au pied de la calanque, gardé jusqu'à 18h30.

C'est l'une des plus connues, des plus belles et des plus larges calanques de la région, accessible en véhicule (sauf en été) et à pied, depuis les parkings des Baumettes ou de La Cayolle. Elle doit sa réputation à ses eaux turquoise éclatantes et à sa plage de sable blanc. La vue depuis les hauteurs est fantastique. Elle est visitée par les plongeurs pour ses beautés sous-marines. On y trouve sur place un restaurant, quelques cabanons à louer et une zone de baignade surveillée en été. Elle est en conséquence très peuplée à la belle saison.

CATHÉDRALE DE LA MAJOR ✝ ★★

10, place de la Major (2e)

✆ 04 91 90 52 87

Du mardi au dimanche de 10h à 18h. En été, ouverture jusqu'à 19h. Entrée gratuite.

Construite dès 381, l'ancienne Major est l'une des plus vieilles églises de Marseille. Amputée au XIXe siècle de ses deux travées, on y accola la cathédrale Sainte-Marie Majeure, consacrée en 1893. Le style romano-byzantin rappelle que Marseille fut un port commerçant avec l'Orient. C'est la plus vaste cathédrale française bâtie depuis le Moyen Age. A voir, les quatre évangélistes par Botinelly, le Christ et sainte Véronique par Carli, le Ciborium en onyx et les autels de Cantini, ainsi que le tombeau de Mazenod dans la chapelle.

CHÂTEAU D'IF ★★★

1, quai de la Fraternité (1er)

✆ 04 91 59 02 30

www.if.monuments-nationaux.fr/fr

Ouvert du mardi au dimanche de 10h à 17h en hiver. Tous les jours de 10h à 18h en été. Adulte : 6 €. Tarif réduit : 5 €

Le château d'If est un site exceptionnel, construit sur un îlot de l'archipel du Frioul. Classé monument historique depuis 1926. La citadelle devint légendaire par ses prisonniers célèbres (dont Mirabeau). Sans oublier bien sûr les récits d'Alexandre Dumas dans *Le Comte de Monte-Cristo*. François Ier fait construire le château en 1524 face à la cité phocéenne, réalisant alors que la défense de Marseille était trop caduque. La légende raconte qu'il était en visite afin d'admirer un rhinocéros en escale sur l'îlot et en route pour le Vatican.

© DANIELHARWARDT

Calanque de Sormiou.

MUCEM ★★★★

7, promenade Robert-Laffont (2e)
✆ 04 84 35 13 13
www.mucem.org

Ouvert tous les jours sauf mardi. De 10h à 20h en juillet-août. Gratuit le premier dimanche du mois. Tarif plein 11 €.

Le musée des Civilisations d'Europe et de Méditerranée (Mucem) est un des monuments les plus visités de Marseille. Constitué de deux ensembles, le bâtiment, signé Rudy Ricciotti, et le fort militaire Saint-Jean, c'est un véritable bijou architectural. Il est à la fois un lieu de promenade offrant une vue spectaculaire sur la cité phocéenne et la mer, et un lieu d'expositions. Superbe ! Outre la collection permanente, des expositions temporaires d'exception sont organisées toute l'année, le programme est à retrouver sur le site du musée et celui de la ville.

MUSÉE DES DOCKS ROMAINS ★

10, place Vivaux (2e) ✆ 04 91 55 36 00

Ouvert toute l'année. Du mardi au dimanche de 9h à 18h (pause entre 12h30 et 13h30). Entrée gratuite. Visites guidées.

Le musée des Docks romains abrite les vestiges en place d'un des seuls entrepôts commerciaux romains conservés dans le monde. Conçu tel un centre de documentation sur le commerce antique, il rappelle l'intense activité portuaire à partir du VIe siècle avant J.-C. Plusieurs objets issus d'épaves de navires sont exposés : amphores, éléments d'accastillage, objets de la vie quotidienne... Ce site découvert en 1947 lors de la reconstruction du quartier est, avec le jardin des vestiges, le témoignage le plus marquant de la grandeur antique du port de Marseille.

MUSÉE D'HISTOIRE DE MARSEILLE ★

2, rue Henri-Barbusse (1er)
✆ 04 91 55 36 00

Ouvert du mardi au dimanche de 9h30 à 18h (19h de mai à septembre). Gratuit. Label Tourisme & Handicap.

Ce musée est l'un des plus grands musées d'histoire de France. Sa architecture recrée le lien intime entre la ville, son musée et le site archéologique du port antique. La façade en verre sérigraphié offre une vue exceptionnelle sur les vestiges du port antique. Le parcours du musée revisite 2 600 ans d'histoire avec une collection de 4 000 pièces. Il raconte également les hommes et les femmes, inconnus ou célèbres, qui ont participé à l'histoire de Marseille. Un incontournable.

VIEUX PORT ET SON OMBRIÈRE ★★★

Quai des Belges (1er)

Accessible 7j/7.

Le Vieux-Port c'est Marseille ! Devenu l'une des plus vastes places piétonnes d'Europe, le Vieux-Port est un site mondialement connu. Norman Foster et Michel Desvigne, architecte et paysagiste, ont redessiné le cœur de la ville. Une ouverture plus grande sur le front de mer, une circulation fluidifiée, un réaménagement des quais, sans oublier une ombrière géante pour se protéger du soleil devant les navettes maritimes. Un lieu de vie incontournable du cœur de Marseille.

MUSÉE DE LA MOTO

18, traverse Saint-Paul (13e)
✆ 04 91 55 48 43
culture.marseille.fr

Du mardi au samedi de 10h à 17h. Collections permanentes gratuites.

Installé dans l'ancien moulin de la Palud, dans le quartier du Merlan, ce musée retrace l'histoire des deux roues à moteur de 1885 à nos jours. Sur 1 200 m² et quatre étages, plus de 120 pièces de collection et nombre de curiosités sont exposées. Nostalgie d'un temps où les premières motos avaient un levier de vitesse, où la célèbre Honda CB750 d'Ed tenait le haut du pavé. Les plus grandes marques françaises, américaines ou japonaises sont présentes tout comme les mythiques Magnat-Delbon, Terrot ou Gnome. L'atelier de restauration se visite également.

HÔTEL ALIZÉ*** €€

35, quai des Belges (1er)
✆ 04 91 33 66 97
www.alize-hotel.com

Chambre double dès 69 €. American Express, Chèque Vacances. Animaux acceptés (10 €). Wifi gratuit. Tv satellite.

Cet hôtel-3 étoiles ne se contente pas du sublime panorama offert sur le Vieux-Port ! Installé dans un bâtiment en pierre de taille classé datant du XVIIIe siècle, il offre tout le confort moderne, avec ses chambres climatisées et insonorisées. L'accueil est chaleureux, l'équipe à la réception est attentionnée et vous aide dans votre découverte de la ville. Petit plus : le petit déjeuner buffet avec un large choix de viennoiseries, de fruits et de céréales. Si possible, vous pouvez demander à ce que votre petit déjeuner soit monté dans votre chambre.

HÔTEL HERMÈS** €€

2, rue Bonneterie (2e)
✆ 04 96 11 63 63
www.hotelmarseille.com
Accueil 24h/24. 29 chambres (chambre nuptiale 135 €). Chambre simple à partir de 65 € ; chambre double à partir de 85 €.

Cet hôtel en retrait du Vieux-Port propose des chambres climatisées et insonorisées, décorées dans des tons contemporains et disposant d'une belle luminosité. Un hôtel charmant et un accueil très chaleureux. Le coup de cœur du Petit Futé : la chambre nuptiale lovée sur le toit terrasse solarium, où vous pourrez siroter un verre ou prendre votre petit-déjeuner avec vue panoramique sur le Vieux-Port et Notre–Dame de la Garde ! Wifi gratuit et petit-déjeuner copieux servi au rez-de-chaussée. Un excellent rapport qualité-prix au cœur de la cité phocéenne.

VILLA D'ORIENT €€

30, calanque de Saména (8e)
✆ 06 31 48 88 61
www.villadorient.com
Chambre double de 90 € à 120 € ; petit déjeuner inclus. Studio / appartement de 450 € à 670 € la semaine. Climatisation.

Installée au cœur du Parc national des Calanques, cette superbe maison semble au bout du monde alors qu'elle n'est qu'à 20 minutes du centre-ville, en bus ou en navette maritime l'été. La charmante maison d'hôtes comporte 2 chambres (dont une avec vue mer et terrasse), une suite donnant sur le jardin et un studio louable à la semaine. En bref, la Villa d'Orient cumule les bons points : un lieu unique et dépaysant, la mer à perte de vue, le calme, la fraîcheur d'un jardin exotique centenaire et la gentillesse du propriétaire.

LA DETENTE €

29, boulevard National (1er)
✆ 04 91 64 45 95
Ouvert du lundi au samedi le midi et le soir ; le dimanche midi.

De la cuisine française et traditionnelle. Un excellent rapport qualité-prix pour ce restaurant entre la gare Saint-Charles et les Réformés, qui a été repris par Josiane, accompagnée de sa fille Laetitia. Faux-filet de bœuf, saumon grillé sont sans surprise, mais de bonne qualité. Buffet campagnard à volonté en entrée et sangria en apéro permettent de faire des repas complets et copieux.

LA CARAVELLE €€

34, quai du Port (2e)
✆ 04 91 90 36 64
www.lacaravelle-marseille.com
Tous les jours de 7h à 2h. Restauration que le midi. Suggestions de 16 à 18 €. Balcon. Petit-déjeuner 10 €.

La Caravelle est l'un des endroits les plus courus de la ville. En premier lieu pour son célèbre petit balcon avec vue sur le Vieux-Port. Les places y sont chères. On y écoute du jazz tout en dégustant des planches de charcuterie et de fromages. Le matin, place au petit-déjeuner de 7h à 11h avec fromage blanc, salade de fruits frais, viennoiserie, pain beurre confiture, jus de fruits, boisson chaude. Gourmand. Le midi on apprécie une jolie cuisine fraîche et locale : alouettes sans tête, demi-poulpe en persillade et daube à la provençale.

CHEZ JEANNOT €€

129, rue du Vallon-des-Auffes (7e)
✆ 04 91 52 11 28
www.pizzeriachezjeannot.com
Tous les jours et les jours fériés le midi et le soir. Carte : 35 € environ. Pizzas de 16 à 28 €. Terrasse.

Ce restaurant se situe au fond du petit port du Vallon des Auffes. Vous ne pourrez pas le rater. Sa superbe terrasse donnant sur les bateaux et les cabanons est superbe. Côté restaurant, on a à faire à une adresse prisée des Marseillais depuis des décennies. On vient ici depuis 1949 déguster d'excellentes pizzas au feu de bois, des plats de viande préparés sur place par un boucher mais aussi des suggestions de poissons. Un menu varié qui plaira à tous. Une qualité jamais démentie. Chez Jeannot reste une adresse incontournable pour bien des raisons.

LES VOLAILLES DE CURE BOURSE

7, rue des 3 frères Barthélémy (6e)
✆ 06 12 21 56 60
www.volailles-de-cure-bourse.com/
Ouvert du mardi au vendredi de 8h30 à 13h et de 15h30 à 19h30.

Eve et sa fille Ambre sont entourées d'une équipe jeune et dynamique pour perpétuer la tradition d'une volaille d'excellence. Située entre Notre-Dame-du-Mont et la Plaine, cette boutique tout en longueur vous permet d'admirer de jolis étalages de volailles. Le principe des volailles Cure-Bourse, c'est du temps pour grandir et une alimentation naturelle pour des volailles qui vous feront sans nul doute redécouvrir le vrai bon goût du poulet, de la dinde ou encore de la pintade. Une sélection de conserves et de plats préparés sont également vendus ici.

CASSIS ★★★

Qu'a vist Paris, se noun a vist Cassis, n'ai rèn vist ! Ces vers extraits du poème *Calendal* de Frédéric Mistral sont aujourd'hui la devise de Cassis. Ils signifient *Qui a vu Paris et pas Cassis n'a rien vu !* Et montrent bien que les Cassidains sont très attachés à leur ville aux multiples atouts. À une vingtaine de kilomètres de Marseille, le petit port de Cassis allie charme et authenticité toute méridionale. C'est un détour obligatoire pour qui visite la région. Flâner dans ses ruelles fleuries, colorées, parfumées, apprécier ses boutiques, admirer le panorama depuis le port et se régaler des restaurants font partie de la carte postale.

CALANQUE DE PORT-MIOU ★★★

50, avenue des Calanques

Parking situé à environ 40 minutes à pied de Cassis. Parking sur place accessible en toutes saisons (payant en été).

C'est la calanque la plus proche de Cassis et donc accessible à condition d'aimer marcher un peu. Le parking est situé juste à proximité. Ce qui la distingue des autres, c'est son port de plaisance où s'alignent de magnifiques voiliers et sa longueur, car elle s'enfonce loin dans les terres. Elle a en effet été étirée sur un kilomètre puis redevient naturelle en s'approchant de la mer. On peut encore voir les traces de son passé de carrière où l'on extrayait de grands blocs de pierre blanche à la dynamite qui ont fait la beauté des constructions de la région.

CALANQUE D'EN-VAU ★★★★

Plusieurs accès possibles : environ 1h de marche depuis le parking de Port-Miou, 1h30 depuis Cassis, et aussi, hors été, depuis le col de la Gardiole en passant par le belvédère 2h15, en retour direct 1h15.

Accès règlementé en saison d'été et libre hors saison. Se renseigner au préalable auprès de l'office du tourisme.

Cette calanque accessible par Cassis est l'une des plus emblématiques, l'une des plus belles pour la couleur turquoise de l'eau, sa plage de galets, ses arbres accrochés aux falaises et ses panoramas de carte postale. Malgré son accès difficile, la plage est bondée l'après-midi, partez tôt le matin pour en profiter (d'autant plus qu'elle passe à l'ombre ensuite) et avoir une chance de vous garer à Port-Miou. On vient se baigner et faire du kayak. Hors saison, l'accès en véhicule et à pied est facile depuis le col de la Gardiole.

CALANQUE DE PORT-PIN ★★

Comptez 30 minutes de marche depuis le parking de Port-Miou, 1h15 depuis Cassis.

Tout aussi fréquentée que ses voisines les calanques de Port-Miou et d'En-Vau, la calanque de Port-Pin est peu enclavée dans les falaises, ouverte sur la côte et bordée d'une forêt de pins, comme son nom l'indique, étagée par des petits murets provençaux, des restanques. Les paysages y sont donc différents de ceux des hautes calanques, la palette des bleus de l'eau est fantastique. On recommande cette plage de sable et de galets, car elle est facilement accessible, mais allez-y tôt le matin, car elle est bondée en été, comme toutes les calanques.

Un port tout en charme et couleurs.

LA CIOTAT ★★

Élue plus Belle Baie du Monde en 2019, La Ciotat intègre le club très fermé éponyme parmi 42 baies dans 27 pays. La ville de 33 800 habitants est située à 31 kilomètres à l'est de Marseille. Elle a vu naître bon nombre d'hommes célèbres : Louis et Auguste Lumière, les inventeurs du cinéma, Jean Boiteaux, le premier champion olympique français de natation, ou Jules Hugues, inventeur de la pétanque... S'ils ont participé à la réputation de la ville, ils ne sont pas les seuls. La Ciotat regorge de charmes. Vous pourrez le constater en allant voir l'église Notre-Dame-de-l'Assomption, le Parc du Mugel et bien d'autres choses comme l'Île Verte.

FALAISES SOUBEYRANES

Route des Crêtes - D141

Les variantes de la nature sont réunies ici avec un littoral doux à l'est, et des falaises colossales à l'ouest du golfe d'Amour. Les falaises Soubeyrannes sont les plus hautes falaises maritimes d'Europe (394 m) et le profil du bec de l'Aigle se dessine tout le long du littoral. Cette majesté de roches plonge dans une mer bleu intense, et laisse place à des découpes somptueuses, comme ces calanques du Mugel et de Figuerolles. Vers l'est, de nombreux vallons sont à découvrir : vallon des Brusquières, des Ténèbres, de Mallombre, de l'Ermite...

LA MAMMA €€

2, quai François-Mitterrand

✆ 04 42 08 30 08

www.lamammalaciotat.com

Ouvert mardi midi au dim soir en été. Midi et soir du merc au dim de sept à juin. Carte 35 € environ. Terrasse.

Avec un tel nom, inutile de préciser qu'il s'agit d'un restaurant italien. Depuis 10 ans la famille Piga propose une cuisine de saison, en fonction des arrivages. Du 100 % frais et du 100 % maison avec produits locaux et italiens. C'est un peu la dolce vita à la Ciotat avec des pizzas et viandes cuites au feu de bois, des pâtes fraîches et des gnocchis maison ! La carte tapas est idéale pour des apéritifs conviviaux. L'accueil est comme la cuisine : irréprochable. La formule du midi et la suggestion du jour (selon arrivage) sont particulièrement prisées !

SAINT-CYR-SUR-MER ★

C'est en 1825, et par ordonnance de Charles X, que les hameaux de San-Céri et Lecques se séparent de La Cadière, ville à laquelle ils étaient liés par une histoire tourmentée et dont les origines remontent à l'Antiquité. En 1838, San-Céri est devenue la ville de Saint-Cyr-de-Provence. Puis en 1917, la commune devient officiellement Saint-Cyr-sur-Mer. Elle se transforme peu à peu au cours du XXe siècle pour devenir la station balnéaire et touristique actuelle. Outre ses belles plages, Saint-Cyr-sur-Mer offre l'agrément de trois ports (Les Lecques, La Madrague, Port-d'Alon). La ville marque la limite extrême ouest du département du Var.

MUSÉE GALLO-ROMAIN DE TAUROENTUM ★

131, route de La Madrague ✆ 04 94 26 30 46

www.museedetauroentumsaintcyrsurmer.fr

Haute saison : ouvert du mercredi au lundi de 15h à 19h. Basse saison : ouverture variable. Adulte 5 €, enfant 2,50 €.

Vestige du passé antique de la commune, cet intéressant musée classé nous replonge 1 500 ans en arrière. Construit sur les vestiges d'une villa Maritima, ce site abrite trois belles mosaïques du Ier siècle apr. J.-C., des colonnes torsadées de la même époque et de nombreux objets, amphores, vases, monnaies, verreries... et un ensemble remarquable de formes de sépultures. Un musée à ne pas manquer sur Bandol et qui vous permettra de vous cultiver entre deux séances de farniente.

STATUE DE LA LIBERTÉ ★

16, place Portalis

Voilà un monument plutôt insolite et inattendu dans le Var, surtout dans une station balnéaire. New York ou... Saint-Cyr ? Au centre du village, place Portalis, se dresse une flamboyante statue entièrement en fonte et finement dorée. Il s'agit de la réplique de la statue américaine – l'une des quatre répliques exactes – en modèle réduit : elle mesure 2,50 mètres, soit la longueur de l'index de celle de New York. Signée sur socle par l'artiste Frédéric-Auguste Bartholdi, elle commémore l'arrivée de l'eau courante à Saint-Cyr en 1913.

LA CADIÈRE-D'AZUR ★★

La Cadière-d'Azur mérite d'être visitée à pied, en entrant à l'est par la porte Mazarine (XVIIe siècle). Au gré de ses ruelles et placettes fleuries, vous découvrirez à côté de la mairie, la porte Saint-Jean (XVIe siècle), la chapelle Sainte-Magdeleine, édifiée sur les ruines du château féodal, devenu résidence privée, la porte de la Colle à l'ouest, avant d'atteindre sur la barre rocheuse la place des Pénitents-Blancs, pour découvrir la table d'orientation , la plaine des Paluns, ses vignobles et le panorama sur la montagne de la Sainte-Baume. L'église Saint-André, reconstruite en 1508, possède la plus ancienne cloche d'église datée du Var (1458).

LE CASTELLET ★★★

Le village s'est fortifié à l'époque médiévale et a gardé de nombreux vestiges et remparts. Mais ce n'est qu'au milieu du XIIe siècle, en 1153, qu'apparaît le toponyme Castelletum désignant le village actuel. On y accède par deux portes fortifiées : le Grand Portail, au sud, surmonté d'un blason et où les vestiges de son appareil de défense sont encore visibles, et le Portalet, à l'est. Au sommet du village se dresse l'ancien château, occupé en partie depuis 1969 par l'hôtel de ville. À l'ouest du château, l'église Saint-Sauveur, construite au XIIe siècle, possède des embrasures en forme de créneaux. Marcel Pagnol y tourna La Femme du boulanger.

CIRCUIT DU CASTELLET PAUL RICARD

2760, Route des Hauts du Camp
✆ 04 94 98 36 66
www.circuitpaulricard.com
Tarifs en fonction de l'activité choisie.

Créé en 1970 par Paul Ricard, le célèbre circuit automobile accueille des compétitions internationales. Outre des stages de perfectionnement moto, des stages de pilotage et des baptêmes de piste sont organisés sur des Ferrari, Lamborghini, Porsche, Audi, pour vivre de l'intérieur les sensations du pilotage à bord de bolides. Les titulaires d'un permis moto peuvent rouler sur le circuit avec leur propre moto dans le cadre de journées encadrées par des moniteurs.

SAINT-MAXIMIN-LA-SAINTE-BAUME ★★

Troisième tombeau de la chrétienté, Saint-Maximin se présente aujourd'hui comme un gros bourg provençal. Son principal attrait demeure sa magnifique basilique, édifiée selon la légende sur la crypte de sainte Marie-Madeleine, ensevelie en ce lieu au Ier siècle de notre ère. Dominant la ville, la basilique est considérée comme le plus grand édifice gothique de toute la Provence. À l'intérieur, on peut voir la crypte gallo-romaine du VIe siècle, la sarcophage de Sainte Marie, ainsi que plusieurs œuvres d'art et le grand orgue du XVIIIe siècle. Un marché s'installe tous les mercredis matin, sur les places et les rues principales.

BASILIQUE ROYALE SAINTE-MARIE-MADELEINE ✞ ★★★

Place de l'Hôtel-de-Ville
✆ 04 94 78 00 19
www.paroissesaintmaximin.fr
Ouvert toute l'année. Tous les jours. Gratuit.

Sa construction a été décidée en 1295 par Charles II d'Anjou. Les travaux durèrent jusqu'en 1532, pourtant cette énorme construction n'a jamais été terminée. La nef principale a tout simplement été murée – il n'y a pas de rosace, de portail ni de clocher. Au Moyen Âge, l'endroit où se trouvent les reliques de sainte Marie-Madeleine devint un lieu de pèlerinage intensif. Saint-Maximin fut alors une étape incontournable sur la route de Saint-Jacques-de-Compostelle.

COUVENT ROYAL ✞ ★★★

Place Jean Salusse
✆ 04 94 59 25 89
www.la-provence-verte.net/ot_stmaximin
Fermé depuis 2020. Le cloître reste visible de l'extérieur à partir de l'office de tourisme (place Jean Salusse).

La construction du couvent royal, anciennement dénommé couvent des dominicains, a débuté en 1296. Il subira des travaux d'agrandissement et de restauration jusqu'au XVIIIe siècle. Les dominicains en furent chassés à la Révolution française. Une partie du couvent devint une prison sous la Terreur. Les dominicains y revinrent sous l'Empire. Ils ont définitivement quitté Saint-Maximin en 1959. On admirera particulièrement le très beau cloître. Le couvent royal est classé au titre des monuments historiques depuis le 3 juillet 1969.

L'ARDOISE D'AUDREY ET NICO €€

29, rue Gutemberg ✆ 04 94 77 40 89
www.lardoisedaudreyetnico.fr
Ouvert du mardi au samedi. Formule du midi : 16 €. Plat du jour 11 €. Prix moyen à la carte : 30 € à 40 €. Terrasse.

Depuis plus de 10 ans qu'ils travaillent ensemble, Audrey et Nicolas partagent les mêmes valeurs en cuisine : part belle aux circuits courts, valorisation des produits locaux et respect de la saisonnalité. Ici pas de menu, mais une ardoise bistronomique gourmande et inventive qui évolue en fonction de ces trois aspects, et de l'humeur de la chef. En cœur de ville, vous pourrez vous attabler en terrasse sur la rue, ou bien en intérieur dans la charmante petite salle au décor soigné.

CIRCUIT DU GRAND SAMBUC

D11
✆ 04 42 66 01 66
www.circuitdugrandsambuc.com
Ouvert toute l'année 7j/7 de 9h à 18h.

Situé à 20 km au nord-est d'Aix-en-Provence. Son tracé d'environ 2 km est particulièrement vallonné et technique. L'ambiance conviviale du site en fait une destination très prisée pour tous les amateurs de belles GT, club automobile, écuries de courses, entreprises. Vous aussi prenez la piste lors d'un stage de pilotage en coaching individuel pour apprendre à anticiper, pour acquérir les bons gestes et le meilleur comportement au volant, pour connaître les limites à ne pas dépasser et apprendre à maîtriser la vitesse. Baptêmes de piste et journées de roulage.

VAUVENARGUES ★

Ce tout petit village se situe à 12 km d'Aix-en-Provence par la D10. Il est resté authentique et sans fioritures avec son imposant château du village, dernière demeure acquise en 1958 par le peintre Pablo Picasso désormais enterré dans le parc. Hélas, vous ne pourrez pas le visiter : sachez tout de même pour la petite histoire que c'est dans ce château que l'artiste peignit ses célèbres toiles dont « Le déjeuner sur l'herbe ». Empruntez le chemin des Venturiers pour une grimpette sur la montagne chère au peintre Cézanne. Parking à la sortie du village 2 km avant. Au sommet, vous pourrez vous reposer dans le refuge, à côté de la chapelle.

AIX-EN-PROVENCE ★★★★

Les thermes d'Aix sont connus dès le Ier siècle av. J.-C. La douceur de vivre provençale se retrouve dans les ruelles, placettes et les nombreuses fontaines de la ville. Long de presque 500 m, Le cours Mirabeau est le trait d'union entre le quartier Mazarin, au sud, et la vieille ville commerçante, au nord. Appréciez ses terrasses ombragées, les façades de ses maisons et ses quatre fontaines. Parcourez les rues piétonnes autour des places Richelme et de l'Hôtel de Ville. A voir également : la cathédrale Saint-Sauveur, les hôtels particuliers de la rue Gaston-de-Saporta. En dehors de la ville, allez voir l'atelier de Cézanne et le camp des Milles.

CHÂTEAU DE VAUVENARGUES ★★

4, rue René-Nicol
Ne se visite pas

C'est l'ultime demeure de Pablo Picasso. Au pied de la Sainte-Victoire, le château aux volets rouges niché dans la verdure, est classé à l'inventaire des Monuments historiques. Au fil du temps, il est passé de main en main. En 1257, le château appartenait aux archevêques d'Aix, en 1720 Louis XV l'offrit à Georges de Clapiers pour service rendu pendant la peste et en 1958, il devint le lieu de résidence de Picasso, qui aimait à dire que « Cézanne a peint ces montagnes et maintenant j'en suis le propriétaire ». Le château peut être admiré en traversant le village.

ATELIER PAUL-CEZANNE, DIT ATELIER DES LAUVES ★★

9, avenue Paul-Cézanne ✆ 04 42 21 06 53
www.atelier-cezanne.com
Tous les jours de 10h à 18h en haute saison. Adulte : 6,5 €. Tarif réduit : 3,5 €. City Pass : gratuit. Visites guidées.

Une étagère sur le mur, une table, un chevalet… C'est dans cette petite maison au mobilier dépouillé que Paul Cézanne s'enfermait lorsque le temps l'obligeait à s'écarter des pentes de Sainte Victoire, ou des bords de l'Arc. Durant les dernières années de sa vie, le peintre y a créé des œuvres majeures, aujourd'hui dispersées dans le monde entier. Les « Grandes Baigneuses » ou le « Jardinier Vallier » sortent de cet atelier. Venez découvrir ce lieu hors du temps.

CATHÉDRALE SAINT-SAUVEUR ★★★

34, place des Martyrs-de-la-Résistance
✆ 04 42 23 45 65
www.paroisses-aixarles.fr
Tous les jours de 8h à 19h.

La cathédrale Saint-Sauveur serait bâtie à l'emplacement d'un temple antique dédié à Apollon. La tradition chrétienne rapporte que saint Maximin y édifia une modeste chapelle en hommage à saint Sauveur. Mais sa construction a tout de même duré près de 2 000 ans, offrant une diversité architecturale remarquable. Plusieurs trésors... Son clocher à 64 m de hauteur, le baptistère du Ve siècle, ses niches murales, le cloître restauré. Ce lieu sert aussi d'écrin magnifique à de nombreuses formations musicales et à la tenue de concerts réguliers.

COURS MIRABEAU

Né au XVIIIe siècle par la volonté de l'archevêque Michel Mazarin, frère du célèbre cardinal, et de bourgeois de la ville, le cours fut dessiné à l'emplacement des anciens remparts. On y trouve de superbes hôtels particuliers, tels : au 4, l'hôtel de Villars ; au 10, l'hôtel Isoard de Vauvenargues ; au 19, l'hôtel d'Arbaud-Jouques ; au 20, l'hôtel de Forbin ; au 38, l'hôtel Maurel-de-Pontevés et au 55, la maison d'enfance de Paul Cézanne. Quatre superbes fontaines (de la Rotonde, des Neufs Canons, d'Eau Chaude – dite Moussue et du Roi René) agrémentent le Cours.

SITE MÉMORIAL DU CAMP DES MILLES ★★★

40, chemin de la Badesse
✆ 04 42 39 17 11
www.campdesmilles.org
Ouvert tous les jours de 10h à 19h. Durée de visite : environ 2h30. Gratuit jusqu'à 9 ans.

Seul grand camp français d'internement et de déportation, le camp des Milles est depuis 2012 un musée d'Histoire et des Sciences de l'Homme innovant et unique en France, un lieu d'histoire et de mémoire. Un patrimoine historique à double titre (également sur le plan architectural) puisque avant de devenir un camp d'internement, ce fut une tuilerie en 1882 qui participa à l'essor industriel régional et dont l'activité reprit après-guerre, en 1947, pour cesser en 2006.

LES QUATRE DAUPHINS** €€

54, rue Alphéran-Roux ✆ 04 42 38 16 39
www.hotel-aix-lesquatredauphins.fr
13 chambres. Chambre simple de 69 à 89 € ; chambre double de 79 à 120 €. Petit déjeuner : 9 € (12 € en plein été).

L'Hôtel des Quatre Dauphins est un établissement de charme, notre coup de cœur pour se loger à deux pas du musée Granet et du centre d'art Caumont. Les chambres se répartissent sur trois étages desservis par un bel escalier, des chambres raffinées où le confort est partout présent : souci du détail, déco, éclairage tamisé, jolies tentures, parquet en bois, salles de bains contemporaines. Certaines sont plus intimes, notamment les chambres mansardées qui font de petits nids romantiques avec vue sur les toits d'Aix. L'accueil est chaleureux. Belle adresse.

CHEZ JO €€

59, rue Espariat
✆ 04 42 26 12 47
www.pizzeriachezjo.com
Ouvert tous les jours. Ouvert à midi et tard le soir. Plat du jour : 13,50 €. Plats autour de 20 €.

La petite place des Augustins au charme fou partage son ancienneté avec une des adresses les plus mythiques d'Aix-en-Provence. Son ancienneté et la régularité de sa cuisine en ont fait une véritable institution. Cette brasserie à la décoration Belle Époque garantit une ambiance chaleureuse. Les murs couverts de photos de célébrités ou de politiques vous rappellent à quel point l'endroit est apprécié de longue date. La cuisine simple et populaire sort tout droit du four au milieu du restaurant. Incontournable, donc réservation conseillée.

LES NAVETTES DE SYLVAIN

30, avenue Charles de Gaulle
PEYROLLES-EN-PROVENCE
✆ 06 51 76 00 80
Ouvert du mercredi au dimanche.

Candidat marseillais du *Meilleur pâtissier* 2017 sur M6, Sylvain Bourletsis qui a ouvert sa biscuiterie artisanale en 2019. revisite les douceurs provençales, navette, macaron, croquant aux amandes... et aussi amaretti, canistrelli, montecao, madeleine, financier... Il met également les mains dans la pâte à brioche, y rajoute des zestes d'orange ou de citron confit, la façonne en colombe à Pâques. Sa pompe à huile est l'incontournable des 13 desserts à Noël. Un anniversaire, un dessert dominical, Sylvain fabrique à la demande. Et on a craqué aussi pour ses confitures.

TOULON, BALADE ENTRE MER ET MONTAGNE

LIEUX	Km partiel	Km cumul	Routes
TOULON	0	0	
HYÈRES-PLAGE	21	21	D559, D42
COLLOBRIERES	13	34	D97, D42
BORMES-LES-MIMOSAS	23	57	D98, D559
COLLOBRIERES	34	78	D41, D14
LE LUC	34	112	Bel Amant, D33
TOULON	74	186	Corniche Marius Escartefigue, bld de la Démocatie

TOULON ★★

Nichée au pied du Mont Faron, grande ville du Midi de la France, Toulon est l'une des premières bases navales françaises. Elle est riche d'un patrimoine varié. Sept de ses monuments sont classés et quatorze sont inscrits au titre des monuments historiques. Toulon se révèle une agréable halte, d'autant plus que les balades en bord de mer, sur ses plages aménagées et dans les criques sont appréciables. Du côté patrimoine, les ouvrages militaires sont nombreux, mais les édifices religieux aussi. Par ailleurs, statues, sculptures, portes monumentales, tour et autres Atlantes de Pierre Puget… sont autant de curiosités à découvrir dans le centre historique.

COURS LAFAYETTE ★

Restauration. Boutique. Animations.

Le cours Lafayette était surnommé « le pavé d'amour », car ici les gens venaient se conter fleurette. Il accueille du mardi au dimanche l'un des plus célèbres marchés de Provence, qui inspira à Gilbert Bécaud (toulonnais lui aussi) l'une de ses plus célèbres chansons. Tout un petit peuple vit intensément, s'interpelle, commente les nouvelles du jour. Son avantage, c'est qu'il est piétonnier ! Vous trouverez tout le long du cours des boutiques de toute sorte. Sur le bas, découvrez l'architecture baroque de l'église Saint-François de Paule.

CATHÉDRALE NOTRE-DAME-DE-LA-SEDS ★

55, place de la Cathédrale
✆ 04 94 92 28 91
Ouverte tous les jours. Horaires variables : se renseigner. Illuminée en soirée.

Depuis le Ve siècle, plusieurs églises ont successivement été érigées à son emplacement. Devenue cathédrale romane au XIe siècle, elle présente aujourd'hui un mélange intéressant de styles, du classique au baroque. Particularité sans doute unique, la nouvelle église a été construite à angle droit par rapport à la précédente. Elle est surmontée d'un splendide campanile provençal en fer forgé. L'intérieur conserve une unité gothique. La cathédrale est classée aux monuments historiques.

MÉMORIAL DU DÉBARQUEMENT ET LIBÉRATION DE PROVENCE ★★

Route communale du Faron
✆ 04 94 88 08 09
toulon.fr
Tarif plein : 5 €. Tarif réduit : 2 €. Visite guidée (sous réservation).

Installé dans les locaux d'un ancien fortin militaire, ce mémorial fait partie des neuf hauts lieux de la mémoire nationale du ministère de la Défense. Inauguré par le général de Gaulle le 15 août 1964, sa nouvelle version a été inaugurée par le président de la République le 16 mars 2017. À travers des supports multimédia interactifs, et grâce à de nombreux témoignages de soldats, de résistants et de civils, l'exposition transporte littéralement le visiteur au cœur de l'été 1944.

La baie de Toulon vue depuis La-Seyne-sur-Mer.

MONT FARON ET TÉLÉPHÉRIQUE ★★

Boulevard Amiral-Vence ✆ 04 94 92 68 25
www.telepherique-faron.fr

Fermeture annuelle de mi-novembre à début février. Aller-retour : 7,80 € par adulte et 5,70 € par enfant (4-10 ans).

La montagne de Toulon culmine à 584 mètres et son nom vient du provençal « faro », phare. Pour y accéder, une petite route en lacets peu large ou un trajet de 6 minutes à bord du téléphérique. Celui-ci propose un trajet mer-montagne unique en France avec une seule équivalence dans le monde à... Rio de Janeiro. Ses cabines rouges ont été renouvelées en 2016. En haut, vous découvrirez bars et restaurants, ainsi que le Mémorial du Débarquement de Provence et une petite chapelle.

MUSÉE NATIONAL DE LA MARINE ★★

Place Monsenergue ✆ 04 94 02 02 01
www.musee-marine.fr

Ouvert de 10h à 18h. De juin à août, ouvert tous les jours. Le reste du temps, fermé le mardi. Gratuit jusqu'à 26 ans.

Créé à la fin du Premier Empire, il est installé à l'entrée de la base navale ; l'ancienne porte royale de l'arsenal lui sert d'accès. Il propose de façon pédagogique une histoire humaine et technique accessible à tous. Parmi les incontournables présentées depuis 2010, un espace dédié à Vauban et au tout premier arsenal, le bagne à Toulon, l'alliance franco-russe et les cadeaux diplomatiques, un focus sur la Marine dans la Seconde Guerre mondiale, et enfin la Marine d'aujourd'hui.

TOUR ROYALE ★

Avenue de la Tour-Royale
✆ 04 94 36 30 18

Ouverte à la visite du public du 1er juillet au 30 septembre. Visites guidées à 10h30 et 15h30. Gratuit jusqu'à 6 ans.

Construite de 1514 à 1524 par l'ingénieur italien Jean-Antoine de la Porta sur l'ordre de Louis XII pour protéger des instrusions ennemies. La « grosse tour » à canons, avec ses 60 mètres de diamètre et ses murs de 7 mètres d'épaisseur, fut le premier ouvrage de défense érigé en bord de rade. Occupée en 1942 par les Allemands, elle a failli être détruite par les bombardements américains. Elle est d'ailleurs classée Monument Historique depuis 1947. Elle est ouverte au public en été seulement, mais consolez-vous avec la balade autour du site et une vue sur la rade.

BATELIERS DE LA CÔTE D'AZUR

Quai Cronstadt
✆ 04 94 93 07 56
www.bateliersdelacotedazur.com

Horaires sur le site Internet. Adulte : 15 € pour la visite de la Rade (durée 1h). Départ Quai de la Sinse.

Toulon, plus belle rade d'Europe ? Pour le découvrir, rien de tel que de voguer sur ses flots azur à bord du « Jules Verne II » ou « La Fée des Îles ». Cette balade commentée vous fera découvrir le port militaire abritant l'Escadre de la Méditerranée (environ 7 km), puis la partie civile et historique entourant la rade avec le fort de l'Aiguillette, le fort de Balaguier, la tour Royale, la baie de Tamaris et ses parcs à moules, la Grande Digue...

GRAND HÔTEL DAUPHINÉ*** €

10, rue Berthelot
✆ 04 94 92 20 28
www.grandhoteldauphine.com

Chambre double de 82 € à 90 €. Tarifs promotionnels sur le site Internet de l'hôtel. Parking sécurisé à proximité.

Dans le quartier de l'Opéra, au cœur de la zone piétonne et à proximité des trois gares (SNCF, routière et maritime), cet hôtel moderne propose des chambres climatisées très bien équipées avec double vitrage. Toutes les chambres supérieures ont été rénovées dans un style contemporain, tout comme le hall d'accueil et la salle de petit-déjeuner, très accueillants. Les chambres classiques quant à elles, également liftées, offrent un décor plus sobre. Une option centrale et confortable en somme. Un parking sécurisé et fermé se trouve à 50 m.

HÔTEL LES VOILES*** €€

124, rue Gubler
✆ 04 94 41 36 23
hotel-voiles.com

Ouvert toute l'année. 16 chambres. Chambre double à partir de 70 €. Petit déjeuner : 14 € (buffet). Parking.

Un boutique-hôtel avec des chambres toutes singulières et une décoration inspirée de la course au large La Giraglia. Membre des Hôtels Toulon Bord de Mer, l'établissement est idéalement placé à deux minutes à pied des plages du Mourillon. Au dernier niveau, le toit-terrasse aménagé tombe à point nommé pour déguster son café aux premiers rayons du soleil, pour siroter un cocktail à la tombée du jour, et venir profiter du restaurant éphémère le dimanche soir en été. Accueil frais et souriant. Une excellente adresse dans sa catégorie.

L'APARTÉ €

11, rue Paul-Lendrin
✆ 06 67 94 76 22
Du lundi au samedi le midi et certains soirs en été. Réservation recommandée. Compter 25-30 €

Posé sur le petit cours Lafayette, l'Aparté va vous faire vibrer les papilles de plaisir sur sa jolie terrasse ou dans la salle, décorée de théières uniques et de collection chinées un peu partout. Ici pas de menu mais une petite carte de qualité comportant deux spécialités et trois plats du jour renouvelés quotidiennement, ainsi que cinq desserts au choix, superbement réalisés par notre maître-pâtissier. Résultat, une carte gourmande 100% maison, élaborée exclusivement à base de produits frais. Quelques vins originaux viendront accompagner votre repas.

PIZZERIA GAËTANO FILS €€

4, place Amiral-Victor-Senès
✆ 04 94 92 36 72
www.gaetano-pizza.com
Ouvert à midi du mardi au vendredi, et le soir du lundi au samedi. Pas de menu, comptez 20 € en moyenne à la carte.

La voilà, l'institution italo-toulonnaise par excellence ! Depuis plus de 65 ans, la famille Gaëtano s'appuie sur le savoir-faire de quatre générations, garantes d'une cuisine authentique et d'une ambiance véritablement unique ! Vous demandez à voir ? Attablez-vous en salle ou en extérieur sur la vaste terrasse de la place Senès : trois générations s'affairent encore quotidiennement au service ! Au menu, des pizzas traditionnelles cuites au feu de bois, et d'autres plats délicieux typiquement transalpins. Une valeur sûre à Toulon.

CARQUEIRANNE

Carqueiranne est une station balnéaire agréable entre Toulon et Hyères. La tulipe, emblème de la ville, fleurit dans les champs des alentours dès qu'arrive le printemps. Le petit port est une halte agréable pour un rafraîchissement : c'est là que bat le cœur de la ville l'été venu. Tout au long de l'année, ne manquez pas non plus le charmant centre-ville ; le marché hebdomadaire s'y tient le jeudi matin. Côté détente, les plages de Peno et du Pradon, comme les plus confidentielles Pins penchés et Beau Rivage, invitent au farniente. Chaque été en août, le festival « Théâtre In Situ » au fort de la Bayarde est un fort moment de culture.

HYÈRES ★★★

La ville de Hyères a connu une vraie renaissance ces dernières années grâce à de nombreux travaux d'embellissement, notamment au centre-ville : création d'une promenade des arts avec de nombreux ateliers d'artisans ou d'artistes établis au rez-de-chaussée d'immeubles anciens, réfection de plusieurs rues du centre médiéval, reconstruction de la place principale de la ville inaugurée en 2019, construction d'un musée des cultures et du paysage dans l'ancienne banque de France.... Enfin, une promenade en front de mer a également été inaugurée entre le Port Saint-Pierre et l'Ayguade ; elle fait le bonheur des coureurs et des promeneurs.

CHÂTEAU D'HYÈRES ★

Montée de Noailles
Accès libre.

Perchées sur la colline, les ruines du Château de Hyères font partie des images carte postale de la ville et on les aperçoit facilement depuis le centre historique. Construit au XIe siècle sur un piton rocheux à 190 mètres d'altitude, le château d'Hyères fut un des plus grands châteaux de Provence. Il fut remanié par Charles 1er d'Anjou en 1257 et démantelé par Henri IV pendant les guerres de religions. Puis il fut rasé sur ordre de Louis XIII. Classé monument historique, il présente d'importants vestiges et offre une vue imprenable sur les Iles d'Or.

COLLÉGIALE SAINT-PAUL ★★

Place Saint-Paul
Ouvert du mardi au samedi de 10h à 13h et de 14h à 17h ou 19h, selon la saison.

Située sur la Place Saint-Paul entièrement restaurée dernièrement, la construction de l'église Saint-Paul est attestée en 1182 par un écrit d'Alphonse Ier, comte de Provence. La petite église romane fut agrandie à la fin du XIVe et au début du XVe siècle dans un style gothique par les évêques de Toulon qui choisirent Hyères comme lieu de résidence principale. Érigée en collégiale en 1572, elle abrite aussi l'une des plus belles collections d'ex-voto de France, 450 ex-voto y ont en effet été réinstallés. Elle est aussi dotée de superbes vitraux et retables.

PLAGES D'HYÈRES ★★

Ombragées, familiales, sauvages ou isolées, avec ses 40 kilomètres de côtes, Hyères offre bien des opportunités de baignades. Toutes les plages ou presque sont de belles plages de sable blond avec des eaux cristallines, et elles sont nombreuses et étalées sur la côte ce qui permet de varier les plaisirs. Les quatre plages de l'Almanarre, de l'Ayguade, des Salins et de la Bergerie sont labellisées Pavillon Bleu. Leur eau est d'autant plus pure que les plages sont loin de la pollution. La plage mi-sable-mi galets de la Madrague figure parmi les plus pittoresque.

AU FIL DE L'EAU €€

Place des Savonniers

✆ 04 94 28 69 82

Ouvert du mardi midi au samedi soir. Plat : 20-30 € en moyenne. Menus et formule déjeuner.

A l'écart du bruit et de l'agitation, sur cette jolie place du vieux-Hyères, voilà une table que l'on affectionne et pour sa cuisine et son accueil. La carte, faisant la part belle aux produits du marché, évolue au gré des saisons. S'y décline un appétissant choix de spécialités françaises et méditerranéennes retravaillées, à l'instar du risotto d'été et son médaillon de langouste, du thon mi-cuit servi avec coulis de tomates aux agrumes et gingembre, au tajine de volaille aux abricots et raisins secs, ou encore du magret de canard grillé entier.

TOUR DES TEMPLIERS ★

Place Massillon

✆ 04 94 42 21 45

Ouvert du mardi au samedi de 10h à 13h et de 14h à 17h ou de 16h à 19h selon la saison. Gratuit.

La tour Saint-Blaise, vestige de la commanderie des Templiers, est un admirable édifice du XIIe siècle à vocation militaire et religieuse. Après la dissolution de l'ordre en 1307, la tour est dévolue à l'Ordre de Malte puis sera transformée en halle au XVIIIe siècle. Au XIXe, elle devient l'hôtel de ville et sert aujourd'hui de cadre pour de nombreuses expositions.

Vous pourrez accéder à la terrasse de la tour par un étroit escalier creusé à l'intérieur du mur. Cette terrasse vous offre une vue imprenable sur la ville et les îles.

VILLA NOAILLES ★★

Montée Noailles

✆ 04 98 08 01 98

www.villanoailles-hyeres.com

Ouvert toute l'année. Horaires variables (se renseigner sur le site).

Ce temple de la modernité, réalisé par l'architecte Robert Mallet-Stevens de1923 à 1925, avec des extensions et annexes réalisées jusqu'en 1933, offre l'aspect d'un ensemble de cubes superposés, disposés en fonction du relief du terrain et de la course du soleil. De nombreux artistes fréquentèrent cette villa. Abandonnée après la mort de Marie-Laure de Noailles en 1972, la villa fut rachetée par la ville d'Hyères puis transformée en un centre d'art, d'architecture, de mode, photo et design. Le festival de la mode de Hyères s'y tient chaque année.

BORMES-LES-MIMOSAS ★★★

Accroché à la colline, sous les ruines de son ancien château, Bormes accroche les Mimosas à son nom en 1968. Il faut dire que les arbustes fleurissants et odorants sont particulièrement présents sur le territoire. C'est l'un des plus beaux villages fleuris de France. La route du Mimosa, itinéraire touristique à retenir, commence ici et se termine à Grasse. Chapelles, églises, château des seigneurs de Fos… le riche passé de la cité est partout, au détour des porches sculptés, fontaines, petites rues et placettes… La commune doit aussi sa notoriété au Fort de Brégançon, résidence présidentielle officielle, située au bord de la mer sur un piton rocheux.

CHÂTEAU DES SEIGNEURS DE FOS ★

13, avenue des Lauriers Roses

Château privé, fermé au public.

Classé monument historique depuis 1931, pour certaines de ses parties, notamment la tour principale, il ne reste aujourd'hui que des vestiges de la courtine en forme de polygone et du logis seigneurial de Roger de Fos, symbole de la souveraineté des vicomtes de Marseille. Les remparts sont également bien conservés. C'est le point culminant du village (104 m) d'où l'on peut contempler un superbe panorama sur Bormes, le Lavandou et les îles d'Hyères.

FORT DE BRÉGANÇON ★★

D42D ✆ 04 94 01 38 38
www.fort-bregancon.fr
Ouvert la première quinzaine de juillet et septembre. Visite guidée sur réservation auprès de l'office de tourisme.

Le promontoire de 35 m de haut, où se dresse aujourd'hui le fort, fut occupé dès l'époque celto-ligure. Au XIe siècle, la forteresse est bâtie avec ses 2 tours. En 1964, le général de Gaulle sera le premier chef d'État à dormir au sein du fort. Il décida de l'aménager en 1968 pour en faire la résidence officielle de villégiature de la présidence de la République. Depuis juin 2014, le fort a été rendu accessible au public avec la visite des jardins, du bureau du président, de la salle à manger, de la salle de télévision ou du petit salon.

PARC GONZALEZ

À l'entrée du village
Jardin remarquable. Ouvert toute l'année. De 8h à 18h en hiver et de 8h à 20h en été. Visites libres et guidées.

Ce jardin botanique d'une superficie de 2 400 mètres carrés et d'une richesse incroyable, abrite 250 espèces de végétation australienne. Il comprend une incroyable collection d'acacia, de banksia, d'eucalyptus, de grévillea, d'hakea, de mélaleuca et d'érémophilia. Pour compléter la visite, ne manquez pas la collection nationale de mimosas de Julien Cavatore, le seul et unique en France à posséder la collection agréée par le Conservatoire Français des Collections Végétales Spécialisées : elle se situe en haut du village, chemin des... orchidées.

HÔTEL RESTAURANT BELLEVUE** €€

14, place Gambetta ✆ 04 94 71 15 15
www.bellevuebormes.com
Basse saison, chambre double dès 49 €. Haute saison dès 115 €. Petit-déjeuner buffet 12 €. Garage moto 3 €.

Situé en plein cœur du village de Bormes, ce petit hôtel-restaurant deux étoiles, très convivial, dispose de 17 chambres confortables de la double à la quadruple, certaines donnant sur la mer et d'autres sur la place. Au restaurant, le chef mitonne une cuisine traditionnelle de terroir : millefeuille de mozzarella, cassolette de Saint-Jacques, poularde de Bresse aux morilles... Le panorama de la terrasse, avec sa vue dominante sur le village et les îles d'Or, est vraiment exceptionnel.

LOU PORTAOU €€

1, ruelle des Sarrazins
✆ 04 94 64 86 37
Haute saison : tous les jours le midi et le soir. Menus de 29 € à 38 €. Formule du midi : 22 €.

Dans sa salle voûtée moyenâgeuse ou sur les deux terrasses couvertes (passage du XIIe siècle), Robert Chiu, toujours fidèle au poste depuis 1987, réinvente sa cuisine provençale en mêlant les produits du terroir. Un exemple de repas idéal ? Parmentier de crabe Parmentier de crabe, jus de bouillabaisse et quenelle de brousse fraîche - bouillabaisse de lapin, pommes de terre, sauce rouille et jus de thym - moelleux à l'huile d'olive et sa crème de citron. Également, un bar à tapas et une boutique d'art, décoration et cabinet de curiosités : La Cueva.

NOS CIRCUITS

© MARINA VN / SHUTTERSTOCK.COM

Bormes-les-Mimosas.

COLLOBRIÈRES ★★

La capitale des Maures doit son nom au provençal, coulobro qui signifie couleuvre. Le village remonte au XIIe siècle comme en témoignent son pont vieux, les petites rues étroites, les calades, ces ruelles typiques, aménagées en rampes d'accès pourvues de longues marches de faible hauteur ou encore son église Saint-Pons, qui est perchée en hauteur et depuis les ruines de laquelle on a une vue jolie panoramique sur les environs. Mais il serait dommage tourner les talons avant d'avoir fait halte à la confiserie Azuréenne, qui depuis plus d'un demi-siècle perpétue la tradition et le savoir-faire ancestral autour de la préparation de la châtaigne.

LE LUC ★

Du mot latin lucus, « bois sacré », la ville était traversée par la voie aurélienne, une position qui lui donnait une importance stratégique certaine. La mise en bouteilles de l'eau Pioule, ancêtre des eaux minérales, a fait vivre une partie de la ville jusqu'à la 1re guerre mondiale. Dans les rues de la vieille ville, vous découvrirez la tour de l'Horloge, du XIIe siècle, coiffée d'un campanile de fer forgé, la tour hexagonale, haute de 27 mètres, construite entre 1517 et 1546, ou encore la chapelle Notre-Dame-du-Mont-Carmel, du XVe et de style gothique provençal, et le château des Vintimille, dont la construction a débutée vers 1600.

MONASTÈRE DE LA VERNE ★★

La Verne ✆ 04 94 48 08 00

Fermé en janvier. En été, ouverture selon carte des risques incendie. Gratuit jusqu'à 12 ans. Adulte : 6 €.

Cet admirable vaisseau de pierre, niché au cœur d'une forêt de châtaigniers, a connu une histoire mouvementée. Construite en 1170, elle fut écrasée d'impôts en 1416 et confisquée, saccagée pendant les guerres de religion, en partie détruite par des incendies de forêt, vendue comme Bien national sous la Révolution, abandonnée, pillée, partiellement tombée en ruine jusqu'en 1982, puis restaurée. Elle héberge depuis 1983 une communauté monastique de Bethléem. On visite le cloître, l'ancien réfectoire, les bâtiments claustraux, le scriptorium, les communs.

CONFISERIE AZURÉENNE

Boulevard du Général-Kœning

✆ 04 94 48 07 20

www.confiserieazureenne.com

Ouvert toute l'année. Parking public accolé à l'usine. Entrée gratuite au musée. Dégustation en fin de visite.

Les connaisseurs ne manqueront pas de visiter cette confiserie, spécialiste du marron glacé, et de faire le plein de douceurs préparées à base de ses propres châtaignes par des maîtres artisans qui perpétuent les traditions et le savoir-faire ancestraux depuis plus d'un demi-siècle, du marron glacé à la crème de marron, en passant par la glace au marron au vrai goût d'autrefois. À découvrir également : le musée du marron qui regroupe l'ensemble des outils et des machines d'antan qui transforment le fruit en merveilleux joyaux confits à souhait.

CIRCUIT DU VAR

Bel Amant

✆ 04 94 50 37 00

www.circuitduvar.com

Accueil téléphonique du lundi au vendredi de 8h à 16h15. Agenda sur le site Internet. Tarifs suivant l'activité choisie.

Le circuit fait 2 400 mètres. On tourne dans le sens des aiguilles d'une montre, ce qui permet de comptabiliser 7 virages à droite et 2 à gauche. Au final deux belles lignes droites, des virages lents et des virages rapides. Du pur plaisir ! Côté activité moto, deux possibilités : le stage de pilotage pour s'essayer à la sportive japonaise préparée et profiter de conseils de pilotes professionnels, ou bien rouler avec votre monture habituelle en roulage libre… Dans tous les cas, le site du circuit fournit les contacts et l'agenda pour préparer l'aventure.

MUSÉE MUNICIPAL DU TIMBRE ET DE LA PHILATÉLIE ★

3, bis rue du Ravelet

✆ 04 94 39 04 54

Horaires : se renseigner. Parking. Gratuit.

Municipal depuis 2015 et installé dans un ancien moulin, le Moulin du Ravelet, ce musée est exclusivement consacré à l'univers du timbre et à la pratique de la philatélie. Philatéliste émérite ou simple curieux, chacun en apprendra beaucoup sur la fabrication des timbres avec la reconstitution d'un atelier de gravure. De quoi se replonger dans une époque passée avec des vitrines garnies d'objets anciens. Des expositions et ateliers sont régulièrement organisés par les équipes du musée.

LES MAURES ET L'ESTEREL

LIEUX	Km partiel	Km cumul	Routes
NICE	0	0	
TOURRETTE-LEVENS	13	13	M19
DURANUS	17	30	M19
VENCE	49	79	M1, M2209, M2210
COURSEGOULES	16	95	D2
GRÉOLIÈRES	11	106	D2
SÉRANON	22	128	D79
SAINT-VALLIER-DE-THIEY	26	154	D6085
GRASSE	11	165	D6085
TOURRETTES-SUR-LOUP	17	182	D2210
VENCE	5	187	D2210
SAINT-PAUL-DE-VENCE	4	191	M2, D2
CAGNES-SUR-MER	7	198	D2, D36, M36
NICE	13	211	M36, M6007, N98, M6098

FRÉJUS ★★

La cité fut fondée par Jules César en 49 av. J.-C. Fréjus a conservé de son passé un grand nombre de monuments, parmi lesquels les vestiges romains, les arènes, l'aqueduc ou encore l'amphithéâtre et le théâtre. On ne manquera pas non plus l'ensemble épiscopal. Dans le cloître, le Musée archéologique expose des objets issus des fouilles menées à Fréjus. Parmi les autres musées, on peut également citer le musée des troupes de marines, au sein du 21e R.I. implanté dans la ville. Son port de plaisance, Port-Fréjus, et ses plages de sable, longues de plus de 6 km, demeurent, pour beaucoup, l'attrait principal de cette ville limitrophe à Saint-Raphaël.

© CHRISTIAN MUSAT - FOTOLIA

Port-Fréjus

CHAPELLE NOTRE-DAME DE JÉRUSALEM DITE COCTEAU ✝ ★★

Avenue Nicolaï - Route de Cannes
✆ 04 94 51 34 31
Ouverture du mardi au samedi de 9h30 à 12h et de 14h à 16h30. Gratuit jusqu'à 12 ans. Adulte : 3 €.

Cette chapelle, classée Monument historique le 20 janvier 1989, sise dans le quartier de La Tour de Mare, à la lisière de l'Estérel, volonté d'un banquier niçois Jean Martinon, est la dernière conçue par Jean Cocteau en 1961. Décédé en 1963, il ne put la terminer. Elle sera achevée par son fils spirituel Edouard Dermit. Les fresques intérieures illustrent le thème de la Passion du Christ et celui des croisades et de l'Ordre des chevaliers du Saint-Sépulcre.

GROUPE ÉPISCOPAL ✝ ★★

58, rue de Fleury
✆ 04 94 51 26 30
Gratuit jusqu'à 26 ans. Adulte : 6 €. Groupe (20 personnes) : 5 € (par personne).

Situé au centre de la ville médiévale, il se compose de la cathédrale, du baptistère antique, du cloître canonial et du palais épiscopal qui abrite aujourd'hui l'hôtel de ville. La cathédrale Sainte-Léonce, à deux nefs, construite du XIe au XIIIe siècle, fut fortifiée au XIVe siècle. Les stalles de l'abside, disposées autour du trône épiscopal, datent du XVe siècle. Le clocher a été modifié au cours des XIIIe et XVIe siècles. Le baptistère est situé à l'ouest de la cathédrale. Dans le cloître, la galerie comporte 300 panneaux peints du XVe siècle.

MUSÉE ARCHÉOLOGIQUE 🏛 ★

3, place Calvini
✆ 04 94 52 15 78
www.ville-frejus.fr
Fermé le lundi et les jours fériés, et le samedi en basse saison. Adulte : 8 €.

Fondé à la fin du XIXe siècle par Joseph Aubenas, entièrement rénové, il présente les découvertes effectuées lors de fouilles archéologiques conduites dans la ville depuis le XIXe siècle et comprend cinq salles riches de trésors du passé et pièces archéologiques essentiellement gallo-romaines. Il reçoit des expositions temporaires présentant les résultats de fouilles sur des sites historiques, dont la pièce majeure, l'Hermès bicéphale, datant probablement du Haut Empire romain, découvert en 1970 dans le quartier du Clos de la Tour, aujourd'hui symbole de la ville.

MUSÉE DES TROUPES DE MARINE 🏛 ★

Avenue du Musée-des-Troupes-de-Marine
✆ 04 94 40 81 75
www.aamtdm.net/fr/musee/le-musee
Ouvert du mardi au dimanche. Gratuit. Visite guidée (sur rendez-vous).

Ce musée, ouvert en octobre 1981, conserve la mémoire et retrace l'histoire des troupes de marine, corps de l'armée française fondé au XVIIe siècle, intégré à l'armée de Terre depuis 1900, à travers des collections qui permettent de découvrir deux histoires intimement mêlées, celle des Troupes de marine et celle de la France d'outre-mer. Des articles sont vendus sur place à la boutique. Le musée est également un lieu d'activités culturelles diversifiées.

VESTIGES ROMAINS DE FRÉJUS ★

- **L'amphithéâtre**. Construit à l'extérieur des remparts, il pouvait contenir dix-mille spectateurs.
- **Le théâtre** n'a conservé que quelques murs rayonnants de sa structure initiale, ainsi que quelques beaux vestiges.
- **L'aqueduc** permettait de capter l'eau à 40 kilomètres, aux sources de la Siagnole.
- **La porte dorée**, arcade solitaire, est le seul vestige restant des thermes
- **La lanterne d'Auguste** était sans doute un ancien phare. Le port initial s'est progressivement ensablé.

VILLA AURÉLIENNE

85, avenue du Général-d'Armée-Calliès
✆ 04 94 52 90 49
www.ville-frejus.fr

La villa est ouverte au public durant les expositions de photographies. Le parc est ouvert tous les jours. Parking.

Cette villa de style palladien, rénovée sur le modèle de la Renaissance italienne, est posée au sommet d'un parc de 24 hectares, caractéristique par sa végétation de type méditerranéen, où se trouvent les plus beaux vestiges de l'aqueduc romain. D'une superficie de 1 700 m², cette demeure a été construite au cours des années 1880 par J. H. Crawford. Propriété de la ville depuis le 14 octobre 1988, inscrite à l'inventaire supplémentaire des monuments historiques, elle a été rénovée dans l'esprit de la fin du XIXe siècle sur le modèle de la Renaissance italienne.

HÔTEL L'OASIS*** €

71, impasse Jean-Baptiste-Charcot
✆ 04 94 51 50 44
www.hotel-oasis.net

Ouvert de début avril à fin octobre. Accueil jusqu'à 21h. 27 chambres. Parking. Animaux acceptés. Wifi gratuit.

Cet hôtel est blotti au calme, au bout d'une impasse, à 150 mètres de la plage de sable fin de Fréjus-Plage, à proximité du quartier de Port-Fréjus, de son port de plaisance et de la base nature, avec de nombreuses infrastructures sportives. Les chambres climatisées, fonctionnelles, sont confortables et joliment décorées ; elles disposent toutes du téléphone, d'un mini-bar, et de la télévision et certaines de terrasse privée. Dès que le temps le permet, le petit-déjeuner peut être pris sur l'agréable terrasse ombragée, sinon en salle.

LE BŒUF SUR LE QUAI D'AGRIPPA €€

20, Quai d'Agrippa ✆ 04 94 17 24 80
www.leboeufsurlequaifrejus.fr

Ouvert toute l'année. Les pierrades de 19 à 90 €. Les ardoises de 16,90 à 35 €. Les tartares de 18,90 à 31,90 €.

Avec une telle enseigne, difficile d'échapper à la viande ! La particularité, c'est vous qui la faites cuire, à votre goût, sur une pierre brûlante, tout comme quelques crustacés, accompagnés de trois sauces, poivre, béarnaise et beurre maître d'hôtel maison. Les amateurs de viande rouge pourront apprécier des viandes d'origines charolaises, Limousine, Salers et Aubrac, mais aussi des Simmental d'Autriche, de l'Angus ou de la Herford des Etats-Unis et de la black Angus ou Wagyu – Kobé.

SAINT-AYGULF ★

Connu des Romains avant de devenir une des terres des évêques de Fréjus, ce quartier de Fréjus est appuyé sur les premiers contreforts orientaux du massif des Maures qui se perdent dans les étangs de Villepey, refuge de nombreux oiseaux migrateurs. Il tire son nom de l'abbé Aygulfus, martyr de l'abbaye bénédictine de Lérins, tué au VIIe siècle par des moines irrités par une application stricte de la règle. La légende rapporte que son corps, placé dans une barque, aurait dérivé jusqu'à l'emplacement du village actuel. La station balnéaire a été créée de toutes pièces, surtout sous l'impulsion du peintre Carolus Durand et attira d'autres célébrités.

LES ISSAMBRES ★

Sur la côte varoise, il n'existe qu'un seul endroit d'où l'on puisse voir à la fois Fréjus et Saint-Tropez : la pointe des Issambres. Dans les années 1930, ce littoral devient un lieu touristique prestigieux grâce à l'implantation d'un grand hôtel, la résidence le Val-d'Esquières, refuge de célébrités de tous horizons. De nos jours, Les Issambres reste l'un des rares bords de mer privilégiés, où vous pouvez emprunter le sentier du littoral, un circuit pédestre et touristique de 4,8 kilomètres. À la plage de San Peïre, partez sur votre gauche et suivez le littoral, empruntez un étroit sentier en pierre, puis traversez plages et calanques.

SAINTE-MAXIME ★★

Petit comptoir créé par les Grecs, avant de devenir romain, le village appartient aux moines de Lérins qui le fortifièrent et lui donnèrent le nom de Maxime, une moniale disparue en 750 et qui est célébrée chaque année les 14 et 15 mai, lors d'une grande fête votive. Au VIIe siècle, pour fuir les Sarrasins, les habitants se retirèrent sur les hauteurs et fortifièrent les villages de Gassin, Ramatuelle, Cogolin, Grimaud et aussi le Vieux-Revest qui fut entièrement détruit en 1395 par des brigands. Le premier embarcadère, construit en 1748, permit de développer le transit du fret, bois, liège, vin, huile, et autres produits des Maures.

PORT-GRIMAUD ★★

Port-Grimaud, souvent appelé la «petite Venise provençale », est une localité entièrement créée par les hommes, située à 5,5 kilomètres de Grimaud. En 1966, seul un grand marécage infesté de moustiques à l'embouchure de la Giscle fermait la plaine de Grimaud en bordure de mer. Un architecte inspiré, François Spoerry, entreprit d'assainir le marécage et de créer une sorte de Venise artificielle, cité lacustre faite de multiples canaux dont les quais sont bordés de maisons de style provençal. Cet ensemble architectural unique, inscrit en 2002 au Patrimoine du XXe siècle, est aujourd'hui labellisé « Architecture contemporaine remarquable » depuis 2018.

PLAGES DE SAINTE-MAXIME ★

Toutes les plages de Sainte-Maxime offrent, sur plus de 10 km, un sable fin et des rivages limpides. A l'ouest, la plage de la Croisette, surveillée, avec des espaces publics et privés, ainsi qu'une école de voile et la plage de la Guerrevieille, non surveillée. Au centre, la plage du Casino, surveillée, avec une vue magnifique sur le golfe et la plage de La Madrague, non surveillée, en allant vers Fréjus. A l'est, la plage de la Nartelle, de la Garonnette et des Eléphants, cette dernière rendue célèbre par la bande dessinée *Voyage de Babar* de Jean Bruhoff.

SAINT-TROPEZ ★★★★

Depuis sa fondation, l'histoire de Saint-Tropez est étroitement liée à la mer. Les marchands de passage, étrusques puis grecs, précèdent l'installation des Romains. Si au Moyen Age les hommes de la presqu'île semblent délaisser quelque peu la mer, celle-ci revient au cœur des préoccupations dès la fin du XVe siècle. Au XIXe puis au XXe siècle, l'espace maritime conditionne largement la vie de Saint-Tropez. Cependant, le passage de Maupassant et l'arrivée de Paul Signac marquent le début d'un nouvel âge d'or pour Saint-Tropez qui deviendra, au fil du temps, et notamment dans les années 1950, le rendez-vous de nombreux artistes et un grand port de plaisance.

Le port de Saint-Tropez.

CITADELLE SAINT-TROPEZ - MUSÉE HISTOIRE MARITIME ★

1, montée de la Citadelle
✆ 04 94 97 59 43
www.saint-tropez.fr/culture/citadelle
Ouvert toute l'année, tous les jours. Visites guidées de la forteresse sur réservation uniquement. Tarif unique : 4 €.

Élément de défense le plus important entre Antibes et Toulon durant des siècles, La Citadelle a été érigée en 1589 et réaménagée au XVIIIe siècle. Elle demeure l'un des seuls monuments de cette ampleur sur la côte varoise. Son donjon abrite le musée d'Histoire maritime. Au rez-de-chaussée, les visiteurs découvrent les activités maritimes de proximité. À l'étage, le musée propose de s'évader aux quatre coins de la planète en compagnie des marins tropéziens.

MUSÉE DE LA GENDARMERIE ET DU CINÉMA ★

2, place Blanqui
✆ 04 94 55 90 20
www.saint-tropez.fr
Ouvert toute l'année. Adulte : 5 €. Enfant (de 12 à 18 ans) : 3 €. Gratuit jusqu'à 12 ans. Groupe : 3 € par adulte.

Un hommage à la série culte des *Gendarmes de Saint-Tropez* avec Louis de Funès. Ce musée de la gendarmerie et du cinéma occupe le bâtiment qui abrita la brigade de gendarmerie de 1879 à 2003 et servit de décor aux films. Au premier étage : l'histoire du bâtiment et de la gendarmerie à Saint-Tropez, reconstitution d'un bureau de gendarme des années 60, et l'histoire des films tournés dans la presqu'île varoise. Au second étage : Saint-Tropez à travers le cinéma.

VIEUX PORT ★★★

Une petite promenade s'impose pour admirer, sur le vieux port, la statue du bailli de Suffren, les terrasses des grands cafés, les façades des maisons aux teintes provençales, les yachts luxueux qui se balancent à quai, les boutiques souvent aménagées dans d'anciens garages à bateaux. Derrière, on accède par un passage à la halle aux Poissons, à la place aux Herbes. A l'extrémité du port, derrière le môle Jean-Réveillé, voir la tour du Portalet, la crique de La Glaye, la tour Vieille, et La Ponche, l'ancien petit port de pêche.

LE GIRELIER €€

21, quai Jean-Jaurès
✆ 04 94 97 03 87
www.legirelier.fr
Fermé de novembre jusqu'avant Noël et de début janvier à fin mars. Carte : 65 € environ. Formule du midi : 28 €.

Face aux grosses unités amarrées sur le quai, dans un décor lumineux, design et tendance, goûtez une carte terre et mer de spécialités de poissons entiers à la plancha, fruits de mer, bouillabaisse, paella, émietté de crabe à la parisienne, mayonnaise crustacés, gambas éclatées sous le gril, poireaux crayons et citron confit, sole à la plancha, poêlée de seiches en persillade façon « méditerranéenne », tartare de bœuf dans le filet coupé au couteau, pommes allumettes, suprême de volaille poché, grillé sur la peau jus corsé, pommes purée...

RAMATUELLE ★★★

Ce village tire son nom des Camatulici, d'origine celte. Gérard Philipe y résida et repose dans le petit cimetière du village. Les ruelles sont fleuries. La place de l'Ormeau doit son nom à un orme planté par Sully en hommage à la conversion d'Henri IV. Il fut remplacé en 1983 par un olivier. En bas du village, la porte Sarrasine, bien conservée. Chaque été, Ramatuelle accueille, en juillet, le festival de musique classique, en août le festival de théâtre et variétés de Ramatuelle et le jazz festival Ramatuelle, créé par le facteur du village (facteur Swing) et tous les lundis de juillet et août, les concerts de l'Escalet s'installent devant la mer.

LA CROIX-VALMER ★★

Cette commune, dont l'histoire commence à l'époque romaine et qui doit son nom à l'empereur romain Constantin, est adossée à la corniche des Maures en dessous de Gassin, à qui elle était rattachée jusqu'à « son indépendance » prononcée en 1934. C'est une station balnéaire discrète, qui possède néanmoins de multiples atouts : 5 plages dont celle, familiale, de Gigaro, le site du cap Lardier parfaitement préservé – 300 hectares exempts de constructions, plantés de pins parasols et de pins d'Alep, de bruyères, de genêts, de lavande sauvage et peuplés de centaines de variétés d'oiseaux –, le cap Taillat, les villas d'époque du 19e et 20e siècle.

NOS CIRCUITS

CAVALAIRE-SUR-MER ★★

L'histoire de Cavalaire, qui tient son nom de la colonie grecque Heracléa Caccabaria qui avait pris position dans la baie, commence 800 ans avant notre ère avec les Ligures installés dans leur oppidum du Montjean. Petit hameau de pêcheurs dépendant de Gassin au XVIIIe siècle, cette jeune commune du Var, créée en 1929 et classée station balnéaire en 1956, est située au fond d'une baie très abritée, entre le cap Cavalaire à l'ouest et le cap Lardier à l'est. Elle dispose d'une longue plage de sable fin sur plus de 4 km (où la 3e division d'infanterie américaine a débarqué le 15 août 1944), idéale pour les activités touristiques et nautiques.

RAYOL-CANADEL-SUR-MER

L'expansion de cette station, à la fin du XIXe siècle, est due principalement à la construction de la ligne de chemin de fer de Provence qui reliait Toulon à Saint-Raphaël. Le Rayol-Canadel devint alors un lieu de prédilection pour de riches propriétaires qui firent construire de luxueuses villas, jusque dans les années 1930. Il en reste encore quelques-unes pour témoigner des fastes de cette époque. La plage du Canadel, livrée à de paisibles baigneurs aujourd'hui, fut l'un des sites du débarquement en Provence, le 14 août 1944. On peut y visiter le Domaine du Rayol, un espace naturel protégé de 20 ha, propriété du Conservatoire du littoral.

LE LAVANDOU ★★★

Le village aurait été fondé par des pêcheurs génois et trois hypothèses sont émises quant à l'origine de son nom : lavadou (lavoir en provençal), lavandula stoechas (variété de lavande) ou le lavendour, vent d'est « lévent dur ». Jusqu'en 1913, le Lavandou était un quartier de Bormes, date à laquelle il devint une commune à part entière. Entièrement tourné vers la mer, le Lavandou est l'une des stations touristiques les plus en vue des côtes varoises. Son port peut accueillir jusqu'à mille cent bateaux de plaisance et ses douze plages constituent sans doute son meilleur attrait. Son surnom de « station aux douze sables » n'est pas usurpé.

BORMES-LES-MIMOSAS ★★★

Accroché à la colline, sous les ruines de son ancien château, Bormes accroche les Mimosas à son nom en 1968. Il faut dire que les arbustes fleurissants et odorants sont particulièrement présents sur le territoire. C'est l'un des plus beaux villages fleuris de France. La route du Mimosa, itinéraire touristique à retenir, commence ici et se termine à Grasse. Chapelles, églises, château des seigneurs de Fos… le riche passé de la cité est partout, au détour des porches sculptés, fontaines, petites rues et placettes… La commune doit aussi sa notoriété au Fort de Brégançon, résidence présidentielle officielle, située au bord de la mer sur un piton rocheux.

CHÂTEAU DES SEIGNEURS DE FOS ★

13, avenue des Lauriers Roses

Château privé, fermé au public.

Classé monument historique depuis 1931, pour certaines de ses parties, notamment la tour principale, il ne reste aujourd'hui que des vestiges de la courtine en forme de polygone et du logis seigneurial de Roger de Fos, symbole de la souveraineté des vicomtes de Marseille. Les remparts sont également bien conservés. C'est le point culminant du village (104 m) d'où l'on peut contempler un superbe panorama sur Bormes, le Lavandou et les îles d'Hyères.

FORT DE BRÉGANÇON ★★

D42D

✆ 04 94 01 38 38

www.fort-bregancon.fr

Ouvert la première quinzaine de juillet et septembre. Visite guidée sur réservation auprès de l'office de tourisme.

Le promontoire de 35 m de haut, où se dresse aujourd'hui le fort, fut occupé dès l'époque celto-ligure. Au XIe siècle, la forteresse est bâtie avec ses 2 tours. En 1964, le général de Gaulle sera le premier chef d'État à dormir au sein du fort. Il décida de l'aménager en 1968 pour en faire la résidence officielle de villégiature de la présidence de la République. Depuis juin 2014, le fort a été rendu accessible au public avec la visite des jardins, du bureau du président, de la salle à manger, de la salle de télévision ou du petit salon.

PARC GONZALEZ

À l'entrée du village

Jardin remarquable. Ouvert toute l'année. De 8h à 18h en hiver et de 8h à 20h en été. Visites libres et guidées.

Ce jardin botanique d'une superficie de 2 400 mètres carrés et d'une richesse incroyable, abrite 250 espèces de végétation australienne. Il comprend une incroyable collection d'acacia, de banksia, d'eucalyptus, de grévillea, d'hakea, de mélaleuca et d'érémophilia. Pour compléter la visite, ne manquez pas la collection nationale de mimosas de Julien Cavatore, le seul et unique en France à posséder la collection agréée par le Conservatoire Français des Collections Végétales Spécialisées : elle se situe en haut du village, chemin des... orchidées.

HÔTEL RESTAURANT BELLEVUE** €€

14, place Gambetta ✆ 04 94 71 15 15

www.bellevuebormes.com

Basse saison, chambre double dès 49 €. Haute saison dès 115 €. Petit-déjeuner buffet 12 €. Garage moto 3 €.

Situé en plein cœur du village de Bormes, ce petit hôtel-restaurant deux étoiles, très convivial, dispose de 17 chambres confortables de la double à la quadruple, certaines donnant sur la mer et d'autres sur la place. Au restaurant, le chef mitonne une cuisine traditionnelle de terroir : millefeuille de mozzarella, cassolette de Saint-Jacques, poularde de Bresse aux morilles... Le panorama de la terrasse, avec sa vue dominante sur le village et les îles d'Or, est vraiment exceptionnel.

CHEZ RICHARD €€€

1631, route de Léoube

✆ 04 94 71 60 22

www.restaurant-chez-richard.fr

Ouvert de mi-avril à mi-octobre. Haute saison : ouvert tous les jours le midi et le soir. Plat 15-25 € en moyenne.

Situé dans un site exceptionnel au bord de l'eau (la plage de l'Estagnol est un must), face aux îles d'Hyères, ce restaurant-snack joue à la perfection une partition à prix doux pour le plus grand bonheur des convives. Depuis 1998, cette adresse propose de belles salades composées, des grillades délicieuses de poissons et viandes, dont une fameuse côte de bœuf, une carte spéciale de moules et des spécialités provençales telles que la bouillabaisse. Parmi les suggestions du chef, daube de seiches, aïoli provençal ou encore seiches à la plancha.

COLLOBRIÈRES ★★

La capitale des Maures doit son nom au provençal, coulobro qui signifie couleuvre. Le village remonte au XIIe siècle comme en témoignent son pont vieux, les petites rues étroites, les calades, ces ruelles typiques, aménagées en rampes d'accès pourvues de longues marches de faible hauteur ou encore son église Saint-Pons, qui est perchée en hauteur et depuis les ruines de laquelle on a une vue jolie panoramique sur les environs. Mais il serait dommage tourner les talons avant d'avoir fait halte à la confiserie Azuréenne, qui depuis plus d'un demi-siècle perpétue la tradition et le savoir-faire ancestral autour de la préparation de la châtaigne.

MONASTÈRE DE LA VERNE ★★

La Verne ✆ 04 94 48 08 00

Fermé en janvier. En été, ouverture selon carte des risques incendie. Gratuit jusqu'à 12 ans. Adulte : 6 €.

Cet admirable vaisseau de pierre, niché au cœur d'une forêt de châtaigniers, a connu une histoire mouvementée. Construite en 1170, elle fut écrasée d'impôts en 1416 et confisquée, saccagée pendant les guerres de religion, en partie détruite par des incendies de forêt, vendue comme Bien national sous la Révolution, abandonnée, pillée, partiellement tombée en ruine jusqu'en 1982, puis restaurée. Elle héberge depuis 1983 une communauté monastique de Bethléem. On visite le cloître, l'ancien réfectoire, les bâtiments claustraux, le scriptorium, les communs.

CONFISERIE AZURÉENNE

Boulevard du Général-Kœning

✆ 04 94 48 07 20

www.confiserieazureenne.com

Ouvert toute l'année. Parking public accolé à l'usine. Entrée gratuite au musée. Dégustation en fin de visite.

Les connaisseurs ne manqueront pas de visiter cette confiserie, spécialiste du marron glacé, et de faire le plein de douceurs préparées à base de ses propres châtaignes par des maîtres artisans qui perpétuent les traditions et le savoir-faire ancestraux depuis plus d'un demi-siècle, du marron glacé à la crème de marron, en passant par la glace au marron au vrai goût d'autrefois. À découvrir également : le musée du marron qui regroupe l'ensemble des outils et des machines d'antan qui transforment le fruit en merveilleux joyaux confits à souhait.

GRIMAUD ★★

Grimaud est sans doute l'un des plus anciens villages des Maures. Perché sur une hauteur, position commode pour surveiller, mais un peu retiré à l'intérieur des terres pour être à l'abri des coups de main perpétrés par les barbaresques sur le rivage, le village a pu ainsi traverser des époques troublées et parvenir jusqu'à nous dans un parfait état de conservation. A ne pas manquer : Les Grimaldines, un festival où l'été, chaque mardi, dans les ruelles du village et au château, spectacles gratuits et concert se succèdent jusqu'au cœur de la nuit et l' Eurofestival Harley Davidson, qui a lieu tous les deux ans, également en été, pendant quatre jours.

RUINES DU CHÂTEAU DE GRIMAUD ★

Rue de Clastre

Ne se visite pas. Visible de l'extérieur uniquement.

La première mention de ce château date du XIe siècle. Le grand rempart actuel (fin XIIIe-début XIVe) siècle abritait le village. De grandes familles s'y succédèrent, comme les comtes de Provence, la famille Cossa ou Castellane. Il fut abandonné lors de la Révolution et tomba en ruine. Il en subsiste la tour médiévale et deux tours du XVIIe siècle. Classé aux Monuments historiques, il fait l'objet de travaux de restauration depuis de nombreuses années.

HÔTEL LA PIERRERIE*** €€

1714, route de Saint-Tropez - RD61

✆ 04 94 43 24 60 - www.lapierrerie.com

Fermé de novembre à mars. Chambre double de 105 à 150 € ; triple de 140 à 185 €. Petit déjeuner : 14 € (salé 17 €).

Ce très beau mas provençal composé de plusieurs bâtisses, situé en pleine campagne dans un écrin de verdure d'un hectare et demi, propose 14 chambres spacieuses et confortables, joliment décorées dans un style provençal. Vos moments de détente autour de la piscine pourront être complétés par la découverte des villages de Grimaud, de Saint-Tropez, des Marines de Cogolin ou encore de Port-Grimaud. L'établissement propose d'ailleurs des vélos, classiques ou électriques, à la location. L'accueil réservé par Christophe Gerbino est chaleureux et familial à souhait.

LA GARDE-FREINET ★

Niché au cœur du massif des Maures, La Garde-Freinet, vieux village provençal, a su préserver son authenticité. Sa position de sentinelle au sommet du col lui valut l'appellation de « garde ». Freinet, ajouté après, fait référence au territoire du Fraxinetum, vaste plaine peuplée de frênes, de Gassin à Grimaud. Au XIXe siècle, le village connaît un accroissement rapide et considérable qui accompagne l'explosion de l'industrie bouchonnière. Témoins de l'âge d'or de La Garde-Freinet, les nouveaux quartiers des Aires et de la Place Neuve se greffent aux ruelles sinueuses du vieux village, pour lui donner l'aspect qu'il conserve aujourd'hui encore.

LE MUY

A mi-chemin entre Draguignan et Fréjus-Saint-Raphaël, sur le tracé de l'ancienne Nationale 7 (DN7), Le Muy se trouve au coeur d'un massif forestier de 5 000 hectares irrigué par de nombreux cours d'eau. La ville a vécu longtemps sur l'exploitation de ses ressources naturelles, récolte du liège, coupe du bois. Les machines des anciennes industries utilisaient l'énergie fournie par les ressources hydrauliques acheminées le long des canaux – le plus ancien a été creusé sous le règne de François Ier. Tous les dimanches matin, le marché du cœur du village est l'un des plus grands de la région. Il est complété par celui du jeudi matin, plus petit.

ROQUEBRUNE-SUR-ARGENS ★★

Roquebrune fut créée au début du XIe siècle. Installée sur un piton rocheux de grès, *Roca Brun* en provençal, elle lui doit son nom actuel. Roquebrune s'est heurtée au problème de l'acheminement de l'eau, qui fut résolu en 1775 par la rénovation d'un aqueduc romain. Ainsi l'eau coula pour la première fois à la fontaine vieille. Autour de l'église se dressent de nombreuses maisons à arcades du XVIe siècle. La chapelle Notre-Dame-de-Pitié abrite un beau retable en bois doré, qui représente une descente de croix. L'église Saint-Pierre-et-Saint-Paul, achevée au XVIe siècle, renferme un remarquable tableau du début du XVIIe siècle encadré de deux retables.

MANDELIEU-LA-NAPOULE ★

Située à l'extrême ouest des Alpes-Maritimes, Mandelieu-la-Napoule se trouve aux portes du massif de l'Estérel. Deux châteaux remarquables sont présents sur la commune : le château de la Napoule (XIIe siècle), rénové et transformé au début du XXe siècle par le couple de millionnaires américains Henry et Marie Clew, et le château d'Agecroft (XXe siècle), construit en 1918 par Harry Leland de Langley, dans un style rappelant les manoirs écossais de son enfance. Ce château et son domaine sont aujourd'hui la propriété d'un village-vacances (le Domaine d'Agecroft). Au sud de la ville, le San Peyre, une colline d'origine volcanique domine le golfe.

CHÂTEAU DE LA NAPOULE

453, avenue Henri-Clews
✆ 04 93 49 95 05
www.chateau-lanapoule.com
Ouvert toute l'année. Gratuit jusqu'à 7 ans. Label Jardin remarquable. Accueil enfants. Restauration.

Edifié en front de mer sur des vestiges romains et sarrasins, ce château fut la demeure seigneuriale des comtes de Villeneuve. Racheté à l'état de ruine en 1918 par un couple de richissimes Américains, il fut reconstruit dans un style néo-médiéval et abrite aujourd'hui la fondation Henry Clews, qui abrite la collection de sculptures de Henry Clews (1876-1937) et soutient de jeunes artistes du monde entier. Ses jardins à la française sont aménagés autour d'une grande allée centrale qui donne accès à de petits « jardins » de styles italiens, vénitiens ou anglais.

LA CALANQUE €

404, avenue Henry-Clews ✆ 04 93 49 95 11
www.lacalanquemandelieu.com
Ouvert tous les jours de 7h à 23h sauf le lundi. Menu à partir de 27 € et menu enfant proposé. Terrasse.

Une jolie terrasse ombragée face au château de la Napoule et une superbe vue sur la baie de Cannes s'ajoutent au plaisir de goûter une cuisine régionale : foie gras de canard maison, cassolette de gambas et moules sauce champagne, sole meunière, duo de Saint-Jacques et gambas, souris d'agneau braisée au basilic, risotto de Saint-Jacques et gambas. Tous les vendredis, le traditionnel aïoli à la provençale est proposé à la carte. Que vous soyez amateur de viandes ou de poissons, vous trouverez votre bonheur avec cette cuisine à base de produits frais et de saison.

THÉOULE-SUR-MER ★★★

Reconnue comme l'une des plus belles routes qui borde le littoral Méditerranéen tant elle offre des panoramas superbes, la « Corniche d'Or » inaugurée en 1902 marque véritablement l'extension de la commune. Protégée au creux d'une petite anse, Théoule est aujourd'hui une station balnéaire disposant d'un joli port de plaisance avec son mini-phare en pierre rouge. Le site comble à la fois les amateurs d'activités balnéaires et les amoureux de la nature qui peuvent arpenter les sentiers en direction des sommets environnants tels que ceux des Grosses Grues dont le point culminant offrent des panoramas époustouflants sur le littoral azuréen.

AGAY

Cette petite station balnéaire et quartier de Saint-Raphaël, s'enorgueillit d'une merveilleuse rade enserrée entre les pointes du cap Dramont et de la Baumette, avec les superbes falaises de porphyre rouge du Rastel d'Agay en arrière-plan. Cette baie protégée, appréciée des bateaux au mouillage, offre également plusieurs plages de sable. Autrefois, ce refuge naturel constituait un port militaire romain d'une grande importance stratégique, très abrité, donc apprécié des navigateurs. Cette rade fut prisée par de nombreux artistes notamment l'écrivain Albert Cohen, qui y a situé une partie de l'action de son roman « Belle du Seigneur ».

ÎLE D'OR

D559 - **SAINT-RAPHAËL**

La tour carrée et crénelée (d'inspiration sarrasinc) en pierre rouge de l'Estérel, qui surmonte cet îlot rocheux a été construite en pierre rouge de l'Estérel, entre 1910 et 1913. Propriété privée, elle ne peut pas être visitée. Une anecdote circule concernant l'immortalisation de l'île d'Or par Hergé dans son album « L'île Noire ». Particularité démentie par les « tintinophiles » qui sont unanimes et affirment qu'Hergé n'est jamais venu à Saint-Raphaël, et qu'il s'est inspiré de châteaux écossais pour dessiner le château de Ben More.

PLAGE DU DRAMONT ET DU DÉBARQUEMENT ★

D559 - **SAINT-RAPHAËL**

Théâtre du débarquement de Provence, le 15 août 1944, par les troupes américaines de la 36e division du Texas, ce lieu historique accueille une stèle commémorative. A quelques centaines de mètres du rivage, on aperçoit l'Île d'Or, avec sa tour crénelée, privée depuis 1897. Enfin, à l'est de la plage, le cap du Dramont abrite le principal sémaphore de la région, accessible par une jolie balade dans la pinède et dans les rochers surplombant la mer.

SAINT-RAPHAËL ★★★

Station balnéaire et touristique au pied de l'Estérel, Saint-Raphaël s'étend sur 36 km de littoral et propose trente plages de sable fin ou de galets. Outre les épisodes liés à l'épopée de napoléonienne au XVIIIe siècle, c'est au XIXe siècle que Saint-Raphaël se transforme en station balnéaire et acquiert la notoriété d'une ville de villégiature accueillant de nombreux artistes. A voir la basilique Notre-Dame-de-la-Victoire de Lépante (XIXe siècle), l'église Saint-Rafeu (XIe siècle) et le Musée archéologique voisin. Depuis 2019, le Musée Louis de Funès, permet de découvrir la vie de cet acteur qui fit rire la France entière dans les années 1960-1980.

BASILIQUE NOTRE-DAME-DE-LA-VICTOIRE ★

Boulevard Félix-Martin

Cet édifice de 950 m², construit de 1882 à 1889, dans un style romano-byzantin, par l'architecte Pierre Aublé à l'initiative de l'abbé Bernard, fait certainement référence à une victoire chrétienne, la bataille de Lépante (1571), une des plus grandes batailles navales de l'Histoire. L'église Notre-Dame fut inaugurée en 1887. Élevée au rang de basilique par le Vatican, en janvier 2004, elle montre en façade la représentation de l'archange Raphaël, emblème de la commune.

MUSÉE ARCHÉOLOGIQUE

Rue de la Vieille Église

✆ 04 94 19 25 75

www.musee-saintraphael.com

Ouvert toute l'année du mardi au samedi. Entrée gratuite. Parkings du centre-ville (payants).

Ce musée installé dans le presbytère de l'ancienne église San Rafeù abonde d'objets rares de la Préhistoire, d'une remarquable collection d'amphores antiques et de mobilier provenant des fouilles sous-marines, enrichie régulièrement par de nouvelles découvertes. Vous pourrez également visiter l'église romane datant du XIIe siècle ainsi que les cryptes. Du haut de la tour, haute de 30 m, le visiteur découvrira un panorama à 360°, des sommets de l'Estérel à la pointe de Saint-Tropez et une vue imprenable sur la basilique et ses dômes byzantins…

MUSÉE LOUIS DE FUNÈS

Rue Jules Barbier

✆ 04 98 11 25 80

museedefunes.fr

Visite guidée, incluant l'entrée du musée : 10 €. Gratuit pour les - de 18 ans.

Inauguré le 31 juillet 2019, ce musée permet de découvrir toutes les facettes de celui qui occupa l'espace cinématographique français pendant plus de 30 ans. L'exposition présente des extraits de films et de musiques, des documents de l'INA et des collections de Gaumont, et, bien sûr, de nombreuses photographies, soit plus de 350 documents, des photographies personnelles, de tournages et de films, des dessins - notamment de Louis de Funès -, des lettres - comme celles de Jean Anouilh -, mais aussi des extraits de films, dont certains inconnus.

SANDY PLAGE €€

Promenade de Lattre-de-Tassigny

✆ 04 94 40 59 47

Tous les jours d'avril à fin septembre le midi, ainsi que le soir en juin, juillet, août. Plats 16 € à 25 € en moyenne.

Difficile de faire un choix parmi le nombre impressionnant d'établissements établis en bord de mer. Ce restaurant de plage, les pieds dans le sable, propose une cuisine méditerranéenne à des prix raisonnables, où le poisson frais est roi. Une soirée spéciale « poisson » est organisée durant le mois d'août et une soirée musicale le jeudi, avec des groupes. L'équipe vous accueille dans une ambiance décontractée. Privilégiez si possible le début et la fin de saison : le service y est plus attentif et plus personnalisé, ce qui est toujours appréciable.

DE NICE AUX PRÉALPES D'AZUR

LIEUX	Km partiel	Km cumul	Routes
NICE	0	0	
TOURRETTE-LEVENS	13	13	M19
DURANUS	17	30	M19
VENCE	49	79	M1, M2209, M2210
COURSEGOULES	16	95	D2
GRÉOLIÈRES	11	106	D2
SÉRANON	22	128	D79
SAINT-VALLIER-DE-THIEY	26	154	D6085
GRASSE	11	165	D6085
TOURRETTES-SUR-LOUP	17	182	D2210
VENCE	5	187	D2210
SAINT-PAUL-DE-VENCE	4	191	M2, D2
CAGNES-SUR-MER	7	198	D2, D36, M36
NICE	13	211	M36, M6007, N98, M6098

NICE ★★★★

Face à la mer Méditerranée, Nice domine la baie des Anges. 5ème commune française par sa population, juste après Paris, Marseille, Lyon et Toulouse, elle abrite plus de 342 000 habitants. Un ensoleillement que lui jalousent bien des destinations, elle est d'une insolente et lumineuse beauté. Dotée d'un très riche patrimoine architectural, témoignant d'ailleurs d'une histoire peu banale, palais, places et statues sont autant de joyaux qui l'embellissent. Façades fastueuses, châteaux, casinos... Son symbole dans l'inconscient collectif reste sans doute sa promenade des Anglais, qui est particulièrement agréable et magique au petit matin.

© TRENT - FOTOLIA

Bateaux dans le port de Nice.

CATHÉDRALE SAINT-NICOLAS DITE ÉGLISE RUSSE ✝ ★★★

Avenue Nicolas-II © 09 81 09 53 45
www.cathedrale-russe-nice.fr
Du mardi au dimanche de 9h à 12h et de 14h à 18h. Fermée aux visites lors de la tenue des offices religieux privés.

Ce monument parmi les plus visités de Nice est LE plus bel édifice religieux de ce type en dehors de la Russie. Construit au début du XXe siècle pour répondre à la demande de l'importante communauté russe locale, il mesure 52 mètres de hauteur, s'inspire du style de la basilique Saint-Basile de Moscou et est classé aux monuments historiques depuis 1987. Désormais gérée par la Fédération de Russie, la cathédrale Saint-Nicolas a été récemment rénovée. Une curiosité à visiter absolument !

CATHÉDRALE SAINTE-RÉPARATE ✝ ★★

3, place Rossetti
© 04 93 92 01 35
https://cathedrale-nice.fr/
Du lundi au vendredi. De 9h à 12h et de 14h à 18h. Le samedi, jusqu'à 19h30.

Située sur la jolie place Rossetti, cette ancienne abbaye bénédictine inspirée de l'église Sainte-Suzanne de Rome est l'un des principaux témoignages de l'art baroque à Nice. Classée aux Monuments historiques, elle est le siège du diocèse de Nice. La cathédrale est entièrement dédiée à la patronne de la ville, la jeune martyre sainte Réparate. A l'intérieur, dix chapelles, la balustrade du chœur en marbre, trois orgues, des frises dorées et stucs de l'artiste italien Pietro Riva.

COLLINE DU CHÂTEAU

Parc du Château
Ouvert toute l'année. Haute saison : de 8h à 20h. Basse saison : de 8h à 18h. Petite restauration.

La colline du château est un grand rocher calcaire dominant la Méditerranée du haut de ses 93 m. A son sommet, les familles niçoises côtoient les touristes, émerveillés par le panorama inoubliable offert sur la Baie des Anges. Si le site a gardé son nom, le château, lui, n'existe plus. Au gré des déambulations dans ce parc verdoyant, on se laisse surprendre par une étonnante cascade mais aussi par un site archéologique unique. La colline est accessible par les escaliers, en ascenseur (par le quai des Etats-Unis) où en moto (par la rue Ségurane).

COURS SALEYA

«*Tous les chemins mènent à Rome, et dans le vieux Nice, ils mènent au cours Saleya*» écrivait le Niçois Louis Nucéra. Ce cours est très pittoresque. Lieu incontournable de Nice, il est l'âme de la vieille ville et son point de convergence. Entouré de boutiques, de bars et de restaurants, il est constamment animé dès 6h du matin jusque tard dans la nuit toute l'année. Du mardi au dimanche, il accueille à partir de 6h du matin le traditionnel marché avec ses étals de fruits et de légumes. Le lundi, c'est la journée des antiquaires et autres brocanteurs.

CRYPTE ARCHÉOLOGIQUE

1, place Pierre-Gautier
© 04 92 00 41 90
www.nice.fr
Ouvert toute l'année. Du lundi au jeudi de 8h30 à 17h. Le vendredi de 8h30 à 15h45. Adulte 6 €.

Ce sont les travaux du tramway qui ont permis de mettre à jour à peine 6 m sous terre environ 2 000 m^2 de vestiges médiévaux et antiques étonnamment bien conservés. Les curieux peuvent ainsi admirer un parfait cylindre de la tour Pairolière datant du XIVe siècle, l'aqueduc alimentant en eau les jardins du palais sarde du vieux Nice, les ruines de la maison du faubourg médiéval des Augustins, l'immense bastion Saint-Sébastien (XVIIe siècle), les fossés des fortifications ou encore les piliers de l'ancien pont conduisant à la route de Turin.

MUSÉE MATISSE ★★

164, avenue des Arènes-de-Cimiez
© 04 93 81 08 08
www.musee-matisse-nice.org
Ouvert tous les jours de 11h à 18h (jusqu'à 17h en basse saison). Entrée 10 €.

La collection de ce musée, présentée autour d'un parcours initiatique pictural, couvre la période de 1869 à 1954. Elle réunit un ensemble d'œuvres et d'objets provenant de l'atelier d'Henri Matisse et constitue un témoignage exceptionnel. Porteuses de sens, les œuvres conservées ont été choisies car elles signifiaient quelque chose de particulier pour l'artiste. La collection comprend des dizaines de peintures, gouaches découpées et sculptures, des centaines de dessins, gravures et des éléments en papiers gouachés donnés par la famille de l'artiste. Exceptionnel.

MUSÉE NATIONAL MARC CHAGALL ★★

Avenue du Docteur-Ménard
© 04 93 53 87 20
Fermé le mardi. Ouvert 10h-17h (jusqu'à 18h de mai à octobre). Gratuit jusqu'à 26 ans. Hors exposition 8 € (réduit 6 €).

Créé sur l'impulsion du ministre de la Culture André Malraux en 1969, ce musée national présente la plus grande collection publique du peintre Marc Chagall avec des œuvres réalisées entre 1954 et 1967 lorsqu'il vivait à Nice. La collection permanente propose des œuvres réalisées autour de l'Ancien Testament. Au total, ce sont plus de 800 peintures, gouaches, dessins, lavis, mosaïques et pastels qui sont présentés sur les 900 mètres carrés du musée.

PALAIS DU GOUVERNEUR ET DES PRINCES DE SAVOIE

Cours Saleya
Ouvert au public uniquement lors des journées du patrimoine qui se déroulent chaque année au mois de septembre.

Surnommé « palais de la préfecture » ou « palais des rois sardes », il est le lieu de résidence du préfet des Alpes-Maritimes et du président du Conseil Général. Classé au titre des Monuments historiques, ce palais royal fut construit au début du XVIIe siècle pour y héberger les têtes couronnées de la Maison de Savoie. A la Belle Epoque, le livre d'or de la préfecture continue de s'enrichir avec la venue de Napoléon III, tsar Alexandre II, Sadi Carnot, Léopold II et même Clemenceau.

PROMENADE DES ANGLAIS ★★★

La Promenade des Anglais est LE symbole de Nice dans le monde et LE lieu incontournable de la ville. Elle déroule son tapis sur 8 km de front de mer en épousant la courbe parfaite de la baie des Anges. Récemment aménagée pour offrir plus de place à la verdure, elle est LE lieu de rendez-vous des amateurs de rollers, de courses à pied, de balades à vélo et de marche. Outre les manifestations qu'elle accueille (carnaval, marathon...), elle est réputée pour ses « chaises bleues » et ses pergolas, propices au farniente et à la contemplation. Un endroit mythique.

HÔTEL VILLA RIVOLI*** €

10, rue de Rivoli
© 04 93 88 80 25
http://villa-rivoli.com
24 chambres. Chambre double à partir de 49 € en basse saison et 165 € en haute saison.

En plein cœur du quartier des musiciens, à quelques minutes de la promenade des Anglais, derrière le fameux Negresco, cet ancien hôtel particulier construit à la Belle Epoque propose 24 chambres réparties en 3 catégories (entresol, tradition, supérieure). Entièrement relookées, les chambres proposent une décoration *girly* pour certaines, contemporaine pour d'autres, le moindre petit détail est étudié. Le petit salon et le jardin ont également été rénovés. Bref, cette Villa Rivoli n'a pas fini de faire parler d'elle ! Le parking privé sur place est payant.

HÔTEL LE PANORAMIC** €€

107, boulevard Bischoffsheim
✆ 04 93 89 12 46
www.hotellepanoramic.com

Ouvert de février à novembre. Chambre double dès 61 € en basse saison et dès 89 € en haute saison (deux nuits minimum).

Voici un hôtel 2 étoiles atypique, romantique et très calme situé sur la grande Corniche. Dès votre arrivée au sein de cette ancienne maison de maître de 1920, vous serez accueilli chaleureusement par les propriétaires. Avec sa vue féerique sur Nice et la Méditerranée, l'hôtel Le Panoramic propose des chambres joliment décorées, lumineuses et très confortables, parfaitement équipées. Sur place, vous profiterez également du restaurant Le 360° qui offre lui aussi une vue splendide. Une bonne adresse où séjourner en tout quiétude.

LA CAMBUSE €€

5, cours Saleya ✆ 04 93 80 82 40
www.lacambuse-nice.com

7j/7 11h à 23h. Carte : 34 € environ (entrée + plat + dessert). Vin au verre. Plat unique à partir de 13 €.

De petites tables nappées, élégamment dressées dans un cadre chaleureux et raffiné. Dès les beaux jours, la belle terrasse ensoleillée est prise d'assaut. La carte met à l'honneur les spécialités niçoises élaborées sur place à partir de produits frais. Dégustez entre autres les petits farcis niçois, la daube à la niçoise, le carré d'agneau au romarin, les gambas et les différents plats de poissons sauvages selon l'arrivage du jour au port de Nice, le tout servi avec des accompagnements maison. L'animation du marché à quelques mètres accompagnera votre repas.

AUX DEUX CHEFS €€

56, rue Dabray
✆ 04 93 52 56 50
www.auxdeuxchefs.fr

Ouvert du lundi au mercredi midi ; du jeudi au samedi midi et soir. Plat + dessert : 25 €.

Des chaises en bois, des livres de cuisine et des casseroles en cuivre aux murs... un décor digne des bistrots d'antan ! Ici, la cuisine se vit : on la goûte, on la voit et on la respire.

Olivier en cuisine, Vivian en pâtisserie et Sandy au service. Ils se sont rencontrés derrière les fourneaux du Negresco, et exécutent aujourd'hui une cuisine niçoise et méditerranéenne. Tout est fait maison, fidèle aux produits de saison. Une ambiance conviviale, un service généreux et efficace, des assiettes précises et originales vous feront passer un moment des plus gourmand !

TOURRETTE-LEVENS

Petite ville authentique, de patrimoine et d'art, berceau des chaises bleues niçoises, étape incontournable de la route des villages perchés, Tourette-Levens mérite qu'on s'y arrête. Son château emblématique a été construit au XIIe siècle sur un éperon rocheux qui dominait une ancienne voie romaine, offrant un panorama ébouriffant entre mer et montagne. La partie ancienne du village, qui abrite deux autres musées (de l'outil et d'archéologie), date de la même époque, en particulier la chapelle des Pénitents blancs. Un peu plus bas, l'église Notre-Dame-de-l'Assomption se pare de ses plus belles couleurs pour accueillir les visiteurs pendant l'été.

CHÂTEAU DE TOURRETTE-LEVENS

277, Montée du Château
✆ 04 93 91 03 20
www.tourrette-levens.fr

Ouvert toute l'année, du mardi au dimanche de 14h à 17h30. Gratuit.

Le château de Tourette-Levens est l'un des rares châteaux du comte de Nice encore existant et visitable. Il occupe vraisemblablement l'emplacement d'un temple antique et aurait été bati au XIe siècle, avant d'être reconstruit au siècle suivant en forteresse. Sa position dominante au dessus du village lui permettait une surveillance parfaite des alentours. Racheté par la commune en 1992, il abrite aujourd'hui le musée des Papillons et d'Histoire naturelle de la ville.

DURANUS

Duranus dont l'appellation vient du latin *dur nux* (dure noix) du fait des nombreux noyers présents dans la région, est situé sur le chemin qu'empruntaient les muletiers pour se rendre dans le Piémont. Une route de caractère en balcon sur la Vésubie relie Levens à Duranus et offre un panorama exceptionnel sur des gorges austères impressionnantes. À la sortie du village en direction de Saint-Jean-la-Rivière, on trouve le « Saut des Français ». Lors de la résistance des Barbets contre l'occupation du comté de Nice par les troupes de la Révolution, les soldats français capturées étaient parait-il précipités du haut de la falaise dans la rivière.

VENCE ★★★★

Riche d'un passé historique lointain, Vence abrite de nombreuses galeries d'art et a inspiré de nombreux artistes de renom international. Elle offre un cadre propice à la balade dans son bourg médiéval. Fontaines et rues étroites, charme de la vieille pierre et visites des monuments et édifices religieux très nombreux peuvent faire partie du programme. Henri Matisse a été très inspiré par les lieux et le musée de la ville est incontournable avant d'aller découvrir la chapelle du Rosaire, conçue et décorée par l'artiste entre 1948 et 1951, pour rendre hommage à Sœur Jacques-Marie qui fut son infirmière et son modèle avant d'entrer dans les ordres.

MUSÉE DE VENCE - FONDATION ÉMILE HUGUES

2, place du Frêne
✆ 04 93 58 15 78
Ouvert du mardi au dimanche de 11h à 18h.
Adulte : 6 €. Enfant (de 12 à 18 ans) : 3 €.
Boutique.

L'espace permanent présente une sélection d'œuvres de Matisse, issues de la collection municipale. Le peintre s'installa à Vence en 1943 et devait tomber amoureux de la ville. 64 œuvres reflètent les thèmes majeurs du peintre : portraits et variations, travaux en lien avec la chapelle du Rosaire, et processus de livres illustrés. À cet ensemble s'ajoutent des photographies de Cartier-Bresson ou Capa, qui témoigneront du quotidien de l'artiste pendant son séjour à Vence.

CATHÉDRALE NOTRE-DAME-DE-LA-NATIVITÉ ✝

Place Clémenceau
Ouvert toute l'année. Entrée libre.

Construite au IVe siècle sur l'emplacement d'un temple païen à la gloire de Mars, la cathédrale fut une église mérovingienne remaniée dès le IXe siècle pour ne prendre sa forme romane définitive qu'au XIe. Autrefois le siège de l'ancien diocèse de Vence, la cathédrale abrite à présent de nombreux vestiges classés aux Monuments historiques : notamment le baptistère décoré par une mosaïque de Marc Chagall, *Moïse sauvé des eaux*, datant de 1979. C'est la plus petite cathédrale de France.

CÔTÉ JARDIN €€

10, rue Isnard
✆ 04 93 24 78 13
www.cotejardinvence.com
Ouvert toute l'année. Du mardi au samedi le midi ; vendredi et samedi soir. Carte : 30 € environ.
Maître Restaurateur.

Côté Jardin est un petit écrin de verdure situé au cœur de la cité vençoise dans la ruelle du cinéma. Dès les beaux jours, on profite du jardin privatif et de sa superbe terrasse au calme avec vue sur les Baous et sur La Chapelle Matisse. La cuisine est fraîche, de saison et équilibrée avec un excellent rapport qualité/prix. Elle est inspirée de la cuisine provençale, avec des produits frais rigoureusement sélectionnés chez des producteurs locaux. Pour les fans, le fondant au chocolat au cœur coulant (au goût pistache sur demande) est à goûter absolument.

CHAPELLE DU ROSAIRE ✝

466, avenue Henri-Matisse ✆ 04 93 58 03 26
www.chapellematisse.com
Ouvert mardi, jeudi et vendredi de 10h à 12h et de 14h à 18h, mercredi et samedi de 14h à 18h.
Adulte : 7 €.

La Chapelle du Rosaire (dite chapelle Matisse) a été conçue et décorée par Henri Matisse pour les sœurs dominicaines. Il s'y consacra entièrement entre 1948 et 1951. C'est l'œuvre architecturale qui synthétise ses recherches et participe au renouveau de l'art sacré. Les Dominicaines vous y accueillent en racontant cette histoire lors de visites commentées. À l'étage, il est possible d'admirer les chasubles et de contempler une vue inédite sur le toit de La Chapelle. Pour terminer, vous découvrez les travaux préparatoires d'Henri Matisse : esquisses, maquettes…

COURSEGOULES

Coursegoules est un village harmonieux blotti sur son promontoire avec la barre austère du massif du Cheiron en toile de fond. Le gros bourg est enserré au cœur d'anciens remparts dont il reste quelques vestiges. Sur la place du Plat un pittoresque lavoir et une fontaine couverte rafraichissent le promeneur. Plus loin, un escalier descend vers le bas du village. Il débouche sur le Pountis, un passage couvert sous les murailles, avec une vue magnifique sur la vallée de la Cagne en contrebas. Coursegoules est par ailleurs un site du réseau Natura 2000, qui vise à améliorer la prise en compte des enjeux de biodiversité dans les activités humaines.

GRÉOLIÈRES ★

Gréolières se situe sur un petit plateau en bord de terrasse. Surplombé par les barres du Cheiron et dominant la vallée du Loup, c'est un village médiéval dont les deux châteaux (dits de haute et basse Gréolières) sont encore visibles bien qu'à l'état de ruines. Le premier se trouve sur les hauteurs du village et le second au cœur même du bourg. L'église Saint-Pierre est accolée à ce dernier. D'architecture romane, elle a été plusieurs fois remaniée depuis le XIIe siècle. Aujourd'hui, Gréolières est réputé pour ses paysages sublimes en toute saison mais également pour sa station de sports d'hiver qui ne se trouve qu'à 45 km de la côte.

GRASSE ★★★★

La capitale mondiale du parfum mérite une halte pour bien d'autres raisons qui expliquent qu'elle ait été promue « Ville d'Art et d'Histoire ». Outre les parfumeries Fragonard, Galimard, Molinard... ou encore le musée international de la Parfumerie et ses jardins, il est possible d'assouvir sa curiosité à travers d'autres points d'intérêt tels le musée provençal du Costume et du Bijou, la cathédrale Notre-Dame du Puy, le musée d'Art et d'Histoire de Provence, le musée de la Marine.... Grasse est aussi riche de nombreux édifices religieux, de célébrités qui ont foulé son sol où qui sont nées là, comme le peintre rococo Jean-Honoré Fragonard.

SÉRANON

Séranon est un village fortifié aux XIIe et XIIIe siècles, établi à une altitude moyenne de 1 100 m sur le tracé de la Route Napoléon. La chapelle Notre-Dame-de-Gratemoine est un vestige du prieuré bénédictin qui occupait ce site au XIe siècle. Peu de choses sont à dire sur l'histoire du village, si ce n'est que l'Empereur y passa la nuit du 2 au 3 mars 1815, lors de son retour de l'île d'Elbe. La petite histoire affirme qu'il ne dormit que quelques heures, tout habillé, dans un fauteuil, pressé de repartir avant le lever du jour en direction de Castellane, pour prendre de vitesse les troupes royalistes envoyées à sa rencontre pour l'intercepter.

Grasse.

SAINT-VALLIER-DE-THIEY ★★

Au centre d'un plateau verdoyant, le village de Saint-Vallier tire son nom d'un légendaire évêque d'Antibes martyrisé au Ve siècle par les Wisigoths qui avaient envahi la Provence. En 1957, le site prend l'appellation définitive de Saint-Vallier-de-Thiey en hommage à la montagne qui domine le village et culmine à 1 553 mètres. Le passage de l'Empereur Napoléon dans cette petite commune des Alpes-Maritimes le 2 mars 1815 est marqué par la présence d'une colonne place de l'Apié. A quelques kilomètres de Grasse, ce village bucolique doté d'un pré agréable aux beaux jours est idéal pour se mettre au vert, tout en restant à proximité de la ville.

MUSÉE INTERNATIONAL DE LA PARFUMERIE

2, Boulevard du Jeu de Ballon
✆ 04 97 05 58 00
Ouvert tous les jours de 10h-19h (17h30 en basse saison). Adulte 4 € pour le musée ou les jardins. 6 € pour les deux.

Depuis 1989, le berceau de la parfumerie est doté d'un lieu qui retrace son histoire, aborde les usages et traditions en matière de fragrance, parcourt les outils, méthodes et avancées technologiques sous toutes les formes. Ses jardins s'étendent sur plus de 2 hectares avec pour vocation première de contribuer à la diversité des espèces végétales traditionnellement cultivées pour les besoins de la parfumerie : voyage olfactif et agricole, éveil des sens, du nez avant tout.

RELAIS DU PEYLOUBET €€

65, chemin de la Plâtrière
✆ 06 16 90 67 39
www.relais-peyloubet.com.fr

Ouvert de mi-mars à mi-novembre. 5 chambres (dont 2 suites). Chambre double de 100 à 135 €. Petit déjeuner inclus.

Construit au XVIIIe siècle, alors mas agricoles, la Bastide du Relais du Peyloubet est aujourd'hui une élégante et confortable demeure blottie au sein d'un parc de 3 hectares. Les chambres sont toutes exposées plein Sud et jouissent d'une terrasse indépendante. Elles sont confortables, bien décorées et bien équipées. Une piscine de 18 mètres de long avec balnéothérapie, vous assurera fraîcheur, plaisir et détente ! Pour le petit déjeuner, pains, pâtisseries et confitures faits maison sont servis sous la treille aux beaux jours.

BISTRO GUSTO €€

19, place aux Aires
✆ +33 9 81 97 80 30

Ouvert toute l'année. Tous les jours de 12h à 22h30. Carte : 30 € environ. Accueil des groupes. Terrasse.

Le Bistro Gusto : c'est une table conviviale, située idéalement pour profiter de la célèbre place aux Aires. Dès les premiers rayons de soleil, la grande terrasse ombragée, plantée sur la rue piétonne, est plébiscitée pour son ambiance provençale. On y savoure une carte brasserie aux plats raffinés. De succulentes pâtes, des salades composées, des pizzas, de savoureuses viandes et burgers, des moules frites, et des poissons grillés comme les seiches à la plancha. L'accueil est professionnel, efficace et courtois. L'hiver la terrasse est chauffée.

TOURRETTES-SUR-LOUP ★★

Tourrettes-sur-Loup est un ravissant village, typiquement méridional avec ses vieilles rues serrées autour de l'église, ses artistes, ses boutiques et ses restaurants secrets souvent à demi enfouis dans des caves. La commune fut dès 1925 un lieu qui attira, au même titre que d'autres communes voisines (Vence, Saint-Paul-de-Vence…), de nombreux réalisateurs. Christian-Jaque y fit régulièrement tourner Fernandel et Jacques Prévert, qui y habita d'ailleurs dans les années 1940. Quelques centaines de mètres avant l'entrée du village en venant du Bar-sur-Loup, la vue sur les façades des vieilles maisons empilées au-dessus du ravin du Loup est saisissante.

SAINT-PAUL-DE-VENCE ★★★★

Haut lieu touristique, Saint-Paul-de-Vence est dotée de remparts érigés dès 1544 par François Ier. Village oublié au début du XXe siècle, sa notoriété fulgurante a pris corps après la Seconde Guerre mondiale, quand Utrillo, Derain, Soutine, Signac, Modigliani ou Matisse, séduits par la beauté de ses paysages et la limpidité de sa lumière, y déposèrent leur chevalet, attirant ainsi d'autres artistes, gens de lettres et vedettes du show-business. Le grand artiste Marc Chagall (1887-1985) repose ici. Aujourd'hui, le village s'offre aux visiteurs en toutes saisons et se balader dans ses ruelles permet de visiter un véritable musée à ciel ouvert.

DONJON DU CHÂTEAU

Place de la Mairie
www.saint-pauldevence.com

De l'ancien château (XIIe-XIVe siècles) il ne reste aujourd'hui que le donjon, la forteresse ayant été progressivement démolie. Au sommet se trouve une cloche fondue en 1443 qui rythmait la vie du village. Le site a accueilli des hôtes prestigieux comme François Ier, le comte de Provence Raimond-Bérenger V et Vauban. Depuis le XVIIIe siècle, le donjon est le siège de la mairie de Saint-Paul. C'est notamment ici que fut célébré le mariage d'Yves Montand et Simone Signoret le 22 décembre 1951, entourés de leurs témoins Jacques Prévert et Paul Roux.

ÉGLISE-COLLÉGIALE SAINT-PAUL

5, rue Bastion
saintpauldevence.org

L'église Saint-Paul, érigée au XIVe siècle, fut agrandie puis élevée au rang de collégiale en 1666. C'est de cette époque que date l'autel de sainte Catherine d'Alexandrie, dont le portrait est attribué au peintre Coello. On remarquera également la chapelle saint-Clément, construite au début des années 1680, véritable joyau de l'art baroque, qui renferme des reliques provenant des catacombes de Rome. L'église contient d'autre part un tableau du Tintoret.

FONDATION MARGUERITE ET AIMÉ MAEGHT

623, chemin des Gardettes ✆ 04 93 32 81 63
www.fondation-maeght.com

Ouvert tous les jours de 10h à 18h. En juillet et août, ouvert tous les jours de 10h à 19h. Adulte : 16 €.

La fondation Marguerite et Aimé Maeght est un exemple unique de fondation privée en Europe. Ce temple de l'art moderne et contemporain a été entièrement conçu et financé par le couple qui a demandé à l'architecte catalan Josep Lluís Sert de le réaliser en collaboration avec les artistes qui ont créé les œuvres fondatrices. La Fondation possède une des plus importantes collections du XXe siècle en Europe. Elle est le deuxième musée d'art moderne le plus visité de France.

RESTAURANT LA FONTAINE €€

10, montée de la Castre ✆ 04 93 32 58 01
www.restaurant-lafontaine.fr

Fermeture annuelle entre janvier et mars. Ouvert tous les jours le midi et le soir. Carte : 30 € environ.

C'est dans un cadre cosy et chaleureux que l'équipe du restaurant La Fontaine vous accueille. Une décoration épurée et soignée, une cuisine sophistiquée et des plats réalisés à base de produits frais ont fait la réputation de l'établissement. Le Chef propose deux cartes : une plus fournie le midi avec des plats de type bistrot (salades, grillades) et une seconde, plus élaborée le soir venu avec par exemple filet de bœuf sauce à la truffe ou daurade royale et son écrasé de pommes de terre. Une table savoureuse et très prisée, mieux vaut réserver avant de venir.

CAGNES-SUR-MER ★★

Située entre Cannes et Nice, Cagnes-sur-Mer est riche d'un patrimoine touristique et culturel exceptionnel. La ville se scinde en plusieurs districts : le centre-ville avec ses places animées et ses rues commerçantes, le Haut-de-Cagnes, ce bourg pittoresque perché au sommet de la colline du château, le Cros-de-Cagnes, plus vieille station de sauvetage en mer de la côte d'Azur anciennement tournée vers la pêche et aujourd'hui vers les activités et les loisirs nautiques, et la jolie esplanade du bord de mer avec ses 3 km de plages de galets bordées de palmiers et ses nombreux bars, glaciers, boutiques de souvenirs et établissements culinaires.

CHÂTEAU-MUSÉE GRIMALDI

Place du Château
✆ 04 92 02 47 35
www.cagnes-sur-mer.fr

Fermé le mardi. Billet couplé pour le château-musée et le musée Renoir 8 €. Tarif 4 €. Gratuit -26 ans.

Construite en 1309 pour Rainier Grimaldi, seigneur de Cagnes, cette bâtisse resta la demeure familiale des Grimaldi avant d'être acquise par la commune de Cagnes-sur-Mer en 1937. Le château fut alors transformé en musée, puis classé aux Monuments historiques en 1948. Sa silhouette de forteresse contraste avec des intérieurs lumineux et aériens issus des embellissements de l'époque baroque. Ne manquez pas : le patio entouré d'arcades, la porte Louis XIII avec encadrement de marbre surmontée d'un balcon d'honneur, le musée de l'Olivier...

MUSÉE RENOIR

19, Chemin des Collettes ✆ 04 93 20 61 07
www.cagnes-tourisme.com

Ouvert toute l'année. De juin à septembre de 10h à 13h et de 14h à 18h (jardins ouverts en non-stop). Adulte : 6 €.

Située au cœur d'un parc arboré d'oliviers centenaires de plus de 2 ha, la maison du peintre Auguste Renoir, transformée depuis en un fabuleux musée, fut construite en 1908. En 1960, la ville de Cagnes-sur-Mer racheta la demeure pour la transformer en un musée, constitué à la fois des pièces de vie qui ont conservé leurs dispositions et leurs meubles d'origine, et des salles d'exposition où sont présentés 14 tableaux de Renoir, 25 sculptures réalisées en collaboration avec Richard Guino et une cinquantaine d'œuvres dues à des artistes qui lui étaient proches.

SAINT-LAURENT-DU-VAR ★★

Ancienne frontière naturelle du comté de Nice jusqu'en 1860, la ville était le poste-frontière entre la France et le royaume sarde. Le pont de bois qui permettait de traverser le fleuve fut souvent emporté par les eaux ou démoli pendant les guerres. Ce n'est qu'après 1860 qu'un pont de pierre fut construit, permettant le passage de la route et de la voie ferrée côte à côte. La ville, très atteinte par les bombardements de 1943 et 1944, a été reconstruite en grande partie mais de nombreux monuments de l'ancienne ville demeurent, comme l'église de style roman provençal place Castillon (XIIe-XVIe siècle), et ses vieilles rues caractéristiques alentour.

INDEX

EDITION

Directeurs de collection et auteurs : Dominique AUZIAS et Jean-Paul LABOURDETTE

Auteurs : Philippe HENRY, Jean-Pierre DELBOSC, Caroline FLORENTIN, Delphine TABARY, Carine PAGES, Mélisa GUENDOUZI, Louise BRAHITI, Laurent PIERSON,Alexandre ANDREO, Florent CATANZARO, Bérengère BOSSY, Hervé MICHEL, Pascale VINCENS, Gwénaëlle LABBE, Coralie MICHARD, Florent CATANZARO, Léonard FERRO, Elodie CABRERA, Jean-Paul LABOURDETTE, Dominique AUZIAS et alter

Directeur Editorial : Stéphan SZEREMETA

Rédaction France : Briséis CREAC'H-MENUT, Tony DE SOUSA, Mélanie COTTARD, Audrey VEDOVOTTO

Rédaction Monde : Laure CHATAIGNON, Morgane VESLIN, Pierre-Yves SOUCHET, Natalia COLLIER

FABRICATION

Maquette et Montage : Romain AUDREN, Julie BORDES, Delphine PAGANO

Iconographie et Cartographie : Anne DIOT, Julien DOUCET

WEB ET NUMERIQUE

Directeur Web : Louis GENEAU DE LAMARLIERE

Développeurs : Guillaume BARBET, Adeline CAUX et Roland SPOUTIL

Intégrateur Web : Mickael LATTES, Antoine DION

Webdesigner : Caroline LAFFAITEUR

Community Traffic Manager : Alice BARBIER, Mariana BURLAMAQUI et Noémie LE SAUX

DIRECTION COMMERCIALE

Directeur commercial : Guillaume VORBURGER

Coordinatrice des Régies commerciales : Manon GUERIN

Account Manager Marketplace : Leila ROUGEOT assistée de Lola FAVRE-MOT

Responsable Régies locales : Michel GRANSEIGNE

Responsables Développement régie inter : Jean-Marc FARAGUET et Guillaume LABOUREUR

Chefs de Publicité Régie internationale : Camille ESMIEU

Chefs de Publicité Régie nationale : Caroline AUBRY, François BRIANCON-MARJOLLET, Perrine DE CARNE MARCEIN, Yannick LE MARRE

DIFFUSION ET PROMOTION

Directrice des Ventes : Bénédicte MOULET assistée d'Aissatou DIOP

Responsable des ventes : Jean-Pierre GHEZ assisté de Nelly BRION

Relations Presse-Partenariats : Jean-Mary MARCHAL

ADMINISTRATION

Président : Jean-Paul LABOURDETTE

Directrice des Ressources Humaines : Dina BOURDEAU assistée de Sandra DOS REIS et Eva BAELEN

Directrice Administrative et Financière : Valérie DECOTTIGNIES

Comptabilité : Guillaume PETIT, Aminata BAGAYOKO, Jeannine DEMIRDJIAN

Recouvrement : Fabien BONNAN assisté de Sandra BRIJLAL

Responsable informatique : Elie NZUZI-LEBA

PETIT FUTÉ LANGUEDOC-PROVENCE-CÔTE D'AZUR À MOTO

LES NOUVELLES EDITIONS DE L'UNIVERSITE
18, rue des Volontaires - 75015 Paris.
✆ 01 53 69 70 00 - Fax 01 42 73 15 24
Internet : www.petitfute.com
SAS au capital de 1 000 000 € - RC PARIS B 309 769 966
Couverture : © HARLEY-DAVIDSON
Impression : CORLET IMPRIMEUR - 14110 Condé-en-Normandie
Achevé d'imprimer : décembre 2021
Dépôt légal : 25/01/2022
ISBN : 9782305056999

Pour nous contacter par email, indiquez le nom de famille en minuscule suivi de @petitfute.com
Pour le courrier des lecteurs : info@petitfute.com

IMPRIMÉ EN FRANCE